सूर्यकान्त त्रिपाठी 'निराला'

21 फरवरी, 1896—15 अक्टूबर, 1961

बीसवीं सदी की शीर्षस्थ साहित्यिक उपस्थितियों में से एक। छायावाद के आधार स्तम्भों में शुमार। जीवन और रचना दोनों में ही बीहड़ रूढ़ि-भंजक। उनका कृतित्व इतना विराट, वैविध्यपूर्ण, अपने समय को अतिक्रमित करता हुआ और इतना प्रासंगिक है कि उनके जीवनकाल में ही उन्हें क्लासिक का दर्जा हासिल हुआ। वे साहित्य में 'महाप्राण' के विशेषण से जाने गए।

सम्पादक

विवेक निराला

युवा कवि और आलोचक। कविताओं के दो संग्रह प्रकाशित। आलोचना की एक किताब 'निराला साहित्य में प्रतिरोध के स्वर' प्रकाशित। निराला की 'सम्पूर्ण बाल रचनाएँ' का सम्पादन। कौशाम्बी जनपद के एक महाविद्यालय में हिन्दी विभाग के अध्यक्ष। आजकल निराला की जीवनी लिख रहे हैं।

श्रृंखला सम्पादक

बद्री नारायण

हिन्दी के महत्त्वपूर्ण कवि और समाजविज्ञानी। कविताओं के चार संग्रह प्रकाशित। हिन्दी और अंग्रेजी में अनेक किताबों के लिए चर्चित। आजकल गोविन्द बल्लभ पंत सामाजिक विज्ञान संस्थान के निदेशक। 'भारतभूषण अग्रवाल पुरस्कार' और 'साहित्य अकादेमी पुरस्कार' सहित अनेक महत्त्वपूर्ण सम्मानों से सम्मानित।

श्रृंखला संयोजन

डॉ. सूर्य नारायण
डॉ. विवेक निराला
डॉ. सुबोध शुक्ल

विचार का आईना

कला ✦ साहित्य ✦ संस्कृति

निराला

सम्पादक

विवेक निराला

श्रृंखला सम्पादक

बद्री नारायण

लोकभारती पेपरबैक्स

लोकभारती पेपरबैक्स में
पहला संस्करण : 2023

लोकभारती पेपरबैक्स : उत्कृष्ट साहित्य के लोकप्रिय संस्करण

लोकभारती प्रकाशन
पहली मंजिल, दरबारी बिल्डिंग, महात्मा गांधी मार्ग
प्रयागराज-211 001
द्वारा प्रकाशित

शाखाएँ : 1-बी, नेताजी सुभाष मार्ग, दरियागंज, नई दिल्ली-110 002
अशोक राजपथ, साइंस कॉलेज के सामने, पटना-800 006

वेबसाइट : www.lokbhartiprakashan.com
ई-मेल : info@lokbhartiprakashan.com

बी.के. ऑफसेट
नवीन शाहदरा, दिल्ली-110 032
द्वारा मुद्रित

मूल्य : ₹250

Vichar Ka Aina
Kala Sahitya Sanskriti
NIRALA
Edited by Vivek Nirala

ISBN : 978-93-92186-42-4

दो शब्द

कला, साहित्य, संस्कृति लोकभारती प्रकाशन की एक अनूठी पुस्तक-श्रृंखला है जिसमें भारत के मनीषियों, रचनाकारों एवं चिन्तकों के कला, साहित्य एवं संस्कृति पर केन्द्रित आलेखों, विचारों एवं साहित्य के अनेक विधाओं में अभिव्यक्त चिन्तनपूर्ण गद्यों का संकलन किया गया है।

आज के बाजारवाद के दौर में कला, साहित्य एवं संस्कृति को बचाए रखने के लिए यह जरूरी है कि हम अपने लेखकों, कवियों, मनीषियों, राजनीतिक द्रष्टाओं के कला, साहित्य एवं संस्कृति विषयक विमर्शों को याद करें एवं उनसे अपने को जोड़ें। ये विमर्श ही हमारी रचनाशीलता पर उपस्थित खतरों से हमें बचा पाएँगे। आज तो हमारी सामाजिकता पर भी खतरे उपस्थित हो गए हैं। मुझे तो लगता है कि कला, साहित्य एवं संस्कृति न हो तो समाज नहीं, समाज नहीं तो हम नहीं। फिर प्रश्न उठता है कि कला, साहित्य एवं संस्कृति को सत्ता एवं बाजार से कैसे बचाया जाए? मुझे तो लगता है कि खुद साहित्य, कला एवं संस्कृति में निहित, प्रवाहित एवं अभिव्यक्त हो रहे विचार ही साहित्य, कला एवं संस्कृति को बचा पाएँगे। उन विचारों को जितना स्मरण एवं पाठ किया जाएगा, उतना ही कला, साहित्य एवं संस्कृति के बचने के स्पेस हम निर्मित कर पाएँगे।

यह श्रृंखला न केवल हिन्दी वरन् अनेक विश्व भाषाओं में इसलिए विशिष्ट है क्योंकि इसमें भारतीय लोक एवं समाज-चिन्तन की वैचारिक छाया भी मौजूद है। इस श्रृंखला में शामिल चिन्तकों एवं लेखकों का चयन एक अत्यन्त संवेदनशील विद्वानों के समूह ने किया है। साथ ही इसमें हरेक खंड के सम्पादक अपने-अपने क्षेत्र के महत्त्वपूर्ण नाम हैं।

यह खंड निराला के कला, साहित्य एवं संस्कृति-सम्बन्धी चिन्तनपरक आलेखों एवं गद्य पर केन्द्रित है। हिन्दी के युवा कवि विवेक निराला ने सम्पूर्ण निराला साहित्य को गहन छानबीन कर यह संकलन तैयार किया है। विश्वास है, निराला के कला-चिन्तन, सौन्दर्य-व्याख्या, साहित्य-विमर्श,

सांस्कृतिक चिन्तन आपको पुन: हिन्दी के महान कवि निराला के पुन:पाठ के लिए प्रेरित करेंगे।

—बद्री नारायण
गोविन्द वल्लभ पंत सामाजिक विज्ञान संस्थान
प्रयागराज-2110019

प्रस्तावना

निराला एक कलाकार हैं, एक साहित्यकार और एक संस्कृतिकर्मी। निराला का आलोचना-प्रवण, विचार-प्रवण गद्य दरअसल उनके कवित्व का ही एक हिस्सा है। निराला हिन्दी की जातीय चेतना के प्रतिनिधि हैं। हिन्दी प्रदेश की जातीयता के अन्तर्गत हिन्दी प्रदेश की कला, उसकी संस्कृति और उसके साहित्य की चिन्ता निराला जैसे चिन्तक और विचारक की चिन्ता के केन्द्र में है। हिन्दी निराला के मन में भारत की समग्र सांस्कृतिक चेतना की संवाहिका के रूप में प्रतिष्ठित है। निराला हिन्दी के प्रश्न पर गांधी से लड़ सकते हैं और नेहरू से भिड़ सकते हैं।

निराला आलोचना को 'साहित्य का मस्तिष्क' कहते हैं और संस्कृति से लगातार बहस करते हैं। उनके सांस्कृतिक चिन्तन में समाज, राजनीति, विज्ञान, दर्शन और धर्म—सभी कुछ सम्मिलित है। संस्कृति से उनकी बहस का यह सिलसिला उनकी कविताओं, कहानियों, आलोचनात्मक लेखों और सम्पादकीय टिप्पणियों तक चलता रहता है। निराला की उपनिवेशवाद-विरोधी चेतना इस निर्णय पर दृढ़ हो जाती है कि औपनिवेशिक शासन में सारा आक्रमण अंग्रेज भारतीय इतिहास और संस्कृति पर करते हैं। इसलिए निराला अपना एजेंडा तय कर लेते हैं। निराला के एजेंडे में भारतीय समाज के अन्तर्विरोधों की आलोचना, गरीब किसान-मजदूर, भारतीय स्त्रियाँ, वर्णाश्रम-व्यवस्था और सामन्ती सभ्यता के साथ भारतीय स्वाधीनता की मूल अवधारणा तक पहुँचना है।

समूचे निराला-साहित्य की केन्द्रीय चेतना है—मुक्ति। वे छन्दों के बन्धन से कविता की मुक्ति से मनुष्य की मुक्ति तक जाते हैं। आज जिस समूह-संस्कृति और उसके हमलावर रवैये पर हम अपनी चिन्ताएँ व्यक्त करते रहते हैं, उससे प्रतिरोध की चेतना हमें निराला और प्रेमचन्द में मिलती है। निराला साहित्य से साम्प्रदायिकता को अलग ही रखने की चेतना का विस्तार करते हैं। उनके अनुसार हिन्दू-मुस्लिम एकता कोई राजनीतिक नहीं बल्कि हमारी सांस्कृतिक चेतना का प्रश्न है। निराला ने स्पष्ट लिखा

था कि "धार्मिक कानूनों की दुहाई देकर आत्मा को उन्हीं से घेर रखना मुक्ति नहीं।" (साहित्य का आदर्श)। निराला भारतीय समाज की मुक्ति को भी सांस्कृतिक अखंडता में देखते हैं। वे दृढ़तापूर्वक यह स्थापना देते हैं कि हिन्दू और मुसलमान, दोनों जातियाँ दर्शन की उच्च भूमि पर एक साथ एक ही बात कहती हैं। उस विचार-भूमि पर कोई भिन्नता नहीं। 'मुसलमान और हिन्दू कवियों में विचार-साम्य' शीर्षक आलेख में निराला को ग़ालिब में वेदान्त की छाया दिखाई देती है। गोस्वामी तुलसीदास और सूरदास इस भावभूमि पर ग़ालिब के साथ खड़े दिखाई देते हैं। इसी लेख में निराला लिखते हैं : "रीति-रिवाजों में हिन्दुओं से सम्पूर्णतः पृथक् मुसलमान जाति भी साहित्य और ज्ञान की भूमि में हिन्दुओं के समान ही हैं।" ध्यातव्य है कि निराला यह तब लिख रहे थे जब भारत में साम्प्रदायिक ताक़तों का उभार हो रहा था। निराला के लिए वेदान्त का व्यावहारिक स्वरूप यह है कि वह मनुष्य को अपना सामाजिक जीवन बदलने के लिए प्रेरित करता है। सामाजिक परिवर्तन से इसी रूप में वेदान्त को वे जोड़कर देखते हैं।

नवजागरण के दौर में 'भारत : एक खोज' की बृहत् परियोजना बुद्धिजीवियों के मन-मस्तिष्क में थी। गांधी 'हिन्द-स्वराज' से और नेहरू 'डिस्कवरी ऑफ इंडिया' से इस दिशा में प्रयत्नशील थे। निराला भी एक वैकल्पिक सभ्यता की तलाश में थे। वे महसूस कर रहे थे कि "दगा की इस सभ्यता ने दगा की।" आज भारतीयता के परदे में सांस्कृतिक राष्ट्रवाद का जो तुमुल कोलाहल रचा जा रहा है, उसके सम्बन्ध में निराला ने अपने समय में कहा था : "जिस भारतीयता के गर्व से दूसरे तुच्छ जान पड़ते हैं, वह भारतीयता में कुछ रूढ़ियों से चलती हुई अभारतीयता है।" हिन्दी में आलोचना : निराला शुद्धतावादी संस्कृति के विरुद्ध परम्परित मिली-जुली गंगा-जमुनी संस्कृति के पक्षधर हैं। उन्होंने लिखा : "विजातीय भावों के मिश्रण से ही संस्कार हो सकता है। यदि किसी सृष्टि को प्रगतिशील रखना है तो इसकी शक्ति बढ़ाने के लिए विजातीय भावों का समावेश करना अत्यन्त आवश्यक है।" (नवीन साहित्य : प्राचीन विचार)

अपनी परम्परा, अपनी जड़ों और प्रेरक शक्तियों के पुराने स्रोतों के लिए अतीत में लौटना, शायद संकट और चुनौती की स्थितियों में एक स्वाभाविक प्रतिक्रिया है, जो एक नये सांस्कृतिक जागरण की प्रेरकशक्ति भी बन सकती है और अपने सर्जनात्मक रुख तथा विवेक के अभाव में प्रतिगामी चेतना की ओर भी धकेल सकती है। यह साहस और विवेक का मामला है, मगर छायावाद-युग के दो बड़े कवि—प्रसाद और निराला—अपने सर्जनात्मक साहस और विवेक से इस खतरे को उठाते हुए भी

अतीत में लौटते हैं। निराला तुलसीदास से गहरे प्रभावित हैं, उन्हें अपना काव्य-नायक भी बनाते हैं, मगर वे अपनी अवधारणाओं को मध्ययुगीन न बनाकर दलित-चिन्ता तक पहुँचाकर आधुनिक विमर्शों से जोड़ देते हैं।

निराला की अपनी सांस्कृतिक अवधारणाएँ हैं जो नवजागरण की अपनी विशिष्टताओं से ही जन्म लेती हैं। जाहिर है कि नवजागरणकालीन सामाजिक-सांस्कृतिक चिन्तन की भी अपनी एक सीमा तो थी ही। निराला अपनी इन्हीं अवधारणाओं के साथ पुराकथाओं का पुनर्सृजन करते हैं। उनके राम, देवी सरस्वती और तुलसीदास नये समय के साथ रूपान्तरित हो रहे थे। 'नव गति, नव लय, ताल-छन्द नव' और 'नव नभ के नव विहग वृन्द' के लिए नवीन पंखों का आग्रही साहित्यकार किसी तरह के 'रिजिड पास्ट' में या अतीत की 'कठिन शृंखलाओं' में जकड़ा भी नहीं जा सकता था। वे तो अपनी 'अखिल पुरातन-प्रियता' को हरने के एक अमर-वर की अभ्यर्थना करते हैं। इसी के साथ निराला अपने प्रतिमान निर्मित करते हैं—स्वयं अपने लिए भी तथा औरों के लिए भी। अखिल पुरातन प्रियता के समापन की कामना करते हुए आत्मालोचन करते हैं, अपना बार-बार परीक्षण करते हैं—बिलकुल रचना-प्रक्रिया के उस हिस्से की तरह, जिसमें कवि-लेखक बार-बार अपनी ही कविताओं में काट-छाँट करता है। निराला में आत्म-मुग्धता नहीं आने पाती और अपने को अपनी ही बनाई कसौटी पर परखते हुए अपनी बची-खुची पुरातन-प्रियता को नष्ट करना चाहते हैं। वह पुनः याचना करते हैं : "जला दे जीर्ण-शीर्ण प्राचीन—क्या करूँगा तन जीवनहीन।" और इस तरह वह जीवनहीन प्राचीनता से मुक्ति पा लेते हैं, फिर वह प्राचीनता चाहे समाज की हो या साहित्य को।

निराला का मन एक उदार और आस्तिक हिन्दू का मन है। इसी से उनके सांस्कृतिक-बोध की निर्मिति होती है। जहाँ तक वेदान्त की बात है, बंगाल में जन्म के साथ निराला के वेदान्ती संस्कार हैं। उन पर विवेकानन्द का गहरा प्रभाव है। दरअसल, उपनिवेशवाद और उसके द्वारा पोषित सामन्तवाद तथा उसके रूढ़िवादी सांस्कृतिक मूल्यों का विरोध करते हुए विवेकानन्द ने अपनी एक ऐतिहासिक भूमिका निभाई थी। उनके धार्मिक दृष्टिकोण के केन्द्र में मनुष्य हैं इसीलिए विज्ञान की सत्ता व उसकी सामाजिक भूमिका तथा आधुनिक सभ्यता के मूल्यों को भी सहज स्वीकार करते थे। गुलामी को अपनी नियति मान लेनेवाली आस्तिकता की अपेक्षा नास्तिकता उन्हें स्वीकार्य थी। आगे बढ़कर वे खुद को समाजवादी भी घोषित कर देते हैं। 10 जून, 1898 को मुहम्मद सरफ़राज हुसैन को लिखे अपने एक पत्र में वे कहते हैं : "इसलिए हमें दृढ़ विश्वास है कि वेदान्त

के सिद्धान्त कितने ही उदार और विलक्षण क्यों न हों, परन्तु व्यावहारिक इस्लाम की सहायता के बिना मनुष्य जाति के महान जनसमूह के लिए वे मूल्यहीन हैं।

मैं अपने मानस चक्षु से भावी भारत की उस पूर्णावस्था को देखता हूँ जिसका इस विप्लव और संघर्ष से तेजस्वी और अजेय रूप में वेदान्ती बुद्धि और इस्लामी शरीर के साथ उत्थान होगा।" इसीलिए एक जगह निराला कहते हैं : "इस देश की मनुष्यता का निर्माण और हिन्दू-मुस्लिम प्रश्न का हल होना एक अर्थ रखते हैं।" बार-बार 'कल्चरल इंटरैक्शन' पर जोर देते हुए वे पूछते हैं : "देश में कितने मुसलमानों की विदुषी कुमारियाँ हिन्दुओं के घर आईं और कितनी हिन्दुओं की मुसलमानों के घर गईं?" उनके उपनिवेशवाद-विरोध में भी अन्ध-राष्ट्रवाद नहीं है।

हिन्दू मिथकों का उपयोग उस दौर की हिन्दी कविता की एक प्रवृत्ति थी। निराला भी यह करते हैं, परन्तु भिन्न दृष्टि से। 'राम की शक्ति-पूजा' के राम और 'तुलसीदास' के तुलसी को निराला अपना समकालीन बना देते हैं। निराला के 'तुलसीदास' में आज की दलित-चिन्ता भी है और विदेशी आक्रमण से जातीय संस्कृति के 'शीतलच्छाय' हो जाने की चिन्ता भी। अपने 'साहित्य और जनता' शीर्षक लेख में निराला लिखते हैं : "हमें अच्छी तरह मालूम है, हमारे निन्यानबे फीसदी साहित्यिकों को और सौ फीसदी जनता को भगवान श्रीरामचन्द्र पर, उनके जन्म-कर्मादि पर, पूरा-पूरा विश्वास है। अतः आज यदि राम के विरोध में कोई प्रासंगिक बात भी कही जाए तो जनता उसे सुनने को तैयार नहीं। साहित्यिकों में केवल सुनने का धैर्य है, मत बदलने की शक्ति नहीं। यह अवश्य ही युगों की संचित साहित्य-शक्ति का ही दौर्बल्य है।" एक रचनाकार के रूप में वे हकीकत को समझकर यह कह रहे हैं, कि अभी 'मत बदलने' की शक्ति नहीं। निराला जिसे सौ फीसदी जनता कह रहे हैं वह इस हिन्दू-समाज के बारे में ही। एक पारम्परिक हिन्दूवादी मन तो ऐसा सोच भी नहीं सकता।

उनकी क्रान्ति हर तरह के बन्धन से मुक्ति का विराट लक्ष्य लिये हुए थी। निराला साहित्य को सभी बन्धनों से अलग मानते हैं और लिखते हैं : "साहित्य दायरे से छूटकर ही साहित्य है। साहित्य वह है, जो साथ है। वह, जो संसार की सबसे बड़ी चीज है। साहित्य लोक से, सीमा से, प्रान्त से, देश से, विश्व से ऊँचा उठा है। इसलिए वह लोकोत्तरानन्द दे सकता है। लोकोत्तर का अर्थ है—लोक जो कुछ दे सकता है, उससे और दूर तक पहुँचा हुआ। ऐसा साहित्य मनुष्य मात्र का साहित्य है, भावों से केवल भाषा का एक देशगत आवरण उस पर रहता है।" इस रूप में साहित्य का

बन्धनहीन होना तथा भाव-विचार के स्तर पर सार्वदेशिक और सर्वव्यापी होना उसका आन्तरिक तत्त्व है।

उनकी क्रान्ति का एक सिरा जनता की सामाजिक अवस्था में आमूल-चूल परिवर्तन से जुड़ता है। सामाजिक क्रान्ति की उनकी भावधारा का स्रोत दलितों और उत्पीड़ितों के प्रति गम्भीर मानवीय करुणा है। दलित-शोषित-उत्पीड़न, सामान्य जन के संस्पर्श की एक शक्तिशाली उद्घोषणा एक उपलब्धि है : "मैंने 'मैं' शैली अपनाई। देखा दुखी एक निज भाई, दुःख की छाया पड़ी हृदय में मेरे, झट उमड़ वेदना आई।'" ये वही भाई हैं जो दलित और उत्पीड़ित हैं और जिनकी हिमायत हर साहित्यकार का फर्ज है। निराला ने अपनी प्रतिबद्धता, पक्षधरता, अपनी निष्ठा और अपने सरोकारों को असन्दिग्ध रूप से प्रमाणित किया। अपने इन्हीं सरोकारों के साथ वे मार्क्सवाद तक जाते हैं। दलितों से जल्द-जल्द पैर बढ़ाकर अपने बराबर खड़े होने तथा अँधेरे का ताला खोलने का आह्वान करनेवाले कवि को विश्वास है कि अँधेरे का ताला वे ही खोलेंगे जो सदियों से अँधेरे में हैं। निराला का लेख 'हिन्दुओं का जातीय संगठन' पढ़ा जाना चाहिए जिसमें कहा गया है कि "तोड़कर फेंक दीजिए जनेऊ, जिसकी आज कोई उपयोगिता नहीं। जो बड़प्पन का भ्रम पैदा करता है और समस्वर से कहिए कि आप उतनी ही मर्यादा रखते हैं जितना आपका नीच से नीच पड़ोसी चमार या भंगी रखता है। तभी आप महामनुष्य हैं। उसी क्षण आप ज्ञानकांड के अधिकारी हैं। एक समाज आपको च्युत करेगा तो दूसरा समाज आपको मिलेगा।"

उन्होंने लिखा था : "प्राचीन शीर्णता ने नवीन भारत की शक्ति को मृत्यु की तरह घेर रखा है। घर की छोटी-सी सीमा में बँधी हुई स्त्रियाँ आज अपने अधिकार, अपना गौरव, देश तथा समाज के प्रति अपना कर्तव्य, सब कुछ भूली हुई हैं।" एक दूसरे लेख में वे कहते हैं : "महिलाओं की स्वतंत्रता ही उनके जीवन की सब दिशाओं का विकास करेगी। हमें सिर्फ उनकी स्वतंत्रता का स्वरूप बतलाना है, और यह भी सत्य है कि पुरुषों के निरादर करने पर भी स्त्री-शक्ति का विकास रुक नहीं सकता, न वह अब तक कहीं रुका है।" इस प्रकार निराला दलित-मुक्ति और स्त्री-मुक्ति के साथ मनुष्य मात्र की मुक्ति का सवाल उठाते हैं और इसे कविता की मुक्ति तक ले जाते हैं। निराला ने सवाल खड़ा किया कि "प्रकृति का यथार्थ अध्ययन करने वाला ही यदि देश की दशा का अध्ययन नहीं करेगा तो फिर कौन करेगा, लल्लू बजाज?" (रवीन्द्र-कविता-कानन) और इस तरह छायावाद के प्रकृति-प्रेम को भी वे आधुनिकता की नई संस्कृति से

जोड़कर देखते हैं, जो वस्तुतः परम्परा में रहकर अपने समय की यंत्रीकरण की संस्कृति से विद्रोह है।

निराला बाजार की संस्कृति समझते हैं। आज यही कॉरपोरेट अपने हितों के लिए 'पॉपुलर कल्चर' तैयार कर रहा है, कला-संस्कृति का दुरुपयोग किया जा रहा है। सूचना-क्रान्ति के माध्यम से एक 'मॉस कल्चर' बनाया जा रहा है। निराला 'समूह' और 'समाज' की सांस्कृतिक निर्मिति में फर्क करना जानते हैं और 'रचना-सौष्ठव' शीर्षक अपने लेख में लिखते हैं : "समष्टि की एक माँग होती है। यह समूह की माँग से बड़ी है। साहित्यिक यदि किसी समूह के अनुसार चलता है तो वह उच्चता नहीं प्राप्त कर सकता।" आज काव्य-मंचों पर जो फूहड़ हास्य, तथाकथित ओज और तुकबन्दी को परोसा जा रहा है और उसे ही जनता का साहित्य बताकर प्रस्तुत किया जा रहा है, इस पर उन्होंने जनता को साहित्यिक और सांस्कृतिक रूप से उन्नत करने की जिम्मेदारी समझते हुए कहा था : "जनता साहित्य के साथ नहीं रहती है, साहित्य के साथ लाई जाती है।" निराला के सांस्कृतिक-बोध में केवल एक देश नहीं है अपितु अखिल विश्व है। उन्होंने लिखा : "हमारे समाज से भिन्न, किन्तु मिला हुआ एक और समाज है। वह केवल देश में नहीं बँधा, तमाम पृथ्वी के मनुष्य उसके अन्तर्गत हैं। वहाँ उन्हीं मानवीय भावों की गुंजाइश है जो मनुष्य मात्र के कहे जा सकते हैं। ऐसे सर्वसाधारण भावों पर लिखनेवाले साहित्यिक को बाहरी छोटे-मोटे साम्प्रदायिक अथवा जातीय उपकरण छोड़ देने पड़ते हैं।"

कला सौन्दर्य की खोज, सौन्दर्य की परख और सौन्दर्य की अभिव्यक्ति है। निश्चित तौर पर वह जीवन का अनुकरण नहीं, बल्कि पुनर्रचना है और इस अर्थ में आलोचना भी। मनुष्य की स्मृति, संवेग और स्वप्न का समुच्चय। कला कला के लिए होनी चाहिए अथवा जीवन के लिए? यह भी एक प्रश्न उठता रहा है। कला का संस्कृति से अनिवार्य सम्बन्ध है, अतः कला का एक मात्र प्रयोजन है मनुष्य को सुसंस्कृत बनाना। कला का उद्देश्य ज्ञान और सौन्दर्य का समुचित उपभोग बताया जाता है। कला का सम्बन्ध मानव-जीवन से है। मनुष्य के देखे और सोचे गए का जीवन्त विवरण। मनुष्य की वह प्रतिभा, जो उसे पाशविकता से अलग कर मनुष्यता के आसन पर प्रतिष्ठित कर दे। भर्तृहरि ने शायद इसीलिए साहित्य, संगीत और कला से विहीन मनुष्य को 'पुच्छ-विषाणहीन साक्षात पशु' कहा होगा।

कला मनुष्य को 'उद्रम्भरि अनात्म' नहीं बनाती, वह उसे स्वार्थों से ऊपर उठाकर संवेदनशील बनाती है। उद्देश्य ही किसी को महान बनाते हैं। शास्त्रों में कहा गया है कि 'गुह्यं ब्रह्म तदिवं वो ब्रवीमिघ्न मानुषातश्रेष्ठतरं

हि किंचित' मनुष्य से श्रेष्ठ कुछ भी नहीं। कला भी वही श्रेष्ठ है जो मनुष्योचित गुणों को उद्‌बुद्ध करे, मनुष्य की मनुष्यता को बचाए रखे। कलाएँ आत्म का विस्तार करती हैं। सारी कलाओं की प्रयोजनीयता मनुष्य की संवेदना को जाग्रत करने और उसका विस्तार करने में ही है। कलाएँ मनुष्य का मनुष्य के साथ ही नहीं, बल्कि इस जगत से भी मनुष्य का एक उदात्त सम्बन्ध बनाती हैं। कलाएँ हमारी दुनिया का भी विस्तार करती हैं। निराला कविता में अन्य ललित कलाओं का संयोजन करते हैं। अपनी विद्रोही चेतना के कारण वे साहित्य एवं कला-सम्बन्धी मान्यताओं को परम्परागत रूप से ग्रहण न कर उसमें अपनी ओर से कुछ न कुछ जोड़ देते हैं। निराला संकीर्णताओं से कला को अलग करके देखते हैं। 'काव्य में रूप और अरूप' शीर्षक अपने लेख में निराला लिखते हैं : "कलाएँ तमाम भिन्नताओं के भीतर से एक भाव-साम्य की स्थापना करती थीं।" इसी लेख में आगे लिखते हैं : "कला में देश-काल की जो संकीर्णता थी, आदान-प्रदान की सहृदयता ने उसे तोड़ दिया। कला की सृष्टि व्यापक विचारों से होने लगी।"

निराला के सृजन-कर्म और साहित्य के आलोचनात्मक विश्लेषण के पीछे उनकी अपनी कला-सम्बन्धी मान्यताएँ और कला-विवेक हैं। 'मेरे गीत और कला' शीर्षक अपने निबन्ध में कला की अवधारणा को प्रस्तुत करते हुए निराला लिखते हैं : "कला केवल वर्ण, शब्द, छन्द, अनुप्रास, रस, अलंकार या ध्वनि की सुन्दरता नहीं; किन्तु इन सभी से सम्बद्ध सौन्दर्य की पूर्ण सीमा है, पूरे अंगों की सत्रह साल की सुन्दरी की आँखों की पहचान की तरह देह की क्षीणता-पीनता में तरंग-सी उतरती-चढ़ती हुई, भिन्न वर्णों की बनी वाणी में खुलकर क्रमशः मन्द मधुरतर होकर लीन होती हुई—जैसे, केवल बीज से पुष्प की पूरी कला विकसित नहीं होती, न अंकुर से, न डाल से, न पौधे से; जड़ से लेकर तना, डाल, पल्लव और फूल के रंग-रेणु-गन्ध तक फूल की पूरी कला के लिए जरूरी है, वैसे ही काव्य की कला के लिए काव्य के सभी लक्षण और जिस तरह फूलों की सुगन्ध पेड़ के दृश्य समस्त भाग को ढके हुए अपने सौन्दर्य-तत्त्व के भीतर रखती है—पेड़ की काष्ठ-निष्ठुरता दिखती हुई भी छिपी रहती है, उसी तरह काव्य-कला आवश्यक अशोभन वर्ण-सम्प्रदाय को अपनी मनोज्ञता के भीतर डाले रहती है।" इस लम्बे उद्धरण से स्पष्ट है कि निराला का यह कला-विवेक सिर्फ छायावादी रोमैंटिसिज्म तक सीमित नहीं, बल्कि उनकी यथार्थवादी दृष्टि के पीछे भी कला को समग्रता में देखने-परखने का यही सुचिन्तित कला-बोध है।

निराला के कहानी-संग्रह 'सुकुल की बीवी' में एक छोटी-सी आत्मपरक कहानी है : 'कला की रूपरेखा'। अपने शीर्षक से गम्भीर लेख प्रतीत होती इस संस्मरणात्मक कहानी में कला क्या है, यह प्रश्न ही कहानी के केन्द्र में है। इस कहानी में वे लिखते हैं : "एक रोज जब लूकरगंज से हम लोग स्टेशन की तरफ चले, उन्होंने मुझसे पूछा, 'कला क्या है?' मैंने कहा, 'कुछ नहीं'।" निराला का यह 'कुछ नहीं' कहना बेहद महत्त्वपूर्ण है। एक लम्बे संवाद के माध्यम से निराला इसे स्पष्ट करते हैं। यद्यपि कला की कोई सुसंगत परिभाषा अव्याख्येय है, मगर फिर भी कथाकार द्वारा उसे व्यावहारिक दृष्टिकोण से समझने-समझाने की एक कोशिश है। निराला लिखते हैं : "जो अनन्त है, वह गिना नहीं जा सकता। इसलिए 'कुछ नहीं' कहा। इसका बड़ा अच्छा उदाहरण है। कला उसी तरह की सृष्टि है, जैसे आप सामने देखते हैं, बल्कि यही सृष्टि लिखने की कला की जमीन है।" इसी में निराला आगे कहते हैं : "एक-एक सृष्टि, एक-एक कला है। फलतः कला क्या है, यह बतलाना कठिन है। अद्वैतवाद में सृष्टि गिनने की असमर्थता के कारण सृष्टि का अस्तित्व ही उड़ा दिया गया है। इसलिए कहा, कला कुछ नहीं है।" निराला का सीधा आशय है कि प्रत्येक सृष्टि एक कला है। सृष्टियाँ असंख्य हैं, अतः इसे समग्रता में अभिव्यक्त करना लगभग असम्भव है। उन्होंने कहा : "कला एक बोध है, उसका स्पष्टीकरण किया जा सकता है, जैसे ब्रह्म के अलग-अलग रूपों की बात नहीं कही गई, केवल सच्चिदानन्द कह दिया गया है। इसी को साहित्यिकों ने 'सत्य, शिव और सुन्दर' कहकर अपनाया है। बोध वह है—जैसी कला हो, उसके विकास-क्रम का वैसा ज्ञान। इसके लिए प्राचीन और नवीन परम्परा भी सहायक है और स्वजातीय और विजातीय ज्ञान के साथ मौलिक अनुभूति और प्रतिभा भी।"

सृजनशीलता को नैतिक दृष्टि से ही देखा-परखा जाता रहा है। कला कभी भी ऐकान्तिक नहीं हो सकती—चाहे वह किसी भी स्वरूप में क्यों न हो। उसकी अपनी सामाजिकी जरूर होती है। अपने परिवेश से जुड़े संस्कार और सरोकार अवश्य होते हैं जोकि कलाकार के माध्यम से अनेक रूपाकारों में अभिव्यक्त होते हैं। क्या सचमुच कला या सृजनशीलता का कोई सम्बन्ध नैतिकता से है? दरअसल, मुझे लगता है कि कला की अवधारणा से ही इसका सरोकार है। कोई सृजन शून्य में नहीं होता, न कोई कलाकार ही समष्टि से कटकर कला-सृष्टि करता है—अपने अकेलेपन में भी घिरा हुआ, एक समवाय में उपस्थित। जब एक कला समूचे विश्व-मानस को झंकृत करती है, तो नितान्त वैयक्तिक कला समष्टि-निरपेक्ष

कैसे हो सकती है? यही समष्टि कला के मूल्य और मान भी तय करती है और नैतिकता के मान भी।

निराला-साहित्य से उनके कला-साहित्य और संस्कृति-सम्बन्धी चिन्तन के एक चयन का यह दायित्व मुझे मिला, इसके लिए शृंखला-सम्पादक कवि, समाजविज्ञानी और राजनीतिक विश्लेषक प्रो. बद्रीनारायण जी के प्रति विनत हूँ। अपने चाचा और निराला-साहित्य के स्वत्वाधिकारी डॉ. अमरेश त्रिपाठी जी के प्रति कृतज्ञ हूँ। शृंखला-संयोजन के अपने साथियों डॉ. सूर्यनारायण और डॉ. सुबोध शुक्ल का आभार तथा राजकमल प्रकाशन समूह की ओर से श्री अशोक महेश्वरी एवं श्री आमोद महेश्वरी को इस शृंखला के कलात्मक व सुरुचिपूर्ण प्रकाशन हेतु बधाई और धन्यवाद। हमारे समय के संस्कृतिकर्मियों, कला-साहित्य के अनुरागियों और हिन्दी-प्रेमियों को यह रुचिकर लगेगा तो अपना श्रम सार्थक समझूँगा, मुझे सचमुच सन्तोष होगा।

—विवेक निराला

क्रम

कला

कला और देवियाँ

समुद्र-मन्थन की बात प्रायः सभी को मालूम है। वह केवल एक रूपक है। उसका रहस्य कुछ और है। वहाँ समुद्र से मतलब अनादि ब्रह्म से है। यथार्थ समुद्र न तो मथा जा सकता है और न मथने से फेन के सिवा उससे रत्नों के निकलने की आशा है। मथने के सामान जो हैं—मेरु, कछुआ, शेष, ये भी मथने के काम नहीं आ सकते और मथनेवाले दैत्य और देवता जैसे इस समय दुर्लभ हैं, वैसे ही उस समय भी दुर्लभ रहे होंगे। अगर ये आदमी की शक्ल के थे तो जैसे आदमी की शक्लवालों के लिए इस समय समुद्र मथना असम्भव है, वैसे ही उस समय भी रहा होगा। सच पूछिए तो बात यह भाव की है, भाव में समझने के लिए; वहीं इसको सत्य प्राप्त होता है। ब्रह्म-समुद्र को मथनेवाले देवता और दैत्य भली-बुरी प्रकृति के रूपक हैं। जो चौदह रत्न निकलते हैं, हम देखते हैं, लक्ष्मी उनमें सर्वश्रेष्ठ हैं। इस प्रकार नारी की श्रेष्ठता सनातन प्रमाणित होती है। लक्ष्मी में दिव्य भाव तथा ऐश्वर्य के सभी गुण हैं। इसीलिए वे लक्ष्मी हैं। हम अपनी प्रत्येक गृहदेवी को गृहलक्ष्मी कहकर इन्हीं चिन्हों से संयुक्त करते हैं। यह बाहरी समाद्र मर्यादा-दान नहीं, किन्तु प्रकृति के औचित्य की रक्षा है। हमने नारी को इसी महिमा में प्रत्यक्ष किया है।

उक्त चौदह रत्नों में एक रत्न और है—उर्वशी। वह कला, गति और गीति की प्रतिमा है। इस उत्कर्ष में भी हम नारी को प्रत्यक्ष करते हैं।

लक्ष्मी और उर्वशी के गुण प्रत्येक स्त्री में मिले हुए हैं—उसी प्रकार, जिस प्रकार ब्रह्म-समुद्र में वे एक साथ मिले हुए थे। उर्वशी के नाम से किसी-किसी को हिचक हो सकती है। पर यह न समझने के कारण होगी। जिस प्रकार प्रत्येक रागिनी का चित्र खींचा गया है, उसी प्रकार उर्वशी गीति और गति प्रतिमा है। प्रत्येक स्त्री में एक प्रिया-भाव है जिससे वह पति का मनोरंजन करती है। इस भाव का भोक्ता संसार में केवल उसका पति है। यह उर्वशी का भाव है। प्रिया-भाव में गीति और गति के साथ रचना भी आती है, वह ललित वाक्य-रचना हो या छन्द-रचना। यह शब्दों के साथ भी मिली हुई है और ताल के साथ भी। शब्दों के साथ वह काव्य है और ताल के साथ नृत्य। उर्वशी के इसी भाव का आरोप देवी सरस्वती पर किया गया है, इसलिए

कि भाव में शुद्धता रहे। पर जैसा पहले कहा गया है, प्रिया-भाव की प्रधानता के लिए यहाँ उर्वशी ही आती है। इस प्रकार के सौन्दर्यबोध में इस अप्सरा-भाव का प्राधान्य है। लक्ष्मी से नारी-भाव की महिमा व्यंजित होती है। जिस सुलक्षणता से वह गृह की कर्त्री है, ऐश्वर्य को स्थितिशील करती है, दूसरों को भोजन-पान और स्नेह देकर तृप्त करती है, गृह के समस्त वातावरण को शान्ति से ढके हुए चारुता देती हुई पति तथा दूसरों की दृष्टि में महिमा की मूर्ति बनकर आती है, वह उसका लक्ष्मी भाव है। रक्षा, सेवा आदि इसके अन्तर्गत हैं। इसी का विकास मातृत्व में होता है। विश्व का पालन करनेवाले विष्णु की शक्ति लक्ष्मी इसी मातृत्व में पूर्णत्व प्राप्त करती है।

पहले भारत ने जिस तरह उन्नति की थी, अब वह बदल गई है। पहले की बातों में मनुष्यता की एक अनुभूति मिलती है। वहाँ शान्ति है और आनन्दपूर्वक निर्वाह। स्त्री और पुरुष, दोनों अपनी-अपनी विशेषता से गढ़ते हुए, समाज में मर्यादित रहकर, अनेक प्रकार के उत्कर्ष के चिन्ह अपनी सन्तानों के समक्ष छोड़ते हुए, आनन्द के भीतर से मुक्ति को प्राप्त करते हैं। गृह के भीतर स्त्री है, बाहर पुरुष, दोनों अपने स्वत्व और धर्म की रक्षा में तत्पर। अब वह बात नहीं रही। जहाँ तक पश्चिम के विकास की रूपरेखा है, एक बड़े विद्वान का कहना है कि अब गृह का स्थान होटल और क्लबों ने ले लिया है और स्त्री-पुरुष के सप्रेम समझौते की जगह प्रतिद्वन्द्विता ने। स्त्री और पुरुष की प्रकृति के अनुसार दोनों के कामों में अधिकार-भेदवाली बात नहीं रह गई। फल यह हुआ कि जो देश आधुनिक भावों से समुन्नत कहलाते हैं, वे स्त्री-पुरुष युद्ध में न घर में शान्ति पाते हैं, न बाहर। प्रणय प्रतिपल कलह है, कला बाजार की वस्तु बनी हुई है, जहाँ चमक-दमक अधिक, टिकाऊपन कम, नृत्य और गीत रंगशालाओं के लिए हैं; जहाँ इतर-आवेश अधिक और दिव्यता थोड़ी। इस विशृंखलता का सारा कारण है, पश्चिम का भौतिक उत्कर्ष। यह स्वाभाविक बात है कि केवल संसार की ओर ध्यान देने पर उस पर ईश्वरी प्रहार होगा, जिससे उसकी नश्वरता प्रतिक्षण सिद्ध होती रहेगी। भारत ने संसार की ओर ध्यान दिया था ईश्वर से संयुक्त होकर। इससे उसकी सांसारिक चारुता में भी नैसर्गिक छाप है।

यदि हमें प्रत्येक बात में यूरोप का अनुकरण करना पड़े तो इससे बढ़कर हमारी दुर्बलता, हमारी अमौलिकता का दूसरा प्रमाण न होगा। इसमें सन्देह नहीं कि वहाँ हमारे सीखने योग्य बहुत-सी बातें हैं और हमें भारतीय होने के कारण, वहाँ के गुण श्रद्धापूर्वक ग्रहण करने में संकोच न होना चाहिए। पर यदि हम उन गुणों को, उन वस्तु-विषयों को, अपने अनुरूप न बना सके, उन्हें अपने साँचे में न ढाल सके तो यह हमारे लिए अपनी विशेषता से अलग होना होगा। इससे बढ़कर हमारी दूसरी हार न होगी। युद्ध की हार उतनी बड़ी नहीं जितनी बड़ी बुद्धि और संस्कृति की हार है।

रात का समय सब भूमियों पर आता है। भारत की भूमि पर शताब्दियों से रात है। इस समय स्त्री-समाज पर जो पाशविक अत्याचार यहाँ हुए हैं, उन्हें पढ़कर रोमांच

होता है, साथ-साथ यह दृढ़ता भी आती है कि इतने दिनों तक दलित होता हुआ भी भारत अपने विशेषत्व से रहित नहीं हुआ—उसमें कोई अदभुत निष्प्राण जीवनी-शक्ति अवश्य थी, हमें इसी जीवनी-शक्ति का उद्‌बोधन करना है। इस शक्ति ने भारत की स्त्रियों को किस साँचे में ढाला है, इसके सहस्रों प्रमाण हैं और यह रूप अन्य देशों में बहुत कम प्राप्त होगा।

जिस क्षिप्रता और स्फूर्ति के लिए विदेशी महिलाएँ प्रसिद्ध हैं, सांसारिक कार्यों तथा क्रय-विक्रय में प्रवीण, यह यहाँ की महिलाओं की पहली विशेषता थी। समय के अनेकानेक प्रहारों ने उन्हें निश्चेष्ट कर दिया है; स्त्री और पुरुष, दोनों देह और मन की सहज गति से रहित हो गए हैं, पर वास्तव में वे ऐसे न थे। आध्यात्मिकता के मानी ही हैं लघु से लघुतर होना—जड़त्व से वर्जित होना। कला और कौशल के लिए यह पहली बात है कि गति अत्यन्त लघु, ललित और उचित शक्ति से भरी हो।

कला अपने नाम से नारी-स्वभाव की सूचना देती है। उसकी कोमलता और विकास में महिलाओं की प्रकृति है। पुनः उसकी अधिकांश उपयोगिता गृह के भीतर है। इसलिए वह महिलाओं की ही है, इसमें सन्देह नहीं। गृह के बाहर विशाल संसार में चलने-फिरने की शक्ति गृह के भीतर है। यदि भीतर से मनुष्य अशक्त रहा तो बाहर सफल नहीं हो सकता। भीतर के सम्पूर्ण अधिकार स्त्रियों के हैं। घर का भीतरी हिस्सा देखने में छोटा होने पर भी महत्त्व में बाहरी हिस्से से कम नहीं, बल्कि गृह-धर्म के विचार से बढ़कर है। इसी चारुता, आवश्यक छोटी-मोटी वस्तुओं का निर्माण जिनकी कमी हम बाजार से पूरी कर दूसरे देशों को धनवान करते हैं; रँगाई, सिलाई-बुनाई आदि सुई के भिन्न-भिन्न कार्य, गीत-वाद्य-नृत्य, शब्द-रचना, अलंकार-निर्माण, चित्रकारी, पाकशास्त्र, इतना ही नहीं, बल्कि भिन्न-भिन्न अंगों का गृह-विज्ञान, चिकित्सा आदि स्त्रियों में विकसित रूप प्राप्त करें, इनके द्वारा वे संसार के ज्ञान से समृद्ध हों, गृह के साथ देश और विश्व से संयुक्त हों, इसकी अत्यन्त आवश्यकता है। कला के विकास के साथ देवियों की आत्मा का विकास हो और भारत की प्राचीन दिव्य शक्ति का प्रबोधन, भारतीयों के लिए उन्नयन का इससे बढ़कर दूसरा उपाय नहीं। देवियों की कला में उनकी दिव्य विभूति की पड़ी हुई छाप विश्व को अपनी श्रेष्ठता का परिचय दे।

['चाबुक' से संकलित]

मेरे गीत और कला

बाजार के बनियों पर, बैल जोतकर गाड़ी ले जानेवाले अनाज के व्यापारियों का तो प्रभाव पड़ता है, पर गोन लादकर घोड़ी पर जानेवाले हुसेन का नहीं। जब किसी काव्य की दो ही पंक्तियों के उद्धरण पर मारे सहृदयता के आलोचक बेहोश होने लगते हैं, तब बाहोश पाठक बिना मेहनत के पूँजी का हिसाब मालूम कर लेते हैं। वे देखते हैं, यह अकेली 'कला-कला' की रट लगाकर हुशकानेवाली 'गला-गला' की सार्थकता भी नहीं रखती।

विज्ञजन जानते हैं, 'प्रसिद्धि' का भीतरी अर्थ यशोविस्तार नहीं, विषय पर अच्छी सिद्धि पाना है; अवश्य उपसर्ग के धात्वर्थ के लिए 'बलादन्यत्र नीयते' कहा है, पर विचार करने पर 'उपसर्ग' और 'बलात्' अपने ही रूपों में अस्वाभाविक मालूम होते हैं। यदि यशोविस्तार पर निगाह रखकर निर्णय किया गया तो धोखे की जितनी गुंजाइश है, उतनी 'प्रसिद्धि' के विवेचन में नहीं; कारण, बगीचे के प्रशंसा-प्राप्त फूल से, सम्भव है, उपवन का न जाना हुआ फूल और बड़ा, और सुन्दर एवं और सुगन्ध हो। इसलिए फूल के खुल जाने पर खुशबू के खोलने की जरूरत नहीं, जो कहा गया है, यह समझदारों के लिए है, नहीं तो राजा के लड़के की इत्र चाट जानेवाली बात मशहूर है।

ज्यों-ज्यों मैं 'प्रसिद्धि' की सच्ची साधना के विचार से अपने सम्बन्ध में चुप रहा, त्यों-त्यों उड़ने की शक्ति प्राप्त करते ही, आलोचक शायरी की शमा के चारों ओर समाँ बाँधते रहे; नतीजे की याद न रही। मेरी इच्छा न थी कि पूरी जलने से पहले अपनी शमा लेकर निकलूँ; मेरा खयाल है कि अब भी वह पूरी-पूरी नहीं जली, यानी हजार-दो हजार बत्तियों की ताकत एक साथ उसमें नहीं आई, फिर भी जितनी रोशनी आई है, मैं सोचता हूँ कि अगर दिखा दूँ तो यह जो बेले को चमेली और चमेली को गन्धराज कहना कसरत पर है, और साड़ी के रंग पर जो सिर के बल हो रहे हैं लोग—रंग भी जो कहीं-कहीं भद्दे ढंग से, बेमेल दाग की तरह लगा हुआ है, न रहें, नामों की जानकारी के साथ रंगों की असलियत, मिलावट और अकेलापन मालूम हो जाए और न होती हुई सबसे बड़ी बात यह हो कि साड़ी देखनेवालों की साड़ी पहननेवाली से भी चार आँखें हो जाएँ।

मैं तारीफवाली बाहरी बातों में पहले से पीछे रहा; किताबों का गेट-अप साधारण, तसवीर नदारद, छपाई मामूली। मेरी तसवीर तो मेरे साथवालों के बहुत बाद निकली है। वह भी वैसी भड़कीली नहीं; निकली भी पत्रिकाओं में, मेरी पुस्तकों में नहीं। इस वक्त भी कितने सम्पादक तसवीर माँगकर निराश होते हैं। पर हर तरह बचता हुआ भी बदनामी में पहले रहा। जिन-जिन लोगों ने अपना साँवला भूलकर मुझे पीला बतलाया है, उनकी कार्यावली की लम्बी तालिका न पेश करूँगा, हालाँकि लेखक न होकर, अगर इस लेख का मैं पाठक होता तो सप्रमाण उस कार्यावली का पाठ ही मेरे लिए सविशेष आनन्ददायक ठहरता। यह मानी हुई बात है कि जब भ्रम एक के पास न होगा, तब दूसरे के पास अवश्य होगा, क्योंकि स्वामी दयानन्द जी सरस्वती के मतानुसार अनादि तीन हैं, जिनमें भ्रम मजे में आता है, नहीं तो तीन की गिनती बन्द हो जाए। इस तरह जब वह मेरे पास जगह न पा सका, तब दूसरे के सिर चढ़कर मेरी ओर मुँह करके बोला। इसके प्रतिकूल मुझे ऐसे मित्र भी मिले, जिन्होंने मेरी तारीफ की। इस स्तुति और निन्दा के मार्ग से चलता हुआ वर्तमान काव्यालोचना का रूप वास्तव में पुच्छविषाण-हीन नहीं रह पाया। मैं जहाँ तक समझता हूँ, पहले-पहल मेरे मित्र हिन्दी के मर्मज्ञ विद्वान और आलोचक पं. नन्ददुलारे जी वाजपेयी ने वर्तमान कवियों की वृहत्रयी निकाली और 'भारत' में एक लम्बी आलोचना लिखी। उनकी आलोचना का दूसरी जगह उद्धरण किया गया। इसके बाद उनके इस पेड़ पर चढ़कर 'फल खात न वारा' बहुतों ने किया; कुछ ने नई बात पैदा की—श्रीमती महादेवी जी को जोड़कर वर्तमान काव्य के चारों पैर बराबर कर दिये। पं. बनारसीदास जी कब पीछे रहनेवाले थे?—उन्होंने नई सूझ पैदा की, खोज-खाजकर एक पूँछ की कसर पूरी कर दी, अब साबित कर रहे हैं कि काव्य के चतुष्पद तत्त्वों में उनकी पूँछ का ही महत्त्व सबसे ज्यादा है। यह है खड़ी बोली के काव्यालोचन का सच्चा रूप, जो कला की पहचान से अब तक तैयार हो पाया है।

मैं खड़ी बोली का वाल्मीकि नहीं, न 'वाल्मीकि की प्रिये दास यह कैसे तुझको भाया' मेरी पंक्ति है; पर 'भयो सिद्ध करि उलटा जापू' अगर किसी पर खप सकता है तो हिन्दी के इतिहास में एकमात्र मुझ पर। कबीर उलटबाँसी के कारण विशेषता रखते हैं, पर वहाँ छन्दों का साम्य है, उलटबाँसी नहीं; यहाँ छन्द और भाव, दोनों की उलटी गंगा बहती है।

यह सब उलटा-पलट मैंने जान-बूझकर नहीं किया, और यह उलटा-पलट है भी नहीं, इससे सीधा और प्राणों के पास तक पहुँचता रास्ता छन्दों के इतिहास में दूसरा नहीं।—वेद इसीलिए वेद हैं। यह उलटा-पलट उसके लिए कहा जा सकता था, जिसकी मातृभाषा हिन्दी न हुई होती। मेरी बैसवाड़ी, माता-पिता की दी वाग्विभूति, जिससे सभी रसों के स्रोत मेरे जीवन में फूटकर निकले हैं, साहित्यिकों में प्रसिद्ध हैं। मैंने भाषण भी इस भाषा में किए हैं। भाषा के उत्थान-पतन पर विचार करते हुए

मैंने देखा, वेदों से ब्रजभाषा तक भाषा के पतन का एक मनोहर इतिहास तैयार होता है। बदलती हुई भाषा क्रमशः सुखानुशयी होती गई है। तदानाशंसे विजयाय संजय पूर्ण पराधीनता के पूर्व मुहूर्त की भाषा भी बोलती है। यहाँ एक दूसरे विचार पर भी ध्यान देना उचित होगा। जिस तरह वैदिक और संस्कृत में 'कं, खं, गं' का रूप है और इसके अनुरूप जातीय जीवन, जो अपभ्रष्ट भाषाओं के आधार पर दुर्बल होता हुआ, एक प्रकार निस्तेज हो गया, उसी तरह फारसी में 'क़, ख़, ग़' का रूप है, जो वैदिक और 'संस्कृत' के पूर्ण प्रतिकूल है, जिसके अनुरूप मुसलमानों का जीवन है। पड़ोसी के कमजोर होने पर दूसरा पड़ोसी शहजोर होगा; यह प्राकृतिक नियम है। हम देखते हैं, क्रमशः पराजय होते-होते हिन्दुओं पर एक दिन मुसलमानों का पूरा आधिपत्य हो जाता है। इसे कहना चाहिए कि यह अपभ्रष्ट वैदिक या संस्कृत पर फारसी की विजय है। इसके बाद, इन दोनों पर, हिन्दोस्तान आए हुए पड़ोसी अंग्रेज विजयी होते हैं। यहाँ भी महत्त्व में हम भाषा का विचार कर सकते हैं। अंग्रेजी भाव और साहित्य में अधिक पुष्ट मालूम देगी, मैं संक्षेप में विचार रहा हूँ; जो लोग इसकी प्रतिकूलता करेंगे, यहाँ के दर्शन और साहित्य की उच्चता के प्रमाण देंगे, उन्हें मालूम होना चाहिए कि दर्शनों का संस्कृत-जीवन है, ऐसा ही साहित्य का भी, पर प्रकृति ने देश का अपभ्रष्ट जीवन तैयार कर दिया था, और तब भी, जब कालिदास की कला का देश ने चमत्कार देखा—श्रीहर्ष का समय तो पूर्ण पतन का पूर्व मुहूर्त है, इसलिए यह संस्कृत और ये काव्य जातीय जीवन के नहीं कहे जा सकते, शंकर से लेकर बाद के समस्त भाष्यकार अपभ्रष्ट-भाषा-काल के हैं; संस्कृत के द्वारा उन्होंने द्विग्विजय ही किया है, अपने मत की प्रतिष्ठामात्र की है, जाति की जीवनीशक्ति का वर्द्धन नहीं—उस समय की भाषा का उद्धार नहीं, और यह सम्भव भी न था, कारण अनेक प्रादेशिक भाषाएँ थीं; उनका लक्ष्य उन्नयन अवश्य था; पर अनेकानेक भेदोपभेद तथा प्राकृतिक विवर्तन के कारण अपभ्रष्ट भाषाएँ उलटा चलकर संस्कृत नहीं बन सकीं; फलतः हार होती गई, जीवन दुर्बलतर होता रहा। अंग्रेजी फारसी की तरह प्राणों की भाषा थी। साहित्य उत्कर्ष पर था, जिसके बल पर मैकाले ने भारतीय साहित्य पर मजाक किया, पंडितों को मालूम होगा। अस्तु, ब्रजभाषा के उच्चारण और भाव-रूप पर, मैंने देखा, उर्दू सवार है, उसी तरह जैसे हारे हुए पर जीता हुआ रहता है। जितने कवि-सम्मेलन देखे, जहाँ उर्दू और ब्रजभाषावाले एकत्र हुए थे, उर्दूवालों को ही बाजी मारते देखा। इसका कारण यह पाया कि जिस जगह ठहरकर वे बोलते हैं, वह जीतनेवालों का घर है—ब्रजभाषा के मुकाबले; ब्रजभाषावाले बड़ा जोर मारकर कहीं वहाँ तक पहुँचते हैं, देखिए, भूषण के कवित्तों में गँवार की तरह चिल्ला रहे हैं या देव के छन्दों में मारे शृंगार के दुहरे हुए जा रहे हैं। एक दफा डॉ. सुनीतिकुमार चटर्जी महाशय ने मुझसे पूछा, मेरे एक बंगाली मित्र हैं, वे उर्दू में कविता लिखते हैं। कहते हैं, हिन्दी में भाव के प्रकाशन में दिक्कत होती है, यह क्या

बात है? मैंने कहा, बँगला की तरह उर्दू में दीर्घ को बहर की लपेट में स्व कर लेने की गुंजाइश है, हिन्दी में नहीं। हिन्दी में जहाँ कहीं ऐसा है, वहाँ चाहे सब स्व हों या सब दीर्घ, कोई हानि नहीं; 'गड गड गड गड' हो या 'ग॥ ग॥ ग॥ ग॥' अथवा 'गाडा गाडा गाडा गाडा'— मजे में करते जाइए। बस अक्षर गिने रहिए। अस्तु, दो-चार बार उर्दूवालों के बीच मुझे भी पढ़ने का मौका मिला है। जहाँ धड़ाधड़ मुक्त छन्द के गोले निकलने शुरू हुए कि भाइयों की समझ में आ गया कि हाँ, कुछ पढ़ा जा रहा है—यह 'ग॥ ग॥ ग॥ ग॥' नहीं है। बन्दिशवालों के बन्द मुक्त छन्द की होड़ में नहीं टिक सकते। यह वह मशीनगन है, जो उर्दूवालों के पास भी नहीं, हालाँकि इक़बाल तक वे लोग पहुँच चुके हैं। भावों की मुक्ति छन्द की भी मुक्ति चाहती है। यहाँ भाषा, भाव और छन्द, तीनों स्वतंत्र हैं। इसका फल जीवन में क्या होता है, हिन्दी में समझदार होते तो अब तक व्यापक रूप से मालूम कर चुके होते। ले-देकर दो-चार जानकार हैं। प्रमाण मैं इतने दे चुका हूँ, इतने बार पढ़ चुका हूँ कि और आवश्यकता उनकी साहित्यिकता पर ही शंका होगी। मैंने पढ़ने और गाने, दोनों के मुक्त रूप निर्मित किये हैं। पहला वर्ण-वृत्त में है, दूसरा मात्र-वृत्त में। इनसे हटकर मुक्त रूप में छन्द जा नहीं सकता। गाना भी जो मैंने सिखाया है, वह हिन्दी का पुराना राग नहीं कि कवि जी कवि-सम्मेलन में शाम के वक्त भैरवी में कविता पढ़ने लगे। तबले के सामने बैठा दीजिए तो भैरवी भी भूल जाए। मेरा गाना भी कविता का ही गाना है। गीत तो मैंने अलग लिखे हैं।

प्रकृति की स्वाभाविक चाल से भाषा जिस तरफ भी जाए—शक्ति-सामर्थ्य और मुक्ति की तरफ या सुखानुशयता, मृदुलता और छन्द-लालित्य की तरफ, यदि उसके साथ जातीय जीवन का भी सम्बन्ध है तो यह निश्चित रूप से कहा जाएगा कि प्राणशक्ति उस भाषा में है। ब्रजभाषा के संतों और त्यागी रहीम-जैसे वीरों का विचार पूर्वोक्त प्रकरण में नहीं किया गया; ब्रजभाषा को उस समय जो व्यापक राष्ट्रीय महत्त्व प्राप्त हुआ था—अपर प्रादेशिक भाषाओं पर उसका प्रभाव पड़ा था, इसका भी नहीं; कारण, वह विषय भिन्न था। यहाँ, जातीय साहित्य के प्राणों की चर्चा करते हुए, यह कहना पड़ता है कि ब्रजभाषा में भाषाजन्य जातीय जीवन था, जो बुद्ध के बाद के संस्कृत-कवि और दार्शनिकों में नहीं। इसलिए, यह निर्विवाद है कि ब्रजभाषा के बाद जो भाषा होगी, उसमें ब्रजभाषा के कुछ चिन्ह जीवन की शक्ति या रूप के तौर पर अवश्य होंगे। खड़ी बोली का उत्थान ब्रजभाषा के पश्चात् होता है। इसलिए ब्रजभाषा के कुछ जीवन-चिन्ह उसमें रहने जरूरी हैं। हम देखते हैं कि ब्रजभाषा में 'श, स' दोनों 'स' बन गए हैं, 'ष' 'ख' हो गया है, 'ण, न' 'न' में ही आ गए हैं, बहुत जगह 'व' 'ब' बन गया है। खड़ी बोली में शुद्ध उच्चारण की ओर ध्यान रहने पर भी वर्णों को यह अशुद्धि ही जैसे अच्छी लगती है; इसकी विशेषता हम अच्छी तरह देख लेते हैं जब कोई उर्दू मिली चलती जबान लिखते हैं, बस 'वश' की जगह,

बेबस 'विवश' की जगह, किरन 'किरण' की जगह आते हैं। चौदह-पन्द्रह वर्ष पहले 'सरस्वती' में किसी सज्जन ने एक छोटा-सा नोट लिखा था। उसमें 'श, ष, स' की जगह 'स' और 'ण, न' की जगह 'न' से काम लेने का प्रस्ताव किया था। आज भी खड़ी बोली का शुद्ध रूप बहुतों को खटकता है और अब तो शायद साहित्य-सम्मेलन भी देवकीनन्दन-युग में प्रवेश करने के लिए प्रयत्न पर है। कुछ हो, यह मालूम हो जाता है कि वर्णों में 'श, ण, व' खड़ी बोली के प्राणों को खटकते हैं। कला-विषय में इस तरह वर्णों के विचार से श्रीगणेश करता हूँ।

कला केवल वर्ण, शब्द, छन्द, अनुप्रास, रस, अलंकार या ध्वनि की सुन्दरता नहीं, किन्तु इन सभी से सम्बद्ध सौन्दर्य की पूर्ण सीमा है, पूरे अंगों की सत्रह साल की सुन्दरी की आँखों की पहचान की तरह—देह की क्षीणता-पीनता में तरंग-सी उतरती-चढ़ती हुई, भिन्न वर्णों की बनी वाणी में खुलकर क्रमशः मन्द मधुरतर होकर लीन होती हुई—जैसे, केवल बीज से पुष्प की पूरी कला विकसित नहीं होती, न अंकुर से, न डाल से, न पौधे से; जड़ से लेकर तना, डाल, पल्लव और फूल के रंग-रेणु-गन्ध तक फूल की पूरी कला के लिए जरूरी है, वैसे ही काव्य की कला के लिए काव्य के सभी लक्षण; और जिस तरह फूलों की सुगन्ध पेड़ के दृश्य समस्त भाग को ढके हुए अपने सौन्दर्य-तत्त्व के भीतर रखती है—पेड़ की काष्ठ-निष्ठुरता दिखती हुई भी छिपी रहती है, उसी तरह काव्य-कला आवश्यक अशोभन वर्ण-सम्प्रदाय को अपनी मनोज्ञता के भीतर डाले रहती है। तने, डाल, पत्ते और फूल के रंगों के भेद और उनके चढ़ाव-उतार की तरह काव्य की भी प्रकाशन-धारा है; इसकी त्रुटि कला के एक अंश की त्रुटि होगी। इस प्रकार कला का मर्म स्थूलरूप से समझ में आ जाता है। एक केन्द्र से खींची हुई असंख्य रेखाओं की तरह काव्य-विषय की असंख्य कलाएँ हैं। सृष्टि स्वयं कला की असंख्यता का प्रमाण है। विवेचन के समय कला का प्रकार देखा जाता है; यहीं मालूम होता है, कला किस रूप की है, कैसी गति लिये हुए, कहाँ पहुँची हुई। यदि वह अधूरी रह गई तो मानवांग निर्णय में काना, लँगड़ा, नकटा आदि जैसे पहले के परिचय के अनुसार समझ लिये जाते हैं, वैसे ही कला भी विषय के विवेचन में आ जाएगी। पर जिसे मालूम नहीं कि भौंरे के इतने पैर होते हैं, उसके सामने दस पैरवाला भौंरे के आकार का एक कीड़ा बनाकर रख देने पर वह उसे भौंरा ही समझेगा, और धोखे में आकर या धोखा देने के लिए उस चित्र के नीचे अगर 'भौंरा' लिख भी दिया चित्रकार ने, तब तो वह दर्शक निःसंशय उसे 'भौंरा' मानेगा; एक दफा, दूसरे के इनकार करने पर, उससे लड़ भी जाएगा। हिन्दी में कला के विवेचन में प्रायः यही हाल है। अधिकांश तो उत्प्रेक्षा और रूपक को ही कला समझते हैं। पिछले प्रकरण में मैं दिखा चुका हूँ कि 'श, ण, व' ब्रजभाषा के जीवन के अनुरूप नहीं, खड़ी बोली के जीवन में भी उनका स्थान विशेष महत्त्वपूर्ण नहीं। पर, अब वर्ण-विचार द्वारा काव्यकला का रूप-निर्णय करता हुआ कहता हूँ

कि खड़ी बोली के कोमल कवि और किन्हीं-किन्हीं के विचारों में सर्वश्रेष्ठ कवि श्री सुमित्रानन्दन जी पंत के वर्ण-सौन्दर्य के मुख्य आधार यही श, ण, व और ल हैं।

उदाहरण :

कहाँ आज वह पूर्ण पुरातन वह सुवर्ण का काल?
नीले नभ के शतदल पर वह बैठी शारदहासिनी।
मृगेक्षिणि! सार्थक नाम!
काँटों से कुटिल भरी हो यह जटिल जगत की डाली।
वर्ण-वर्ण है उर की कम्पन।

पहले में 'ण', दूसरे में 'श', तीसरे में 'क्ष' और 'ण', चौथे में 'ल', पाँचवें में 'व' और 'ण' अन्य वर्णों से ज्यादा बोलते हैं, जैसे इन्हीं वर्णों से उच्चारण-सौन्दर्य स्पष्ट होता हो! 'र' आदि अन्य वर्णों का भी सहारा पंत जी ने लिया है, और इस प्रकार उन्होंने खड़ी बोली का सुन्दर रूप से ठाट बाँधा है। उनके उच्चारण में संगीत बड़ा मधुर झंकृत होता है। पर यह कला कालिदास की है। वहाँ इसका रूप कैसा बन पड़ा है, संस्कृत के पाठक समझते हैं। मैं बहुत पहले लिख चुका हूँ, जिसे जैसा बनना है, उसके संस्कार उसी रूप से चलकर और दृढ़ होते हैं। पूर्ण मौलिकता नहीं हो सकती। केवल कमी और बेशी का तारतम्य रहता है।

गर्भाधानक्षणपरिचयान्नूनमाबद्धमाला:

कालिदास का एक 'ण' सब वर्णों से ज्यादा बोल रहा है।

प्रांशुलभ्ये फले मोहादुदबाहुरिव वामन

सारा उच्चारण संगीत 'प्रांसु' के 'शु', 'वामन' के 'व' पर है।

मन्दं-मन्दं नुदति पवनश्चानुकूलो यथा त्वां
वामश्चायं नदति मधुरं चातकस्ते सगन्ध:।

'श्चा' ही बोल रहा है दोनों जगह।

सुगन्धि-नि:श्वास-विवृद्ध-तृष्णं बिम्बाधरासन्नचरं द्विरेफम्।
प्रतिक्षणं सम्भ्रमलोल-दृष्टिर्लीलारविन्देन निवारयन्ती।

इसमें कहे हुए 'श, ण, व, ल' चारों का उच्चारण देखिए, क्या सफाई है। वर्ण-विचार से पंत जी का स्कूल हिन्दी का 'श-ण-व-ल' स्कूल कहा जा सकता है।

'श-ण-व-ल' के उच्चारण से शरीर की जैसी बनावट होती है, 'स-म-ब-ल' के उच्चारण से उसके बिलकुल विपरीत। पर देखना यह है कि जो जीवन 'ब्रजभाषा' से

आ रहा है वह 'श-ण-व-ल' के अनुकूल आता है या 'स-म-ब-ल' के। 'स-म-ब-ल' वाले एक कवि संस्कृत में हैं, जयदेव। मालूम हो कि जयदेव बंगाली थे; इसलिए 'व' के उच्चारण की व्यक्तिगत रूप से उन्हें कसम थी, यों दूसरे प्रान्त में यथास्थान आया 'व' 'ब' न बनकर 'व' ही रहे तो इससे जयदेव का वर्ण-विज्ञान न बदलेगा।

उन्मद-मदन-मनोरथ-पथिक-वधू-जन-जनित-विलापे,
अलिकुल-संकुल-कुसुम-समूह-निराकुल-बकुल-कलापे।

'स-म-ल' ही बोल रहे हैं। 'श-ण-व-ल' का पता नहीं।

जयदेव आज इतने ऊँचे उठ गए हैं कि लोग तारीफ करने को विवश हैं। पर आज की तरह यदि 'श-ण-व-ल' का अभाव सौन्दर्य की कमी का कारण माना जाता तो संगीत-विशारद जयदेव, कोमल-कान्त-पदावली, वाग्बन्ध के जन्मदाता जयदेव, सौन्दर्यबोध में किसी श्रेष्ठ कवि से घटकर न रहनेवाले जयदेव क्या सोचते, यह सोचा जा सकता है। श, ण और व के प्रयोग जयदेव में भी हैं, पर ये वर्ण इनकी रचना में दबे हुए हैं।

धीर-समीरे यमुना-तीरे वसति वने वनमाली—

कैसी सुन्दरता है; पर कालिदास वाले वर्ण नहीं। इसी तरह—

वदसि यदि किंचिदपि दन्तरुचि-कौमुदी
हरति द्रतिमिरमतिघोरम्दृअयिप्रिये

यहाँ भी वर्ण-संगीत कालिदास का नहीं, पर झपताल में जो भाव-सौन्दर्य व्यक्त है, वह जयदेव में ही प्राप्त होता है, अन्यत्र नहीं। अब मैं अपने काव्य के वर्णाधार लिखता हूँ। मैं हिन्दी के जीवन के सम्बन्ध में वर्णों के भीतर से विचार कर चुका हूँ कि किन वर्णों का सामीप्य है। मुक्त छन्द की रचना में मैंने भाव के साथ रूप-सौन्दर्य पर ध्यान रखा है, बल्कि कहना चाहिए, ऐसा स्वभावतः हुआ, नहीं तो मुक्त छन्द न लिखा जा सकता, वहाँ कृत्रिमता नहीं चल सकती। मैं यथोचित नम्रता के साथ सूचित करता हूँ कि पाठक और हिन्दी के विज्ञ आलोचक, मैं जो कुछ लिख रहा हूँ, इसके अलावा अपनी तरफ से कुछ न सोचें। मेरा विचार केवल कला का विवेचन है। मैं पंत जी का उल्लेख न करता, पर करने पर विवेचन और साफ समझ में आवेगा, इसलिए करता हूँ। जो लोग उन्हें और अच्छी तरह समझ सके हों, इसे पढ़कर उन्हें समझाने का मौका रहेगा। फिर मैं दूर की नहीं हाँक रहा, कारण पर, प्रमाण पर चल रहा हूँ। वे भी सप्रमाण लिखेंगे। मैं आज तक कला-विषय में क्यों चुप था, यह लिख चुका हूँ। अस्तु, लोग उद्धृत कर चुके हैं :

दिवसावसान का समय, मेघमय आसमान से उतर रही है
वह सन्ध्या सुन्दरी परी-सी धीरे धीरे।—

देखिए, अगर 'श-ण-व-ल' कहीं हो! फिर खड़ी बोली का उच्चारण भी मिलाइए, अनुकूल है या प्रतिकूल? अभी यह केवल वर्ण-विचार है। कला बहुत आगे है। एक और उदाहरण जो उद्धृत किया गया है दूसरे आलोचकों से :

वह आता
दो टूक कलेजे के करता पछताता पथ पर आता।
पेट-पीठ दोनों मिलकर हैं एक,
चल रहा लकुटिया टेक,
मुट्ठी-भर दाने को—भूख मिटाने को
मुँह फटी-पुरानी झोली का फैलाता—
दो टूक कलेजे के करता पछताता पथ पर आता।

इसमें भी कालिदास के वर्ण खोजिए। खड़ी बोली का जीवन भी मिलाइए। मुहावरा, अनुप्रास और चित्र देखिए, पर यह भी कला नहीं, पर देखिए। मुझे आवेश नहीं। यह मेरा सीधा ढंग है। इस तरह शायद विषय ज्यादा साफ कर पाऊँगा। जयदेव के बाद अपना उद्धरण देने का यह मतलब नहीं कि मैं जयदेव से प्रभावित हुआ। केवल भिन्नवर्ण-सौन्दर्य दिखलाने के लिए जयदेव को लिया, जिससे 'श-ण-व-ल' का प्रभाव मिटे और भाव, भाषा, चित्रण, सौन्दर्य आदि से समन्वित कला का विचार रह जाए।

संस्कृत में कालिदास अकेले, 'श-ण-व-ल' स्कूल में हैं। शब्दों से रूप-चित्रण कालिदास का जितना अच्छा होता है, उतना चुस्त बैठता हुआ दूसरे का नहीं, इसीलिए उपमा कालिदासस्य कहा है। कोमलता और सौन्दर्य-विषय की प्राथमिक कला कालिदास की तरह की—जो कुछ संस्कृत-साहित्य मैंने देखा है और थोड़ा-थोड़ा करीब-करीब सभी अच्छे कवियों को देखा है—उनमें नहीं। पर जहाँ भावजन्य सौन्दर्य है, जो और मधुर—हृदय के और पास तक पहुँचा हुआ है, वहाँ कालिदास उठ नहीं पाते। प्रसाद और सौन्दर्य में मेघदूत का एक श्रेष्ठ माना गया श्लोक प्रमाण में रखता हूँ :

तन्वी श्यामा शिखरिदशना पक्वबिम्बाधरोष्ठी
मध्ये क्षामा चकितहरिणीप्रेक्षणा निम्ननाभिः।
श्रोणीभारादलसगमना स्तोकनम्रा स्तनाभ्यां
या तत्र स्याद युवतिविषये सृष्टिराद्येव धातुः॥

विरही यक्ष मेघ से अपनी पत्नी की तारीफ में कहता है : "वह नाजनी है; जवान भी, उसके पतले नोकदार दाँत हैं (जरा बड़े; यह भाग्य और पति के दीर्घायु होने का सूचक है—कहा गया है), पके बिम्बफल की ललाई उसके होंठों में है, कमर पतली है, डरी हिरनी की निगाह से देखती है, नाभि गहरी है, नितम्बों के भार से धीरे-धीरे चलती है, स्तनों से जरा झुकी रहती है, वहाँ वह युवति-विषय में विधाता

की आदि-सृष्टि-सी हो रही है।" यह कालिदास का एक अच्छा माना गया चित्र है। भाव खोजिए, पता नहीं, रूप रूप है। 'विधाता की आदि-सृष्टि' में भी रूप ही सामने आता है। एक दूसरा रूप पेश करता हूँ। 'चौरपंचाशिका' का है :

अद्यापि तां कनकचम्पकदामगौरीं
फुल्लारविन्दनयनां तनुरोमराजीम्।
सुप्तोत्थितां मदनविह्नलितालसांगी
विद्यां प्रमादगलितामिव चिन्तयामि॥

पहले वर्ण-संगीत देखिए, कालिदास की 'श्यामा शिखरिदशना' की दशा नहीं। क्या स्वस्थ रूप है संस्कृत का! तीन-तीन बार दोनों को पढ़िए, उच्चारण में कौन साफ उतरता है, आप मालूम हो जाएगा। कवयित्री राजकुमारी नवयौवना विद्या का प्रेमी, उसी के महल में पकड़ा गया कवि सुन्दर, फाँसी से पहले, प्रथानुसार वर लेता है कि विद्या के महल से उतरता हुआ, प्रति सोपान पर एक-एक श्लोक पढ़ेगा। यह पहला श्लोक है :"इस समय भी मैं स्वर्ण-चम्पक-माला-सी गोरी, खिले-कमल-नेत्रवाली कोमल रोओं की, सोकर उठी हुई, मदन से विह्वल हुए अलस अंगोंवाली प्रमाद (शंका, भय, संशय, मद, नशा आदि) से गलित जैसे (रहित, झरती हुई, डूबी भी प्रमाद का अर्थ मद या नशा लेने पर), विद्या की याद करता हूँ।" कालिदास ने यक्ष की पत्नी में निम्ननाभि और श्रोणी-भार आदि अश्लील वर्णन तो किये ही हैं, पर उस समय को देखकर यह सब छोड़ देने पर भी, उनकी धाता की आदि-सृष्टि-जैसी यक्ष-प्रिया भी प्रमादगलिता विद्या की बराबरी नहीं कर सकती। कारण, धाता की 'आदि-सृष्टि' में अंगयष्टि ही सामने आती है, यक्ष-प्रिया का कोई भाव-रूप नहीं; यहाँ प्रमाद-गलिता विद्या भाव-रूप में बदल गई है। 'प्रमाद-गलिता' में जितना अर्थ-चमत्कार है, जितनी तरह के अर्थ होते हैं, उतनी तरह 'सृष्टिराद्येव धातुः' में नहीं लाई जा सकतीं। लाने की कोशिश जबरदस्ती कहलाएगी। सहृदय विज्ञजन देखें। यह श्रेष्ठता केवल भाव के कारण है। यहाँ भी उत्कृष्ट कला नहीं। एक साधारण बात है। यों तो 'कला' का अर्थ है अंश, एक टुकड़ा; चाँद सोलह कलाओं से मिलकर पूरा पूनो का चाँद बनता है; कलाओं या टुकड़ों से मिला हुआ है, इसलिए 'सकल' है। पर मैं कला को पूर्ण अर्थ में लेता हूँ; किस तरह, यह लिख चुका हूँ।

यहाँ कुछ बिगड़े काव्य के उदाहरण देता हूँ :

(1) *लाली मेरे लाल की, जित देखौं तित लाल।*
लाली देखन मैं गई, मैं भी हो गई लाल। —कबीर

अर्थ साफ है। इसकी, इधर पाँच-छह महीने के अन्दर, कई जगह तारीफ हुई है। छायावाद के एक आलोचक मित्र ने इसे पेश कर कहा है कि ऐसी श्रेष्ठ उक्ति

छायावाद में नहीं। पहले यह कह देना ठीक होगा कि उक्ति की उच्चता का विचार ही ठीक होता है, कोई ईश्वर पर लिखे या प्रिया पर। कबीर की प्रिया लाल की लाली से चारों तरफ लाल है, देखती है; लाली देखने जाती है तो वह भी लाल हो जाती है—पक जाती है, गोट की तरह। पर, जाती कैसे है?—'लाली देखन मैं गई', यह पूर्वोक्ति का विरोध है; जबकि 'जित देखौं तित लाल' है, तब चलने की गुंजाइश कहाँ?—वह तो वहाँ भी ठहरी हुई लाली देख सकती थी। दूसरा दोष यह कि लाल की लाली देखने क्यों गई, जबकि लाल को वह जानती है—लाल प्रिय है या लाली? कोई मेरा प्रियजन मेरे यहाँ आवेगा तो मुझसे मिलेगा या मेरे लोटे से?

(2) *अंगद तहीं बालि कर बालक । उपजेहु बंस अनल कुलघालक॥*
गर्भ न गयहु व्यर्थ तुम्ह जायहु । निज मुख तापस दूत कहायहु॥
अब कहु कुसल बालि कहँ अहई। बिहँसि बचन तब अंगद कहई॥
दिन दस गएँ बालि पहिं जाई । बूझेहु कुसल सखा उर लाई॥

—तुलसीदास

अर्थ स्पष्ट है। रावण को बालि का राम द्वारा निहत होना मालूम हो चुका है। दूसरी, तीसरी, चौथी पंक्ति स्पष्ट कर देती है। 'रहा बालि बानर मैं जाना'—इस उद्धरण के पहले ही रावण कह चुका है। 'अंगद तहीं बालि कर बालक?—इसकी ध्वनि में दूसरी, तीसरी और चौथी पंक्ति का भाव निहित है। जब रावण कहता है, "अंगद, तू ही बालि का बालक है?" तब एक साथ ध्वनि के अर्थ खुल पड़ते हैं, "जिसने तेरे बाप को मारा, उसी का दूत बनकर तू आया?—तूने अपने कुल की मर्यादा नष्ट कर दी", आदि-आदि। अंगद जो पहले लंका में रह चुका है, मन्दोदरी का मातृ-स्नेह प्राप्त कर चुका है। ('अंगद कहइ जाउँ मैं पारा। जियँ संसय कछु फिरती बारा॥' में आया संशय प्रकट करते यह सब आता है।) यह मतलब भी 'तहीं बालि कर बालक' की ध्वनि में छिपा है। ध्वन्यात्मक काव्य में ध्वनि का मर्म यदि कवि स्वयं जाहिर करे तो यह कमजोरी कही जा सकती है; विशेषतः कवित्व चौपट होता है। "दिङ्नागानां पथि परिहरन् स्थूलहस्तावलेपान्" यहाँ कालिदास सीधे तो मेघ से कहते हैं कि रास्ते में दिग्गजों की मोटी सूँड़ के अवलेप छोड़ते जाना; पर दूसरे मतलब में वे दिङ्नाग नाम के कवि-पंडित की खबर लेते हैं—कहते हैं, "रास्ते में, दिङ्नागों के हाथ के खींचे भद्दे चित्र, लीपा-पोती छोड़ते जाना"—यह अर्थ छिपा हुआ है, इसी से सौन्दर्य बढ़ गया है। पाँचवीं पंक्ति में रावण कहता है, "अब कहु कुसल बालि कहँ अहई", यह पहली पंक्ति का विरोध है; अब जैसे रावण को बालि का हत होना भूल गया! यह अंगद को चिढ़ाने का उद्देश्य नहीं, न कवित्वपूर्ण प्रसंगान्तर है, यह अंगद के जवाब के लिए बाँधा ठाट है, जिसके अनुसार अंगद कहता है, दस रोज बाद दोस्त के

पास चलकर उसे गले लगाकर खैरियत पूछना। अस्तु, इस तरह, पहली ध्वनिपूर्ण अच्छी चौपाई का भेद खोलकर गोसाईं जी ने यहाँ का सारा भाव-सौन्दर्य नष्ट कर दिया है। पढ़कर भी देख लीजिए, पहली ही लाइन साफ बोलती है। फिर जिस तरह अत्याचार किया गया है, उसी तरह पढ़नेवाले के शरीर, मन और जीवन पर अकवित्व का बुरा प्रभाव पड़ता है।

(3) *बजा दीर्घ साँसों की भेरी;*
सजा सटे कुच कलशाकार,
पलक पाँवड़े बिछा, खड़े कर
रोओं में पुलकित प्रतिहार,
बाल-युवतियाँ तान कान तक
चल-चितवन के बन्दनवार,
मदन, तुम्हारा स्वागत करतीं
खोल सतत-उत्सुक-दृग-द्वार।

—सुमित्रानन्दन पंत

और तो जो कुछ बना-बिगड़ा, उसका जिक्र नहीं, यह बताइए कि पलक-पाँवड़े बिछाने के बाद सतत-उत्सुक दृग-द्वार कैसे खोले जाएँगे?

(4) *अंग-भंगि में व्योम-मरोर,*
भौंहों में तारों के झौंर
नचा नाचती हो भरपूर
तुम किरणों की बना हिंडोर।

—सुमित्रानन्दन पंत

यह वीचि या लहर से कहते हैं पंत जी। पहले तो, कोई औरत भौंहों में तारों के झौंर नचावे तो क्या खूबसूरती निकलती है, मुलाहजा करें; फिर यह बतावें कि हिंडोर में भरपूर कैसे नाचा जाता है—यह भी कि लहर किरनों की हिंडोर बनाती भी है।

(5) *झर-झर बिछते मृदु सुमन-शयन*
जिन पर छन कम्पित पत्रों से
लिखती कुछ ज्योत्स्ना जहाँ-तहाँ।

—सुमित्रानन्दन पंत

हालाँकि सादगी में ठीक है; पर जरा अक्ल की निगाह से भी देखें, जब झर-झर कर फूलों की सेजें बिछ गईं, तब काँपते पत्रों से (पातों से) चाँदनी उन पर जहाँ-तहाँ कुछ लिखने लगी; भला सेज या बिस्तरे पर भी कुछ लिखा जाता है? लिखती भी 'पत्रों से' है। यह जरूर है कि पत्ते ब्राड निब-जैसे होते हैं, पर बहुत-से पत्रों से अगर अकेली ज्योत्स्ना एक साथ लिखेगी तो वह लिखेगी कैसे? हाथ कितने हैं?

सादगी के भीतर ही पंत जी की शब्द-लालित्यवाली कला खुलती है। जहाँ वक्र

की गरज के साथ काव्य में बिजली कौंधती है, वहाँ पंत जी नहीं, कला के व्यापक बृहत् रूप में भी नहीं। उनकी खूबसूरती यहाँ है :

कनक-छाया में जब कि सकाल
खोलती कलिका उर के द्वार,
सुरभि-पीड़ित मधुपों के बाल
पिघल बन जाते हैं गुंजार;
न जाने ढुलक ओस में कौन
मुझे इंगित करता तब मौन!

पहली बात यह कि इसमें 'शपाशप' नहीं। यह शब्दों के साथ चित्र और भाव के समन्वय से हुई उत्कृष्ट रचना है। 'पीड़ित' पकड़ने के अर्थ में आएगा, जैसे 'पाणि पीडन'। इस तरह की एक मेरी खींची तसवीर :

आवृत - सरसी - उर - सरसिज उठे;
केसर के केश कली के छुटे,
स्वर्ण शस्त्रय - अंचल पृथ्वी का लहराया—
सखि, वसन्त आया!

वसन्त की प्रकृति खींची गई है : "सरसी के हृदय के ढके हुए कमल उठ आए; कली के केसर के केश छुट गए; पृथ्वी का स्वर्णशस्यांचल लहराने लगा; सखि, वसन्त आ गया!" सरसी, कली और पृथ्वी (स्त्री-रूप में निर्वाचित) हैं; पहले तीनों का अलग-अलग सौन्दर्य देखिए। सरसी के हृदय के ढके हुए कमल उठ आए (अश्लीलता-वर्जित इंगित है—स्पष्ट है—सरसी नवयौवना हो गई), कली के केसर के केश छुट गए (स्पष्ट है कि कली खुल गई—यह यौवन का स्पष्टीकरण है, पुनः कली के रेणु-मिश्रित बाल देख पड़ते हैं, उसका मुँह मधु की ओर है, संसार की ओर वह पीठ किये हुए है, यह उसकी पवित्रता की छवि है), पृथ्वी का सोने-सा चमकता शस्यांचल लहराने लगा। इन तीनों मूर्तियों के सौन्दर्योपकरण अलग-अलग हैं। अब, सरसी, कली और पृथ्वी को निकालकर इन्हीं उपकरणों से बनी एक वसन्त-प्रकृति-स्त्री को देखिए, पूरा रूप बन जाएगा—एक जगह कमल-कुच हैं, दूसरी जगह केसर-केश और शस्य-अंचल लहराता हुआ।—पुनः दर्शनीय यह है कि कुचों का जिस तरह केशों से नीचे उत्पत्ति स्थान है, यहाँ भी वैसा ही प्रदर्शित यह है—कमल सरसी में हैं। कली के केसर-केश ऊपर, स्थल पर; और नीची-से-नीची होती हुई क्षेत्र-भूमि में शस्यांचल लहरा रहा है।—यह कला है। पर यह भी उच्च कोटि की नहीं। ऊपर उद्धृत किया हुआ पंत जी का पद्य भाव-सौन्दर्य में 'मेघदूत' और 'चौरपंचाशिका' के आलोचित श्लोकों के न्याय से मेरे इस पद्य से बढ़ा हुआ है। कारण, ओस को ढुलककर इंगित

करने में बहुत-सी बातें हैं, समाप्ति भी पद्य की यथास्थान हुई है—अज्ञात अदृश्य में। पंत जी की भाषा सरल होकर कदाचित् अधिक सुन्दर, प्राणों के अधिक पास है। कारीगरी और छन्द में दूसरी के मुकाबले नहीं; यह छन्द हिन्दी के लिए बिलकुल नया है; जोरदार भी ज्यादा है। अस्तु, उत्कृष्ट कला और दूर है।

हिन्दी में 'जुही की कली' मेरी पहली रचना है। हिन्दी के विभिन्न पाठकों तथा आलोचकों को यह पसन्द आई है। पर 'वीणा' में छोड़कर अन्यत्र दूसरे आलोचकों द्वारा इसका पूर्ण सौन्दर्य-प्रदर्शन नहीं किया गया। यह ऐसी रचना नहीं कि सूक्तिरूप इसका एक अंश उद्धृत किया जा सके। मेरी छोटी रचनाएँ (Lyrics) और गीत (Songs) प्राय: ऐसे ही हैं। इनकी कला इनके सम्पूर्ण रूप में है, खंड में नहीं। सूक्तियाँ—उपदेश मैंने बहुत कम लिखे हैं, प्राय: नहीं; केवल चित्रण किया है। उपदेश को मैं कवि की कमजोरी मानता हूँ। जैसा प्रेमचन्द जी ने लिखा है—असफल लेखक आलोचक बन बैठा। साधक जिस तरह विभूति में आकर इष्ट से अलग हो जाता है, कवि उसी तरह उपदेश करता हुआ कविता की दृष्टि से पतित हो जाता है। फिर भी नीतियाँ, सूक्तियाँ, उपदेश कविता में प्रचलित हैं, कवि लिखते हैं।

'जुही की कली' का उद्धरण देकर मैं यह दिखलाने की चेष्टा करूँगा कि ठीक-ठीक चित्रण होने पर उपदेश किस तरह उसके भीतर छिपे रहते हैं और कला का विकसित रूप स्वयं किस तरह उपदेश बन जाता है। पुन: ऐसी रचनाओं का खंडोद्धरण आलोचक का अधूरा सौन्दर्यदर्शन और कवि पर की गई कृपारूपिणी अकृपा है।

जुही की कली

विजन-वन-वल्लरी पर
सोती थी सुहागभरी—स्नेह-स्वप्न-मग्न—
अमल-कोमल-तनु तरुणी—जुही की कली,
दृग बन्द किये, शिथिल,—पत्रांक में,
वासन्ती निशा थी;
विरह-विधुर-प्रिया-संग छोड़
किसी दूरदेश में था पवन
जिसे कहते हैं मलयानिल।
आई याद बिछुड़न से मिलन की वह मधुर बात,
आई याद चाँदनी की धुली हुई आधी रात,
आई याद कान्ता की कम्पित कमनीय गात,
फिर क्या? पवन
उपवन-सर-सरित गहन-गिरि-कानन
कुंज-लता-पुंजों को पारकर

पहुँचा जहाँ उसने की केलि
कली-खिली साथ।
सोती थी,
जाने कहो कैसे प्रिय-आगमन वह?
नायक ने चूमे कपोल,
डोल उठी वल्लरी की लड़ी
जैसे हिंडोल।
इस पर भी जागी नहीं,
चूक-क्षमा माँगी नहीं,
निद्रालस बंकिम विशाल नेत्र मूँदे रही—
किंवा मतवाली थी यौवन की मदिरा पिये,
कौन कहे?
निर्दय उस नायक ने
निपट निठुराई की
कि झोंकों की झड़ियों से
सुन्दर सुकुमार देह सारी झकझोर डाली,
मसल दिये गोरे कपोल गाल;
चौंक पड़ी युवती—
चकित चितवन निज चारों ओर फेर,
हेर प्यारे को सेज पास,
नम्रमुखी हँसी—खिली,
खेल रंग प्यारे संग।

अर्थ और कला

विजन वन की वल्लरी पर, सुहाग से भरी हुई, स्नेह के स्वप्न में डूबी, निर्मल-कोमल-देहवाली तरुणी जुही की कली आँखें मूँदे हुए, शिथिल, पत्रांक में सो रही थी। सौन्दर्य की कल्पना प्रासाद से नहीं, वन से शुरू होती है। फिर भी सौन्दर्य के उपकरण प्रासादवालों से अधिक कोमल हैं या नहीं, यह विचार्य है। यहाँ दो उपकरण आए हैं : एक, 'विजन-वन-वल्लरी', दूसरा, 'पत्रांक'। प्रेम की प्रतिमा तरुणी प्रासाद या रम्यगृह में रहती है, जुही की कली विजन-वन-वल्लरी पर है। यह भी एक ऊँचा स्थान है। तरुणी पलँग पर सोती है, कली पत्रांक में सोयी हुई है। दो पत्तों के बीच का स्थान देखिए, स्प्रिंगदार जो मोड़ा जा सकता है—ऐसे पलँग पर जुही की कली है। पाठक सोच सकते हैं कि प्रासाद की युवती के पलँग से तरुणी जुही की कली का पत्रांक अधिक सुन्दर है या नहीं और 'पलँग' या 'पर्यंक' से 'पत्रांक' का कैसा शब्द-साम्य है! सोते समय तरुणी आँखें मूँद लेती है, इसके दल बन्द हैं, जिससे आँखें मूँदकर सोने का अनुमान सार्थक है। बाकी जितने विशेषण जुही की कली के रूप तथा भाव-सौन्दर्य के लिए आए हैं, वे सब एक तरुणी प्रेमिका पर घट सकते हैं। मतलब यह है कि जुही की कली का Personification (स्त्री-रूप में निर्वचन) अच्छी तरह मिला लीजिए और आगे भी मिलाते चलिए। बहुत-से आलोचकों ने इतने ही उद्धरण से इसकी आलोचना पूरी की है। इतने में केवल स्थान और पत्रांक पर सोती तरुणी कली का रूप-वर्णन है। वह वसन्त की रात थी। अब समय का वर्णन आया है। तरुण और तरुणी के प्रेम-आलाप का कौन-सा समय अधिक उपयुक्त है, यह परिणत पाठक जानते हैं। विरह से विधुरा प्रिया का साथ छोड़कर पवन, जिसे मलयानिल कहते हैं, किसी दूर देश में था। कविता बंगाल में लिखी गई थी। वहाँ मलय-पवन बहता है। यहाँ, युक्तप्रान्त में नहीं। पर बँगला-साहित्य की ऐसी हवा यहाँ वालों को लगी कि ये भी मलय-पवन बहाने लगे। इस रचना में जुही वसन्त में खिली है। वसन्त में जुही युक्तप्रान्त नहीं खिलती, ग्रीष्म-वर्षा में खिलती है। बंगाल में ऋतु कुछ पहले आती है। वहाँ जेठ-भर में आम खत्म हो जाते हैं और यहाँ आषाढ़ से पकना शुरू होता है। अस्तु, इस जगह द्रष्टव्य यह है कि जुही की कली अभी

खिली भी नहीं—प्रिय से उसका सम्मेल नहीं हुआ, फिर भी उसके लिए 'विरह-विधुर' प्रयोग आया है। यहीं, पहले कहा हुआ वह उपदेश-रूप चित्रण-सौन्दर्य में छिपा दिया गया है, इससे अर्थ-गाम्भीर्य बढ़ गया है। यहाँ 'विरह-विधुर-प्रिया' द्वारा कली के अनन्त यौवन की व्यंजन होती है। यह दर्शन इस प्राकृतिक सत्य पर अवलम्बित है कि कली हर साल खिलती है और पवन से मिलती है। पवन उसका ऐसा प्रिय है जो हमेशा उसके पास नहीं रह सकता, वह उससे मिलकर चला जाता है—ठहर नहीं सकता। वह स्वभाव से परदेशी है। कली भी उसके चले जाने पर अपने अदृश्य तत्त्व में लीन हो जाती है,समय पर फिर उससे मिलती है। पवन के चले जाने के बाद वियोग-शृंगार सुदृढ़ होता है, फिर मिलन, जो बड़े परिचय का है। यह वियोग-भाव आगे थोड़े में प्रदर्शित है। पवन जब आता है, एक साल तक भिन्न-भिन्न देशों में भ्रमण करने के बाद, तब कली को जैसी वह देख गया था, वैसी ही पूर्णयौवना देखता है। इस तरह कली का अनन्त यौवन व्यंजित हुआ। पर 'विरह-विधुर-प्रिया-संग छोड़'—इस शब्द-बन्ध से वियोग के भाव-चित्र द्वारा काव्य को महत्त्व मिला है, दर्शन गौण हो गया है—इसके भीतर डाल दिया गया है। यदि 'विश्व में शाश्वत रे यौवन!'—इस तरह की कोई पंक्ति यहाँ होती तो चित्रण-सौन्दर्य की अपेक्षा दर्शन-उपदेश प्रबल होता। पर रचना जैसी कहानी की तरह चली है, वैसी ही जा रही है। वियोग के साथ मिलन की ही बातें याद आती हैं, जो आगे वर्णित हैं। बिछुड़न से मिलन की वह मधुर बात (पहलेवाली) याद आई, चाँदनी की धुली हुई आधी हुई आधी रात (मिलन का समय, सुन्दरता) याद आई, कान्ता की कम्पित कमनीय गात याद आई। प्रिय से मिलते समय कान्ता का कम्पित होना स्वभाव और सौन्दर्य है। यह स्वाभाविकता पवन से मिलते समय कली में और स्पष्ट रूप से लक्षित होती है। फिर क्या? पवन उपवन-सर-सरित गहन-गिरि-कानन कुंज-लता-पुंजों को पार कर (पवन की गति जल्द-जल्द स्थानों को पार करना सूचित करती है, यहाँ वेग का वर्णन खुलासा नहीं किया गया, उसकी आकांक्षा और गति आप स्पष्ट होती है), जहाँ उसने खिली कली के साथ केलि की थी, (वहाँ) पहुँचा। कली सोती थी, (फिर) प्रिय का आगमन, कहो, वह कैसे जाने? (युवती के प्रति सहानुभूति)। नायक के कपोल चूमे, वल्लरी की लड़ी हिंडोल की तरह डोल उठी। यहाँ की सुप्त सौन्दर्य पर उपदेश के स्वर से कुछ नहीं कहा गया। पर कली की शय्या जो चूमने पर हिंडोल की तरह डोल उठी, कली का सुप्त-सौन्दर्य और उस पर परिचय की पड़ी पवन की दृष्टि पाठक अच्छी तरह देखें। इस पर भी उसने आँखें नहीं खोलीं, चूक के लिए, प्रिय के आने पर भी सोती रहने के लिए क्षमा नहीं मागी, नींद से अलसाई हुई तिर्यक बड़ी-बड़ी आँखें मूँदे रही। छोटी-सी जुही की कली के बन्द दलों में बड़ी-बड़ी आँखों का दर्शन—जैसे मुँदी आयत आँखें ही देख पड़ती हैं,

रूप-भर में आँखों को महत्त्व देता है, आँखों के लिए आँखें ही सबसे अधिक प्रिय हैं, अथवा यौवन की मदिरा पिये वह मतवाली थी, यह कौन कहे? उस निर्दय नायक ने अत्यन्त निष्ठुरता की कि झोंकों की झड़ियों से सारी सुन्दर सुकुमार देह झकझोर डाली; गोर गाल, कपोल मसल दिये। यह प्रेम का सहृदय उत्पात या आवेश है। कली के प्रति सहानुभूति नायक को 'निर्दय' कहने में सूचित है। मेरे आदरणीय एक साहित्यिक ने मौरावाँ 'मसल दिये' पर मजाक किया था। मैंने उसी समय उन्हें उत्तर भी दिया था। 'कपोल' हाथ या पैरों से नहीं मसले जाते, कपोल कपोल से ही मसले जाते हैं—नायिका के, नायक द्वारा, बच्चे के कपाल गुरुजन द्वारा हाथ से ही भले मसल दिये जाते हों! युवती चौंक पड़ी—चारों ओर चकित चितवन फेरकर, सेज के पास प्रिय देख, नम्रमुखी (लल्जिता होने के कारण हवा से झूमती हुई कली झुक जाती है, जिससे उसके नम्रमुख होने का चित्र बनता है) हँसी-प्रिय के संग रंग खेलकर (अनेक प्रकार की रंगरलियाँ करके) खिल गई। यहाँ, जुही की कली में, कला सुप्ति से जागरण में आती है—यह उसका क्रम-परिणाम है। अभी-अभी हिन्दी-साहित्य-सम्मेलन में एक नेता ने उसे साहित्य कहा है जो मानव-जाति को उठाता हो। यहाँ जुही की कली में जो कला है, वह ऐसी ही है या नहीं, देख लीजिए, सुप्ति में प्रिय नहीं है, आत्म-विस्मरण भी है, फिर भी, चूँकि जीवन है, इसलिए रूप है। कहानी के तौर पर बिना उपदेश-वाक्य के, रचना किस तरह की गई है, कई भंग लेती हुई, फिर भी सिलसिलेवार, यह अनावश्यक होने पर भी पद्य में स्पष्ट किया गया है। गद्य में पद्य के ही शब्द अधिकांश मैंने रखे हैं, नहीं तो कुछ तीखापन आ जाता है। कली की सुप्ति-आत्मा-विस्मृति-मन के अन्धकार के बाद है जागरण-आत्म-परिचय-प्रिय-साक्षात्कार-मन का प्रकाश खिलना। कली सोते से जगी हुई, प्रिय से मिली हुई खिली हुई पूर्ण मुक्ति के रूप में, सर्वोच्च दार्शनिक व्याख्या-सी सामने आती है या नहीं, देखें। कोई आलोचक यदि इसका एक अंश उद्धृत करके सन्तुष्ट रहें और दूसरों को सन्तोष दें तो इसके साथ न्याय होता या अन्याय, यह भी समझें। मैं इसे ही परिणति कहता हूँ और उत्कृष्ट कला का एक उदाहरण 'तमसो मा ज्योतिर्गमय' की काव्य में उतारी हुई यह तसवीर है या नहीं, परीक्षा करें। यहाँ सुप्ति तम और प्रिय-परिचय ज्योति है। रचना में केवल अलंकार, रस या ध्वनि नहीं, उनका समन्वय है। इस तरह एक कला पूर्ण हुई है।

चूँकि पंत जी को मैंने कला के विवेचन में साथ लिया था, इसलिए दो-एक पंत जी के प्रशंसक असन्तुष्ट हो गए हैं। मैं लिख चुका हूँ, मेरा उद्देश्य केवल कला का स्पष्टीकरण है, पंत जी की बुराई नहीं। पर जो लोग इन पंक्तियों पर ध्यान न देकर उन्हें गिराने का मुझे कलंक देना चाहते हैं, उनकी मैं परवा नहीं करता। वे कितने गहरे हैं, मैं थाह ले चुका हूँ। उन्होंने हिन्दी साहित्य को क्षति न पहुँचाई होती तो आज

मैं स्वयं अपनी कला के विवेचन में लेखनी न लेता। कल्क मुझे बहुत मिल चुका है, पर गर्द सूर्य तक नहीं पहुँचती, नीचे वालों पर ही रहती है। यह आलोचना शुरू करने से पहले मैंने पंत जी और हिन्दी—दोनों के मुखों की ओर एक-एक बार देखा। अन्त में हिन्दी का मुख देखना ही मुझे अच्छा लगा। मेरे प्रति बड़े-बड़े अधिकांश साहित्यिकों की विमुखता का यही कारण है—मैंने सदैव हिन्दी का मुख देखा है।

'गुञ्जन' में पंत जी की 'चाँदनी' कविता है, 79वें पृष्ठ से शुरू होती है। जिस कवि की 'गुञ्जन' की प्रति मेरे पास है, उसमें उसने very good (अति उत्तम) लिखा रखा है। कविता काफी लम्बी है। थोड़े उद्धरण से इसके ढंग का विवेचन करूँगा। इस कविता में यह ढंग सर्वत्र है। पाठक पुस्तक में पूरी कविता पढ़कर मिला लेंगे :

चाँदनी

नीले नभ के शतदल पर वह बैठी शारद-हासिनि,
मृदु-करतल पर शशि-मुख धर, नीरव, अनिमिष, एकाकिनि!

वह सोयी सरित-पुलिन पर साँसों में स्तब्ध समीरण,
केवल लघु-लघु लहरों पर मिलता मृदु-मृदु उर-स्पन्दन।
अपनी छाया में छिपकर वह खड़ी शिखर पर सुन्दर,
है नाच रही शत-शत छबि सागर की लहर-लहर पर।

वह शशि-किरणों से उतरी चुपके मेरे आँगन पर,
उर की आभा में खोई अपनी ही छबि से सुन्दर।

वह है, वह नहीं अनिर्वच, जग उसमें, वह जग में लय,
साकार चेतना-सी वह, जिसमें अचेत जीवाशय।

मतलब पहले का : "नीले आकाश के शत-दल (कमल) पर शुभ्र या शारद हँसी हँसनेवाली (शायद चाँदनी), अपनी कोमल हथेली पर शशि-मुख रखकर, चुपचाप, एकटक देखती हुई अकेली बैठी है।"

बीच में दो बन्द छोड़कर चौथे का मैंने उद्धरण दिया है। वे दोनों बन्द पहलेवाले की ही तारीफ में आए हैं। चौथा बन्द यह है :

"वह नदी के तट पर सोयी हुई है। साँसों में हवा स्तब्ध है (रुकी है जैसे)। केवल लघु-लघु लहरों पर उसके हृदय का मृदु-मृदु स्पन्दन मिलता है।"

पहले यह देखिए कि पहले बन्द से या पहले भाव से दूसरे भाव का सम्बन्ध क्या है। कुछ न मिलेगा। वहाँ बैठी है, यहाँ सोयी है। पहले में एक आलंकारिक वर्णन है, दूसरे में एक है। उद्धृत तीसरे बन्द में देखिए (दूसरा और तीसरा सिलसिलेवार

हैं), वह सुन्दर अपनी छाया में छिपकर, शिखर पर खड़ी है—कैसा सम्बन्ध परस्पर मिलता जा रहा है! उद्धृत चौथे में, वह कवि के आँगन पर शशि-किरणों से उतरी हुई है। अन्त में वह है और यह है भी नहीं, यानी उपदेशात्मक दर्शनशास्त्र। पहले कला का विवेचन मैं लिख चुका हूँ। उसके अनुसार यह कविता नहीं आती। फूल का कलावाला रूप मिलाइए। तने से डालें भिन्न होकर भी जुड़ी हैं, इसी तरह डालों में पत्ते, पत्तों से फूल, फूलों में खुशबू-खुशबू अपने तत्त्व में सारे पेड़ को ढके हुए है। तने का रूखापन, डालों की थोड़ी-थोड़ी हरियाली, पत्तों की पूरी, फूलों का एक या अनेक रंगों—केसर, पराग आदि से विकसित रूप, सुगन्ध सारे पेड़ ही उच्चतम विकास को स्पष्ट करती हुई, उसी में उसे ढके हुए—यह कला है। यह बात पंत जी की इस कविता में नहीं। हर बन्द अपना राग अलग अलाप रहा है। इनकी अधिकांश रचनाएँ ऐसी हैं। सब जगह एक-एक उपमा, रूपक या उत्प्रेक्षा काव्य को कला में परिगणित कराने के लिए है, और इसे ही उनके आलोचकों ने अपूर्व कला समझ लिया है। उनकी दो-एक रचनाएँ सम्बद्ध हैं, पर वे भी उत्तम श्रेणी की नहीं बन सकीं। उनमें विषय की विशदता वैसी नहीं, जैसी अलंकारों की चमक-दमक है। मैं लिख चुका हूँ, केवल रस, अलंकार या ध्वनि कला नहीं, अगर है तो कला के खंडार्थ में है, पूर्णार्थ में नहीं। खंडार्थ में पंत जी की कला बहुत ही बन पड़ी है। उसके प्रशंसकों की दृष्टि इन्हीं खंडरूपों में बँध गई है। वह विस्तृत होकर बृहत् विवेचन में नहीं जा सकी। वे प्रशंसक इस प्रकार की कला के देखने के आदी भी न थे। पहले से छन्द, दोहे, चौपाइयों की जो परिपाटी थी, वह इस कला के अनुरूप न थी।

पंत जी के उद्धृत बन्दों के सम्बन्ध भाव को छोड़कर एक-एक की आलोचना करके देखा जाए, उनका रूप कहाँ तक ठीक है। इससे उनकी सौन्दर्य-दर्शन-कला का कुछ हद तक भेद मालूम होगा। पहले बन्द का मतलब है : "नीले आकाश के शतदल पर वह शारदहासिनी मृदु करतल पर शशि-मुख धारण कर, नीरव, अनिनिष एकाकिनी बैठी है।"—इसके लिए पहले तो यहाँ के साहित्यिक यह एतराज करेंगे कि रात को शतदल-कमल का ऐसा उल्लेख शास्त्र-विरुद्ध है; दूसरे, अच्छी तरह देखने पर शारदहासिनी का नीले नभ के शतदल पर बैठना ठीक नहीं जँचता : कोई कल्पना ऐसी भले ही करे और इसे सच भी माने, पर असलियत कुछ और है। मालूम होता है—शशि-मुखवाली शारदहासिनी के सिर पर नीला शतदल उलट दिया गया है, क्योंकि आकाश की नीलिमा चाँद और चाँदनी के ऊपर मालूम देती है, पाठक-साहित्यिक किसी चाँदनी-रात में चाहें तो यह सत्य प्रत्यक्ष कर लें। इस तरह का एक भाव श्री रवीन्द्रनाथ ठाकुर का याद आ रहा है :

हेरो गगनेर नील शतदल खानि मेलिल नीरव वाणी
अरुण पक्ष प्रसारि सकौतुके सोनार भ्रमर आसिल ताहार बुके
कोथा होते नाहीं जानी!

अर्थ : "देखो, आकाश के नीले शतदल ने अपनी नीरव भाषा फैला दी। अरुण पंख फैलाकर, सकौतुक, न जाने कहाँ से सोने का भौंरा उसके हृदय पर आ गया!"

इस पद्य के अन्यान्य उच्चतर सम्बन्धों की चर्चा यहाँ न करूँगा। उतनी जगह नहीं। केवल प्रतिपाद्य विषय पर विचार करना है। यहाँ नभ का नील शतदल अपनी नीरव भाषा खोलता यानी खुलता है, यानी प्रात:काल, रात्रि के समय नहीं, पुन: ऊपर दूसरा कोई चित्र न रहने के कारण आकाश केवल खुला हुआ शतदल मालूम देता है, इसके बाद सोने का भौंरा-सूर्य उसके हृदय पर कहीं से उड़कर आ जाता है। सूर्य भौंरे की तरह आकाश शतदल के एक बगल बैठता है, फिर धीरे-धीरे बीच हृदय पर आ जाता है। इसमें पंत जी की जैसी अस्वाभाविकता नहीं मालूम देती। कारण, आकाश का कमल पहले रिक्त दिखलाया गया है। केवल नील-नील मालूम देता है, फिर सूर्य भौंरे की तरह कहीं से उड़कर आ जाता है। पुन: सूर्य चन्द्र से चन्द्र से बहुत ऊँचे भी है। उनका नभ के शतदल पर बैठना सार्थक मालूम देता है, दिन का समय तो है ही।

पंत जी के उद्धृत दूसरे बन्द का मतलब : "वह सरित-पुलिन (नदी के तट) पर सोयी है। साँसों में स्तब्ध समीरण। केवल लघु-लघु लहरों पर मृदु-मृदु उर-स्पन्दन मिलता है।" बिना अर्थ की खींचतान किये 'सरित-पुलिन पर' का अर्थ है, 'नदी के तट पर'। स्वभावत: शंका होती है कि वह नदी के तट पर सोयी है तो उसके 'शशि-मुख' का क्या हाल है, वह तो आकाश पर ही है। पुन: सोयी तो वह नदी के तट पर है, पर उसकी हृदय की धड़कन है लहरों में!—यह है पंत जी की बिगड़ी कला। यह किसी लक्षणा या व्यंजना से सार्थक नहीं हो सकती। कहीं-कहीं उनके चित्र सुन्दर हैं, पर इस उद्धरण में सर्वत्र ऐसा ही तमाशा है।

'परिमल' में मेरी 'निवेदन' शीर्षक एक रचना है। इसका उद्धरण आज तक किसी ने नहीं दिया। यहाँ इसी का विवेचन करता हूँ :

एक दिन थम जाएगा रोदन
तुम्हारे प्रेम - अंचल में,
लिपट स्मृति बन जाएँगे कुछ कन-
कनक सींचे नयन - जल में।
जब कहीं झड़ जाएँगे वे,
कह न पाएगी
वह हमारी मौन भाषा
क्या सुनाएगी?
दाग जब मिट जाएगा
स्वप्न ही तो राग वह कहलाएगा?
फिर मिटेगा स्वप्न भी निर्धन
गगन-तम-सा प्रभा-पल में

तुम्हारे प्रेम-अंचल में।
फिर किधर को हम बहेंगे,
तुम किधर होगे,
कौन जाने फिर सहारा
तुम किसे दोगे?
हम अगर बहते मिले,
क्या कहोगे भी कि हाँ, पहचानते?
या अपरिचित खोल प्रिय चितवन,
मगन वह जावेंगे पल में
परम-प्रिय संग अतल जल में?

इसमें मुक्त प्रेम (Free love) की तसवीर है। प्रिया के लिए प्रियतम की उक्ति है इस रचना में साद्यन्त। प्रियतम किस दृष्टि से प्रिया को देखता है, यह दिखाया है। वह कहता है : "एक दिन तुम्हारे प्रेम-अंचल में रोदन थम जाएगा। (यह वाक्य इतना छोटा है कि साधारणजन पहली ही पंक्ति में घबरा जाते हैं—समझ नहीं पाते कि किसका रोदन थम जाएगा। यह भेद 'वह हमारी मौन भाषा क्या सुनाएगी' के पास खुलता है। वहाँ मालूम होता है कि रोदन प्रिय का है और अंचल प्रिया का। अंचलवाली स्त्री होती है, यह मानी बात है। 'प्रेम-अंचल' के प्रयोग से बाहर साड़ी का अंचल भी सिद्ध है और भीतर प्रेम का अंचल भी। प्रेम अंचल में एक दिन रोदन थम जाएगा, अर्थात प्रिय कहता है—मैं फिर रोने न आऊँगा—तुम्हारा-मेरा सदा के लिए वियोग हो जाएगा, मिलने के समय प्रिय की सुख-विह्वलता के आँसू भाव-रूप से प्रिया के प्रेम के अंचल को सिक्त करते हैं और प्राकृत रूप से साड़ी के अंचल को।) सींचे नयन-जल में लिपटकर कुछ कण-कनक स्मृति बन जाएँगे। (प्रिय प्रिया से कहता है—सींचे नयन-जल में यानी अंचल में जिस जगह मेरे आँसू पड़े हैं, वहाँ लिपटकर कुछ कण जो सोने-से हैं, मेरी स्मृति बन जाएँगे; अर्थात मैं जुदा हो जाऊँगा, मेरी यह स्मृति रह जाएगी! भीतर, प्रेम के अंचल में, कनक-कण-सी कथाएँ हैं (कण सोने के नहीं लिपटते, मिट्टी के ही लिपटते हैं; पर 'कण-कनक' द्वारा कणों की जो बहुमूल्यता है, वह प्रेमजन्य है; इसलिए भीतर प्रेम के अंचल में जो कनक-कण लगे हैं, वे प्रिया-प्रियतम के संसार की रेणु-रूपिणी कथाएँ हैं, जिनकी याद प्रिया जुदाई के बाद किया करती हैं), बाहर वासनाचंल में प्राकृत संसार की रेणु; पर चूँकि प्रियतम के आँसुओं से आ लगे हैं, इसलिए कनक-जैसे हैं, और भीतर और बाहर के ये चिन्ह प्रिय की स्मृति हैं।)

जब कहीं वे (कण) झड़ जाएँगे, तब वह हमारी मौन भाषा (जो आँसुओं से भीगे अंचल में कणों से लिपटकर स्मृति है) (कुछ) कह न पाएगी (मूक, अक्षम—वह)—क्या सुनाएगी? (कुछ भी शब्द-रूप से नहीं सुना सकती जिस तरह इस समय मैं सुना

रहा हूँ। यह प्रसंग भीतर के अंचल के लिए यों आएगा कि कथाएँ विस्मृति में बदली जाएँगी। इसका स्पष्टीकरण आगे और अच्छा है।) जब दाग मिट जाएगा, (तब) राग (जो हम-तुमने साथ गाया था—प्रेम) स्वप्न ही तो कहलाएगा? (यहाँ प्राकृतिक सत्य का भी घटाव देखते चलिए। अंचल से कणों का कुछ दिनों बाद झड़ जाना और फिर दाग का भी मिट जाना स्वाभाविक है साड़ी के धोने पर—क्रिया-क्रिया से, हृदय की स्पन्दनशीलता से नई स्मृतियों के आने और पुरानों के जाने पर। इस प्रकार अपनी छाप वह मिटा रहा है। अब उसका प्रकृत प्रेम दाग के मिट जाने पर केवल स्वप्न-रूप रह गया है अस्पष्ट!) फिर, तुम्हारे प्रेम-अंचल ने, वह निर्धन स्वप्न भी मिट जाएगा, जैसे प्रभा-पल में आकाश का तम। (स्वप्न निर्धन है। 'निर्धन' शब्द की ताकत और सार्थकता देखिए, जो कुछ स्मृतिधन रूप था, वह मिट गया है, केवल स्वप्न है; स्वप्न के पास कौन-सा धन अस्तित्व के लिए है?—वह खुद बेजड़ बेजर है; वह भी प्रभा-क्षण में, प्रभा की पलकों में आकाश के अँधेरे की तरह मिट जाएगा। प्रभा स्त्री-रूप में निर्वाचित (Personified) है। प्रभा की पलकों में आकाश का अँधेरा नहीं, उसकी प्रेमिका में भी अब पहले का कोई स्वप्न नहीं—कैसा साफ हो गया है। रूप निष्कलंक, निर्विषय, देखिएगा। प्रिया के आँचल से प्रिय का प्रेम आँसू, कण, स्मृति, दाग, स्वप्न बनता हुआ, सूक्ष्मतर होता हुआ, कैसे मिट गया, प्रिया का पहलेवाला निर्मल रूप कैसी स्वाभाविक प्रगति से तैयार हुआ, कैसा क्रम-विकास वर्णन में कला होती गई, द्रष्टव्य है।)

फिर, न जाने, किस तरफ हम बहेंगे, किस तरफ तुम होगे। (संसार की सागर से कल्पना प्राचीन है। छूटकर वह कहता है, न जाने किधर हम बहेंगे, किधर तुम होगे। 'होगे' पुल्लिंग होने पर भी प्रेमिका से बातचीत में ऐसा ही आता है। इसमें कुछ उर्दू की छाया भी है) कौन जाने, फिर तुम किसे सहारा दोगे। (बहते में प्रेमिका यहाँ सहारा देती है—बाँह पकड़कर तैरती है। इस तैराक प्रेमिका का यहाँ वाला रूप और भाव-सौन्दर्य देखिएगा जो उसके प्रियतम द्वारा वर्णित है।) अगर हम बहते हुए मिले (जब तुम दोनों एक साथ बहते होगे) तो क्या तुम कहोगे कि हाँ, हम तुम्हें पहचानते हैं, या प्रिय अपरिचित चितवन खोलकर, पल में, अपने परम प्रिय के साथ, स्नेह-मग्न, अतल जल में बह जाओगे? (वह है अपरिचित चितवन, जो कभी किसी के लिए परम परिचित थी, ऐसी परिस्थिति में, क्या असर पैदा करती है, समझदारों के मन में यह समझने की है। पहले जिस तरह प्रेमिका निष्कलंक होकर प्रभा-सी सामने आई थी, अब उसी तरह, दूसरे को सहारा देकर बहती हुई, अपरिचित चितवन से पहले के प्रिय को देखकर, मग्न, सम्बद्ध अतल-अगाध जल में अछोर की ओर बही जा रही है। इस तरह दो सम्बद्ध रूपों की कला अपार अदृश्य की ओर बह गई है। प्रथम प्रिय शृंगार की सहानुभूति के लिए अपरिचित चितवन आपको दे रहा है।)

हिन्दी-काव्य की पंक्ति के मुझे दो उपाय मालूम दिये : एक वर्णवृत्त में, दूसरा मात्रावृत्त में। 'जुही की कली' की वर्णवृत्तवाली जमीन है। इसमें अन्त्यानुप्रास नहीं। यह गाई नहीं जाती। इससे पढ़ने की कला व्यक्त होती है। 'परिमल' के तीसरे खंड में इस तरह की रचनाएँ हैं। इनके छन्द को मैं मुक्त छन्द कहता हूँ। दूसरी मात्रावृत्तवाली रचनाएँ 'परिमल' के दूसरे खंड में हैं। इनमें लड़ियाँ असमान हैं, पर अन्त्यानुप्रास है। आधार मात्रिक होने के कारण, ये गाई जा सकती है। पर संगति अंग्रेजी ढंग का है। इस गीत को मैं 'मुक्त-गीत' कहता हूँ।

'बादल-राग' शीर्षक से छह रचनाएँ इसी मुक्त-गीत में हैं। दूसरी का उद्धरण देता हूँ :

ऐ निर्बन्ध! अन्ध-तम-अगम-अनर्गल-बादल!
ऐ स्वच्छन्द! मन्द-चञ्चल-समीर-रथ पर उच्छृंखल!
ऐ उद्दाम! अपार कामनाओं के प्राण! बाधा-रहित विराट!
ऐ विप्लव के प्लावन! सावन-घोर गगन के ऐ सम्राट!
ऐ अटूट पर टूट छूट पड़नेवाले-उन्माद!
विश्व-विभव को लूट-लूट लड़नेवाले-अपवाद!
श्री बिखेर, मुख फेर कली के निष्ठुर पीड़न!
छिन्न-भिन्न कर पत्र-पुष्प-पादप-वन उपवन,
वङ्का-घोष से ऐ प्रचंड! आतंक जमानेवाले!
कम्पित जंगम-नीड़ विहंगम,
ऐ न व्यथा पानेवाले!
भय के मायामय आँगन पर
गरजो विप्लव के नव जलधर!

पहला सीधा अर्थ बादल के लिए है : "हे बन्धनविहीन! दुर्गम घोर अन्धकार में मुक्त-बादल! हे स्वतंत्र! मन्द और तीव्र गति से चलते हुए समीर के रथ पर बैठे उच्छृंखल! हे उद्दाम! संसार की अपार आशाओं के जीवन! हे अबाध-विराट! बाढ़ बहानेवाले! सावन से घोर हुए गगन के सम्राट! न टूटनेवाले संसार पर छूटकर टूट पड़नेवाले ऐ उन्माद-जैसे!—विश्व के वैभव को लूट-लूटकर लड़नेवाले अपवादरूप! सौन्दर्य को बिखेरकर, मुख फेरकर कली को ऐ कठिन पीड़ा देनेवाले! पत्र, पुष्प, पौधे, वन और उपवन को छिन्न-भिन्न कर वङ्का की गर्जना से ऐ आतंक जमानेवाले प्रचंड! सचल जीव और नीड़ों के पक्षी काँप रहे हैं, फिर भी उनके लिए व्यथा न पानेवाले ऐ विप्लव (अतिवृष्टि, प्लावन) के नये बादल! भय के भ्रमपूर्ण आँगन पर गरजो।"

यह सीधा अर्थ है। पर उद्देश्य यह अर्थ नहीं। अन्तिम पंक्ति का 'विप्लव' सारा ठाट बदल देता है। व्यंग्यार्थ सामने आ जाता है। 'विप्लव', एक ऐसा शब्द है, जो

मूल में वाच्यार्थ के अनुकूल जलराशि का अर्थ रखता हुआ, पहले के हुए प्रयोग के अनुसार अर्थात दूसरे अर्थ से युगान्तर-क्रान्ति (Revolution) की याद दिलाता है। यह युगान्तर साहित्यिक, राजनीतिक, धार्मिक, सामाजिक—जिस तरफ भी चाहें, फेर सकते हैं। 'विप्लव' शब्द के साथ जो भाव जगता है, वह अन्य शब्दों की लक्षणा-शक्ति से पूरे वाक्य को दूसरे सार्थक रूप (Secondary Meaning) में बदल देता है; बाद को सारा पद्य व्यंग्य में बदल जाता है।

भय के मायामय आँगन पर
गरजो विप्लव के नव जलधर!

इसमें आए 'भय' के विषय जीव-वस्तुओं का वर्णन पहले हो चुका है, यानी बादल जिन पर अत्याचार करता है, उनके नाम गिनाए जा चुके हैं। यहाँ 'विप्लव' की लाक्षणिकता के फूटते ही सारे शब्द-पद लाक्षणिक हो उठते हैं और उनसे पैदा हुआ व्यंग्यार्थ स्पष्ट प्रतीयमान होने लगता है।

भय के = जहाँ हृत्कम्प होता है अर्थात जहाँ पाप है उसके

मायामय = भ्रमपूर्ण, अस्तित्वरहित, पाप छायामय है—भ्रमविशेष, सत्य नहीं;

आँगन पर = मध्य गृह पर, उसके केन्द्र पर;

गरजो = निर्भय शब्द करो, उसे मिटाने के लिए;

विप्लव के = युगान्तर के, परिवर्तन के;

नव जलधर = नये जीवनवाले, नई जानवाले ऐ बादल-रूप!

पूरा वाक्य = ऐ युगान्तर के नवीन जीवनवाले! पाप के केन्द्र पर निर्भय होकर शब्द करो-बोलो-गरजो।

इसके बाद शुरू से सारी पंक्तियाँ इस अर्थ के अनुकूल आ जाएँगी। देखिए : "बिना आँखों के दुर्गम अँधेरे में (अँधेरे के आँखें इसलिए नहीं कि वह पाप है, उसमें सत्य, प्रज्ञा-चक्षु नहीं। दुर्गम इसलिए है कि वहाँ जाते त्रास होता है।) बिना रुकावट के विचरनेवाले ऐ बादल रूप! ऐ स्वतंत्र! मन्द और चंचल भाव-रूप समीर-रथ पर ऐ उच्छृंखल!—(वायु भीतरी होकर भाव का रूप प्राप्त करती है; इसी से 'जिधर हवा बही, उधर रुख किया' लोकोक्ति है, जिसका अर्थ है—भाव की जैसी धारा रही, वैसे हम रहे या चले।) ऐ साहसी! अपार, अनन्त आशाओं के जीवन!—(अनेक भविष्य आशाओं को उससे जीवन मिलता है—वे पुष्ट होकर फलवती होती हैं।) हे मुक्त! हे विशाल! हे युगान्तर की भिन्न भावनाओं की बाढ़ बहा देनेवाले! सावन के-से समाच्छन्न मनोनभ के ऐ सम्राट! न टूटनेवाले (भाव, विषय), पर छूटकर टूट पड़नेवाले (आक्रमण करनेवाले) ऐ उन्मादरूप! विश्व के वैभव को (जो ऐश्वर्य ऐश्वर्य के भाव से गिरकर कलुषित हो चुका है, उसे) लूट-लूटकर लड़नेवाले ऐ अपवाद-रूप! (नासमझ बदनाम करते हैं, इसलिए) श्री (जिस खूबसूरती में पाप

है; पाप से, बुरे कार्यों से जो सौन्दर्य गढ़ा गया है, उसे) बिखेरकर, चेहरा फेरकर उच्चता और सुन्दरता पर इतरानेवाली कलीस्वरूपा किसी को निष्ठुर होकर पीड़ित करनेवाले पत्र-पुष्प-पौदे-वन-उपवन-जैसे प्राचीन विरोधी वस्तु-विषयों को (भाव-रूप से) छिन्न-भिन्न कर वङ्का की जैसी गर्जना से ऐ प्रचंड! (न माननेवाले स्वार्थपरों पर) अपनी सत्ता का भय पैदा करनेवाले! चलते-चलते और नीड़-विहंगम-रूप, घर में रहनेवाले जन काँप रहे हैं—फिर भी उनके लिए व्यथा न पानेवाले—सहानुभूति न रखनेवाले (कारण, वे इस नवीन सत्ता को स्वीकृत नहीं करते) ऐ! भय के उनके इस पाप-कम्प के भ्रमपूर्ण केन्द्र पर युग-प्रवर्तन के नवीन जीवनवाले! गम्भीर ध्वनि करो!"

समझने के लिए कुछ विद्वत्ता की तो आवश्यकता है ही। जो जन काव्य के लक्षणों से परिचित हैं, उन्हें असुविधा न होगी। यहाँ भी यह बीस पंक्तियों का पद्य एक ही भाव रखता है। फिर भी, किस तरह बादल के भीतर से चलता है, पाठक समझें। क्या कोई ऐसे पद्य के लिए कह सकता है कि इसके एक टुकड़े का उद्धरण काव्य और सौन्दर्य का बोध कराने के लिए काफी होगा? युगान्तर की भिन्न-भिन्न धाराओं की तरफ विज्ञ काव्य-मर्मज्ञ इसे घटाकर देखेंगे तो इसे पूरा उतरता हुआ ही पाएँगे। बुराई के खिलाफ बगावत का ढंग यहाँ कला है। विकसित रूप स्पष्ट कर दिया गया है :

मौन रही हार,
प्रिय-पथ पर चलती, सब कहते शृंगार।
कण-कण कर कंकण, मृदु किण-किण-रव किंकिणी,
रणन-रणन नूपुर, उन-लाज, लौट रंकिनी
और मुखर पायल स्वर करें बार-बार—
प्रिय-पथ पर चलती, सब कहते शृंगार।
'शब्द सुना हो तो अब लौट कहाँ जाऊँ?
उन चरणों को छोड़ और शरण कहाँ पाऊँ?'—
बजे सजे उर के इस सुर के सब तार।
प्रिय-पथ पर चलती, सब कहते शृंगार।

यह मेरे गीतों में एक प्रसिद्ध हुआ गीत है। यह कुछ दिन पति-सहवास में रह चुकी एक तरुणी की, आधी रात के समय, पति-सहशयन के लिए जाते की वर्णना है।—मन में हारकर मौन रह गई। (क्योंकि) उसके सारे शृंगार (बज-बजकर) कह रहे हैं कि यह प्रिय-पथ पर (प्रिय के पास) जा रही है।

"कंकण कण-कण कर रहे हैं, किंकिणी मृदु किण-किण, नूपुर रणन-रणन; हृदय की लज्जा से रंकिनी-सी होकर वह लौट पड़ती है, तब पायल और मुखर होकर बोलने लगते हैं :

(जब पायलों के शब्द से, लौटती हुई वह खड़ी हो जाती है, क्योंकि लौटते हुए, पायलें जैसे और जोर से बोलते हों, तब हृदय में वाद्य होता है)—'अगर उन्होंने यह आवाज सुनी हो तो अब कहाँ लौटकर जाऊँ? उन चरणों को छोड़कर मैं और कहाँ शरण पाऊँगी?'—सजे हृदय के (भीतर से शृंगार से सजे हृदय के) इस स्वर के सब तार बजे!"

बाहर और भीतर, दोनों जगह शृंगार का वाद्य होता है। बाहरवाले से भीतरवाला मधुर है, प्रिय-भावना के अनुकूल। यह प्रदर्शन यहाँ कला है। गीत ऐसी जगह समाप्त किया गया है कि वह पति के पास गई, यह आप पाठक और श्रोता सोच लेते हैं। पहलेवाले वाद्य से जो लाज हुई थी, वह शृंगार के दैहिक सम्बन्ध की कल्पना से। वाद्य बाहर के हैं, दैहिक सम्बन्ध भी बाहरी सम्बन्ध है। फिर भीतर हृदय के तार झंकृत होते हैं, जहाँ पति का यथार्थ प्रिय भाव—आत्मिक प्रेम बज उठता है। इसलिए लौट जाने पर अधर्म होगा, क्योंकि पति को आहट मालूम हो चुकी है—उसकी ऐसी धारणा है। धर्म के विचार से, नित्य सम्बन्ध की भावना से, उसकी लज्जा दूर हो जाती है, वह मानवी से देवी बनकर पति के पास जाती है। सारे पद्य का सम्बन्ध और कला का विकास यहाँ भी द्रष्टव्य है :

जागो, जीवन-धनिके!
विश्व-पण्य-प्रिय वणिके!
दुःख-भार भारत तम-केवल,
वीर्य-सूर्य के ढके सकल दल,
खोलो उषा-पटल निज कर अयि
छविमयि दिन-मणिके!
गहकर अकल-तूलि रँग-रँगकर
बहु जीवनोपाय, भर दो घर,
भारित, भारत को फिर दो वर
ज्ञान-विपणि-खनिके!
दिवस-मास ऋतु-अयन-वर्ष भर
अयुत-वर्ण युग-योग निरन्तर
बहते छोड़ शेष सब तुम पर
लव-निमेष-कणिके!

यह गीत भारत की ऐश्वर्य-शक्ति पर लिखा गया है। मतलब गीत से ही हासिल होगा : "प्राणों की धनिके! (जीवन-जीवन में धनिका-रूपिणी अधिष्ठात्री लक्ष्मी के लिए सम्बोधन है) जागो (अपनी परिस्थिति का विचार कर चारों ओर देखो। इस तरह यह भाव प्रत्येक मनुष्य के लिए भी लागू हो सकता है।)—ऐ संसार-भर की

(बिकनेवाली) वस्तुओं से प्रेम करनेवाली वणिके! (भारत की दृष्टि भारत के व्यवसाय में ही नहीं, बाहर भी जाए, समस्त संसार में फैले, यह भाव यहाँ व्यंजित है।)

"इस समय भारत दु:ख का भार हो रहा है। उसमें केवल अन्धकार-ही-अन्धकार है। उसके वीर्यरूपी सूर्य के समस्त दल, समस्त कलाएँ—छिप गए हैं। अयि दिन की मणि मस्तक पर लगाए हुए छविमयि, उसके उषा के द्वार अपने हाथ से खोल दो। (उषा से अर्थ वाणिज्य के उष:काल से है। जिस तरह एक गृहिणी द्वार खोलती है, यहाँ लक्ष्मी उसी तरह सूर्य की मणि मस्तक पर लगाए वाणिज्य की उषा द्वार खोलती है। उषा की ललाई में द्वार का रूप है। खुलते ही दिनमणिका देख पड़ती है। फिर प्रकाश से जैसे श्री का प्रकाश आता है।)

"हाथ में अकल-तूलिका ('अकल' शब्द ब्रह्म का विशेषण है, इस तरह मतलब है—सब रूप और गुणों से पूर्ण) लेकर जीवन के अनेकानेक उपायों को रँगकर, जीवन-निर्वाह के उपायों की तसवीरें खींचकर, बताकर कि इस-इस तरह जीवन की सार्थकता करो, घर भर दो (भारत को पूर्ण कर दो)। हे भारति, (यहाँ 'भारती' का अर्थ सरस्वती करने से ठीक न होगा, कारण, 'भारती' का 'भर तनोधि' से बना धातुगत अर्थ यहाँ है, सिद्धि में इसके बाद भी एक पेच है, खैर, अर्थ वही भरनेवाली है, जिसमें लक्ष्मीवाला भाव ही पुष्ट है। यहाँ 'भारती' के सरस्वती-अर्थ की भी सार्थकता की जा सकती है, पर मेरा मतलब लिखते समय धातुगत अर्थ से था।) भारत को फिर, खान, बाजार और ज्ञान का वर दो (जिससे वह यह सब समझे।)

"हे लवनिमेष-कणिका-मात्र में अवसित तुम! (कवि लक्ष्मी की अणिमाशक्ति से छोटे स्वरूप का बयान कर उसी में आई सारी महत्ता दिखलाना चाहता है) दिन, मास, ऋतु, अयन और वर्ष को भरकर अनेक रंगोंवाले युग (अनेक भाव और कृत्यों से रंजित युग) सदा अपने शेष चिन्ह तुम पर छोड़कर बहते हैं (चले जाते हैं।)" इसका भावार्थ है : अनेकानेक काल की कहानियाँ शक्तियों के एक लत, एक निमेष, एक कण में प्राप्त हो सकती हैं, वे सब यहाँ निहित हैं, इसलिए भारत की लक्ष्मी-शक्ति का लघुरूप हो जाने पर भी, समस्त विराट रूप समय के वहाँ निहित है—उनके ऐश्वर्य से वह लक्ष्मी-शक्ति युक्त है। वह प्रबुद्ध हो जागे।

यहाँ लक्ष्मी के विराष्ट रूप से चलकर उनके लवरूप में विराट के अवसित जो करती है, वह कला है।

'तप रे मधुर-मधुर मन!' पंत जी के 'गुंजन' का पहला गीत है। जब यह छपा था, इसे पढ़कर इसके भाव से असहमत होने के कारण मैंने इस तरह के एक दूसरे गीत की रचना की थी। इसका मित्र-मंडली में तो मैंने उल्लेख किया है पर साहित्य में नहीं। पंत जी के पहले के दो बन्दों से तीसरा बन्द मुझे चुस्त लगता है। वह यह है :

तेरी मधुर-मुक्ति की बन्धन,
गन्ध-हीन तू गन्ध-युक्त बन,

निज अरूप में भर स्वरूप, मन!
मूर्तिमान बन, निर्धन!
गल रे गल निष्ठुर मन!

इस गीत का आशय इसकी चौथी पंक्ति से साफ है—ऐ निर्धन (रिक्त जन)! (तू) मूर्तिमान बन। (मूर्तियों से, एक या अनेक सुन्दर मूर्तियों से धनी हो!) इसके ऊपर की, पहली पंक्ति के बाद की दो पंक्तियाँ भी इसी भाव की पुष्टि करती हैं, जहाँ गन्धहीनता से गन्धयुक्त होने, अरूपता में स्वरूप भरने की बात है। (जहाँ तक स्मरण है, पहले जब यह छपा था, 'स्वरूप' की जगह 'सुरूप' था।) दर्शनशास्त्र के अनुसार यह अभाव से भाव में आना है। अभाव-रूप-शून्य-रूप भी ब्रह्म है। रूप की दुनिया यहीं समाप्त होती है, अर्थात, रूप की इसी अनन्तता, शून्यता या पूर्णता में परिणति होती है। दर्शनशास्त्र के अनुसार यह ऊर्ध्व गति है और साहित्य-शास्त्र के अनुसार विकास। दोनों का यह शेष है—दोनों की अनन्त में स्थिति। पंत जी यहाँ से उतरकर रूप के लोक में जाते हैं। वहाँ, वहाँ के संसार में, अपनापन स्थापित करने के लिए कहते हैं, जैसे उनकी पहले की एक पंक्ति से सूचित है : "स्थापित कर जग में अपनापन।" यद्यपि इस तरह का आना-जाना, चढ़ना-उतरना साहित्य में जारी रहता है, फिर भी पंत जी के कहने का ढंग यहाँ ऐसा है कि उससे गन्धहीनता, अरूपता आदि ब्रह्मभाव के विशेषण—अमर्यादित होते हैं, उनके प्रति कवि की अवज्ञा, शब्दों के उच्चारण और भाव के प्रकाशन की धारा सूचित होती है। इसे कला का पतन कहते हैं। यद्यपि पहले जग में अपनापन स्थापित करने की बात कही गई है, फिर भी वह ऐसी कृत्रिम है कि सांसारिकता और कवि के गुरु भाव की व्यंजना वहाँ प्रधान हो गई है, अपनापन गतिरहित होकर कमजोर! कारण, कहने का ढंग जैसा होना चाहिए था, नहीं हुआ, दर्शन के साथ साहित्य, भावप्रकाशन, प्रतिपाद्य विषय कमजोर पड़ गया है। इसका प्रमाण—जब निर्धन को मूर्तिमान होने के लिए कहा जाएगा और इस प्रकार गन्धहीन को गन्धयुक्त बनने के लिए, तब कवि का लक्ष्य मूर्तिमान होना, गन्धयुक्त होना है, साबित होगा, और तब भाव-प्रकाशन के अनुसार चलनेवाली भाषा उसी शब्द पर जोर देगी, जो लक्ष्य है, जिससे प्रतिपाद्य विषय साफ होता है। यहाँ गन्धयुक्त होना प्रतिपाद्य है, इसलिए उच्चारण का बल 'गन्ध-हीन' शब्द पर नहीं, गन्ध-युक्त पर है। 'ही' खासतौर से जोर देने के लिए आती है। पर 'तेरी मधुर-मुक्ति ही बन्धन' में 'ही' उलट गई है। 'गन्ध-युक्त होने, अरूप में 'स्वरूप' भरने, 'मूर्तिमान्' होने में बन्धन साबित किया जा रहा है, मुक्ति तो गन्धहीनता, अरूपता और निर्धनता की जगह है। उक्त पंक्ति का रूप ऐसा होना चाहिए—बन्धन ही तेरी मधुर-मुक्ति है। पर जिस तरह 'ही' का प्रयोग उलटा है, उसी तरह सूक्ष्म विचार से सारा भाव। जैसे शब्द अस्थान-प्रयोग-दोष से दुष्ट है, वैसे ही प्रकाशन-दोष से दुष्ट भाव।

ऐसे बन्धन और ऐसी मुक्ति के भी आचार्य कवि रवीन्द्रनाथ हैं।—'वैराग्य साधने मुक्ति, से आमार नय'—उनके इस काव्य-दर्शन का प्रसिद्ध वाक्य है। इस भाव पर उनके अनेक पद्य हैं। इसके अनेक रूप उन्होंने खींचे हैं। यह रवीन्द्रनाथ के दर्शन के नाम से प्रसिद्ध है। मुझे यह विशिष्टता द्वैतवाद का सुन्दर काव्य-रूप रवीन्द्रनाथ द्वारा तैयार हुआ मालूम देता है। इसके प्रकाशन में रवीन्द्रनाथ की प्रतिभा और शब्द-शक्ति जो काम करती है, वह तारीफ के लायक है।

पंत जी के सम्बन्ध में जो कुछ भी इस निबन्ध में मैंने लिखा है, वे मेरे ही विचार हैं, वे दूसरे के भी हों, दूसरे उनका समर्थन करें, यह मैं नहीं चाहता। केवल इतना ही चाहता हूँ कि मैं जो कुछ लिख रहा हूँ, वह दूसरों की धारणा में आ जाए, फिर अगर उनकी धारणा न बदली तो वह साहित्य की धारणा होगी, सत्य होगा, जो मेरा नहीं, सबका है। अगर बदली और अपना समझा हुआ सत्य वे मुझे समझाना चाहेंगे तो मैं नम्र से समझने के लिए तैयार रहूँगा। अपने दोषों के लिए मैं पहले लिख चुका हूँ, युक्तियों के साथ अगर कोई बतलाएँगे तो समझने की मैं यथाशक्ति चेष्टा करूँगा और सत्य मालूम देने पर मान लेने में मुझे आपत्ति न होगी। मेरा कवि काठ नहीं, जिसके झुकने पर मुझे टूटने का डर हो।

पंत जी की यह रचना पढ़ने के बाद दर्शन-सत्य के अनुसार, जिसमें कला विकसित होकर रूप में आकर भी गिरी नहीं, मैंने यह गीत लिखा है :

रे अपलक मन!
पर-कृति में धन-आपूरण।
दर्पण बन तू मसृण सुचिक्कण,
रूपहीन, सब-रूप-बिम्ब-धन
जल ज्यों निर्मल-तट छाया-घन,
किरणों का दर्शन।
सोच न कर, सब मिला, मिल रहा,
भर निज घर, सब खिला, खिल रहा,
तेरे ही दृग रूप-तिल रहा,
किरणों का दर्शन।

खोज, न कर मर्षण।
दृष्टि अरूप, रूप लोचन युग,
बाँध, बाँध, कवि बाँध पलक-भुज,
शून्य सार कर, कर तज भुरुज,
घन का बन-वर्षण।

"रे निष्पलक (अपलक स्थिति में चिन्ता करना जाहिर होता है, इसलिए इस शब्द का यहाँ भीतरी मतलब है, 'चिन्तायुक्त') मन! श्रेष्ठ कृति में धन का पूर्ण भाव है, (जो कृति श्रेष्ठ है, उसमें घनत्व भी है—यह पंत जी के 'मूर्तिमान बन निर्धन!' पर है।)

"तू उज्ज्वल ऐसा चिकना आईना बन, जो रूपहीन होकर सब रूपों को बिम्बित करनेवाला हो। (ऐसा अरूप आईना बन जा जिसमें सब रूप बिम्बित हो। अक्लेद होने पर मनुष्य देह-बुद्धि से भी रहित हो जाता है, यम संतों की अनुभूति और शास्त्रों की उक्ति है।) जल की तरह निर्मल हो, जिस पर तट की छाया पड़ी हुई (प्रतिफलित) है। (इस प्रकार यहाँ अरूपता, शून्यता भी उत्तम है और घनत्व भी है। अरूपता, शून्यता ब्रह्मभाव श्रेष्ठ है, यह आप व्यंजित है।) किरणों का दर्शन बन। (किरणों से प्रकाश की अरूपता का भाव है, उन्हीं के भीतर हम एक-दूसरे को देखते हैं, मिलते-जुलते वार्तालाप करते हैं। किरणों का दर्शन बन अर्थात अरूप होकर रूप-लोक में रह, अरूप होने पर यह रूप-लोक इसी तरह तेरे (ज्ञान के) भीतर रहेगा।)

"तू चिन्ता न कर। सब मिला है और मिल रहा है। अपना घर (अभ्यन्तर) भर (विकास की बातों से पूर्ण कर), सब खिला हुआ है और खिल रहा है। तेरी ही आँखों में रूप का तिल है। (यहाँ भी अरूपता का रूप गोल शून्याकार तिल में देता है, जहाँ समस्त रूप बिम्बित होते हैं, जो समस्त रूपों का धन है।) खोज, बैठा न रह। (आँख के तिल की तरह कैसे अरूप होगा, इसकी तलाश कर, विकास की बातों से कैसे तू अपने को पूर्ण करेगा, खोज।)

"दृष्टि अरूप है और दोनों आँखें रूप। हे कवि, तू पलकों की भुजाओं से बाँध, बाँध। (दोनों आँखों के रूप बताकर दक्षिण और वाम द्वारा सृष्टि के 'नर और नारी' रूप की ओर इंगित करता है। पहले एक अरूप के लिए कहा कि वह दृष्टि है, फिर रूपसृष्टि के लिए कहा—दो हैं, वे आँखें हैं। दोनों आँखों में एक ही दृष्टि है। फिर कवि को चार पलकों की भुजाओं से बाँधने के लिए कहा। इस तरह, दोनों रूप हाथ बाँधकर अपनी एक ही अरूप सत्ता का ध्यान कर रहे हैं और अरूप और रूप दोनों, कवि में रहकर, उसे भी इस भाव की विभूति से सुन्दर कर रहे हैं—वह भी अरूप सत्ता का ध्यान करता हुआ-सा बन जाता है। पलकें बन्द कर लेने के कारण, और यही रूप में रहने की कला और भाव दृष्टि से, बाहरवालों-देखनेवालों की आँखों में श्रेष्ठता होती है, यह दिखाया गया है।) (इस प्रकार) शून्य को सार कर (अरूपता को मूर्तिमत्ता में परिवर्तित कर उत्तम बना), ऐसा करके भूरुज का त्याग कर ('रुज' यहाँ रोग के लिए ब्रजभाषा से आया शब्द है। भूरुज पृथ्वी गत व्याधि, संसार का रोग)। (इस तरह यह बादल का वन में बरसना है शून्य, वाष्परूप बादल वन में बरसता है तो शून्य सार बनता है—बरसने की सार्थकता होती है, समुद्र में बरसता है या मरुभूमि में तो ऐसी निरर्थकता होती है।)"

मुझे अनेक उदाहरण अपनी कला के देने थे। इतने से बहुत थोड़े भावों की व्याख्या हुई है। पर 'माधुरी' का वर्ष समाप्त हो रहा है, इसलिए इस लेख को मैं भी यहीं से समाप्त करता हूँ।

['माधुरी' : मासिक, लखनऊ, के मार्च, जून और जुलाई, 1916 के अंकों में तीन किस्तों में प्रकाशित। 'प्रबन्ध-प्रतिमा' में संकलित]

चित्रण-कला

कविता, उपन्यास और नाटक—साहित्य के मुख्य तीनों अंगों की चित्रण-कलाएँ अलग-अलग हैं। पर बहुत जगह, पात्रों के कुल-शील के अनुसार, एक ही प्रकार की भाषा तथा चित्रण रहता है। परन्तु फिर भी भाषा के भीतर के अनेक भेद होते हैं। इसी तरह लक्ष्य के भी भेद हैं। पर विकास सब जगह एक ही हैं। जिस तरफ लेखक अपने पात्र को ले जाना चाहता है, उस तरफ के विकास के क्रम पर उसका सर्वाधिक ध्यान रहता है। प्रकाशन की कोई बात छूट न जाए, उसका क्रम कैसा हो, उच्च-से-उच्च तथा निम्न-से-निम्न उसके सोपान कौन-कौन से हैं, इनकी शिक्षा ही कला की शिक्षा कहलाती है।

कविता लिखने के समय जब चित्र के चन्द्र को अधिक प्रकाशमान करना पड़ता है, तब भाषा के शब्दों को यथाशक्ति प्रांजल कर देने की आवश्यकता है। शब्दों के सूर्य की किरणें चित्र को और द्युतिमान कर देती हैं। प्राचीन गौरव के प्रति लोगों की श्रद्धा आकर्षित करने का विचार हो, तो कविता की भाषा खुले हुए पुष्प की तरह पूर्ण-विकच होनी चाहिए। परन्तु ग्राम्य चित्रों या अशिक्षित जनों के मनोभावों का चित्रण करने के समय भाषा बहावदार, स्वच्छ, सरल लिखनी चाहिए। प्राकृतिक वर्णन के सहज तथा सालंकार, दोनों प्रकार की भाषाएँ आती हैं। काव्य-पात्रों की भाषा आलंकारिक होने पर भी मुहावरेदार, सरल, जहाँ तक हो सके, होनी चाहिए। पुश्तर भाषा के नियमों की पाबन्दी न रखनेवाले यदि कुशल कलाकार हैं, यदि उन्हें विकास का अच्छा ज्ञान है, तो वे किसी भी प्रकार की भाषा का प्रयोग, जहाँ चाहें, कर सकते हैं। अधिकांश महाकवियों ने उल्लिखित प्रकार हो भाषा के प्रचलन में रखे हैं। कविता के यों तो अनेक भाग किये गए हैं, पर मुख्य दो ही भाग हैं : एक बाह्य प्रकृति का चित्रण है, जिसमें नामवाचक संज्ञाओं का उपयोग विशेष रूप से रहता है; दूसरा, आभ्यन्तर प्रकृति का वर्णन, जिसमें भाववाचक शब्द प्राय: आया करते हैं। नामवाचक संज्ञाओं के सौन्दर्याधार चित्र हैं और भाववाचक संज्ञाओं की भावना। जिस तरह दोनों संज्ञाओं के गुण-भेद तथा रूप-भेद दृष्टिगोचर होते हैं, उसी तरह उनके आधार काव्य में भी। नामवाचक संज्ञाओं के चित्र ही हैं, जहाँ किरणों से स्वर्ण की अप्सराएँ उतर-उतर नील-स्फटिक-जल झील में तैरतीं, कल-कल शब्द

में अनेक प्रकार के रसालाप, कौतुक, क्रीड़ाएँ करती हैं, जहाँ कलियों के चटकने के साथ ही हरितवसना किसी रूपवती वन्य बालिका की एकाएक चितवन देख पड़ती है—ओस के कणों में आँसू, सन्ध्या की किरणों में किसी प्रासाद की विरहिणी के खुले हुए, चमकते हुए, सुनहले बाल, और भाववाचक-संज्ञाओं में हम भावना को ही प्रत्यक्ष करते हैं, कहीं चित्रों में घनीभूत और कहीं निराकार। "सजनी, भल करि पेखन न भेल"—यहाँ अच्छी तरह न देख पाने का दु:ख ही जाहिर है। "कहाँ है उत्कष्ठा का पार"—इसमें क्षोभ। पर कभी-कभी चित्र भी भावों को प्रधान कर लेते हैं, और भावना चित्रों को। वहाँ चित्रों की भंगिमा में भाव का विकास दिखलाया जाता है, और भावों में तदनुकूल चित्र, और ये प्रयोग प्राय: रूपकोपमा के रूप से ही आते हैं। जब तक चित्र चित्रों ही की हद में रहते हैं, एक सुन्दर नयनाभिराम मूर्ति को अंकित करने के अतिरिक्त उनका दूसरा अभिप्राय नहीं रहता या भाव मानवीय शोक तथा हर्षोच्छ्वास की ही व्यंजना कर शान्त हैं, तब तक काव्य की वह सृष्टि अन्तिम सोपान तक पहुँची हुई भी नहीं कही जाती—पार कर जाना तो और दूर की बात है। ब्रजभाषा-काल के शृंगारी कवियों के चित्र तथा भावनाएँ इसी हद तक रह गई हैं। इसीलिए उनमें वह रस नहीं, जो कबीर, तुलसी, मीर और ग़ालिब में हैं; जो मौलाना रूम, उमर और गेटे में हैं। चित्रों तथा भावनाओं के भीतर से चिरन्तर सत्य में पहुँचना, अपार सौन्दर्य में भावना तथा चित्रों की कृतियों को मिला देना कविता की पूर्णता कहलाती है। यहाँ भी कुछ भेद हैं। भक्त कवि यह कार्य पवित्र भावना तथा निष्कलुष मूर्तियों का आश्रय लेकर करते हैं और केवल-कवि विलास तथा शृंगार के अनेकानेक उपकरण लेकर। कविता की पवित्रता का दावा इन्हें भी रहता है। वेश्याओं में अपार सौन्दर्य का स्रोत खोलकर उसे उन्हीं लोगों ने सौन्दर्य के अपार महासागर से मिलाया है, रहस्यवादी केवल-कवि और आध्यात्मिक कवि में इस उपकरणों का ही भेद है। प्रांजल, पुष्पित, मार्जित, सरल, मधुर, मुहावरेदार—इस तरह से भाषाएँ भी अनेक प्रकार की हैं, जो आवश्यक वर्णना-स्थानों पर आया करती हैं।

उपन्यास में एक या दो नायक तथा दो-एक नायिकाओं का होना आवश्यक है, यद्यपि बिना नायक के भी उच्च-से-उच्च तथा श्रेष्ठ उपन्यास मौजूद हैं। उपन्यास में उन नायक-नायिकाओं पर ही चित्रण की प्रधान दृष्टि रहना आवश्यक है। जिस स्थिति से उन चित्रों को उठाकर, जिस स्थिति तक पहुँचाने का विचार लेखक के मन में हो, वहाँ तक जितने भी चित्र उन नायक-नायिकाओं के बनते तथा बदलते जाएँ, उनमें हर एक जब अपने स्थान पर प्रात:काल के खुले हुए कमल की तरह, अपनी पूर्णता के समस्त दल खोल रहा हो, साथ ही उनकी घटनाएँ मोतियों की माला की तरह, एक दूसरे दाने से समान सटी हुई, एक ही उज्ज्वलता में चमक रही हों, भिन्न-भिन्न घटनाओं के घूर्णित चक्र में एक ही गति, एक ही आवर्तन, एक ही परिधि की रेखा होनी चाहिए। साज के तारों की तरह उपन्यास के पात्रों के तार

तमाम स्वरों में अलग-अलग मिले हुए भी बोलवाले तार से सामंजस्य रखकर बजते हैं। जहाँ यह साम्य नहीं, वहाँ उपन्यास के हर परिच्छेद के पात्र टूटे हुए तारों के यंत्र की तरह कर्कश झंकार करते, वैषम्य पैदा कर देते हैं। भाषा भी पात्रों की शिक्षा के अनुकूल होनी चाहिए।

यही मार्ग नाटकों के लिए भी। सिर्फ दृश्य काव्य होने से नाटकों में प्रकाशन कुछ और तीव्र और भंगिमाएँ भावोद्दीपक होती हैं। उपन्यास में जितना ही छिपाकर खोलने का प्रचलन है, नाटक में उतना ही भाव के प्रकाशन का।

['सुधा' : मासिक, लखनऊ, नवम्बर, 1929 (सम्पादकीय)। असंकलित]

विज्ञान और वैज्ञानिक पत्र-कला

काल के कई परिमाण, कई माप हैं। एक परिमाण है 'युग'। समय के किसी प्रकार, काल की किसी अवधि को युग-संज्ञा यों ही नहीं दी जाती। युग-शब्द के उच्चारण से केवल-मात्र पल, घड़ी या प्रहरों का ही परिज्ञान नहीं होता, वरंच किसी अन्य भी वस्तु की ओर ध्यान आकृष्ट होता है। युग की गणना किसी आधार के अनुसार होती है। आलम्ब रूप से गृहीत वस्तु, पहले तो, सार्वभौमिक या सार्वलौकिक होती है, यदि ऐसी विशेषता न भी लिये हो, कम-से-कम सभ्य-समाज में उपस्थित या व्याप्त अवश्य रहती है। या यों कहिए कि प्रत्येक युग में किसी-न-किसी गुण या कार्य का पर्याप्त प्राधान्य रहता है। आधुनिककाल विज्ञान-युग कहा जाता है। यह इसी हेतु कि इस समय विज्ञान का प्रभाव सार्वदेशिक है, इसकी विमल ध्वजा चारों ओर फहरा रही है।

विज्ञान की विजय साधारण नहीं, असाधारण है। आंगिक या देशिक नहीं, पूर्ण और अलौकिक है। वही विजय पूर्ण है, जो किसी जनपद-विशेष पर ही अधिकार न दिलावे, वरंच उस विजित प्रदेश की संस्कृति, वहाँ के जीवन पर भी पूरा-पूरा प्रभाव डाल सके। आज दिन विज्ञान हमारे देश में ही नहीं, हमारे गृहों में ही नहीं, हमारे जीवन में भी धीरे-धीरे प्रविष्ट हो गया है। आश्चर्य यह है कि हम इस विजय को विजय-सी नहीं समझते। विज्ञान की विजय का यही सबसे बड़ा प्रभाण है। दियासलाई जलाते वक्त, सिगरेट का धुआँ उड़ाते समय, सान्ध्य वेला में बिजली का बटन दबाने पर भला कितनों को यह ध्यान आता है कि उपर्युक्त वस्तुओं की आड़ में विज्ञान छिपा हँस रहा है? कितने यह समझते हैं कि उनके बहुत-से कार्य सम्पूर्णतया विज्ञान के ही आश्रित हैं? विज्ञान का रूप प्रच्छन्न भी है, और प्रकट भी, इसी कारण हमें विज्ञान के गुणों की पूरी अनुभूति नहीं होती। यदि ध्यानपूर्वक देखा जाए, हमारे ऊपर विज्ञान का ऐसा गहरा प्रभाव पड़ा है कि यदि कल, किसी प्रलयंकारी आकस्मिक घटना, किसी विनाशकारिणी आपत्ति किंवा किसी अविज्ञात दैवी प्रकोप के कारण, धरा से विज्ञान और तद्भूत विभूतियाँ मिट जाएँ, बहुत सम्भव है, आज के नागरिक कल के उस विज्ञान-विहीन संसार को पहचान ही न सकें, और उसे एक विलक्षण लोक देख उसे भूमंडल के स्थान में किसी अन्य लोक की संज्ञा दें।

यद्यपि मानव-जीवन का विज्ञान के साथ ऐसा परिपक्व एवं गम्भीरतम सम्बन्ध है, तथापि बहुत-से मनुष्य अपने को विज्ञान का इतना वशीभूत नहीं समझते। साधारण स्त्री-पुरुष यह सुन हँसते हैं कि अनतिदूर भविष्य में मनुष्य और विज्ञान का यह परम्पर सम्बन्ध और भी घनिष्ठ एवं गहन हो जाएगा। इस बात पर सर्वसाधारण को विश्वास ही नहीं आता कि आगे चलकर हमारे 55 प्रतिशत कार्यों में विज्ञान और तज्जन्य प्रतिक्रियाओं की गहरी छाप होगी। यदि वैज्ञानिक उन्नति की यही गति रही, जैसी आजकल है, तो कई विद्वानों का अनुमान है कि विज्ञान को संजीवनी-विद्या का भी पता मिल जाएगा। अभी तक विज्ञान ने मृत्यु के साधनों की ही अधिक खोज की है, पर अब वह जीवन की समस्या की ओर भी अग्रसर हुआ है। अभी तक काल के कराल शस्त्रों की ही व्याख्या और विश्लेषण हुआ है, अब जीवन के रहस्य, प्राणों की प्रच्छन्न प्रक्रिया के समझने की भरपूर चेष्टा की जा रही है। जिस दिन विज्ञान जीवन-शक्ति, प्राण-शक्ति पर विजय पावेगा, उसी दिन से संसार के स्वरूप में एक महान परिवर्तन हो जाएगा, और उसी शुभ दिन से यहाँ के निवासी भी, स्वर्ग से सुविख्यात देवताओं के सदृश अपने को अमर कहने का दावा कर सकेंगे। भविष्य का चित्र बड़ा ही नयनाभिराम ज्ञात होता है।

हम ऊपर कह चुके हैं कि सर्वसाधारण जन वैज्ञानिक चमत्कारों से पूर्णतया परिचित नहीं। और देशों की हम नहीं कहते, हमारे भारतवर्ष में इस समय यही दशा है। यहाँ का अधिकांश जन-समुदाय विज्ञान से परिचित रहना अलग रहा, 'भाखा', 'गिनती', साधारण लिखने-पढ़ने और जोड़ने-घटाने से भी अपरिचित है। यही कारण है कि यहाँ के बहुतेरे मनुष्य वैज्ञानिक सत्यों की उपेक्षा कर उन्हें एक हँसी का विषय, एक मजाक का मसाला समझते हैं! कितना विषम व्यंग्य है! विज्ञान और मनुष्य का ऐसा घनिष्ठ सम्बन्ध है और उसके विषय में हमारे सर्वसाधारण की ऐसी दशा! उसके प्रति हमारी जनता के ऐसे विचार! ऐसी परिस्थिति में क्या वह हमारा कर्तव्य नहीं कि हम जनता को विज्ञान की महत्ता और उसकी विभूतियों के वैभव का परिचय करावें? क्या विज्ञान-से लोकोपकारी विषय को सर्वप्रिय बनाना आवश्यक नहीं? हम स्वीकार करते हैं कि अन्य देशों की अपेक्षा, विशेषत: पाश्चात्य देशों के मुकाबले, भारत में विज्ञान-विषयक अन्धकार अधिक है और इसके हटाने में समय लगेगा। हम यह भी मानते हैं कि शताब्दियों के रूढ़िगत भाव तथा सहस्रों वर्षों की प्रवृत्तियाँ अचानक ही नहीं बदल जातीं। हम समझते हैं, पुराने विचारों से जकड़ा हुआ समाज सहसा न प्राचीन भावों का तिरस्कार ही कर सकता है, न नये क्रान्तिकारी भावों की स्वीकृति। हमारा यह मन्तव्य है कि सर्वसाधारण के वैज्ञानिक विषय-सम्बन्धी अज्ञान को हटाना प्रत्येक सुशिक्षित व्यक्ति का प्रथम कर्तव्य है।

किसी भी वस्तु का परिचय कराने के लिए समुचित उपकरणों का होना आवश्यक है। अत: यह मान लेने पर कि विज्ञान की शिक्षा सर्वसाधारण के लिए हितकर है, यह

प्रश्न सहज ही उपस्थित होता है कि वे साधन कौन हैं, जिनकी सहायता से समाज के अधिक-से-अधिक अंश का भली-भाँति शिक्षण हो सकता है? सार्वजनिक शिक्षण के अर्थ में जिन उपकरणों का आलम्ब लिया जाता है, वे हैं स्कूल, व्याख्यान, वादानुवाद आदि, परन्तु इनसे लक्ष्य की पूरी प्राप्ति नहीं होती। हमें यह विस्मरण नहीं करना चाहिए कि सार्वजनिक शिक्षा के माध्यमों में जितना ही कठोरता का सम्मिश्रण कम होगा, उतनी ही सफलता अधिक होगी। स्कूल में नियम, अनुशासन, परीक्षा आदि अनेक प्रतिबन्ध हैं, धन का भी पर्याप्त व्यय है, ऊपर से गुरुजी के डंडे और डाँट-डपटों का पूरा डर रहता है। स्कूल में भरती होने पर मनुष्य अपने स्वातंत्र्य में एक बड़ी बाधा का अनुभव करता है, अत: वह स्कूल जाने से ही झिझकता है, शिक्षा से लाभ उठाना तो अलग रहा। सार्वजनिक शिक्षा के दूसरे माध्यम व्याख्यान द्वारा ज्ञान की प्राप्ति होती है, परन्तु पूर्ण रूप से नहीं। वक्ता के भाषण में व्यक्तित्व की छाप के अधिक दीर्घ होने से यथार्थ का रूप बहुत-कुछ अस्पष्ट रह जाता है। दूसरे, व्याख्यान की सभी बातें न सुनने में आती हैं, न सभी याद रह सकती हैं। अत: हमारी शिक्षा अधूरी रह जाती है, और अधूरे ज्ञान से लाभ के बदले अधिक हानि की ही सम्भावना रहती है। इसी प्रकार वादानुवाद भी एक ऐसा साधन है, जिसकी सहायता से शुद्ध वैज्ञानिक ज्ञान की प्राप्ति उतनी नहीं होती, जितनी अभीप्सित है। असंस्कृत होने से कभी-कभी मन का झुकाव दल-विशेष की ओर हो जाता है, और वह अपने दल की बातों को विवेक की कसौटी में न जाँच ब्रह्मवाक्य समझ उन पर अन्धविश्वास कर बैठता है। उपर्युक्त साधनों में एक तो समय की मर्यादा है, अर्थात एक नियत ही समय पर इनसे लाभ उठाया जा सकता है। दूसरे, धन का प्रचुर व्यय होता है। इनके अतिरिक्त ये साधन ऐसे हैं, जिनसे समाज में वैज्ञानिक जागृति होती तो है, परन्तु बहुत ही मन्थर गति से। मनुष्य की शिक्षा उन्हीं उपकरणों द्वारा अधिक सम्भव है, जिनका प्रश्रय ले मनुष्य को किसी अन्य का मुख नहीं ताकना पड़ता, जिनके आलम्ब से वह अपने सुभीते से अध्ययन कर सकता है, जिनकी उपस्थिति में उसे किसी बाह्य आधार की अधिक आवश्यकता नहीं होती, ऐसे माध्यमों में सबसे मुख्य है—समाचार-पत्र।

यह निर्विवाद है कि समाचार-पत्र शिक्षा के सबसे सुगम और सरल साधन हैं। इसका आश्रय लेने में न व्यय का आधिक्य है, न विवाद की आशंका। इनके द्वारा ज्ञान की उपलब्धि में न कटुता होती है, न कठोरता, न नियंत्रण होता है, न स्वातंत्र्य-हानि, न डंडे का डर रहता है, न डाँट-डपटों का त्रास। ये सभी गुण पुस्तकों में उपस्थित रहते हैं, परन्तु समाचार-पत्रों में पुस्तकों से एक अधिक विशेषता है। पुस्तक-प्राप्त ज्ञान पुराना भी पड़ सकता है, परन्तु समाचार-पत्रों द्वारा उपलब्ध विद्या में यह अड़चन नहीं। विज्ञान एक ऐसा विषय है, जिसमें उत्तरोत्तर उन्नति हो रही है, अत: पुस्तकें इस ज्ञान-वृद्धि की निरन्तर सूचनाएँ नहीं दे पातीं। इस प्यास,

विज्ञान-सम्बन्धी इस प्यास को पत्र ही मिटा सकते हैं। पत्रों के मोल लेने, ग्राहक हो जाने से मनुष्यों को एक और भी लाभ होता है, जो पुस्तकों द्वारा सम्भव नहीं। उन्हें एक ही स्थल पर कई विवरणों का पता मिलता है। एक ही पत्र में कई विषयों का समावेश होने से उन्हें विभिन्न विषयों के परिज्ञान के हेतु, इधर-उधर नहीं भटकना पड़ता, न विविध विषय-सम्बन्धी उतनी पुस्तकें ही खरीदनी पड़ती हैं। यही नहीं, उन्हें विज्ञान के अतिरिक्त अन्य सामयिक विषयों पर भी सम्पादक तथा अन्य विशेषज्ञों की टिप्पणियाँ प्राप्त होती हैं, जिनका मनन करने से उन्हें सहज ही वस्तु-विशेष का अच्छा व्यावहारिक ज्ञान हो जाता है।

पत्र और पाठक का परस्पर बड़ा ही घनिष्ठ सम्बन्ध है दोनों एक-दूसरे के पूरक और सहायक हैं। एक ज्ञान देता है, दूसरा धन। एक समझाता है, दूसरा समझता है। एक अभ्युदय का आकांक्षी है, दूसरा उस आकांक्षा की पूर्ति का साधन। अत: उसी उन्नतिशील देशों के पत्र सदा यही आकांक्षा रखते हैं कि उनके पाठकों में ज्ञान की जागृति हो। इस जागृति के लिए वे सर्वदा प्रयत्नशील रहते हैं, और यथासम्भव अपने पत्रों में ऐसे विषयों को स्थान देते हैं, जिनका पाठ ग्राहकों के लिए हितकर हो, और जिसके द्वारा वे संसार की प्रगति का पूरा परिचय पा सकें।

थोड़े-से व्यय द्वारा सर्वसाधारण को वैज्ञानिक जगत और वैज्ञानिक विभूतियों के परिचय कराने में समाचार-पत्रों का बड़ा हाथ रहा है, और रहेगा। पत्रों को सार्वजनिक शिक्षा के सहज माध्यम मानने से जहाँ उनकी महत्ता बढ़ती है, वहाँ उनका दायित्व भी अधिक गम्भीर हो जाता है। वैज्ञानिक विषयों पर लिखना यों ही कठिन है, फिर उस विषय को सर्वसाधारण से समझने योग्य बनाना वैज्ञानिक लेखक की कठिनाई को और भी बढ़ाता है। हम कठिनाइयाँ स्वीकार करते हैं, परन्तु हमारा यह कहना है कि कठिनाइयों के डर से सर्वसाधारण को वैज्ञानिक विषय और वैज्ञानिक विभूतियों से अपरिचित रखना हमारे कार्पण्य का सूचक और हमारे विवेक एवं बुद्धि का लांछन ही नहीं, गहरा कलंक है।

विज्ञान मनुष्य की ही नहीं, वरंच उस वातावरण की भी पूरी-पूरी खोज करता है, जो उसके चतुर्दिक है। वह पंचतत्त्वों का रासायनिक विश्लेषण ही नहीं करता, वरंच यह भी जानने का प्रयत्न करता है कि किस तत्त्व द्वारा मनुष्य के अभ्युदय की कितनी अभिवृद्धि हो सकती है, या हो सकेगी। इस प्रकार अन्तर और बाह्य का अन्वेषण करते-करते विज्ञान प्रकृति के विचार से कभी ऊँचा उठ जाता है, और उस अभिज्ञात सूत्रधार, उस अपरिचित नियामक के परिज्ञान की ओर भी अग्रसर होता है, जिसकी प्रकृति एक शृंगारशीला नटी, एक अकृत्रिम प्रतिच्छाया-मात्र है। जिस प्रकार श्रवण, मनन और अभ्यास आध्यात्मिक उन्नति की तीन प्रधान परिधियाँ, तीन आख्यात आधार हैं, उसी प्रकार पठन, प्रयोग और पाठन विज्ञान के तीन प्रमुख साधन, तीन प्रसिद्ध सीढ़ियाँ हैं। इन्हीं के द्वारा विज्ञान की उन्नति होती है। लेखन पाठन का ही

एक विशिष्ट अंग है। लेखक लेखन द्वारा अपने अनुभव या अपने विचार सर्वसाधारण तक पहुँचाने या व्यक्त करने का प्रयास करता है। संक्षेप में लेख का यही लक्ष्य है।

सर्वसाधारण तक विचारों को पहुँचाने के लिए यह आवश्यक है कि सर्वसाधारण की भाषा का ही यथासम्भव प्रयोग किया जाए। वैज्ञानिक पत्रकार या लेखकों के लिए यह और भी आवश्यक है कि वे बोलचाल में व्यवहृत होनेवाली भाषा का ही अधिक प्रयोग करें, तभी उनके लक्ष्य की प्राप्ति हो सकती है। इसके विपरीत व्यवहार में पाठक लेखक की उपेक्षा करते हैं। क्लिष्ट भाषा के प्रयोग से जर्जरित हो, शब्दों का कष्ट-साध्य अर्थ ढूँढ़ते-ढूँढ़ते, व्याकरण के व्युत्पत्ति-जाल में फँस जाने पर मनुष्य उकता जाते हैं, श्रमित हो उठते हैं, और लेखक का आशय न समझने से खिन्न हो पत्र को अलग रख देते या दूसरा प्रकरण पढ़ने लगते हैं। अत: यह कहना अत्युक्ति नहीं कि वैज्ञानिक विषयों के लिए भाषा का सरल होना प्राथमिक आवश्यकता है।

शब्दों के सरल होने का यह अर्थ नहीं कि वे लालित्य या रोचकता से शून्य रखे जाएँ। वास्तव में शब्दों में रोचकता का पुट होना दाल में मसाले के समान है। बिना मसाले की दाल कोई खा भले ही ले किन्तु उसमें न स्वाद रहता है, न वह भली-भाँति पच ही सकती है। स्वाद और पाचन के लिए नमक और मसाले आवश्यक हैं। इसी प्रकार वैज्ञानिक विषय भी कोरे, शुष्क एवं नीरस शब्दों द्वारा ग्राह्य नहीं बनाए जा सकते। ऐसी रूखी भाषा के प्रयोग से न तो विषय का प्रवेश ही भली-भाँति हो सकता है, न उसके पढ़ने में आनन्द आता है। वैज्ञानिक पत्रकारों के लिए यह अत्यन्त ही हितकर है कि वे अपने वाक्यों को ऐसा रूप दें, जिससे जनता उनके लेखों की ओर आकृष्ट हो, और उन्हें पढ़ने के लिए उत्सुक ही नहीं, प्रत्युत व्यग्र हो उठे। व्यग्रता और औत्सुक्य ही विज्ञान के परिपोषक और अन्वेषणवृत्ति के उत्पादक एवं सहायक हैं। सर्वसाधारण के हित जो लेख लिखे जाते हैं, उनमें औत्सुक्यपूर्ण वार्ता की पर्याप्त मात्रा के होने से जनता उन्हें पूरा पढ़ डालती है। सच तो यह है, वैज्ञानिक लेखों में ही क्या, किसी भी विषय के लेखों में औत्सुक्य की मात्रा का होना, 'आगे क्या लिखा होगा' की जिज्ञासा को जाग्रत करनेवाली शक्ति का रहना ही पाठक को पूरा-पूरा लेख पढ़ने के लिए बाध्य-सा करता है।

विषय को रोचक बनाने के लिए मुख्यत: दो साधन हैं : एक है चित्रों का बाहुल्य, और दूसरा है शब्दों का समुचित विन्यास। चित्रों के होने से लेख की ग्राह्य शक्ति बहुत बढ़ सकती है। विभिन्न प्रसंगों के नाना चित्रों को देख तद्विषयक लेख पढ़ने की स्वत: इच्छा होती है। चित्र सादे और सवर्ण (रंगीन), दोनों ही प्रकार के व्यवहृत किये जा सकते हैं। जन्तु-जगत का वर्णन करने में, शारीरिक शास्त्र-सम्बन्धी लेखों में तथा उद्भिज्ज प्राणियों की कथा कहने में रंगीन चित्र बड़ी सहायता करते हैं। इनके रहने से लेख की उपादेयता बढ़ जाती है। चित्र अपनी कथा आप ही व्यंजित करते हैं, और वैज्ञानिक लेखक के शब्द इन पर समुचित टिप्पणी के सदृश हो जाते हैं।

भाषा को रोचक बनाने के लिए चतुर लेखक अधिकतर उदाहरण, दृष्टान्त या उपमाओं का आश्रय लेते हैं। इनके प्रयोग से लाभ भी बड़ा होता है। सरल उदाहरणों से बड़ी-बड़ी कठिन बातों का भी अनायास ही ज्ञान हो जाता है। अत: यह वांछनीय है कि वैज्ञानिक पत्रकार उदाहरणों को युक्तिसंगत और उपमाओं को समुचित बनाने का ध्यान रखें। एक भी अनुपयुक्त उपमा अर्थ का अनर्थ कर सकती है। बहुतों की यह सम्मति है कि जब तक वैज्ञानिक विषयों का पर्याप्त ज्ञान और लिखने का पर्याप्त कौशल न हो, तब तक कलम उठाना आमों को कच्चा ही तोड़ना है। कई मनुष्य यह भी कहते हैं कि विज्ञान सर्वसाधारण के लिए नहीं है यह विशेषज्ञों का धन है। हमें यह मत प्रिय नहीं। विज्ञान विशेषज्ञों का धन भले ही हो, परन्तु उसकी विभूतियाँ सर्वसाधारण की सम्पत्ति हैं, और उसकी वार्ता या उसका विवरण ऐसा नहीं कि सर्वसाधारण न समझ सके। जो यह मानते हैं कि वैज्ञानिक विषयों पर सर्वसाधारण के लिए लिखना समय का अपव्यय और शक्ति का व्यर्थ क्षय है, वे जनता के साथ घोर अन्याय, सर्वसाधारण की बौद्धिक शक्ति की अनुचित निन्दा एवं वैज्ञानिक पत्रकार या लेखक के प्रशंसनीय कार्य की अकारण ही अवहेलना करते हैं।

कई लोगों का विचार है कि विज्ञान-सम्बन्धी लेखों में बिना टेक्निकल या शैल्पिक शब्दों का व्यवहार किये काम ही नहीं चल सकता। इनकी समझ से हिन्दी में वैज्ञानिक विषयों पर पुस्तकों से एक अधिक विशेषता है। पुस्तक-ज्ञान पुराना भी पड़ सकता है, परन्तु विचार ठीक नहीं जँचते। हम यह समझते हैं कि यदि कोई अपने विषय का पंडित और अपनी भाषा के प्रयोग में कुशल है, तो उसके लिए विषय का परिचय कराने के हेतु, प्रारम्भिक सार्वजनिक शिक्षा देने के अर्थ में यह आवश्यक नहीं कि शैल्पिक शब्दों का प्रयोग किया ही जाए। आज दिन पश्चात्य भाषाओं में ऐसी सैकड़ों पुस्तकें हैं, जिनमें विज्ञान-सम्बन्धी शैल्पिक शब्दों का प्रयोग है ही नहीं। इस प्रकार की अशैल्पिक, नॉन-टेक्निकल, भाषा में क्या हिन्दी में भी पुस्तकें नहीं लिखी जा सकतीं? सर्वसाधारण के लिए अशैल्पिक भाषा का ही प्रयोग किया जाता है। इसके अतिरिक्त यदि शैल्पिक शब्दों का समझाना कहीं नितान्त ही आवश्यक हो जाए, तो क्या पर्याय के अभाव में शब्द को अविकृत रख देने से या उसका विवरण और वर्णन देने पर कार्य की सिद्धि या अर्थ की प्राप्ति नहीं हो सकती? और, यदि कुछ देर के लिए यह मान भी लिया जाए कि पर्याय के बिना काम चल नहीं सकता, क्या उस अर्थ से किसी नये शब्द की सृष्टि नहीं की जा सकती? आविष्कारों के साथ-ही-साथ नये-नये शब्दों की भी सृष्टि होती है। सभी भाषाओं में ऐसा ही होता है। फिर क्या हिन्दी ही इस सनातन नियम का अपवाद है? क्या यही एक ऐसी विलक्षण भाषा है, जिसमें न नये शैल्पिक शब्द बनाए जा सकते हैं, न सर्वसाधारण को वैज्ञानिक विषय समझाए जा सकते हैं?

हम मानते हैं, वैज्ञानिक पत्र-कला सरल नहीं, वैज्ञानिक लेखक के मार्ग में

बड़ी कठिनाइयाँ हैं, परन्तु हमारा यह विश्वास है कि कठिनाइयाँ भी सरल हो सकती हैं, प्रतिबन्धों पर भी विजय हुआ करती है। विज्ञान का यही सबसे बड़ा उपदेश है। लगन सफलता की कुंजी है, लगन के होने से ही प्रकृति के भंडार से मनुष्य ने नवीन रत्न ढूँढ़ निकाले हैं। शैल्पिक शब्दों का अभाव, उपमाओं, उदाहरणों के ढूँढ़ने की कठिनता, उपयुक्तता का प्रतिबन्ध, सरलता और रोचकता की नितान्त आवश्यकता, चित्रों की उपलब्धि, विषय का पर्याप्त ज्ञान एवं लेखन कौशल आदि सभी बातें वैज्ञानिक पत्र-कला के काठिन्य का प्रदर्शन करती हैं,परन्तु जिस लेखक में लगन है, जिसमें अपने समाज के अभ्युदय की आकांक्षा है, जो विज्ञान का सन्देश घर-घर पहुँचाना चाहता है, जो विशेषज्ञों के धन को सर्वसाधारण में समान रूप से वितरित करने का अभिलाषी है, जो प्रतिबन्धों से घबराता नहीं, प्रत्युत मुक्ति का प्रयत्न करता है, जो वैज्ञानिकों के अनुभव को अपना बनाकर अपने अनुभव को सरलतापूर्वक औरों तक पहुँचाता है, जो भाषा के भंडार में नये शब्दों के लिए स्थान बनाता है, जो विज्ञान और समाज, विज्ञान और व्यक्ति के परस्पर सम्बन्ध को व्यक्त करता है, वह पत्रकार, वह लेखक कठिनाइयों पर विजय पाता है, और पत्रों द्वारा सर्वसाधारण को ऐसी शिक्षा देने में समर्थ होता है कि समाज में अनायास ही बड़ी ज्ञान-वृद्धि होती है। सचमुच ऐसा लेखक अपनी भाषा का ही हितैषी नहीं, अपने देश का ही अभ्युदय-प्रेमी नहीं, सारे संसार का कल्याणाकांक्षी है।

हमें आशा है, हिन्दी के उदीयमान वैज्ञानिक लेखक हमारे इन विचारों पर ध्यान देंगे, और विज्ञान के विभिन्न विषयों पर ऐसे लेख प्रस्तुत करेंगे, जिनसे सर्वसाधारण का मनोरंजन ही नहीं, उपकार भी होगा। अन्तरिक्ष-विद्या (मीटियरोलॉजी), धातु-विद्या (मिनरालॉजी), भूगर्भ-विद्या (जियालॉजी), वनस्पति-विद्या (बॉटनी),जीव-विद्या (बायोलॉजी) आदि पर पाश्चात्य देशों की भाषाओं में बड़े ही रोचक लेख उपलब्ध हैं। इन लेखों की शैली सरल और अशैल्पिक है, पर इनके पढ़ने में बड़ा ही आनन्द आता है। क्या हम आशा करें कि भविष्य में हमारे लेखक भी ऐसी ही प्रांजल और प्रमोदायिनी भाषा का प्रयोग कर हिन्दी के कलेवर को सुन्दर और सालंकार करने का प्रयास करेंगे?

['सुधा' : मासिक, लखनऊ, दिसम्बर, 1912 (सम्पादकीय)। असंकलित]

साहित्य

साहित्य का आदर्श

हिन्दी में ऊँचे विचारों के सच्चे साहित्यिकों की कमी है, अतः साहित्य भी प्रायः ऊँचे विचारों से रहित। मनुष्य जब अपने देश या साहित्य के आकाश में इतना ऊँचा होगा कि उसे उसकी पृथ्वी के अतिरिक्त दूसरे देशों और साहित्यों की पृथ्वी भी उसी की दृष्टि से देख पड़े, तब वह मानवीय सीमा में पहुँचा हुआ साहित्यिक होगा। तब का आदर्श ही यथार्थ आदर्श है, क्योंकि वह मनुष्य-मात्र का आदर्श है। ऐसा आदर्श प्राप्त होने पर देश और काल का भाव नहीं रहता। हमारे यहाँ ऐसी बात नहीं। देश और काल का ही हमारे साहित्य में प्रधान शासन है, और देश और काल ही हमारे साहित्य के आदर्श रूप।

देश और काल, दोनों में सीमा है, अतः बन्धन। दोनों व्यक्ति और समय का निर्देश करते हैं, इसलिए सीमित हैं। दूसरी पराधीनता की तरह यह भी एक तरह की पराधीनता है। धर्म और समाज का शासन इसी पराधीनता की पुष्टि करता है। धार्मिक अनुशासनों में जैसे भी मनोहर मनुष्यों के मनोविकास के कारण हों, मुक्ति का आदर्श धार्मिक बन्धनों से परे है। समाज धर्म का कितना भी अनुसरण करे, परिवर्तन उसके लिए अनिवार्य है, नहीं तो अनुसरण करने की शक्ति नहीं पैदा होती, अनुसरण करने की जरूरत नहीं रह जाती। इस प्रकार उठते-गिरते हुए धार्मिक कानूनों की दुहाई देकर आत्मा को उन्हीं से घेर रखना मुक्ति नहीं। इस तरह; दूसरे मनुष्यों से, जो एक दूसरा धर्म मानते हैं, दूसरे कानूनों के कायल हैं, पूर्ण रूप से सख्य की स्थापना नहीं हो सकती। धर्म के नियम जितने भी अच्छे हों, सोने की जंजीरों की तरह, बाँध रखने के लिए लोहे की जंजीरों से कम मजबूत नहीं। इसलिए वे परिवर्तनशील हैं। हुए भी हैं, जब मनुष्यों ने और भी बृहत् सत्य के लिए प्रयत्न किये। मुख को पाप की सियाही जिस तरह रँग देती है, मनुष्य का यथार्थ रंग नहीं देख पड़ता, उसी तरह धर्म की सफेदी भी रँग देती है। दृष्टि भी जो साफ आईने की तरह है, किसी रंग से नहीं रँगी हुई, इसीलिए सब रंगों को उनके असली रूपों में देखती है। यह दृष्टि उसी की है, जिसका वह मुख है। इस दृष्टि से युक्त प्रत्येक मुख के सामने आदर्श रूप वही प्रकृति है, जो विश्व-ब्रह्मांड में व्याप्त है, और वही प्रकृति उस मुख और दृष्टि में भी है। अतः यह सत्य है कि प्रकृति ही प्रकृति का आदर्श है।

इस तरह आदर्श के नाम से भटकने या भटकानेवाली कोई बात नहीं रह जाती। आदर्श या लक्ष्य वही होता है, जो देख पड़ता है। इसलिए वह कोई अत्यद्भुत चमत्कारपूर्ण कुछ नहीं। फिर भी विश्व के चमत्कारों को देखते हुए है। पर वह देख पड़ता है। समझ में आता है। क्योंकि वह आदर्श है। यह आदर्श ही दर्शन बन गया है, काव्य बन गया है, और मनुष्यों का जीवन होकर जीवन का ध्येय। जिस तरह मिट्टी मिट्टी से, जल जल से, आग आग से और हवा हवा से मिलती है, बिलकुल एक हो जाती है, उसी तरह जीवन भी जीवन से मिलता है। किसी एक का जीवन ही विश्व में परिव्याप्त है, वही एक मनुष्य में है। उसी से मेल करना प्राणों का आदर्श है। बिना सिखलाए भी मनुष्य तथा अपर जीव-जड़ ऐसा ही करते हैं।

साहित्यिक को इतना ही समझकर साहित्य की सृष्टि करनी पड़ती है। केवल सत्साहित्य का समर्थन हो नहीं सकता। केवल सत्-सत् लिखने से सृष्टि अधूरी रह जाएगी, दूसरों को वह कभी जँच नहीं सकती, उसमें कला का अभाव रहेगा। इसीलिए सृष्टि की तरह, भले और बुरे के मिश्रण से ही साहित्य की उत्पत्ति होती है। साहित्यिक जन कोष से बुरे शब्द निकाल नहीं सकते। पर सत्साहित्य के नाममात्र से जनता को प्रभावित करने के लिए ऊँची-से-ऊँची आवाज उठाते रहते हैं। दिल्ली में होनेवाले युक्तप्रान्तीय साहित्य-सम्मेलन के सभापति की हैसियत से हिन्दी के सुप्रसिद्ध उपन्यासकार श्री प्रेमचन्द जी ने अपने भाषण में सदाचार पर जो कुछ कहा है, उसका अंश 'विशाल-भारत' में आत्मपक्ष की पुष्टि के कारण उद्धृत हुआ है। ऐसा आदर्शवाद किसी भी सुबोध विचारक को मान्य न होगा। क्योंकि वह इस तरह का है—केवल खाओ, प्रकोष्ठ साफ न करो। तभी तुम ठीक-ठीक खा सकोगे, तभी लोग तुम्हारे पास भोजन की कला सीखने आवेंगे।

हम ऐसे आदर्शवादियों से कहते हैं, आप लोग क्यों व्यर्थ मेरु-मूल का अधोभाग ढोते फिरते हैं? यह आपके शरीर के साथ-साथ कौन आदर्शवाद जान रहने तक आपके आगे-पीछे लगा हुआ है? इस हिस्से को काटकर निकाल दीजिए, और तब इस तरह के भाषण और उद्धरण दिया कीजिए। आप ही लोगों के शब्दों में कहते हैं, तभी जनता पर आपके आदर्शवाद का अधिक प्रभाव पड़ेगा। आप वैसा ही आदर्शवाद अपने-अपने शरीर में धारण कीजिए कि पेट से नीचे और पैरों से ऊपर का हिस्सा ही न रहे, और आप लोग इसी तरह आदर्शवाद के प्रत्यक्ष रूप बने हुए उसकी शिक्षा लोगों को देते फिरें।

बारात के वर या सुन्दर के विघोषक विकट वाद्य यंत्रों की तरह ऐसे साहित्यिकों के मुख आदर्शवाद पर प्रतिक्षण मुखर हो रहे हैं, पर यंत्रों की ही तरह उन्हें वर या सुन्दर की सविशेष पहचान है। गाये हुए राग के रेकार्ड-जैसे, समाज के दिये हुए दम पर, यथा-संस्कार पुनः-पुनः एक ही स्वर छेड़ते जा रहे हैं। जिसे ब्रह्मांडमय कहा है, वह न भला है, न बुरा। उसे ही पाप और पुण्य से परे कह सकते हैं। वह यदि

केवल पुण्य के द्वारा प्राप्त होता, तो असुरों की विरोधी साधन से वह उन्हें कदापि न मिलता। यहाँ शास्त्रकारों, पुराण-रचयिताओं ने भले और बुरे को विवेचन में बराबर जगह देकर आदर्शवादियों को बहुत बड़ा उपदेश दिया है। हमारा मतलब असुरों या आसुरी भावना की पुष्टि नहीं, केवल यथासिद्धान्त उनका उल्लेख करना है। यदि वे असुर होकर असुन्दर हैं, तो स्वभावतः मनुष्यों का मन उनके पास न जाएगा। क्योंकि मन सब समय सुन्दर ही चाहता है—भोग में भी और योग में भी। सुन्दर के भोग से, यौवन के बाद के वार्धक्य की तरह, मनुष्य असुन्दर भले ही हो जाए, पर उसका ध्यान बराबर सुन्दर ही पर रहा है। अतः हृदय से, अपनी सूक्ष्म अनुभूतियों से कोई भी असुन्दर को नहीं चाहता। जो सूक्ष्मातिसूक्ष्म है, वह न सुन्दर, न असुन्दर।

किसी के परिणाम पर ध्यान रखना भी आदर्शवाद हो सकता है, यथार्थ साहित्य नहीं। यथार्थ साहित्य वही है, जो यथा-अर्थ है। 'भोग न करो, रोग होगा।'—यह उक्ति प्रभावित कर सकती है, पर यथार्थ नहीं। जिस समय यह उक्ति कही गई थी, उस समय कहनेवाले ने साँस जरूर ली थी, अतः हवा का भोग करके ही उसने यह महामंत्र निकाला था। मुमकिन है, उस हवा में जहरीले बीज रहे हों, उनसे कहनेवाले को रोग हो गया, वह कुछ दिनों में मर गया। जनता ने यह न सोचा कि उपदेशक महाशय कुछ भोग भी करते थे, तब बोलते थे। वह उन्हीं की तरह महामंत्र का प्रचार करने लगी। यह आदर्शवाद इसी तरह 'अन्धेनैव नीयमाना यथान्धः' को सार्थक करता हुआ युगों से चला आ रहा है।

भारत के साहित्यिक ऐसे आदर्शवादी नहीं थे। सीता, सती, राम, शिव आदि उच्च-से-उच्च चरित्रों में इसीलिए उन्होंने दाग दिखलाए हैं, जिनके आधार पर, वेदों का आदर्शवाद लेकर चलनेवाले आर्यसमाजी दोषों का प्रदर्शन करते हैं। पर सनातनी और आर्यसमाजी, दोनों पुराणों और वेदों के यथार्थ साहित्य से दूर हैं। क्योंकि दोनों के शब्द अपने-अपने साहित्य के विज्ञापन के शब्द हैं, जिनमें प्रतिकूल कुछ भी नहीं रहता, केवल अनुकूल, केवल फायदे की बातें। फायदा चाहनेवाले मनुष्य स्वभावतः मुग्ध हो जाते हैं। पर फायदे के साथ ही नुकसान लगा हुआ है, यह खबर जिनको है, वे अपने यथार्थ साहित्य में हैं, और उसी की, वैसी ही सृष्टि करते हैं।

सुप्रसिद्ध साहित्यिक प्रेमचन्द जी की सदाचार या आदर्शवाद पर एक उक्ति देखिए : "जिसका पाचन दुर्बल है, वह मलाई का स्वाद क्या जाने!" कैसी अद्भुत उक्ति हुई! पाचन दुर्बल होने पर स्वाद की सम्मोहन-शक्ति भी दुर्बल हो जाती है, यह हमें नहीं मालूम था। फिर आपने लिखा है : "उसे तो मलाई खाने से उदर-विकार का ही अनुभव होगा"—कैसा दर्शाया गया! उदर-विकार का अनुभव जीभ में हो रहा है!

हम अधिक उद्धरण नहीं देना चाहते। इतना ही कहेंगे, आप कलाविदों की कमजोरियों को उनका असंयम बतलाते हैं। हम आपसे पूछते हैं, संसार के सबसे बड़े पुरुष महात्मा गांधी ने अभी महीने-भर पहले ऐसा क्यों कहा कि मुझमें दोष हैं?

आप उन्हें भी असंयमी मनुष्य समझते हों, तो संसार में दृष्टान्त-रूप एक संयमी का उदाहरण दीजिए, जिसमें असंयम न हो, न हुआ हो, न होने की सम्भावना हो?

एक जगह आप लिखते हैं : "हो सकता है कि कोई कलाकार नास्तिक होकर भी भक्तिपूर्ण चित्रों की या भक्ति-रस की कविता की रचना करे, पर इस रचना में कदापि वह चीज और प्रभाव नहीं हो सकता, जो एक आस्तिक की रचना में हो सकता है।" इसी तरह के शब्द यथा-संस्कार निकलते हैं, और यथा-संस्कार जनता इन भावों का साथ देती है। कलाकार के लिए नास्तिक और आस्तिकवाला सवाल नहीं। प्रेमचन्द जी का यह कहना उसी तरह हुआ, जैसे एक ईसाई कहे, बिना ईसा मसीह के मुक्ति नहीं हो सकती; मुसलमान कहे, बिना मुहम्मद को माने नहीं हो सकती, हिन्दू कहे, बिना राम को भजे हो ही नहीं सकती। अब कहिए, कलाकार अगर मुसलमान-चित्रों को खींचना चाहे, तो उसके लिए आवश्यक है, वह पहले मुसलमान बने। हम पूछते हैं, प्रेमचन्द जी ने बिना इस्लाम की दीक्षा लिये फारसी अक्षरों में उपन्यास क्यों लिखे? रवीन्द्रनाथ को अंग्रेजी में 'गीतांजलि' का अनुवाद करना ही नहीं था। प्रेमचन्द जी या 'विशाल-भारत' के सम्पादक इतना ही समझा दें—जब वह कलाकार है, तब वह नास्तिक कैसे हुआ? नास्तिक कलाकार के क्या अर्थ हैं? फिर यदि आप ही का सिद्धान्त ठीक है, तो पेड़ का चित्र खींचने से पहले कलाकार को पेड़ बनने की आवश्यकता होगी—बैल की तसवीर खींचने से पहले बैल बनने की। यदि नहीं, तो कलाकार को आस्तिक बनने की क्या जरूरत? जो कलाकार है, वह आस्तिकता और भक्ति की कलाएँ जानता है। वह नास्तिकता की भी कलाएँ खींचता है। वह बुद्ध की भी तसवीर बनाता है, और ईसा और महात्मा गांधी की भी खींचता है।

साधना, संयम, तप आदि नपे-तुले शब्द रख देने से साधारण जनता की आँखों में क्षणिक एक अच्छा अंजन अवश्य लग जाता है, पर हम जनता को निरंजन होकर विवेचन करने के लिए कहते हैं। तभी ठीक-ठीक विवेचन हो सकता है। मनुष्य का आदर्श वही है, जो निरंजन है। साहित्य सत् और असत् के भीतर से सदाचार और दुराचार के फन्दे से छूटकर उसी लक्ष्य पर पहुँचता है। हमारे यहाँ सदाचार के साथ असदाचार को जगह नहीं मिली, इसलिए लोग जबान पर सदाचार रखकर पेट में असदाचार ही भर रखते हैं। उन्हें बाहर करने की हिम्मत नहीं होती। वे लोगों से डरते हैं। परिणाम यह हो रहा है कि पर्दे में पाप बढ़ता ही जा रहा है। जब यह पर्दा उठेगा, तब पाप भी इतना न रहेगा। सत्साहित्य की सृष्टि के लिए जीवन की सभी दिशाएँ आवश्यक हैं, क्योंकि कोई गिर जाता है, तो उसके गिरने के कारण हैं। वे साहित्य के लिए उतने ही जरूरी हैं, जितने उठनेवाले कारण।

साहित्य में चरित्र

आजकल चरित्र की बड़ी चर्चा है। पर चरित्र को किसी ने ठीक तौर पर समझा, यह समझ में नहीं आया। चरित्र की महत्ता पर जब पूरी आवाज से लोग जोर देते हैं, तब समझना चाहिए कि इस तरह जोर देनेवाले अपने ही छिद्रों को भरने की कोशिश कर रहे और लोगों को धोखा दे रहे हैं। जन-चरित्र को अजन्मा चरित्र बनाकर चरित्र-लेखक यह नहीं समझते कि वे चरित्र के सम्बन्ध में स्वप्न देख रहे हैं। जिसे अयोनि कहा है, बिलकुल अक्लेद वही हो सकता है; जो किसी योनि में है, वह कितनी ही विशद और पवित्र योनि में क्यों न हो, वह अजन्मा की तरह निर्मल नहीं हो सकता। ईश्वर ने पेट में डालने और निकालने की राहें तैयार कर चरित्र के सम्बन्ध में ऊँची आवाज निकालनेवाली जबान ही रोक दी है पर धोखा सब विषयों में चलता है, चरित्र पर भी चल रहा है।

व्यास से बड़ा कवि शायद ही संसार में दूसरा हुआ हो। वह अपने व्यास-अर्थ की ही तरह महान हैं। उन्हें हम लोग अवतार मानते हैं। पर वह हैं योजन-गन्धा के लड़के, जो एक मल्लाह के यहाँ पाले गए, जिनके पिता हैं पराशर मुनि और पीछे वही उससे भोग करनेवाले, अर्थात पिता-पुत्री के सहयोग से व्यासजी उत्पन्न हुए। हिन्दी में कविता तैयार हुई : "लाज की बात मैं कासे कहौं सखि, कन्त के कन्त, पिता के पिता।" एक चरित्र यह है। इसमें ऋषि-चरित्र है, साधारण मनुष्य-चरित्र नहीं।

सीताजी के सामने भारतीय सभी पतिव्रता-चरित्र म्लान हैं। रामचन्द्रजी जब लक्ष्मण को सीताजी की रक्षा के लिए छोड़कर स्वर्ण-मृग को पकड़ने या मारने के लिए चले गए, और सीताजी पति की खोज के लिए लक्ष्मणजी को भेजने लगीं, वह नहीं गए, तब उन्होंने यहाँ तक कह डाला कि तू मुझे रखना चाहता है, इसीलिए नहीं जा रहा। तू चाहता है कि भाई का वध हो जाए। चित्रकार ने इतने बड़े नारी-चरित्र पर इतना ही मानसिक पतन दिखाया। पर दिखाना है, नहीं तो चरित्र पूरा न होगा।

उद्धरण कहाँ तक दें! भारतीय साहित्य ऐसे विपरीत भावों से भरे हैं। यहाँ लेखकों ने जनता को धोखा नहीं दिया। जीवन के उत्थान और पतन का सच्चा रहस्य समझा दिया है। केवल उत्थान नहीं हो सकता, उसके साथ पतन लगा हुआ है। जो उत्थान और पतन से रहित है, वह पूर्ण है। वह जीव-कोटि में नहीं आ सकता। उत्थान और

पतन के भीतर से वही आदर्श है। जब मनुष्य मनुष्य को आदर्श समझकर पकड़ता है, तब भूलता है। आदर्श अजन्मा है। सब तरह की शुद्धि उसी से निकलती है, और पतन मनुष्य का सांसारिक भोग-रूप है। मनुष्य के घेरे में रहकर किसी ने पतन किया ही नहीं, यह शास्त्रों से विरोध पैदा करनेवाली बात है।

मनुष्य का लक्ष्य पतन कभी नहीं रहा। लिखा है, मन की स्वाभाविक ऊर्ध्व गति है। उसकी निम्न गति किसी दबाव या आकर्षण में पड़कर, अज्ञान के कारण, होती है। जब दुर्भिक्ष होता है, तब चोरियाँ बढ़ जाती हैं। जिन लोगों ने कभी चोरी नहीं की, भूख की ताड़ना से वे भी शास्त्रानुशासन भूल जाते हैं। जो लोग चोरी करने के आदी हैं, उन्हें धन का लालच और पैसे का अभाव सताता है। इसी तरह जो लोग साहित्य में असच्चरित्र-चित्रण करते हैं, वे पैसे के लिए करते हैं। प्रकाशक पैसे के लिए छापते हैं। पाठक मजा पाते हैं, खरीदते हैं।

यदि और सूक्ष्म रूप से विचार किया जाए, तो मालूम होगा कि संसार देखना ही चरित्रहीनता है, या बिना चरित्रहीनता के मनुष्य को संसार का बोध नहीं होता। 'जानत तुमहिं तुमहिं ह्वै जाई' आदर्श है। इस मुक्ति से च्युत होना ही संसार देखना, अनेक रस-रूपों का भोग करना, पाँच ज्ञानेन्द्रियों की भूमि में उतरकर पंचकर्मेन्द्रियों का सहारा लेना, अर्थात चरित्रहीन होना है। ये सब सिद्ध बातें हैं। इनमें मीन-मेख नहीं कर सकते। फिर इस संसार को देखनेवाले लोग—रूप, रस आदि का भोग करनेवाले महाशय यदि चरित्र का ढोल पीटते फिरें, तो क्या समझनेवाले नहीं कि उन्हीं के गले में कितनी पोल है?

हमारा मतलब चरित्र का तात्त्विक चित्रण करना है, असच्चरित्रता का प्रचार नहीं, और यह सभी समझदार पाठक समझ सकते हैं कि असच्चरित्रता का प्रचार कोई नहीं करता, बदमाश भी आदमियों के बीच अच्छी-अच्छी बातें कहता है, फिर हमारे पास तो कुछ जन-समूह की रुचि का एक उत्तरदायित्व है। हम 'बगुले भक्तों' की ही तरफ इंगित कर रहे हैं कि देखिए, आपके शास्त्र भी कुछ कहते हैं।

['सुधा' : मासिक, लखनऊ, जून, 1932 (सम्पादकीय), असंकलित।]

साहित्य और जनता

प्रत्येक साहित्य में ऐसे मनुष्य हुआ करते हैं, जो स्थूल उपयोगितावाद से साहित्य के उत्कर्ष का अन्दाजा लगाते हैं। वे कहते हैं, जिस साहित्य में जनता के हित की जितनी शक्ति है, कसौटी में वह उतना ही खरा, उतना ही उपयोगी और उतना ही मूल्यवान है।

प्रचलित प्रथा की तरह वे लोग केवल प्रचलन को ही देखते हैं, प्रचलन के मूल कारण को नहीं। वहाँ तक उनकी पहुँच होती भी नहीं। यदि हो, तो किसी भी सत्य के प्रचलन के वे पक्षपाती हो जाएँ, केवल रूढ़ि के ही न रहें।

एक दिन लिखा गया था कि चावल से माँड़ में ज्यादा ताकत होती है, इसलिए माँड़ फेंकना नहीं चाहिए। पर जो लोग चावलों के पकने की सफाई और सौन्दर्य को देखने के आदी थे, उन्होंने स्वास्थ्य के इस उपयोगितावाद को ग्रहण नहीं किया कि माँड़-समेत चावल खाना या माँड़ न फेंकना अधिक लाभप्रद है। युक्तप्रान्त में, जहाँ के रहनेवाले पहले ही से माँड़ फेंकने के आदी नहीं, विवाह के समय इस उपयोगितावाद को सौन्दर्यवाद के सामने रद्द कर देते हैं, अर्थात रुपये सेर वाले बासमती चावलों को वर यात्रियों की वर रुचि के ही अनुकूल, अधिक-से-अधिक जल में पकाकर अलग-ही-अलग, फूलों की तरह, चुन लेते हैं। यहाँ हमें मालूम होता है, समाज में सौन्दर्यवाद का कम महत्त्व नहीं।

कभी-कभी उपयोगितावाद और सौन्दर्यवाद एक-दूसरे से मिले रहते हैं, जैसे मनुष्य का जीवन अधिक स्वच्छ, सुन्दर, सुखमय होकर अधिक स्वस्थ भी हो। इसी तरह किसी वाद-विशेष को साहित्य में अलग महत्त्व न देकर साहित्य के ही एक द्रुम से भिन्न-भिन्न शाखा की तरह सन्निविष्ट समझें, तो विचार में मिट्टी, जल, आग, हवा और आसमान की तरह जुड़ी हुई सारी सृष्टियों को भिन्नता के भीतर से एक ही सूत्र में गुँथी हुई देख सकते हैं। यही उद्यम साहित्य का सर्वोत्तम विकास रहा है।

हमें अच्छी तरह मालूम है, हमारे निन्यानबे फीसदी साहित्यिकों को और सौ फीसदी जनता को भगवान श्रीरामचन्द्र पर, उनके जन्म-कर्मादि पर पूरा-पूरा विश्वास है। अतः आज यदि राम के विरोध में कोई प्रासंगिक बात भी कही जाए, तो जनता उसे सुनने को तैयार नहीं; साहित्यिकों में केवल सुनने का धैर्य है, मत बदलने की

शक्ति नहीं। यह अवश्य ही युगों की संचित साहित्य-शक्ति का ही दौर्बल्य है। इससे जनता को कुछ हासिल हुआ, तत्त्व के भीतर से यह साबित नहीं होता। किसी महान भक्त से ही पूछिए, अग्नि से यज्ञ-हवि कैसे पैदा होती है, जानकीजी ऋषियों के खून से भरे घड़े से, जमीन से, कैसे निकलती हैं; महावीरजी लंका से एक ही रात में उत्तराखंड जाकर, संजीवन-मूरिवाला पहाड़ लेकर, रात ही भर में लंका कैसे लौट आते हैं, तो आपको युक्तिपूर्ण, सन्तोषप्रद उत्तर कदापि प्राप्त न होगा। भारत में प्रचलित, भारतीय नाम से प्रसिद्ध आर्य-सभ्यता की उज्ज्वल श्री से मंडित जो कुछ प्राप्त होगा, उसका अधिकांश इसी प्रकार शिरश्चरणहीन, अदृष्ट, काल्पनिक जन्तु-विशेष ज्ञात होगा, जहाँ मानवीय दृष्टि की गति नहीं। पर पता नहीं, प्राचीन कितनी सदियों से इस जातीय उपयोगितावाद का आर्यों में महत्त्व है! इससे जाति की जितनी भी भलाई हुई हो, आज हमें कहने में कुछ भी संकोच नहीं कि उतनी ही बुराइयाँ हुई हैं। आज उन्हीं बुराइयों का दूरीकरण देश का, साहित्य का सच्चा उद्धार है। अतः हम देखते हैं, उपयोगितावाद में भी भिन्न-भिन्न दृष्टिकोण सम्भव हैं। पहले सत्य को जिस रहस्यमय ढंग से व्यक्त करने की प्रथा थी, आज उसी रहस्य को सत्य शब्दों के भीतर से खोलने की रीति प्रचलित हो रही है।

पर यह आधुनिक साहित्यिक प्रगति कभी जनता के हृदय से सहयोग नहीं प्राप्त कर सकती। कोई भी बड़ा नया प्रचलन अपने प्रथम चरण-क्षेप से ही जनता के हृदय से सहानुभूति प्राप्त कर सका हो, ऐसा देखने में नहीं आया। यहाँ तक कि जो पौराणिक कथाएँ जनता के प्राणों में प्रवेश कर गई हैं, उनके लिए वह एक रोज बिलकुल तैयार न थी। हजारों प्रचारक साधु जनता को सुना-सुनाकर अन्धविश्वास पर प्रतिष्ठित कर रहे थे। अन्धविश्वास भी कीमती है, जहाँ संसार में किसी भी रूप का विश्वास ऊँचे विचार से सत्य नहीं।

अस्तु, हम देखते हैं, हर साहित्य का पहले सूत्र-रूप में आगम होता है, प्रचार तत्पश्चात्। जो साहित्यिक जनता से तरक्की में सदियों का फासला रखते हैं, वे कभी जनता के साथ नहीं बैठते, जनता स्वयं मन्द-मन्द चलती हुई वर्षों बाद उनके साथ होती है। साहित्य की प्रगति के ऐसे ही प्रमाण इतिहास देते हैं। जिस शूद्रक को एक दिन सामाजिक नियमों के लंघन के कारण अवतार-श्रेष्ठ भगवान श्रीराम के हाथों प्राण देने पड़े थे, जिस एकलव्य को गुरु की मिथ्या तृप्ति के लिए अँगूठा काट देना पड़ा था, क्या आर्य-सभ्यता का पक्षपाती कोई भी मनुष्य कह सकता है कि भारत में आज वैसा ही वर्ण-धर्म प्रचलित है, अथवा उसी के प्रचलन की जरूरत है? वही शूद्रक शक्ति आज सहस्रों-सहस्रों रामचन्द्रों को पराजित कर देने में समर्थ है—अछूत ही आज भारत के प्रथम गण्य मनुष्य, चिन्त्य समस्या हैं। आप देखें, वही एक उपयोगितावाद आज कैसा विपरीत रूप धारण किये हुए है। जनता आज भी इस उपयोगितावाद का साथ नहीं दे रही, उसी प्राचीन के साथ है। इसीलिए कहा कि जनता साहित्य के साथ

नहीं रहती, साहित्य के साथ लाई जाती है, और जिसे साहित्यिक उपयोगितावाद का आज एक रूप प्राप्त है, कल दूसरा प्राप्त होगा।

अंग्रेजी साहित्य में क्राइस्ट-विचारवाली जो खास धारा प्रचलित थी, युग-प्रवर्तन को उसके समय सबसे बड़ा धक्का लगा, इसलिए उस काल के वड्र्सवर्थ, शेली, कीट्स आदि कविगण अपने समय में ही जनता द्वारा सम्मत नहीं हुए। अंग्रेज, मुसलमान, पारसी और जैन, हिन्दू तथा अन्यान्य जनों को अपने-अपने समूह में रहकर दूसरे के प्रति द्वेष पैदा करते हुए देखकर प्राचीन काल से बहती आती हुई विश्व-धारा में जिन रवीन्द्रनाथ ने आत्म-मज्जन किया, उनका भी समादर उनकी भाषावाली जनता ने पहले नहीं किया, और उनके विश्वजनीन भावों का समर्थन पूर्णतः आज भी नहीं कर रही है। जिस उमर ख़ैयाम से प्रसिद्ध कवि संसार में आज दूसरा नहीं, वह अपनी उच्छृंखल वृत्तियों के कारण अपने ही भाइयों की स्मृति में लगातार, सदियों तक, स्वप्नवत्, विलीन था। इस तरह, हम देखते हैं, जनता बहुत बाद को नेता साहित्यिक से सहयोग करती है। हिन्दी में ऐसे साहित्यिक और साहित्य का एकान्त अभाव नहीं, जो कुछ हद तक जनता को जड़ता से मुक्त कर सामने लाने की कोशिश कर रहे हैं, पर विचारों की कमजोरी और स्वाभाविक पतन के कारण प्रचारक गण अपने साथ बरगलाकर रखना चाहते हैं, जिससे सत्य का प्रकाश उन तक नहीं पहुँच पाता, प्रचार-प्राप्त नहीं हो पाता। आज हमारे साहित्य के सिर कौन-सा उत्तरदायित्व सबसे गुरु है, लोग नहीं सुन पाते। निम्न श्रेणी के प्रचारक साहित्यिक जनता की ही प्रिय बातें उन्हें सुनाते रहते हैं। इस प्रकार सत्य के बदले वे अपना ही प्रचार करते हैं।

हमारे साहित्य की हीनता का मुख्य कारण यही है कि हम अपनी हीनता को प्रश्रय देकर उत्कर्ष समझ बैठे हैं, अपने अज्ञान को ज्ञानाडम्बर कर रखा है। आज जिस युग-साहित्य की दृष्टि में मनुष्य-मात्र के समान अधिकार हैं, वह पुरुष हो या स्त्री, उसका जनता में प्रचार रोकना, उसकी सूक्ष्मतम व्याख्या न समझकर उसके अस्तित्व को ही न स्वीकार करना हिन्दी की इस हीन दशा का एक अत्यन्त पुष्ट स्थूल प्रमाण है। पर, हमें विश्वास है, साहित्य की महाप्राणता, जो जनता को ज्ञान के भीतर से बहा ले गई है, एक दिन अपनी शक्ति का परिचय देगी।

['सुधा' : मासिक, लखनऊ, जून, 1933 (सम्पादकीय)। असंकलित]

कवि और कविता

He murmurs near the running brooks a music
sweeter than their own. —Wordsworth

आदिकाल से लेकर आज तक कवि की कितनी ही परिभाषाएँ हो चुकी हैं और कविता-कुमारी को महाकवियों की वर्णना में भिन्न-भिन्न कितने ही स्वरूप मिल चुके हैं। कवि की परिभाषा एक दूसरे ढंग से, महाकवि बिहारीलालजी यों करते हैं :

तंत्री नाद, कबित्त रस, सरस राग, रति-रंग।
अनबूड़े बूड़े, तरे जे बूड़े सब अंग॥

यहाँ कविवर बिहारी पार उन्हीं को पहुँचाते हैं जो कवित्व-रस का तलस्पर्श कर चुके हैं—जो कविता-मर्मज्ञ हैं—कवि हैं—तंत्री नाद का कवित्व-रस सरस-राग रति-रंग में जिनका सर्वांग निमज्जित हो चुका है। इस कवित्व-रस-सरिता में गोते लगाने के साथ ही जिन्हें चिरकाल के लिए डूब जाने और इस तरह अपने अस्तित्व के ही खो जाने का भय है, जो तटस्थ रहना चाहते हैं, कविवर बिहारीलाल उन्हें पार नहीं ले जाते, वे अर्द्धनिमज्जितों को डूबा हुआ ही सिद्ध करते हैं। कवि सम्राट गोस्वामी तुलसीदास, कवि उसे कहते हैं जिसे सच्चे अर्थ और अक्षरों का बल है : "कविहिं अर्थ आखर बल साँचा।" कवि के लिए कविवर मैथिलीशरण कहते हैं :

मग्न बने रहते हैं मोद में विनोद में
क्रीड़ा करते हैं कल कल्पना की गोद में
शारदा के मन्दिर में सुमन चढ़ाते हैं,
प्रेम का ही पुण्य पाठ सबको पढ़ाते हैं।

महाकवि शेली उस कवि की रचना को श्रेष्ठ बतलाते हैं, जिसके कवित्व में दुःख के एक-एक दल प्रस्फुट हो जाएँ। वे कहते हैं :

'Our Sweetest Songs are those that tell of saddest thoughts.' —कवि शेली सहृदय कवियों की कृति में करुणा की क्षीण ध्वनि सुनना चाहते हैं।

कवि के व्यथित उद्गारों को अपना मधुर संगीत मान इस महाकवि ने बहुत-कुछ भारतीय ढंग की परिभाषा कर दी है। आदि और अद्वितीय कवि महर्षि वाल्मीकि ने सती शिरोमणि सीता के चरित्र-चित्रण में इसी सिद्धान्त का पोषण किया है। दुःख की दीन ध्वनि में ही उन्होंने संसार को संगीत का अविनश्वर प्रभाव दिखाया है। उनकी कारुण्यामृत वर्षिणी सीता आज भी संसार को अपने करुण आवर्त में क्षुब्ध, चंचल अतएव सजीव कर देती है। 'जिन पाया तिन रोय'—इस कवि-कथन में भी करुणा का प्रभाव प्रत्यक्ष हो रहा है। प्रियतम को रोकर प्राप्त करने में ही आनन्द है। कविता इसी में है। कविवर शेली की तरह भारतीय कवि भी अपने शब्दों की हिलोर में विश्व-वेदना के तार झंकृत कर देना चाहते हैं। उनका भी यही आदर्श है... सुख की अपेक्षा दुःख में अधिक सौन्दर्य है। कविवर सनेही कृषक क्रन्दन, शैव्या का विलाप, दीनों की आह, आँसू आदि दुःख की कविता में ही अपने कवित्व का विकास अधिक कर सके हैं। वे कहते हैं :

अश्रु जो आये कपोलों पर ढलक,
मोतियों की है भरी उनमें झलक;
बुन्द ही में सिन्धु है सौन्दर्य का,
पर पलक भर में गया वह तो छलक!

एक बूँद में ही कवि का कविता-सिन्धु उमड़ रहा है। यहाँ कवि के हृदय में बिन्दु छलककर सौन्दर्य-सिन्धु के लिए इन्दु का काम कर रहा है। कविवर सुमित्रानन्दन कहते हैं :

वेदना में ही तपकर प्राण
दमक, दिखलाते स्वर्ण हुलास।

महाकवि रवीन्द्रनाथ की 'गीतांजलि' जिसकी कविता-संसार के एक छोर से दूसरे छोर तक प्रसिद्ध हो चुकी है—वह भी अपने हृदय में दुःख को स्थान देती है। उद्धव के ज्ञान का उत्तर गोपियों ने आँसुओं ही से दिया था। आँसुओं की धारा में उनकी ज्ञान-गरिमा—उनके विरक्तिमूलक धर्म का अहंकार चिरकाल के लिए प्लावित हो गया था। यहाँ हमें मस्तिष्क और हृदय—ज्ञान और प्रेम, विज्ञान और कविता में श्रेष्ठ कौन है, इसका पूरा पता मिल जाता है। इसी प्रसंग में द्विज बलदेव कवि कहते हैं :

मति अति आपकी अबल अबला सी लगै,
सागर-सनेह कहौ कैसे पार पावैगी?
खोलिये न जीह अरु लीजिए न नाम इत,
'बलदेव' ब्रजराज जू की सुधि आवैगो॥
सुनतहि प्रलय-पयोधि माहिं एक ऐसी,

कहर करन हारी लहर सिधावैगी॥
राधे-दृग-सलिल-प्रवाह माहिं आज ऊधो,
रावरे समेत ज्ञान गाथा बहि जावैगी॥

दुःख की कसौटी में कविता का भाव पूर्ण विकसित हो गया है। गोस्वामी जी की अमर लेखनी ने इस विषय पर तो और भी गजब कर दिया है। श्रीरामचन्द्रजी कहते हैं :

कहहू ते कछु दुख घटि होई। काहि कहौं यह जान न कोई॥
तत्व प्रेम कर मम अरु तोरा। जानत प्रिया एक मन मोरा॥
सो मन रहत सदा तोहिं पाहीं। जानु प्रीति रस इतनेहि माँहीं॥

यह आँसुओं का शृंगार है। यहाँ गोस्वामी जी श्रीरामचन्द्रजी के मुख से दुःख का वर्णन नहीं कराते, किन्तु एक विचित्र युक्ति से उसका वहीं अन्त कर देते हैं। वह युक्ति के नाम से तो नीरस है, परन्तु अर्थ बड़ा ही मधुर, इतना मधुर कि प्रिया के लिए उससे अधिक सुखद—अधिक अभीप्सित और कुछ भी न होगा। इन चौपाइयों में गोस्वामी जी दो युक्तियों से काम ले रहे हैं। पहले तो वे श्रीरामचन्द्रजी से कहलाते हैं : "प्रिये, कह देने से दुःख का भार हल्का हो जाता है परन्तु मैं किससे कहूँ?"—कोई समझनेवाला भी तो हो। समझनेवाले के अस्तित्व तक को लोप करके दुःख के साथ शृंगार और प्रेम को गोस्वामी जी कितना ऊँचा उठा देते हैं, यह देखते ही बनता है। फिर सीता के हाथों वे श्रीरामचन्द्रजी का मन भी सौंप देते हैं और यह एक अनुकूल युक्ति की योजना करके! अस्तु, कविवर शेली की तरह भारतीय कवियों ने भी करुणा की मलिन दीप्ति में कविता-कामिनी के विरह-विधुर सौन्दर्य को कला की पराकाष्ठा तक पहुँचा दिया है। इसके अतिरिक्त, भारत में करुणा एक अलग रस ही है।

रवीन्द्रनाथ अपनी मानससुन्दरी कविता-कामिनी का आवाहन एक दूसरे ही ढंग से करते हैं। यह ढंग जितना ही नवीन है, उतना ही सुन्दर है। हाँ, कविकुल-चूड़ामणि कालिदास के लिए यह ढंग नवीन नहीं। वे, बहुत पहले ही, अपने रंगमंच की अलोकसामान्य सुन्दरी शकुन्तला की वर्णना में—उसके चरित्र-चित्रण में—इस कला पर कारीगरी करके, पूर्ण सफलता प्राप्त कर चुके हैं। यह कला निराभरण सौन्दर्य की है। रवीन्द्रनाथ अपनी कविता को इन शब्दों में आमंत्रित करते हैं :

आज किछू काज नाई सब छेड़े दिये।
छन्द-बन्ध-ग्रन्थ-गीत, ऐसो तुमी प्रिये॥
आजन्म साधनधन सुन्दरी आमार।
कविता - कल्पना - लता—

रवीन्द्रनाथ कविता से छन्द, बन्ध, गीत सब कुछ छोड़कर आने के लिए प्रार्थना करते हैं। वे अपनी साधना की सम्पत्ति कविता-कामिनी को न छन्द के रूप में देखना

चाहते हैं, न उसका किसी बन्धन में जकड़कर आना ही उन्हें पसन्द है, न वे उसके हाथ में कोई ग्रन्थ देखना चाहते हैं, न उससे संगीत सुनने की ही उन्हें अभिलाषा है। वे उसे बुलाते हैं, परन्तु किसी काम से नहीं बुलाते। रवीन्द्रनाथ के इस बिना कार्य के आवाहन में भी एक कविता है, और उनकी आजन्म साधना की धन कविता-सुन्दरी के निराभरण सौन्दर्य में तो कविता का पूर्ण विकास हो गया है।

अन्यान्य कितने ही कवियों ने अपनी रुचि के अनुकूल कवि की परिभाषाएँ और कविता का चित्र-चित्रण किया है। हिन्दी संस्कृत के अनुसार कवि का एक खास अर्थ करती है, कभी-कभी कवि का धातुगत अर्थ भी काम में लाया जाता है। कविता की परिभाषा, 'रसात्मक वाक्यं काव्यम्' कहकर समाप्त कर दी जाती है। सूत्र रूप में कवि और कविता का यह परिचय बहुत अच्छा है। परन्तु इसके विश्लेषण की बड़ी आवश्यकता है। अमुक विद्वान ने अमुक विषय पर यह कहा है, अतएव यह मान्य है, ऐसी प्रथा का विद्वत्मंडली में भी प्रचार है। यह कुछ अंशों में अच्छा है परन्तु कुछ अंशों में बुरा भी है। इस प्रकार के उदाहरणों का आधार अन्धविश्वास न होकर एक अनुकूल और सबल युक्ति होनी चाहिए।

प्रमाणस्वरूप कवि शब्द को ही लीजिए। व्याकरणाचार्य कवि का धातुगत अर्थ निकालकर उसे नाचनेवाला नट अथवा नर्तक बतलाते हैं। और पिंगलाचार्य की एक दूसरी ही राय देखने को मिलती है। वे उसी शब्द का अर्थ अपने शस्त्रास्त्र से छिन्न-भिन्न करके, अपने ही अनुकूल उसे छन्दों की लड़ियों पर चलनेवाला बतलाते हैं। इस तरह कवि की स्वतंत्र सत्ता को छुपाकर कोई उस पर व्याकरण का बोझ लाद देता है और कोई छन्दों का गुलाम बना डालता है। कवि शब्द को लेकर साहित्यिक महाशय अपनी खिचड़ी अलग पकाते हैं। वे उसी शब्द का एक तीसरा ही अर्थ करते हैं।

'कविर्मनीषी परिभूः स्वयंभूः।' यहाँ कवि के परिचय में मनीषी, परिभू और स्वयंभू—ये तीन शब्द आए हैं। हम देखते हैं, परिभू और स्वयंभू के स्वरूप जिस तरह अक्षरों में एक-दूसरे से नहीं मिलते, उसी तरह ये अपना एक अलग अर्थ भी रखते हैं। कवि में मनीषी, परिभू और स्वयंभू—इन तीनों भावों का कुछ साम्य भले ही हो, कवि क्यों मनीषी होने लगा? कवि एक स्वतंत्र शब्द है अतएव इसका अर्थ भी स्वतंत्र है। मनीषी एक पृथक् शब्द है, उसका भी अर्थ पृथक् है। अतएव 'मनीषी', 'परिभू' और 'स्वयंभू'—ये कवि के प्रतिशब्द भी नहीं। फिर क्यों इस 'कवि' के लिंग, वचन और कारक के साथ 'मनीषी', 'परिभू' और 'स्वयंभू' की समता देखकर, कवि के साथ उसके अर्थ का भी साम्य मान लें? दूसरे व्याकरणाचार्य के अनुसार, कवि का नाचनेवाला अर्थ न 'मनीषी' में है, न 'परिभू' में, न 'स्वयंभू' में। तो फिर कैसे 'कवि' मनीषी, परिभू और स्वयंभू बन सकता है? यहाँ कवि को मनीषी बतलाने में हम भले ही न विरोध करें परन्तु यदि आपके पड़ोस में कोई व्याकरणाचार्य महाशय रहते हैं तो हम अवश्य कहेंगे। आप अगर 'कविर्मनीषी परिभूः स्वयंभूः' रटकर ही शान्त रह

जाएँगे, उसकी अनुकूल व्याख्या न करेंगे तो यह वेद-वाक्य आपके लिए इन्फ्लुएंजा से भी ज्यादा खतरनाक हो जाएगा, क्योंकि व्याकरणाचार्य महाशय आपको ऐसे ही न छोड़ देंगे। वे महाभाष्य से लेकर क्षुद्र घंटिका तक के सूत्र और साधनिका रटते हुए आपके नाकों दम कर देंगे। वे कहेंगे : 'कवेर्नैतन्माननीयं प्रमाणम्। धात्वाथोऽस्ति कश्चिदन्यः।' उस समय आप—साहित्यिक किस उपाय से उन्हें समझाकर शान्त करेंगे? यही दशा पिंगलाचार्य भी कर सकते हैं।

यहाँ किसी शास्त्र का विरोध करना अन्याय होगा। हमें एक ऐसी युक्ति देनी चाहिए जो स्वतंत्रता और मौलिकता भी सिद्ध करती रहे। 'कवि' का अर्थ नाचनेवाला ठीक है। यह नर्तन ताल-ताल पर पैरों का उठना और गिरना नहीं, किन्तु भावावेश में हृदय का नर्तन है। भावावेश में हृदय के नर्तन के साथ ही, शब्द भी निकलते रहते हैं। यदि शब्दों का अस्तित्व लुप्त कर दिया जाए तो भाव का भी लोप हो जाता है, क्योंकि भाव और शब्द परस्पर सम्बद्ध हैं। हृदय का नर्तन शब्दों की गति से ही होता है, अन्यथा वह जड़ और निष्प्राण सिद्ध होगा। इस तरह व्याकरणाचार्य के अनुसार, कवि का अर्थ नाचनेवाला हम प्रमाणित कर देते हैं। पिंगलाचार्य के अनुसार, शब्दों की लड़ियों पर चलनेवाला कवि है, यह भी सिद्ध हो जाता है। क्योंकि, भावात्मक शब्द हृदय के स्पन्दन या नर्तन के साथ ही, जब तक परिमित वृत्त में घूमते रहते हैं तब वह वृत्त या शब्दावत छन्द कहलाता है—फिर वह वृत्त चाहे शार्दूलविक्रीड़ित हो या इन्द्रवज्रा, शिखरिणी हो या वीर। यहाँ, पिंगलाचार्य भी 'कवि' की उदार परिभाषा में आ जाते हैं—उनसें भी कोई विरोध नहीं रह जाता। हम पिंगलाचार्य के सम्बन्ध में एक बात और कहेंगे।

आजकल कुछ नये कवि पैदा हो गए हैं। उनकी रचनाओं में पिंगल के नियम का पालन नहीं होता, अथवा यह कहना चाहिए कि वे जान-बूझकर अपनी मौलिकता के अभिमान से प्राचीन नियमों का अनुसरण नहीं करते। उनकी इस स्वतंत्र गति को बाधा पहुँचाने के उद्देश्य से कितने ही कवि, कितने ही लेखक, कितने ही समालोचक और कितने ही पिंगलाचार्य गद्य और पद्य, दोनों ही में उनकी समालोचना करते हुए, अपने शिष्टाचार और अपनी मनुष्यता की हद कर देते हैं। किसी-किसी पत्र ने तो उनकी माँ-बहन तक की खबर ली है। उनके प्रति हिन्दी-संसार के इस व्यवहार से सिद्ध है कि उनकी रचनाएँ उसे पसन्द नहीं, उनका तिरस्कार करना ही उसका उद्देश्य है। ठीक है। परन्तु किसी विषय की मीमांसा अधिसंख्यक मनुष्यों की राय पर छोड़ देना विवेचक का काम नहीं। अधिसंख्यक मनुष्यों की राय सम्भव है, निराधार हो—रीति-रिवाज रूढ़ि या अब तक ऐसा होता आया है, अतएव ऐसा ही होना चाहिए, यही उसका एकमात्र कारण हो। हिन्दी-संसार ने उन कविताओं की आलोचना करते हुए प्रथम आक्षेप उनके छन्द पर किया है। उसे उन कवियों के छन्द पिंगलपोथी में नहीं मिले। उन कवियों में किसी का छन्द विषममात्रिक है। कोई-कोई उसे स्वच्छन्द छन्द कहते हैं। कोई-कोई छन्द सममात्रिक होने पर भी पिंगल के वर्णित छन्दों की संख्या

में नहीं आते। दोष का कारण मुख्य इतना ही है। अच्छा पिंगलाचार्य और हिन्दी के विरोधी संसार से हमारा विनयपूर्वक यह प्रश्न है—क्या आप प्रमाण दे सकते हैं कि आपका परमसिद्ध घनाक्षरी छन्द 2000 वर्ष पहले भी भारत में प्रसिद्ध था? चार वेद, छह शास्त्र और अठारह पुराणों की सीमा में क्या कहीं भी आप उसका उल्लेख दिखा सकते हैं? सवैया, दोहा आदि जितने अधिकांश वर्णवृत्त और मात्रिक छन्द जो आपके साहित्य में इस समय प्रचलित हैं, इनके लिए भी हमारा यही प्रश्न है। सारा संस्कृत छन्दःशास्त्र आप देख जाइए, यदि उसमें कहीं आपको अपने प्रमाण की पुष्टि में कुछ न मिले, यदि आप असफल हों तो आपको जिस तरह यह मान लेने में हानि न होगी कि संस्कृत युग के पश्चात् चन्द कवि के हो जाने पर जब हिन्दी का युग आया तब तत्कालीन भाषा-प्रवाह की सुविधा के विचार से हिन्दी के कवियों ने इन नवीन छन्दों की सृष्टि की थी, उसी तरह अपनी ही विचारधारा के अनुसार यदि आप यह भी मान लें कि वर्तमान युग के नये कवि वर्तमान शैली की सुविधा के विचार से नवीन-नवीन छन्दों (सम और विषम) की सृष्टि कर रहे हैं तो इससे आपकी क्या हानि होती है? क्या आप सृष्टि का क्रम रोकना चाहते हैं? या छन्दों के पुराने आवर्त में ही कवियों को पेरकर उनसे कवित्व-रूपी तेल निकालना चाहते हैं?

इस सम्बन्ध में हम अभी कुछ और कहना चाहते हैं। पहले हम कह आए हैं, छन्द शब्दों का आवर्त है। इसे साफ करके यों कहना चाहिए कि छन्द स्वर का तार है, वह शब्दों की माला है, अर्थात्मक वाक्यों की एक परिमित लड़ी है। चौताल में कोई चाहे भैरवी गाये या गौरी, विहाग गाये या तिलककामोद, मुलतान गाये या कान्हरा, सबमें वही—धाधा धिन्ता कत्तिक धिन्ता किटतक् गदगिन्दृ बजता है। संगीत की उतनी ही स्थिति में बजानेवाला अपने वाक्य को दून भी कर देता है और दून में भी वाक्य की स्वरस्थिति उतनी ही रहती है जितनी 'ठा' में। अक्षरों से इसका तात्पर्य यों कहा जाता है—चार दीर्घ वर्णों की उच्चारणस्थिति जितनी होगी उतनी ही आठ स्व वर्णों की। इससे हमें यह सूचित होता है कि संगीत के ताल में जिस तरह शब्दों की एक परिमित लड़ी होती है, छन्द में भी उसी तरह स्वर का एक परिमित बहाव होता है। उस परिमित बहाव में यदि छन्द मात्रिक है तो हर एक लड़ी की मात्राएँ बराबर होंगी और यदि वह गणात्मक है तो हर एक पंक्ति में गणों की समान संख्या रहेगी, और यदि वह वर्णवृत्त है तो प्रत्येक तार के अक्षर बराबर होंगे। बस, यही छन्दःशास्त्र का मूलमंत्र है फिर चाहे कोई लड़ियों के करोड़ों भेद बना डाले, किसी लड़ी के यगण, मगण और नगण के संयोग से मदन-दहन छन्द की सृष्टि करे और चाहे किसी में सोलह मात्राएँ रखकर उसका नाम उलूकमोहन रखे; यह कोई वैज्ञानिक बात नहीं।

ये सब छन्द नियमों में बँधे हुए हैं, अतएव इन नियमों में बँधकर जो कविता की जाएगी, वह मुक्त काव्य नहीं हो सकेगी। जिस तरह मुक्त पुरुष संसार के किसी नियम के वशीभूत नहीं रहते, किन्तु उन नियमों की सीमा पार कर सदा मुक्ति के

आनन्द में विहार करते रहते हैं, उसी तरह मुक्त कवि भी अपनी कविता को पिंगल के बन्धन में नहीं रखना चाहते। भारती के सूक्ष्म भंडार के अधिकारी वे अमर कवि उसे सम्पूर्ण नियमों से मुक्त कर देते हैं। उनकी कविता परिमित नहीं—अमित है। वह पराधीन नहीं, स्वाधीन है। वह एक संकीर्ण सीमा में विहार करनेवाली नहीं, अनन्त और असीम ब्रह्मांड उसका क्रीड़ास्थल है।

मुक्त काव्य के सम्बन्ध में विशेष ध्यान देने योग्य एक बात और है। वह यह कि किस तरह मुक्त महापुरुष, नियमों और बन्धनों से स्वतंत्र रहने पर भी, दुराचारी या अत्याचारी नहीं कहला सकते किन्तु वे पुरुष की यथार्थ सत्ता का बोध कराते हैं, उसी तरह कवि के मुक्त काव्य में नियमों और बन्धनों का अनुशासन न रहने पर भी वह काव्य का यथार्थ रूप है, किन्तु उससे उच्छृंखलता, दुराचार या किसी अन्य दोष की उद्‌भावना नहीं हो सकती। यह बात मुक्ति से भी प्रमाणित की जा सकती है। पहले हम कह आए हैं कि भावावेश में कवि जब छन्दोबद्ध कविता करता है, तब वह अपने हृदय-नर्तन, स्फूर्ति, शब्द-विकास या कविता को किसी छन्द में परिमित कर लेता है। इस तरह उसकी कविता एक परिधि में चक्कर लगाया करती है। परन्तु जो कवि मुक्त काव्य करने की अभिलाषा रखते हैं, वे भाव के आने पर अपने शब्दों को किसी निर्दिष्ट छन्द में न बाँधकर उन्हें अनर्गल रूप से—ज्यों-ज्यों वे निकलते आते हैं, उसी रूप में—लेखबद्ध कर लेते हैं—वही मुक्तकाव्य कहलाता है। इसके तार टुकड़ों में बँटे हुए नहीं होते। भावों की भिन्नता रहने पर भी वह शुरू से आखिरी तक एक बहुत सुहावना साम्य चित्रित कर देता है। यदि वह यथार्थ ही हृदय का उद्‌गार है तो उसमें दोष तो रह नहीं सकता है। इस ढंग की कविता अर्थात मुक्त काव्य इस समय संसार की प्रतिष्ठित सभी भाषाओं में प्रचलित हो गया है। इसका अभाव हिन्दी में ही है। छन्दोबद्ध काव्य में कृत्रिमता की कलई चाहे कुछ देर से खुले, परन्तु मुक्त काव्य में तो वह तत्काल पकड़ में आ जाती है। दु:ख के साथ कहना पड़ता है, हिन्दी में कविता का मुक्त स्वरूप देखने के लिए अभी हमें बहुत दिनों तक अपेक्षा करनी होगी।

हम संक्षेप में पिंगल-सम्बन्धी अपने विचार प्रकट कर चुके। 'कवि' के विषय में हमें अभी कुछ और निवेदन करना है। यदि कवि, मनीषी, परिभू और स्वयंभू परमात्मा के परिचय में आए हुए, एक-दूसरे से सम्बन्ध न रखनेवाले शब्द हैं तो फिर तर्क की जगह नहीं रह जाती, परन्तु यदि यह मनीषी, परिभू और स्वयंभू 'कवि' के परिचायक हैं तो परिभाषा लिखनेवाले ने जिस तरह 'कवि' को मनीषी बतलाया है, उसी तरह हम गणितज्ञ, विज्ञानवेत्ता, भूगर्भशास्त्री, वैद्य, साहित्यिक, समालोचक, राजनीतिज्ञ, किंबहुना जिस विषय के विद्वान को मनीषी कह सकते हैं, और उसके परिचायक शब्द के रूप में 'मनीषी' शब्द का व्यवहार कदापि दोषदुष्ट नहीं कहा जा सकता है। 'कवि' के परिचायक जो तीन शब्द—मनीषी, परिभू और स्वयंभू—आये

हैं—इस तरह के प्रयोगों को अंग्रेजी में Same Case (समान कारक) कहते हैं—उनमें स्वयंभू सबसे जोरदार है। हम इसी स्वयंभू शब्द पर विचार करें।

इस 'स्वयंभू' शब्द का अर्थ बहुत ही व्यापक है। अंग्रेजों की कहावत 'Poet is born not made' इस स्वयंभू शब्द की मानो व्याख्या ही है। पश्चिम भी कवि को स्वयंभू मानता है। यहाँ इस 'स्वयंभू' शब्द की अवतारणा हमने एक विशेष उद्देश्य की सिद्धि के लिए की है। इस उद्देश्य का आधार दर्शन है। दर्शनशास्त्र के अनुसार, 'कवि' को स्वयंभू कहना जितना अर्थसंगत है उतना ही अर्थविरुद्ध 'यादृशी भावना यस्य सिद्धिर्भवति तादृशी'। यह दर्शन-वाक्य पश्चिम में प्रचलित नहीं, अतएव वे यदि कवि के लिए Poet is born not made कहें तो उनकी दर्शन विषय की अज्ञता के कारण उनका यह कथन बालक-वाक्य की तरह मान लिया जा सकता है। वे पूर्व जन्मार्जित संस्कारों को भी समझना अथवा मानना नहीं जानते। रही भारत की बात सो यहाँ 'कवि' को 'स्वयंभू' कहिए, तो दार्शनिक विद्वान सृष्टि की प्रत्येक वस्तु को पुष्ट युक्ति के सहारे स्वयंभू प्रमाणित कर देंगे। जो मनुष्य पूर्वार्जित संस्कारों को लेकर अधिक प्रयास के बिना ही प्रतिभाशाली कवि हो जाता है, उसे बहिर्दृष्टि से देखकर कोई उसके परिचय में स्वयंभू शब्द भले ही लगा दे, परन्तु दार्शनिक विद्वान उन्हें पूर्वार्जित संस्कारों से ही प्रतिभाशाली कवि हुआ सिद्ध करेंगे। यह भी कहेंगे कि दृढ़ मनःशक्ति को प्राप्त कर—सच्ची लगन लगाकर—कविजनोचित संस्कारों को प्रबल करके इस जन्म में ही मनुष्य प्रतिभाशाली कवि हो सकता है। इस जन्म में जिस कवि को थोड़े प्रयास में ही अच्छी सफलता मिल जाती है, समझना चाहिए, उसने पूर्वजन्म में कविता-विषयक संस्कारों को प्राप्त कर लिया था। दर्शनशास्त्र कहते हैं, प्रत्येक मनुष्य के केन्द्र में ब्रह्म अवस्थित है जिसका अस्तित्व ब्रह्मांड की सभी वस्तुएँ और मनःशास्त्र के सभी विषयों में है। यही कारण है कि मनुष्य जिस विषय की कामना करता है—जिसके लिए सच्ची लगन लगाता है, उस विषय की कामना हृदयस्थित ब्रह्म तक पहुँचकर, प्रबल संस्कारों की सहायता से, बीज से समुदगत वृक्ष की तरह विशालकाय होकर, उसी ब्रह्म से कार्य, अतः फल-सिद्धि को लेकर उपस्थित होती है। कविता-सम्बन्धी संस्कारों के लिए भी यही बात है। कोई कवि हो या न हो, यदि वह चाहे तो कभी महाकवि अवश्य हो सकता है। कारण उस ब्रह्म से उसकी वासना की पूर्ति अवश्य होगी। इसीलिए ब्रह्म को मनस्काम कल्पतरु कहते हैं। स्वयंभू ब्रह्मा के सिवा और कोई नहीं। शास्त्रकारों या विद्वानों ने जहाँ 'कवि' की परिभाषा में 'कविर्मनीषी परिभूः स्वयंभूः' लिखा है, वहाँ समझना चाहिए, कवि वे किसी मनुष्य विशेष को नहीं मानते, किन्तु मनुष्य के अन्तस्तल में अवस्थित ब्रह्म को ही इन शब्दों द्वारा निर्वाचित करते हैं। गीता में भी भगवान श्रीकृष्ण ने कहा है, जहाँ विभूति, प्रतिभा और ऐश्वर्य का विकास हो, उसे मेरा ही विकास समझो। प्रत्येक वस्तु और प्रत्येक विषय के सारतत्त्व तक पहुँचकर उसकी व्याख्या करना भारत

का ही काम है, और यदि उसकी जाँच-पड़ताल—ढूँढ़-तलाश में कोई कसर रह गई होती तो पतन के इस भयानक युग में भारत और भारतीयता का अस्तित्व भी लुप्त हो गया होता। अस्तु, कहना पड़ता है, कवि की परिभाषा में भारतीय मस्तिष्क ने अपनी सूक्ष्मदर्शिता का पूर्ण परिचय दिया है। सच है—'कविर्मनीषी परिभूः स्वयंभूः।' पहले किसी जगह हमने 'मनीषी' को साधारण Poet is born not made शब्द बताया है, परिभूव्यापक। 'स्वयंभू' का यथार्थतत्त्व जब तक न कहा जाए तब तक उन्हें उसी दशा में रखना हमें उचित जान पड़ा था। यदि कवि को केवल 'स्वयंभू' कहकर परिभाषाकार शान्त रह जाते तो अर्थ में एक महाअनर्थ की सृष्टि हो सकती थी, कवि की महत्ता कंकड़-पत्थर और पेड़-पौधों से बढ़कर न समझी जाती; कारण, कंकड़-पत्थर और पेड़-पौधे भी स्वयंभू हैं। वे भी कवि की तरह अपनी ही प्रकृति से उगते और फूल-पत्ते लेते हैं, अन्तर यही है कि कवि की तरह मनीषी नहीं। उनमें चेतनता का बहुत ही थोड़ा आभास है। वे अपनी ही कृति को विकसित करते हैं, दूसरों की सुदर्शन कृति का न उन्हें बोध है, न वे उसका वर्णन कर सकते हैं। मनीषी और व्यापक परिभू कवि की इसी विशेषता को प्रकट करते हैं। परिभू का प्रयोग व्याप्ति अर्थ के अतिरिक्त वाक्य-सौष्ठव के लिए भी किया गया है।

हम अब वर्तमान कवियों के सम्बन्ध में भी कुछ कहना चाहते हैं। यह निर्विवाद है कि कवि पर देश, काल और समाज का प्रभाव पड़ता है। कवि ही पर क्यों सम्पूर्ण मनुष्य जाति पर यह प्रभाव पड़ता है। जिन कार्य-कारणों के घात-संघातों से मानवीय मस्तिष्क के विचार बदलते हैं, चाल-चलन, वेश-भूषा में उलट-फेर होते रहते हैं, स्मृतियाँ और व्यवस्थाएँ परिवर्तित होती रहती हैं, वही कार्य और कारण भाषा और साहित्य के रूपान्तरित होने के कार्य और कारण कहे जाते हैं। हम देखते हैं, मनुष्य तो क्या, भगवान बुद्ध जो मनुष्यत्व और देवत्व की पदवी को पार कर अमर ब्रह्मपद पर आरूढ़ हो गए थे, वे भी देश, काल और समाज का विचार नहीं छोड़ सके। उसका साहित्य उस समय की प्रचलित भाषा पालि में निर्मित हुआ था। बहुत पुरानी बात जाने दीजिए। मुसलमानी जमाने की बात लीजिए। तत्कालीन हिन्दू समाज पर मुसलमान वेश, मुसलमान भाषा, मुसलमान रीति-रवाजश किंबहुना, मुसलमानों के प्रत्येक विषय का प्रभाव पड़ा है। उस समय के हमारे हिन्दी साहित्य में आधे से अधिक शब्द और प्रायः सभी मुहावरे मुसलमानों की दी हुई भीख है अथवा यह कहिए कि मुसलमान कवियों से, मुसलमान साहित्य से स्पर्धा और प्रतिद्वन्द्विता करने के लिए हमारे विद्वानों और कवियों ने उनके शब्दों और मुहावरों को अपने साहित्य में स्थान दिया है, अथवा मुसलमान आधिपत्य के कारण, उनकी भाषा, उनके शब्द आप-ही-आप हमारे समाज में आकर हमारी सम्पत्ति बन गए हैं। 'खलल खलक ही', 'गजब गुजरात गरीबन की धार पर'—ऐसी कविताओं में आपके कितने शब्द हैं? 'Either sword or koran' का वेग तो किसी तरह हिन्दू रोक भी सकते थे, परन्तु

भाषा का उद्दाम वेग नहीं रोक सके। रोकते कैसे? भाषा प्राणों की वस्तु जो है। वह निर्जीव हिन्दू जाति के प्राणों के साथ स्पन्दित, प्रतिध्वनित और प्रतिमुहूर्त स्फुरित होकर उसकी अपनी वस्तु बन गई थी। एक तो उसे समय का बल मिला था, दूसरे, वह स्वमदगर्विता थी। हिन्दुओं ने उसे अपनाया।

एक भूषण को छोड़ और जितने कवियों ने उसे अपनाया, उन्होंने उसका प्रवाह पतन की ओर ही बहाने की चेष्टा की। अतएव ब्रजभाषा पर हम फिर कभी निवेदन करेंगे। अभी हमारे इस कथन का इतना ही तात्पर्य है कि कोई समाज समय का प्रवाह नहीं रोक सकता है। आजकल भारत में जागृति का युग है : जाति में भी और साहित्य में भी। भारत के अपर प्रान्तों की भाषाएँ और उनके साहित्य इस समय बहुत ही उन्नत हैं। बंगाल की भाषा और उसका साहित्य संसार में प्रसिद्ध हो रहा है। भारत का सबसे बड़ा विज्ञानवेत्ता, सबसे बड़ा दार्शनिक, सबसे बड़ा पुरातत्त्वज्ञ, सबसे बड़ा कवि, सबसे बड़ा रसायनज्ञ, सबसे बड़ा साहित्यिक, सबसे बड़ा चित्रकार, सबसे बड़ा राजनीतिज्ञ, सबसे बड़ा चिकित्सक, सबसे बड़ा वक्ता, सबसे बड़ा नट आपको बंगाल में ही मिलेगा। एक बहुत बड़े विद्वान का कथन है : What Bengal thinks today, India thinks tomorrow. अर्थात बंगाल आज जिस विषय पर विचार करता है, सम्पूर्ण भारत कल उस पर विचार करेगा। यद्यपि हमारे शास्त्रों का यह कथन है :

श्रद्धानो शुभां विद्यामाद्ददीता वरादपि।

तथापि हम आपको बंगाल के पैरों पड़कर शिक्षार्जन करने की सलाह नहीं देते। इस उद्धरण से हमारा उद्देश्य केवल यही है कि आप सोचें, वह कौन-सा कारण है जिसके कार्यरूप में बंगाल आज इतना उन्नत हो रहा है? आप देखेंगे, उसकी इस उन्नति का कारण बस यही है कि उसने आपसे बहुत पहले ही वर्तमान युग को पहचाना था और आपसे बहुत पहले ही अपने को तदनुकूल तैयार कर लिया है।

रवीन्द्रनाथ यदि समय का प्रवाह न देखते तो उन्हें शायद ही इतनी प्रसिद्धि मिलती। ब्रजभाषा के युग में हमने फारसी साहित्य को अपने ढंग पर अपने साँचे में ढाल लिया था और इस तरह अरब से लेकर अफगानिस्तान तक की भूमि को अपने हृदय में मिला लिया था। अब हमें पूर्व और पश्चिम को एक करना है और इस तरह समस्त भूमंडल को हृदय से लगाना है। इस बार हमें और भी बृहत् कार्य करना होगा। यही समय की सूचना है।

समय की इस सूचना को देखते हुए हमें कहना पड़ता है, कवि और कविता की परिभाषा में अब कुछ परिवर्तन हो गया है। यह परिवर्तन क्या और कैसा है, इस पर हम अगले अंक में विचार करेंगे।

['कवि' : मासिक, कानपुर, पौष संवत 1981 विक्रम, दिसम्बर, 1924 जनवरी 1925, असंकलित]

'परिमल' की भूमिका

हिन्दी की वाटिका में खड़ी बोली की कविता की क्यारियाँ जो कुछ समय पहले दूरदर्शी बागबानों के परिश्रम से लग चुकी थीं, आज धीरे-धीरे कलियाँ लेने लगी हैं। कहीं-कहीं, किसी-किसी पेड़ के दो-चार सुमन पंखुड़ियाँ भी खोलने लगे हैं। उनकी अमन्द सौरभ लोगों को खूब पसन्द आई है। परन्तु यह हिन्दी के उद्यान में अभी प्रभात-काल ही की स्वर्णच्छटा फैली है। उसमें सोने के तारों का बुना कल्पना का जाल ही अभी है, जिसमें किशोर कवियों ने अनन्त-विस्तृत नील प्रकृति को प्रतिमा में बाँधने की चेष्टाएँ की हैं—उसे प्रभात के विविध वर्णों से चमकती हुई अनेक रूपों में सुन्दर देखकर। वे हिन्दी के इस काल के शुष्क साहित्य-हृदयों में उन मनोहर प्रतिमाओं को प्रतिष्ठित करने का विचार कर रहे हैं। इसीलिए, अभी जागरण के मनोहर चित्र, आह्लाद-परिचय आदि जीवन के प्राथमिक चिन्ह ही देख पड़ते हैं, विहंगों का मधुर-कल-कूजन, स्वास्थ्यप्रद, स्पर्श-सुखकर शीतल वायु, दूर तक फैली हुई प्रकृति के हृदय की हरियाली, अनन्तवाहिनी नदियों का प्रणय-चंचल वक्षस्थल, लहरों पर कामनाओं की उज्ज्वल किरणें, चारों ओर बाल-प्रकृति की सुकुमार चपल दृष्टि। इसके सिवा अभी कर्म की अविराम धारा बहती हुई नहीं देख पड़ती। इस युग के कुछ प्रतिभाशाली अल्पवयस्क साहित्यिक प्राचीन 'गुरुडम' के एकच्छत्र साम्राज्य में बगावत के लिए शासन-दंड ही पा रहे हैं, अभी उन्हें साहित्य के राजपथों पर साधिकार स्वतंत्र रूप से चलने का सौभाग्य नहीं मिला; परन्तु ऐसा जान पड़ता है कि इस नवीन जीवन के भीतर से शीघ्र ही एक ऐसा आवर्त बँधकर उठनेवाला है, जिसके साथ साहित्य के अगणित जल-कण उस एक ही चक्र की प्रदक्षिणा करते हुए उसके साथ एक ही प्रवाह में बह जाएँगे, और लक्ष्यभ्रष्ट या निदाघ से शुष्क न हो एक ही जीवन के उदार महासागर में विलीन होंगे। यह नवीन साहित्य के क्रिया-काल में सम्भव होगा। अभी तो प्रत्येक नवयुवक लेखक और कवि अपनी ही प्रतिभा के प्रदर्शन में लगा हुआ है। अभी उसमें अधिकांश साहित्यिक अपने को समझ भी नहीं सके। जो कवि नहीं, वह भी अपने को कविता के क्षेत्र पर अप्रतिद्वन्द्वी समझता है। सब लोग अपनी ही कुशलता और अपनी ही रुचि-

विशेषता को लेकर साहित्य के बाजार में खड़े हुए देख पड़ते हैं। कहीं-कहीं तो बड़ा ही विचित्र नजारा है। प्रशंसा और आलोचना में भी आदान-प्रदान जारी है। दलबन्दियों के भाव जिसमें न हों, ऐसे साहित्यिक कदाचित् ही नजर आते हैं। और प्रतिभाशाली साहित्यिकों को निष्प्रभ तथा हेय सिद्ध करके ससम्मान आसन ग्रहण करनेवाले महालेखक और महाकविगण साहित्य में अपनी प्राचीन गुलामी-प्रथा की ही पुष्टि करते जा रहे हैं।

ऐसी परिस्थिति में 'परिमल' निकल रहा है। इसमें मेरी प्राथमिक अधिकांश चुनी हुई रचनाएँ हैं। इसके मैंने तीन खंड किए हैं। प्रथम खंड में सममात्रिक सान्त्यानुप्रास कविताएँ हैं, जिनके लिए हिन्दी के लक्षण-ग्रन्थों के द्वारपालों को 'प्रवेश-निषेध' या 'भीतर जाने की सख्त मुमानियत है' कहने की जरूरत शायद न होगी। दूसरे खंड में विषममात्रिक सान्त्यानुप्रास कविताएँ हैं। इस ढंग के साथ मेरे 'समवायः सखा मतः' 'एकक्रियं भवेन्मित्रम्' सुकुमार कवि-मित्र पंत जी के ढंग का साम्य है; यह भी उसी तरह स्व-दीर्घ-मात्रिक संगीत पर चलता है। पंत जी के छन्दों में स्वर की बराबर लड़ियाँ या सममात्रएँ अधिक मिलती हैं, इसमें बहुत कम—प्रायः नहीं। स्व-दीर्घ-मात्रिक संगीत का मुक्त रूप ऐसा ही होगा, जहाँ स्वर के उत्थान तथा पतन पर ही ध्यान रहता है, और भावना प्रसारित होती चली जाती है। तीसरे खंड में स्वच्छन्द छन्द हैं, जिसके सम्बन्ध में मुझे विशेष रूप से कहने की जरूरत है। कारण, इसे ही हिन्दी में सर्वाधिक कलंक का भाग मिला है।

हिन्दी के हृदय में खड़ी बोली की कविता का हार प्रभात की उज्ज्वल किरणों से खूब ही चमक उठा है, इसमें कोई सन्देह नहीं, और यह भी निर्भ्रान्त है कि राष्ट्र-प्राप्ति की कल्पना के काम्यवन में सविचार विचरण करनेवाले हमारे राष्ट्रपतियों के उर्वर मस्तिष्क में कानूनी कोणों के अतिरिक्त भाषा के सम्बन्ध की अब तक कोई भावना, महात्मा जी, महामना मालवीय जी तथा लोकमान्य जैसे दो-चार प्रख्यात-कीर्ति महापुरुषों को छोड़कर, उत्पन्न नहीं हुई; जो कुछ थोड़ा-सा प्रचार तथा आन्दोलन राष्ट्रभाषा के विस्तार के लिए किया जा रहा है, उसका श्रेय हिन्दी के शुभचिन्तक साहित्यिकों को, हिन्दी के पत्र-पत्रिकाओं को ही प्राप्त है। बंगाल अभी तक अपनी ही भाषा के उत्कर्ष की ओर तमाम भारतवर्ष को खींच लेने के लिए उत्कंठित-सा देख पड़ता है। इसका प्रमाण महामना मालवीय जी के सभापतित्व में, कलकत्ता-विद्यासागर कॉलेज हॉस्टल में दिये हुए अंग्रेजी के विद्वान प्रोफेसर जे.एल. बनर्जी महाशय के भाषण से मिल चुका है। भरतपुर के हिन्दी-साहित्य-सम्मेलन में महाकवि रवीन्द्रनाथ ने भी अपने भाषण में राष्ट्रभाषा के प्रचार पर विशेष कुछ नहीं कहा। जैसे महात्मा गांधी जी द्वारा प्रचारित चरखा-विषय की आवश्यकता की तरह यह राष्ट्र-भाषावाद भी कोई अनावश्यक विषय हो! उन्होंने केवल यही कहा कि अपनी भाषा में वह चमत्कार दिखलाने की कोशिश कीजिए, जिससे लोग स्वयं उसकी ओर आकृष्ट हों।

यहाँ तमाम विरोधी उक्तियों के खंडन-मंडन की जगह नहीं। मैं केवल यही कहूँगा कि प्रत्येक समाज के लिए कुछ हृदय-धर्म है, और कुछ मस्तिष्क-धर्म। अभी हिन्दी को राष्ट्रभाषा बनाने में मस्तिष्क-धर्म से ही काम लिया जाता है, जिस तरह साम्पत्तिक विचार से चरखा और खद्दर के लिए। हिन्दी के प्राचीन साहित्य के साथ तुलना करने पर प्रान्तीय कोई भाषा नहीं टिकती, और उसका नवीन साहित्य भी क्रमशः पुष्ट होता जा रहा है, जिसे देखकर यह आशा दृढ़ हो जाती है कि शीघ्र ही हिन्दी के गर्भ से बड़े-बड़े मनस्वी साहित्यिकों का उद्‌भव होगा। इस समय भी साहित्य में हिन्दी अद्‌भुत प्रगति दिखला रही है। उधर जो लोग, खास कर बंगाल के लोग, अपनी ही भाषा की सार्वभौमिकता के प्रचार की कल्पना में लीन हैं, जिन्होंने पुस्तकें लिखकर बोलचाल की हिन्दी के तमाम विभाग करते हुए उसे आगरे के इर्द-गिर्द बोली जानेवाली कुछ ही लोगों की भाषा ठहराया है, और इस तरह अन्यान्य भाषाओं के साथ अपनी बंगला का मुकाबिला करते हुए उसे ही अधिसंख्यक मनुष्यों की भाषा सिद्ध किया है, जिन्होंने अमेरिका में रहने का रोब दिखलाते हुए बंगला को ही राष्ट्रभाषा का आसन दे डाला है, जो लोग छिपे तौर से बंगला के प्रचार के उपाय सोच रहे हैं, जिन लोगों को पश्चिमोत्तर भारतवर्ष के तमाम शहरों में बंगालियों की अच्छी स्थिति के कारण उन्हीं की भाषा के प्रसार की बात सूझती है, वे राष्ट्रभाषा के अपर प्रश्नों की तरफ बिलकुल ही ध्यान नहीं देते, एक तृतीयांश मुसलमानों का विचार उनके मस्तिष्क में नहीं आता, वे नहीं जानते कि आर्य उच्चारण और बंगला के मंगोलियन उच्चारण में क्या भेद है—बंगला के उच्चारण-असादृश्य से पंजाब, सिन्ध, राजपूताना, उत्तर प्रदेश, मध्य प्रदेश, बिहार, गुजरात और महाराष्ट्र की संस्कृति को कितना धक्का पहुँचता है, वे नहीं जानते। उस तलवार के जमाने में सिर कटाकर भी साहित्य में अपनी संस्कृति की रक्षा करनेवाले वे गत शताब्दियों के महापुरुष अपनी भाषा और लिपि के भीतर से असीम बल अपनी सन्तानों को दे गए हैं, वे नहीं जानते कि आजकल के जमींदारों, भैयों, मारवाड़ियों (मेड़ों) और गुजरातियों के निरक्षर शरीर के भीतर कितना बड़ा स्वाभिमान इस दैन्य काल में भी जाग्रत है। वे 'बहुजन-हिताय, बहुजन-सुखाय' का बिलकुल खयाल नहीं करते। इधर भारतेन्दु बाबू हरिश्चन्द्र जी से लेकर आचार्य पं. महावीरप्रसाद द्विवेदी तक जिन लोगों को खड़ी बोली की प्राण-प्रतिष्ठा का श्रेय मिला है, भाषा के मार्जन में जिन लोगों ने अपने शरीर के तमाम रक्त-बिन्दु सुखा दिये हैं, हिन्दी में खिचड़ी-शैली के समावेश तथा प्रचार से शहरों के प्रचलित उर्दू-शब्दों तथा मुहावरों को साहित्य में जगह देते हुए मुसलमान-शासनकाल के चिन्ह भी रख दिये हैं, और इस तरह अपने मुसलमान भाइयों को भी राष्ट्र की सेवा के लिए आमंत्रित किया है, साहित्य के साथ-साथ राष्ट्र-साहित्य की भी कविता का उन्हीं लोगों ने प्रथम शृंगार किया है। वे जानते थे, कलकत्ता, बम्बई, मद्रास और रंगून आदि अपर-भाषा-भाषी प्रान्तों में हिन्दी ही

राज्य-कार्य तथा व्यवसाय आदि में लाई जा सकती है, शासक अंग्रेजों के मस्तिष्क में भी यही खयाल जड़ पकड़े हुए है, और वे भारत के लिए हिन्दी को ही सार्वभौमिक भाषा मानते और कार्य-संचालनार्थ उसी की शुद्धाशुद्ध शिक्षा ग्रहण करते हैं। मैं यहाँ अवश्य बंगला का विरोध नहीं कर रहा, उसके आधुनिक अमर साहित्य का मुझ पर काफी प्रभाव है, मैं यहाँ केवल औचित्य की रक्षा कर रहा हूँ। जिस भाषा के आकार का उच्चारण बिलकुल अनार्य है, जिसमें ह्रस्व-दीर्घ का निर्वाह होता ही नहीं, जिसमें युक्ताक्षरों का एक भिन्न उच्चारण होता है, जिसके 'स'कारों और 'न'कारों के भेद सूझते ही नहीं, वह भाषा चाहे जितनी मधुर हो, साहित्यिकों पर उसका जितना भी प्रभाव हो, वह कभी भारत की सर्वमान्य राष्ट्रभाषा नहीं हो सकती। और, जब तक लोग इस वाद-विवाद में पड़े हैं, नेतागण अंग्रेजी के प्रवाह में आत्मविस्मृत हुए बह रहे हैं, तब तक खड़ी बोली अपने साहित्य के उत्कर्ष में श्रेष्ठ आसन ग्रहण कर लेगी, इसमें मुझे बिलकुल ही सन्देह नहीं। मैं यह भी जानता हूँ कि जो राष्ट्रभाषा होगी, उसे अपने साहित्यिक पौरुष से ही वह पद प्राप्त करना होगा, और उसके सेवक इस विचार से बिलकुल निश्चेष्ट और परमुखापेक्षी भी नहीं रह गए। कारण, आलोक और प्रतिभा सबके लिए समान रूप से मुक्त है।

मनुष्यों की मुक्ति की तरह कविता की भी मुक्ति होती है। मनुष्यों की मुक्ति कर्मों के बन्धन से छुटकारा पाना है, और कविता की मुक्ति छन्दों के शासन से अलग हो जाना। जिस तरह मुक्त मनुष्य कभी किसी तरह भी दूसरे के प्रतिकूल आचरण नहीं करता, उसके तमाम कार्य औरों को प्रसन्न करने के लिए होते हैं—फिर भी स्वतंत्र, इसी तरह कविता का भी हाल है। मुक्त काव्य कभी साहित्य के लिए अनर्थकारी नहीं होता, प्रत्युत उससे साहित्य में एक प्रकार की स्वाधीन चेतना फैलती है, जो साहित्य के कल्याण की ही मूल होती है। जैसे बाग की बँधी और वन की खुली हुई प्रकृति—दोनों ही सुन्दर हैं, पर दोनों के आनन्द तथा दृश्य दूसरे-दूसरे हैं। जैसे आलाप और ताल की रागिनी। इसमें कौन अधिक आनन्दप्रद है, यह बतलाना कठिन है, पर इसमें सन्देह नहीं कि आलाप वन्य प्रकृति तथा मुक्त काव्य स्वभाव के अधिक अनुकूल है। मेरे मुक्त काव्य के समर्थन में पंडित जयदेव विद्यालंकार जी ने देहरादून-कवि-सम्मेलन में जो प्रहसन खेला था, उसमें गायत्री-मंत्र का उदाहरण विरोधी जगन्नाथप्रसाद जी चतुर्वेदी के सामने पेश किया था। लाखों ब्राह्मण गायत्री-मंत्र का जप करते हैं। उसके जप के साथ-साथ भाषा की मुक्ति का प्रवाह प्रतिदिन उनके जिह्वाग्र से होकर बहता है, पर वे उसका अर्थ, उसकी सार्थकता, सब कुछ भूल गए हैं। चूँकि उस छन्द का एक नाम 'गायत्री' रख दिया गया है, इसलिए प्रायः अज्ञजन उसमें स्त्री-मूर्ति ही की कल्पना कर बैठे हैं। 'तत्सवितुर्वरेण्यम्' में खुलासा ब्रह्म की स्तुति है कि वह सूर्य का भी वरेण्य है। 'तत्' न स्त्री है, न पुरुष। जिस तरह ब्रह्म मुक्त-स्वभाव है, वैसे ही यह छन्द

भी। पर आज इस तरफ कोई दृक्पात भी नहीं करना चाहता। इतनी बड़ी दासता-रूढ़ियों की पाबन्दी इस मंत्र के जपनेवालों पर भी सवार है। वेदों में काव्य की मुक्ति के ऐसे हजारों उदाहरण हैं, बल्कि 95 फीसदी मंत्र इसी प्रकार मुक्त-हृदय के परिचायक हो रहे हैं। इन मंत्रों को ईश्वरकृत समझकर अनुयायीगण विचार करने के लिए भी तैयार नहीं, न पराधीन काल की अपनी बेड़ियाँ किसी तरह छोड़ेंगे, जैसे उन बेड़ियों के साथ उनके जीवन और मृत्यु का सम्बन्ध हो गया हो। 'ईश्वरः सर्वभूतानां हृद्देशोऽर्जुन तिष्ठति'। यहाँ उस मुक्त-स्वभाव ईश्वर को सर्वभूतों के हृदय में ही ठहरा दिया गया है, और हृदय तक मन को उठा सकनेवाले जो कुछ भी करते हैं, मुक्त-स्वभाव से करते हैं, इसलिए वह कृति जैसे ईश्वर की कृति ही हो जाती है। बात यह है वेदों की अपौरुषेयता की। वे मनुष्यकृत ही हैं, पर वे मनुष्य उल्लिखित प्रकार के थे। आजकल की तरह के रूढ़ियों के गुलाम या अंग्रेजी पुस्तकों के नक्काल नहीं। ईश्वर के सम्बन्ध की ये बातें जो समझते हैं, उनमें एक अद्भुत शक्ति का प्रकाश होता है। वे स्वयं भी अपनी महत्ता को समझते और खुलकर कहते भी हैं। उनकी वाणी में महाकर्षण रहता है। संसार उस वाणी से मंत्र-मुग्ध हो जाता है। उस पर उस स्वर्गीय शक्ति की धाक जम जाती है। वह उस प्रभाव को मान लेता है। वैदिक काल के मुक्त-स्वभाव कवियों का एक और उदाहरण लीजिए :

सपर्यगाच्छक्रमकायव्रण
मस्नाविरछं शुद्धमपापविद्धम्;
कविर्मनीषी परिभूः स्वयम्भू-
र्याथातथ्यतोऽर्थान व्यद्धाच्छाश्वतीभ्यः समाभ्यः।

[यजु. अ. 40, मं. 8]

जरा चौथी पंक्ति को देखिए, कहाँ तक फैलती चली गई है। फिर भी किसी ने आज तक आपत्ति नहीं की। शायद इसके लिए सोच लिया है कि साक्षात् परमात्मा आकर लिख गए हैं। अजी, परमात्मा स्वयं अगर यह रबड़-छन्द और केंचुआ-छन्द लिख सकते हैं, तो मैंने कौन-सा कसूर कर डाला? आखिर आपके परमात्मा का ही तो अनुसरण किया है। आप लोग कृपा करके मुझे क्यों नहीं क्षमा कर देते? एक बात ध्यान देने की और है। संस्कृतकाल के गणात्मक छन्दों की भी परवा वैदिक काल में नहीं की गई। इस छन्द की जो तीन पहली लड़ियाँ बराबर मालूम पड़ती हैं, उनमें भी स्वच्छन्दता पाई जाती है। देखिए, पहला वर्ण स्व है और दूसरा दीर्घ। अब गणों का साम्य नहीं रहा।

तीन-तीन और पाँच-पाँच सतरों की कविता इसी समय नहीं, पहले भी हुआ करती थी :

ऋग्वेद—

/

आ शुभ्रा यातमश्विना स्वश्वा।

दृ दृ

गिरो दस्त्रो जुजुषाणा युवाकोः

/ दृ /

हण्याति च प्रतिभृता वीतं नः।

दृ दृ

वैदिक साहित्य-काव्य में इस प्रकार की स्वच्छन्द सृष्टि को देखकर हम तत्कालीन मनुष्य-स्वभाव की मुक्ति का अन्दाजा लगा लेते हैं। परवर्ती काल में ज्यों-ज्यों चित्रप्रियता बढ़ती गई, साहित्य में स्वच्छन्दता की जगह नियंत्रण तथा अनुशासन प्रबल होता गया, यह जाति त्यों-त्यों कमजोर होती गई है। सहस्रों प्रकार के साहित्यिक बन्धनों से जाति स्वयं भी बँध गई, जैसे मकड़ी आप ही अपने जाल में बँध गई हो, जैसे फिर निकलने का एक ही उपाय रह गया हो कि उस जाल की उलटी परिक्रमा कर वह उससे बाहर निकले। उस ऊर्णनाभ ने जितनी जटिलता दूसरे जीवों को फाँसने के लिए उस जाल में की थी, वह उतने ही दृढ़ रूप से बँधा हुआ है, अब उसे अपनी मुक्ति के लिए उन तमाम बन्धनों को पार करना होगा। यही हाल वर्तमान समय में हमारे काव्य-साहित्य का है। इस समय के और पराधीन काल के काव्यनुशासनों को देखकर हम जाति की मानसिक स्थिति को भी देख ले सकते हैं! अनुशासन के समुदाय चारों तरफ से उसे जकड़े हुए हैं। साहित्य के साथ-साथ राज्य, समाज, धर्म, व्यवसाय—सभी कुछ पराधीन हो गए हैं। चित्र स्वयं ससीम हैं, इसलिए उन्हें प्यार करनेवाली वृत्ति भी एक सीमा के अन्दर चक्कर लगाया करती है, और इस तरह उस वृत्ति को धारण करनेवाला मनुष्य भी चाहे पहले का स्वतंत्र हो, पर पीछे से सीमा में बँधकर पराधीन हो जाता है। नियम और अनुशासन भी सीमा के ही परिचायक होते हैं, और क्रमशः मनुष्य-जाति को क्षुद्र से क्षुद्रतर तथा गुलाम से गुलाम कर देनेवाले।

साहित्य की मुक्ति उसके काव्य में देख पड़ती है। इस तरह जाति के मुक्ति-प्रयास का पता चलता है। धीरे-धीरे चित्रप्रियता छूटने लगती है। मन एक खुली हुई प्रशस्त भूमि में विहार करना चाहता है। चित्रों की सृष्टि तो होती है, पर वहाँ उन तमाम चित्रों को अनादि और अनन्त सौन्दर्य में मिलाने की चेष्टा रहती है। बर्फ में जैसे तमाम वर्णों की छटा, सौन्दर्य आदि दिखाकर उसे फिर किसी ने वाष्प में विलीन कर दिया हो या असीम सागर से मिला दिया हो। साहित्य में इस समय यही प्रयत्न जोर पकड़ता जा रहा है, और यही मुक्ति-प्रयास के चिन्ह भी हैं। अब लीलाम्बरी ज्योतिमूर्ति की सृष्टि कर चतुर साहित्यिक फिर उसे अनन्त नील-मंडल में लीन कर देते हैं। पल्लवों के

हिलने में किसी अज्ञात चिरन्तन अनादि सर्वज्ञ को हाथ के इशारे अपने पास बुलाने का इंगित प्रत्यक्ष करते हैं। इस तरह चित्रों की सृष्टि असीम सौन्दर्य में पर्यवसित की जाती है, और यही जाति के मस्तिष्क में विराट दृश्यों के समावेश के साथ-ही-साथ स्वतंत्रता की प्यास को भी प्रखरतर करते जा रहे हैं।

यही बात छन्दों के सम्बन्ध में भी है। छन्द भी जिस तरह कानून के अन्दर सीमा के सुख में आत्मविस्मृत हो सुन्दर नृत्य करते, उच्चारण की शृंखला रखते हुए श्रवण-माधुर्य के साथ-ही-साथ श्रोताओं को सीमा के आनन्द में भुला रखते हैं, उसी तरह मुक्त छन्द भी अपनी विषम गति में एक ही साम्य का अपार सौन्दर्य देता है, जैसे एक ही अनन्त महासमुद्र के हृदय की सब छोटी-बड़ी तरंगें हों—दूर प्रसारित दृष्टि में एकाकार, एक ही गति में उठती और गिरती हुई।

'कविता-कौमुदी' में पंडित रामनरेश जी त्रिपाठी ने जैसा लिखा है, भिन्नतुकान्त (Blank verse) का श्रीगणेश पहले-पहल हिन्दी में प्रसिद्ध कवि बाबू जयशंकर 'प्रसाद' जी ने किया है। उनका यह छन्द इक्कीस मात्राओं का है। पं. रूपनारायण जी पांडेय ने इस छन्द का उपयोग (शायद अपने अनुवाद में) बहुत काफी किया है। पांडेय जी से इस छन्द के सम्बन्ध में पूछने पर, उन्होंने जो उत्तर दिया, उससे इस विषय का फैसला न हुआ कि छन्द के प्रथम लिखनेवाले 'प्रसाद' जी हैं या वह। उदाहरण पांडेय जी द्वारा अनुवादित रवीन्द्रनाथ की 'राजारानी' से दे रहा हूँ :

कहना होगा सत्य तुम्हारा! किन्तु मैं
करता हूँ विश्वास तुम्हारी बात का
जब तक, तब तक तुम चिन्ता कुछ मत करो।
तुम पर से विश्वास उठेगा जिस घड़ी,
सत्यासत्य विचार करूँगा मैं तभी।

यह भिन्नतुकान्त छन्द मात्रिक है। एक भिन्नतुकान्त हिन्दी में दूसरे प्रकार का बाबू मैथिलीशरण जी गुप्त द्वारा आया है—वह वर्णात्मक है—उसका भी उपयोग अनुवाद ही के रूप में गुप्त जी ने किया है। उदाहरण उनके 'वीरांगना-काव्य' के अनुवाद से देता हूँ :

सुनो अब दुःख-कथा-मन्दिर में मन के
रख वह श्याम मूर्ति त्यागिनी-तपस्विनी
पूजे इष्टदेव को ज्यों निर्जन गहन में—
पूजती थी नाथ को मैं; अब विधि-दोष से
चेदीश्वर राजा शिशुपाल जो कहाता है,
लोक-रव सुनती हूँ, हाय! वर-वेश से
आ रहा है शीघ्र यहाँ वरने अभागी को!

एक तीसरे प्रकार का अतुकान्त काव्य (Blank verse) हिन्दी में और है। इसके रचयिता हैं हिन्दी के प्रसिद्ध महाकवि अयोध्यासिंह जी उपाध्याय। बहुतों ने इनके लिखे हुए 'प्रिय-प्रवास' के अतुकान्त छन्दों को ही हिन्दी की प्रथम अतुकान्त सृष्टि माना है। उपाध्याय जी ने इसकी भूमिका में गण-वृत्तों को हिन्दी में अतुकान्त काव्य के योग्य माना है, और यह इसलिए कि संस्कृत की कविता अतुकान्त है, और वह गण-वृत्तों में है। यथा :

अधिक और हुई नभ-लालिमा,
दश दिशा अनुरंजित हो गईं;
सकल पादप-पुंज-हरीतिमा
अरुणिमा-विनिमज्जित-सी हुई।

एक प्रकार का अतुकान्त 19 मात्राओं का और लिखा गया है। जहाँ तक पता चलता है, अभी सुकवि बाबू सियारामशरण गुप्त इसके प्रथम आविष्कारक ठहरते हैं। हिन्दी के कोमल कवि पंत जी ने भी इतनी ही मात्राओं के अनुकान्त छन्द में 'ग्रन्थि' नाम की अपनी मनोहर कविता कई संख्याओं में 'सरस्वती' में छपवाई है। सियारामशरण जी ने 'प्रभा' में इस प्रकार की अतुकान्त कविता पहले-पहल लिखी थी, यह मुझे उन्हीं के कथनानुसार मालूम हुआ है। अब तक मैं समझता था, इस 19 मात्राओं के अतुकान्त काव्य के पंत जी ही प्रथम आविष्कारक हैं यह इस प्रकार है :

विरह अहह! कराहते इस शब्द को
निठुर विधि ने आँसुओं से है लिखा।

एक प्रकार की अतुकान्त कविता का रूप पं. गिरिधर जी शर्मा 'नवरत्न' ने हिन्दी में खड़ा किया है। इसकी गति कवित्त-छन्द की-सी है। हर एक छन्द आठ-आठ वर्णों का होता है। अन्त्यानुप्रास नहीं रहता। मैंने रवीन्द्रनाथ की एक कविता के अनुवाद में इनके अतुकान्त काव्य का रूप देखा था। 'मेरे पंख मुरदार'—इस तरह हर पंक्ति में आठ-आठ अक्षर रहते हैं। अमित्र कविता इस प्रकार हिन्दी के गण, मात्रा और वर्ण—तीनों वृत्तों में हुई है। यहाँ किसकी कविता सफल है और किसकी निष्फल, इसका विचार नहीं किया गया। इसका फैसला भविष्य के लोग करेंगे। मुझे केवल यही कहना है कि हिन्दी में अतुकान्त कविता के कवियों में किसी ने भी दूसरे का अनुसरण नहीं किया। जहाँ कहीं मात्राओं में मेल हो गया है, वहाँ मुमकिन है, एक को अपने दूसरे कवि की रचना परखने का मौका न मिला हो, और दोनों की मौलिकता एक-दूसरे से लड़ गई हो! ऐसा न होता, तो वे कोई दूसरा छन्द जरूर चुनते, जबकि अन्त्यानुप्रास उड़ा देने से ही अतुकान्त काव्य बन जाता है। इस प्रकार की अतुकान्त कविता में प्रथम श्रेय आल्हखंड के लिखनेवाले को हिन्दी में प्राप्त है।

इस तरह की कविता अतुकान्त काव्य का गौरव-पद भले ही अधिकृत करती हो, वह मुक्त-काव्य या स्वच्छन्द कदापि नहीं। जहाँ मुक्ति रहती है, वहाँ बन्धन नहीं रहते—न मनुष्यों में, न कविता में। मुक्ति का अर्थ ही है बन्धनों से छुटकारा पाना। यदि किसी प्रकार का शृंखलाबद्ध नियम कविता में मिलता गया, तो वह कविता उस शृंखला से जकड़ी हुई ही होती है, अतएव उसे हम मुक्ति के लक्षणों में नहीं ला सकते, न उस काव्य को मुक्त-काव्य कह सकते हैं। ऊपर जितने प्रकार के अतुकान्त काव्य के उदाहरण दिये गए हैं, सब एक-एक सीमा में बँधे हुए हैं, एक-एक प्रधान नियम सबमें पाया जाता है। गण-वृत्तों में गणों की शृंखला, मात्रिक वृत्तों में मात्राओं का साम्य, वर्ण-वृत्तों में अक्षरों की समानता मिलती है। कहीं भी इस नियम का उल्लंघन नहीं किया गया। इस प्रकार के दृढ़ नियमों से बँधी हुई कविता कदापि मुक्त छन्द नहीं हो सकती। मुक्त छन्द तो वह है, जो छन्द की भूमि में रहकर भी मुक्त है। इस पुस्तक के तीसरे खंड में जितनी कविताएँ हैं, सब इसी प्रकार की हैं। उनमें नियम कोई नहीं। केवल प्रवाह कवित्त-छन्द का-सा जान पड़ता है। कहीं-कहीं अक्षर आप-ही-आप आ जाते हैं। मुक्त छन्द का समर्थक उसका प्रवाह ही है। वही उसे छन्द सिद्ध करता है, और उसका नियम-साहित्य उसकी मुक्ति।

विजन-वन-वल्लरी पर
सोती थी सुहाग-भरी
स्नेह-स्वप्न-मग्न अमल-कोमल-तनु तरुणी
जुही की कली
दृग बन्द किये—शिथिल—पत्रांक में।

यहाँ 'सोती थी सुहाग-भरी' आठ अक्षरों का एक छन्द आप-ही-आप बन गया है। तमाम लड़ियों की गति कवित्त-छन्द की तरह है।

हिन्दी में मुक्त-काव्य कवित्त-छन्द की बुनियाद पर सफल हो सकता है। कारण, यह छन्द चिरकाल से इस जाति के कंठ का हार हो रहा है। दूसरे, इस छन्द में एक विशेष गुण यह भी है कि इसे लोग चौताल आदि बड़ी तालों में तथा ठुमरी की तीन तालों में भी सफलतापूर्वक गा सकते हैं, और नाटक आदि के समय इसे काफी प्रवाह के साथ पढ़ भी सकते हैं। आज भी हम रामलीलाओं में, लक्ष्मण-परशुराम-संवाद के समय, वार्तालाप में इस छन्द का चमत्कार प्रत्यक्ष कर लेते हैं। यदि हिन्दी का कोई जातीय छन्द चुना जाए, तो वह यही होगा। आजकल के मार्जित कानों को कवित्त-छन्द का नाटक में प्रयोग जरा खटकता है, और वह इसीलिए कि बार-बार अन्त्यानुप्रास का आना वार्तालाप की स्वाभाविकता को बिगाड़ देता है। बाबू मैथिलीशरण जी को इस विचार से विशेष सफलता मिली है। कारण, कवित्त-छन्द की गति पर उनके अमित्रा छन्द में अन्त्यानुप्रास मिटा दिया गया है। नाटकों में सबसे अधिक रोचकता

इसी कवित्त-छन्द की बुनियाद पर लिखे गए स्वच्छन्द छन्द द्वारा आ सकती है। इस अपने छन्द को मैं अनेक साहित्यिक गोष्ठियों में पढ़ चुका हूँ, और हिन्दी के प्रसिद्ध अधिकांश सज्जन सुन चुके हैं। एक बार कलकत्ता पब्लिक स्टेज पर भी इस छन्द में नाटक लिखकर खेल चुका हूँ। लोगों से मुझे अब तक उत्साह ही मिलता रहा है, पर दूसरों की पठन-अक्षमता के आक्षेप भी अक्सर सुनता रहा हूँ। मेरा विचार है कि अभ्यास के कारण उन्हें पढ़ने में असुविधा होती है। छन्द की गति का कोई दोष नहीं। आजकल हिन्दी के दो-चार और लेखकों तथा कवियों ने इस छन्द में रचना-प्रयास किया है, और उन्हें सफलता भी मिली है। इससे मेरा विश्वास इस पर और भी दृढ़ हो गया है। इस छन्द में art of reading का आनन्द मिलता है, और इसीलिए इसकी उपयोगिता रंगमंच पर सिद्ध होती है। कहीं-कहीं मिल्टन और शेक्सपियर ने सर्वत्र अपने अतुकान्त काव्य का उपयोग नाटकों में ही किया है। बंगला में माइकेल मधुसूदन दत्त द्वारा अतुकान्त कविता की सृष्टि हो जाने पर नाट्याचार्य गिरीशचन्द्र ने अपने स्वच्छन्द छन्द का नाटकों में ही प्रयोग किया है। स्वच्छन्द छन्द नाटक-पात्रों की भाषा के लिए ही है, यों उसमें चाहे जो कुछ लिखा जाए। अब इसके समर्थन में अधिक कुछ नहीं लिखना। कारण, समर्थन की अपेक्षा अधिकाधिक रचना इसके प्रचार तथा प्रसार का योग्य उपाय है।

मेरी तमाम रचनाओं में दो-चार जगह दूसरों के भाव, मुमकिन है, आ गए हों; पर अधिकांश कल्पना—95 फीसदी—मेरी अपनी है। आवश्यक होने पर इस सम्बन्ध में अन्यत्र लिखूँगा। कविता की पुस्तक में कैफियत से भरी हुई बृहत् भूमिका मेरे विचार से हास्यास्पद है। मैं अपने स्नेहशील मित्रों को कृतज्ञ हृदय से धन्यवाद देता हूँ, जो मुझे हर तरह से आज तक प्रोत्साहन देते रहे हैं।

साहित्य की समतल भूमि

जब कोई ऐकदेशिक दृष्टि से किसी गम्भीर प्रश्न पर रायजनी करता है तब हृदय को बड़ी कड़ी चोट पहुँचती है। अधिकारी विद्वानों को इतना तो अवश्य ही मालूम होगा कि ऐकदेशीयता स्वरूपतः संकीर्णता है। उससे कुछ ही लोग सन्तोष कर सकेंगे। अतः जब किसी अधिकारी विद्वान की राय आदर्शतः समष्टिगत लोगों के फायदे के लिए होगी, तभी वह पुरअसर हो सकेगी, अन्यथा जिस सीमा के अन्दर वह गूँज रही है, जिस सीमा के अन्दर वह बन्द है, उसी की हद तक के रहनेवालों के लिए वह बड़े काम की हो सकती है। उसके बाहर के रहनेवालों तक न तो उसकी आवाज ही पहुँचती है और न उसकी ओर उनका ध्यान ही जाता है।

सीमा के अन्दर घिरकर बन्द रहना जिस तरह मनुष्यों की प्रकृति है, उसी तरह सीमा के संकीर्ण बन्धनों को पार कर जाना भी मनुष्यों की ही प्रकृति है : पहली ऐकदेशिक है, दूसरी व्यापक। इस बीसवीं सदी में, सभ्यता के विस्तार के साथ मनुष्यों की ज्ञान-लिप्सा भी सीमा-बन्धनों को उत्तरोत्तर पार करती जा रही है। साथ ही प्रत्येक भाषा के ऊँचे अंग के साहित्य का दूसरी भाषा से मिलान करके भाषा-संसार में समता-मैत्री की चेष्टा भी की जा रही है। विद्वानों की यह धारणा है कि इस तरह सुविस्तृत संसार सम्पूर्ण क्षुद्रताओं को लिये हुए भी विभिन्न भाषा-भाषियों के लिए बृहत् मित्र-मंडल हो जाएगा। बड़े-बड़े लोग उसकी क्षुद्रताओं की ओर ध्यान न देंगे—वे जानते हैं कि उन क्षुद्रताओं के भीतर से गुजरकर ही लोगों को असीमता तक पहुँचना है। और चूँकि सदा ही छोटों पर बड़ों का प्रभाव रहा है, इसलिए संसार के प्रबुद्ध मित्र-मंडल का दबाव वे अवश्य मानेंगे और संसार के वर्तमान अधिकांश संकीर्ण भावों का लोप हो जाएगा, कम-से-कम उनका आतंक न जम सकेगा। अभी उस दिन बम्बई के किसी प्रेस रिपोर्टर के पूछने पर कविवर रवीन्द्रनाथ ने हिन्दू-मुसलमानों के झगड़े का कारण दोनों का अज्ञान बतलाया था। उन्हें आशा है कि शिक्षा-विस्तार दोनों में मैत्री ला सकेगा।

इस लेख में हम यह दिखाने की चेष्टा करेंगे कि साहित्य की समतल भूमि कैसी है और रीति-रवाजश में हिन्दुओं से सम्पूर्णतः पृथक् मुसलमान जाति भी साहित्य और ज्ञान की भूमि में हिन्दुओं के समान ही है।

ज्ञान का शिखर वेदान्त है। विश्वमैत्री इसकी शिक्षा है। पूर्णता इसके प्राण हैं और हिन्दुओं की शाखाएँ इनके अंग-प्रत्यंग। प्राचीनता का विचार रखकर हमें कहना पड़ता है कि आर्य ऋषियों द्वारा आविष्कृत होने के पश्चात् संसार को वेदान्त का प्रकाश मिला है। सम्भव है कि उनके द्वारा इसका प्रचार भी हुआ हो। देशी जादूगरों की तरह मंत्र के छिपाने की आदत अवश्य ही ज्ञानियों में नहीं रहा करती।

उर्दू साहित्य में विश्व-साहित्य की समतल भूमि प्रत्यक्ष कीजिए। नजीर लिखते हैं :

कुछ जुल्म नहीं कुछ जोर नहीं
कुछ दाद नहीं फ़रियाद नहीं।
कुछ क़ैद नहीं कुछ बन्द नहीं
कुछ जब्र नहीं, आजाद नहीं।
शागिर्द नहीं, उस्ताद नहीं
वीरान नहीं आबाद नहीं।
हैं जितनी बातें दुनिया की
सब भूल गए कुछ याद नहीं।
हर आन हँसी हर आन ख़ुशी
हर वक़्त-अमीरी है बाबा।
जब आशिक़ मस्त फ़क़ीर हुए
फिर क्या दिलगीरी है बाबा।

यह आनन्ददायिनी अवस्था है। भावभूमि का पथिक, कवि नजीर, इस समय ज्ञानभूमि में है। उसकी ऐकदेशिकता नष्ट हो गई है। बाधाओं के बाँध काटकर कल्पना की राह से बहती हुई भाषा-स्तोत्रस्विनी आनन्द-सिन्धु से मिल रही है—ज्ञान की असीमता के साथ। इस समय नजीर मुसलमान नहीं हैं, इस समय वे मनुष्य भी नहीं हैं, इस समय वे किसी व्याख्या के द्वारा सीमा के अन्दर नहीं आ सकते। उनकी कविता खुद उनकी व्याख्या कर रही है। भारतीय साहित्य में इस भाव की बड़ी प्रबलता है। गोस्वामी तुलसीदास जी लिखते हैं :

नहिं राग न रोष न मान मदा। तिनके सम वैभव वा बिपदा॥

दोनों के भाव में फर्क नहीं। अन्तरंग ध्वनि बिलकुल मिल रही है। साहित्य की इस समतल भूमि पर नजीर और तुलसीदास पारस्परिक भेदभाव नहीं रख रहे। यदि भेद होगा तो वे इस भूमि से गिर जाएँगे। विश्व-साहित्य के लिए यही समतल भूमि कही जा सकती है।

ज्ञान की सर्वोच्च दृष्टि से नजीर क्या देखते हैं, देखिए :

दुनिया में बादशा है सो है वह भी आदमी
और मुफ़लिसी गदा है सो है वह भी आदमी।
जरदार बेनबा है सो है वह भी आदमी
नेमत जो खा रहा है सो है वह भी आदमी।
टुकड़े जो माँगता है सो है वह भी आदमी।

याँ आदमी ही कहर से लड़ते हैं घूर-घूर।
और आदमी ही देख उन्हें भागते हैं दूर।
चाकर ग़ुलाम आदमी औ' आदमी मज़ूर।
याँ तक कि आदमी ही उठाते हैं जाजरूर।

यहाँ नजीर आदमी के अन्दर एक ही सत्ता देखते हैं जो स्वरूपतः एक है किन्तु अनेक प्रकार के कार्य करती है; जो एक जगह हँसती है और दूसरी जगह रोती है, एक जगह शहंशाह है, दूसरी जगह फ़क़ीर। यह दृष्टिपात करने, भेद का सच्चा कारण प्रत्यक्ष कर लेनेवाले में कभी भेद का क्रियात्मक प्रभाव रह नहीं सकता। कबीर भेद पर आक्षेप करते हैं :

हिन्दुन की हिन्दुवाई देखी तुर्कन की तुर्काई।
कहें कबीर सुनो हो साधौ कौन रहा ह्वै जाई॥

नजीर उसकी (हर चीज के इत्र की) पहचान कराते हैं :

तनहा न उसे अपने दिले-तंग में पहचान।
हर बाग़ में हर दश्त में हर संग में पहचान॥
बेरंग में बारंग में नैरंग में पहचान।
मंज़िल में मुकामात में फरसंग में पहचान॥
नित रूम में औ हिन्द में औ जंग में पहचान।
हर राह में हर साथ में हर संग में पहचान।
हर अज्म इरादे में हर आहंग में पहचान।
हर धूम में हर सुलह में हर जंग में पहचान॥
हर आन में हर बात में हर ढंग में पहचान।
आशिक़ है तो दिलबर को हर रंग में पहचान॥

नजीर के हृदय की आँख खुल गई है। वे शाख-शाख और पत्ती-पत्ती में आत्मा की विभूति देखकर मुग्ध हो रहे हैं और लोगों को दिखाने के लिए वैसे ही व्याकुल। जो जंग लगा हुआ, दृष्टि का बाधक हो रहा था, वह छूट गया है। भगवान (रामचन्द्र)

के विश्वरूप पर कही गई गोस्वामी तुलसीदास की इस ढंग की उक्ति और साफ है—खूब निबाहा है :

> *अव्यक्तमूलमनादि तरु त्वच चारि निगमागम भने।*
> *षटकन्ध शाखा पंचविंश अनेक पर्ण सुमन घने।*
> *फल युगल-विधिकटु-मधुरबेलि अकेलिजिहि आश्रित रहे।*
> *पल्लवित फूलित नवल नित संसार विटप नमामहे॥*

विजय और पराजय में, हर जगह, यथार्थ अस्तित्व के रूप में नजीर अद्वैत सत्ता को प्रत्यक्ष करते हैं और तुलसीदास कटु मधुर फलों को देनेवाली (माया) लता के आश्रय, संसार-विटप को एक ही अव्यक्त सत्ता का स्वरूप कहकर नमस्कार करते हैं। यहाँ नजीर और तुलसीदास साहित्य की समान भूमि पर हैं। दोनों के भाव एक हैं, इसलिए मन भी एक-सा है। भेद इनमें नहीं रहा। अभेद की सूझ इन्हें हो गई है।

महाकवि ग़ालिब कहते हैं :

> *न था कुछ तो ख़ुदा था कुछ न होता तो ख़ुदा होता।*
> *डुबोया मुझको होने ने, न होता मैं तो क्या होता।*

ग़ालिब युक्ति लड़ा रहे हैं और दो ही लाइन में कुल वेदान्त छाँटकर रख देते हैं। देखिए, कैसी मजबूत युक्ति है। इस संसार का अस्तित्व ग़ालिब कहते हैं कि मैं हूँ, चूँकि मैं ही उसे देख रहा हूँ। मुझी में वह है। मैं अगर न होता तो यह संसार भी न होता। व्यष्टि और समष्टि का 'मैं' संसार को प्रत्यक्ष करता है, और चूँकि व्यष्टि और समष्टि का 'मैं' स्वरूपतः ब्रह्म है, यथार्थ सत्ता है, इसलिए ब्रह्म ही न्यायतः अपने को अनेक रूपों में प्रत्यक्ष कर रहा है। यह वेदान्त का निचोड़ है। स्वामी विवेकानन्द ने भी कहा है : "एका आमी होइ बहु देखिते आपन रूप।" यह 'मैं' जब निर्विकार है तब खुदा है और जब सविकार है तब संसार में है—स्वप्नों से लिपटा हुआ। ग़ालिब चुटकियाँ लेते हैं। कहते हैं, एक खुदा ही था जब कुछ न था—जब 'मैं' निर्विकार था—जाहिर करने के लिए उसके ('मैं' के) पास उसी के सिवा और कुछ न था। लेकिन बुरा हो इस 'होने' का—'भव' का—संसार का—'मैं' की स्वप्निल प्रगति का—उसके बहुत-सी वस्तुओं के अपनाव का, जिसने मुझे डुबा दिया है—मेरा महत्त्व छीन लिया है—मुझे छोटा कर दिया है। फिर वे कहते हैं, लेकिन भई, साथ ही इतना यह भी तो समझो कि अगर मैं न होता तो क्या यह संसार, इसकी अनेक वस्तुएँ, यह चहल-पहल रहती?—सब खो जाता 'मैं' के न रहने पर। ग़ालिब की यह भूमि सार्वजनिक है। संसार के उन्नत और परिमार्जित विचारवाले मनुष्य उनके साथ सहमत हैं। यहाँ हिन्दू, मुसलमान और ईसाई का घेरा नहीं। सब साहित्यों के लिए इसे सम्मेलन-भूमि कह सकते हैं।

इंशा फरमाते हैं :

रखते हैं कहीं पाँव तो पड़ता है कहीं और।
साक़ी तू ज़रा हाथ तो ले थाम हमारा।

इस शेर का प्रत्यक्ष रूप न देखिए, आनन्द इसके परोक्ष रूप में है। भारत के ऋषि कह रहे हैं कि हर वक्त सच्चिदानन्द की धारा जीवों के अन्दर बह रही है, वे बहिर्मुख हैं—बहुत-से विकारों से लिपटे हुए हैं, इसलिए उसे देखते नहीं, वह आनन्द उन्हें नहीं मिलता, लेकिन जब वे उसका आनन्द पा लेते हैं तब वे देखते हैं, समुद्र में गिरती हुई नदी की तरह आनन्द के साथ उनका चिरकालिक संयोग है। परमहंस देव के अमृतोपम उपदेशों में है। वे कहते थे कि सच्चिदानन्द-सागर से थोड़ा-सा ही जल पीकर शिव बेहोश हो गए हैं। उस आनन्द का नशा अज्ञानजन्य नहीं, वह ज्ञानजन्य है। लेकिन, चूँकि उस समय शरीर की याद नहीं रहती, इसलिए थोड़े आनन्द से पैरों का डिगना और अधिकता से शरीर का निश्चल हो जाना आश्चर्य की बात नहीं। इस सम्बन्ध की एक बात और। पिता जिस तरह पुत्र को अच्छी-अच्छी चीजें खिलाता है और उसकी सहायता के लिए, वह हँसता हुआ मस्ती में लड़खड़ाकर कहीं गिर न जाए इसलिए उसका हाथ भी कभी-कभी पकड़ लेता है, उसी तरह ईश्वर भी अपने भक्तों को ज्ञानामृत पिलाते और उन्हें सँभाले रहते हैं। इंशा ने दो ही पंक्तियों में बड़ी खूबी से इस उच्च भाव को प्रकाशित कर दिया है। उन्हें वह आनन्द कविता द्वारा ही मिल रहा है। वे मस्त हैं। लेकिन अभी बेहोश नहीं हुए, कुछ ज्ञान अभी है, इसलिए पहले ही से साकी को अपनी हालत बतलाए देते हैं। साकी भी पास ही है। ईश्वर से नजदीक और कोई नहीं, भारत के कुल तत्त्ववेत्ताओं ने यही कहा है। इंशा भी, पिलानेवाले और सबसे नजदीक रहनेवाले साकी को हाथ थाम लेने के लिए आगाह कर रहे हैं। शेर की दूसरी पंक्ति का 'तो' शेर के पढ़नेवालों का हृदय खोल देता है और इंशा के हृदय से निकलकर आनन्द की धारा पाठकों के हृदय में आ जाती है। वाक्यन्यास और ध्वनि के विचार से 'तो' इंशा को सरलता की मूर्ति बना रहा है।

मीर कहते हैं :

था मुल्क जिनके जेर नगीं साफ़ मिट गए
तुम इस ख़्याल में हो कि नामो-निशाँ रहे।

अपने नाम के लिए मरनेवालों को मीर खासी नसीहत दे रहे हैं। भारत का साहित्य तो इसके लिए प्रसिद्ध ही है। भारत के उच्च साहित्य के निर्माता अपनी कृति बेनाम ही अपने उत्तराधिकारियों को दे गए हैं, वे ज्ञान तो दे गए हैं, पर नाम नहीं दे गए। स्वामी विवेकानन्द जी से विलायत की किसी अंग्रेज महिला ने कहा था, तुम्हारे प्राचीन ग्रन्थों के रचयिताओं के नाम तक तुम्हें नहीं मालूम, यह कितने दुःख की

बात है। स्वामी जी ने इसका उत्तर भारतीय ढंग का, हृदय तक धँस जानेवाला, शेर के भावों का, बड़ा ही समीचीन दिया था। संसार की नश्वरता पर कुछ न कहनेवाला, शायद ही कोई भारतीय कवि होगा। लेकिन नामो-निशाँ के मिटने का मतलब मीर का कुछ और ही है। मीर इस तरह अलख, अरूप, निरंजन की ओर इशारा कर रहे हैं। नामो-निशाँ को छुड़ाकर वे अरूप का अस्तित्व सिद्ध कर रहे हैं। और भी देखिए :

व' क्या चीज है आह! जिसके लिए।
हर एक चीज से दिल उठाकर चले॥

दिखाई दिये यूँ कि बेखुद किया।
हमें आप से भी जुदा कर चले॥

परस्तिश की याँ तक कि ऐ बुत, तुझे।
नजर में सभों की खुदा कर चले॥

वेदान्त के चुने हुए भाव हैं। हर एक चीज से उठकर मीर का दिल खुदा पर लगता है। उन्हें नश्वर और अनिश्वर की सूझ हो गई है। अन्तिम शेर में तो कमाल कर दिया है। पूजा और अद्वैतवाद! हर जगह ईश्वर का अस्तित्व मौजूद है, मीर साहब इस सिद्धान्त पर कहते हैं कि मूर्ति की उन्होंने ऐसी पूजा की कि उस मूर्ति को भी उन्होंने सबकी दृष्टि में खुदा (अनाम और अरूप) कर दिया। भारतीय मूर्ति-पूजन सच्चे तत्त्व के साथ आ गया है। मीर की तरह सैकड़ों भारतीय साधक नाम और रूप की परिधि को पार कर अपनी इष्ट-मूर्ति से मिल गए हैं। मीर इसी अवस्था को दृश्यकाव्य की तरह लोगों को प्रत्यक्ष करा रहे हैं। वे खुद तो अरूप होकर चले ही, किन्तु लोगों की दृष्टि में अपनी मूर्ति को भी उन्होंने अरूप कर दिया है—मूर्ति में इतना ऊँचा—सर्वोच्च भाव भर दिया है। मीर अब मूर्ति को मूर्ति नहीं रखते। उनकी परायणता उसे खुदा कर देती है—चलते समय उनकी नजर में भी और रहनेवाले लोगों की नजर में भी।

लेख बढ़ रहा है अत: अब हम इसे समाप्त करते हैं। साहित्य के भीतर से देखिए कि साहित्य की भूमि में हिन्दू और मुसलमान बराबर हैं। दूसरे किसी साहित्य का विचार नहीं किया गया, केवल उर्दू के साथ, संक्षेप में, भारतीय भावों की परीक्षा की गई है। साहित्य के भीतर से मैत्री की स्थापना प्रशंसनीय है। यदि विचार किया जाए तो साधारण भाव भी सब साहित्य के एक ही होंगे जबकि सब साहित्य के निर्माता मनुष्य ही हैं और एक ही प्रकृति उनके अन्दर काम कर रही है।

['समन्वय' : मासिक, कलकत्ता, सौर श्रावण, संवत 1983 विक्रम, जुलाई-अगस्त, 1926, 'चयन' में संकलित]

साहित्य का फूल अपने ही वृन्त पर

कला निष्कलुष है। दुनिया में वह अपना सानी नहीं रखती। साहित्यकार के लिए उसके अपर अंगों के ज्ञान से पहले बोध आवश्यक है। जैसे बीजमंत्र, उसका अर्थ, पश्चात् अनिंद्य सुन्दर रूप उसी के फूल की तरह उसके अर्थ के डंठल पर खिला हुआ। नया जन्म जिस तरह, एक युग की संचित अनुभूतियाँ अपने भीतर से रूप और भाव पैदा करती हैं; यही युगान्तर की कला है—साहित्य में रस और रूप के प्रवर्तन का दिव्य स्रोत। सूक्ष्मतम विवेचन सनातन को जिस तरह नित्य स्थिति देता है, उसी तरह कला भी नित्य रहस्य में दाखिल है—अपरिवर्तनीय; पर नये कोंपल, नये फूल, नई शरत, नई आँखें, नई शशि-स्निग्ध दृष्टि और नई रोशनी अपने समय के नकाब के भीतर से अचंचल देखती हुई लोगों की तरह बाँध ही लेती है। इसीलिए नित्य-नवीन, चापल्यतल्प, अप्रसंग काम्य, साहित्य की एक ही कल्पलता है। जिसे पुरानापन कहते हैं, वह जैसे एक युग तक एक खासतौर की कला पर नजर फेरते हुए अभ्यास के जंग की ही मलिनता हो; फिर जैसे सुबह के सूरज की किरणों से निखरा, शबनम का धुला हुआ नया फूल अकल डाल पर उत्कीर्ण कला का एक नैसर्गिक चुम्बन बन रहा हो। साहित्य की जमीन खिल उठती है।

कला का अकारण-भेद वैसा ही है, जैसा व्याकरण का; जल जड़ हुआ, जड़ जल; ऐसा ही दर्शनशास्त्र में। महत्त्व सिर्फ सामयिक है। समय का प्रभाव ही एक खास जल को तीर्थ-जड़ और जंगम चेतन बना देता है, जैसे कैलास की अर्धेन्दु-शिखरा कला गंगा को महत्त्व देती, कृष्ण की अखिल 'तत्त्वमसि' कला यमुना को, महाकालेश्वर की पल-त्वरित पद-ताल क्षिप्रा को, अनसूया जी की पय:स्राविनी तपस्या पयस्विनी को। कला उसी तरह समय के स्वर्ण-घट में प्राण प्राप्त कर पूजक साहित्यिकों की दिव्य दृष्टि बन जाती है, जिससे साहित्य का असामयिक जड़ पिघलकर जल बनकर बह चलता है।

जैसे संगीत में किसी एक रागिनी की प्रधानता नहीं, बंगाली, पूरबी, मुलतानी ग़ज़ल कनाडी, तिलंगी, बैरारी, लखनऊ की ठुमरी आदि ऐकदेशिक तथा मिली हुई रागिनियों के सार्वभौम प्रचार के साथ-साथ छहों राग तथा रागिनियाँ सर्वत्र गाई जाती

हैं, और अब देश के प्राणों के साथ बिलकुल परिचित की तरह मिल गई हैं, वैसे ही कला के अपने सामयिक लिबास से पहले-पहल आने पर थोड़े ही-से लोग वह रंग व रूप पहचान सकते हैं; क्योंकि अपने समय की वस्तु का आविष्कार, पूर्व-सूचन, परिचय और समर्थन आदि विज्ञानवेत्ता ही करते हैं। हर रागिनी की जान की तरह सामयिक साहित्यकला की भी एक जान है। जान रागिनी की सच्ची पहचान है, और साहित्यकला की पहचान उसकी व्यापक महत्ता, एक असर जो दिल को खिलाता और हिलाता है—मौसम की तरह, एक ख़िजाँ, दूसरा बहार। दोनों में अलग-अलग स्वर बज रहे हैं।

हर देश की एक ख़ुसूसियत कहलाती है, जो उसकी आबोहवा से मिली होती है। हिन्दोस्तान की जितनी बातें प्राणों से मिली हुई आत्मा बन गई हैं, वे इस समय उसकी अपनी चीजें कहलाती हैं। अपनी संस्कृति पर हम इसे ही पहले की संस्कृति और अब अभ्यास में बदलती हुई परिणति कहते हैं। यह आत्मा होकर भी आत्मा नहीं, जीर्णता है, भले ही सनातन हो। हम नवीनता को ही यहाँ सनातन कहेंगे, आत्मा पुरानी नहीं होती, चोला पुराना होता है। इस तरह, पकड़ रखने की कोई चीज, कोई संस्कृति नहीं हो सकती, और चोला पकड़ रखने पर भी पकड़ा नहीं रहता। आब और हवा पकड़े नहीं जा सकते। इसलिए देश की आबोहवा या ख़ुसूसियत चीज नहीं हो सकती। स्वामी विवेकानन्द जी इसीलिए हिन्दोस्तान की कोई नस्ल नहीं निकालते—"शून्य भीत पर चित्र रंग बहु, तन बिन लिखा चितेरे"—यही यहाँ की नस्ल है।

आब और हवा हर वक्त नये हैं, यहाँ तक कि कूप-मंडूक को भी कुएँ के अतल सोते से नया-ही-नया जल मिलता जाता है। हवा रोज ताजी जरूर, आसमाँ हर वक्त नये रंग बदलता है। फिर भी लोग संस्कारों के अनुसार की हुई—सोची हुई बातें ही लिखते, चली हुई राहें ही चलते हैं। हम साधारण जन इसे ही अपने साहित्य की, जो कुछ लिये हुए हैं, उसकी रचना-कल्पनाएँ किया करते हैं। यही हमारा सनातन धर्म है। इसी किये और सोचे हुए में डूबकर चमत्कृति को हम लोगों ने संस्कृति बना लिया है। पर यहाँ जैसे वस्त्रों के बारे में प्रतिलिपि है, चित्र हैं कि बौद्धकाल तक यहाँ सिले हुए कपड़े नहीं बन सकते थे, यह मुसलमानों की दी हुई विभूति है, यद्यपि सूची-व्यूह से सुई और नौ-विद्या से navigation का होना साहित्य-सम्भव है, अस्तु, उसी तरह यह भी कहा जा सकता है कि कुर्ता, वास्कट, मिरजई आदि की सुरक्षानी प्राचीनता इस देश की आबोहवा के लिए सम्भव होती हुई भी अब सम्भाव्यता को बहुत बुरी तरह जकड़े हुए है, जैसे मिरजई पहनकर दरबार में जाते रहे हों! कम-से-कम वैदिक साहित्य के ज्ञाता हमारे आर्यसमाजी भाई तो ऐसा नहीं कहेंगे।

हम दोनों प्रकार की कला को साहित्य में सन्निविष्ट करते हैं। जिस वृन्त पर वह कृति की कलिका खिलती है, वह है भाषा। भाषा भी समयानुसार अपना रूप बदलती रहती है। कला के विकास के साथ-साथ साहित्य में नई भाषा भी विकसित होती है।

हरा कैंड़ेदार मजबूत डंठल ही कृशांगी नवीन कला को चाहिए। कोमल और कठोर, आत्मा और प्राणों का ऐसा ही सम्बन्ध रहा है। ब्रजभाषा पूर्ण भाषा है, खड़ी बोली हिन्दी के हृदय की अश्रान्त आशा, सार्वदेशिक प्रसार से लिपटी हुई, जड़ और चेतन के विश्व-संसर्ग से बन्धनहीन, चित्र और विचित्र। यह घर बड़े ही मर्मज्ञ कलावन्त का है। वह ब्रज-साहित्य अपने भावना-प्रसार को कर्मकांड तथा ज्ञानकांड के भीतर से शेर के संकोच को झपट में देखना चाहता है। तमाम विश्व, नहीं, तमाम सौरमंडल को क्रिया तथा ज्ञान के भीतर डाल देना चाहता है; महावीर विजयी सिकन्दर एक नंगे संन्यासी का शौर्य निर्भय तंत्र में प्रदर्शित करता है, इसीलिए यह कला दिग्वसना श्यामा सुन्दरी है—ज्ञानाम्बुधि की अगणित-ऊर्मिमयी महासीमा। वह प्राचीन वसन्त आज अनन्त-किसलय-मृदुल पुष्पसंकुल स्निग्ध-वायु-कम्पित मर्मर ध्वनि करता, अभ्यास-जीर्णता उड़ाता हुआ पुन: प्रतिष्ठित होना चाहता है।

['माधुरी' : मासिक, लखनऊ, जनवरी, 1932, 'प्रबन्ध-पद्म' में संकलित]

हमारे साहित्य का ध्येय

आज हमारे साहित्य को देश तथा साहित्यिकों के समाज में वह महत्त्व प्राप्त नहीं, जो उसे राजनीति के वायुमंडल में रहनेवालों में, जन्म-सिद्ध अधिकार के रूप से प्राप्त है। इसलिए हमारे देश के अधिकांश प्रान्तीय साहित्यिक राजनीति से प्रभावित हो रहे हैं। यह सच है कि इस समय देश की दशा के सुधार के लिए कार्यकारी सच्ची राष्ट्र-नीति की अत्यन्त आवश्यकता है, पर यह भी सच है कि देश में नवीन संस्कृति के लिए व्यापक साहित्यिक ज्ञान भी उसी हद तक जरूरी है। उपाय के विवेचन में वही युक्ति है, जो राजनीतिक कार्यक्रम को क्रियात्मक रूप देती है। एक साहित्यिक जब राजनीति को साहित्य से अधिक महत्त्व देता है, तब वह साहित्य की यथार्थ मर्यादा अपनी ऐकदेशीय भावना के कारण घटा देता है, जो उन्नति और स्वतंत्रता की प्राप्ति के लिए, शरीर के तमाम अंगों की पुष्टि की तरह स्वभाव से आवश्यक है।

राजनीति में उन्नति-क्रम के जो विचार गणित के अनुसार प्रत्येक दशा की गणना कर सम्पत्तिवाद के कायदे से कल्पना द्वारा देश का परिष्कृत रूप खींचते हुए चलते हैं, वही साहित्य में प्रत्येक व्यक्ति के इच्छित विकास को निर्बन्ध कर उनकी बहुमुखी उच्चाभिलाषाओं को पूर्णता तक ले चलते हुए समष्टि या बाह्य स्वातंत्र्य सिद्ध करते हैं।

अधिकांश सामान्य नेताओं की उक्ति है, पहले राज्य, फिर सुधार, व्यवस्थाएँ, शिक्षा आदि। मनुष्य जब अपनी ही सत्ता पर जोर देकर संसार की बिगड़ी हुई दशा के सुधार के लिए कमर कस लेता है, तब वह प्रायः सोऽहम् बन जाता है, प्रकृति के विरोधी गुणों, दुनिया की अड़चनों तथा मनुष्यों की स्वभाव-प्रियता को एक ही छलाँग से पार कर जाता है। समष्टि के मन को यंत्र-तुल्य समझकर अपने इच्छानुसार उसका संचालन करता है। इसी जगह एक सच्चे नेता से एक सच्चे साहित्यिक का मतभेद है। साहित्यिक मनुष्य की प्रकृति को ही श्रेय देता है। उसके विचार से हर मनुष्य जब अपने ही प्रिय मार्ग से चलकर अपनी स्वाभाविक वृत्ति को कला-शिक्षा के भीतर से अधिक मार्जित कर लेगा, और इस तरह देश में अधिकाधिक कृतिकार पैदा होंगे, तब सामूहिक उन्नति के साथ-ही-साथ काम्य स्वतंत्रता आप-ही-आप प्राप्त होगी, जैसे युवकों को प्रेम की भावना आप-ही-आप प्राप्त होती है, यौवन की एक परिणति की तरह।

सम्पत्तिशास्त्र और गणितशास्त्र कभी ईश्वर की परवा नहीं करते। उनके आधार पर चलनेवाले नेता भी अदेख शक्ति या अज्ञात रहस्यों पर विश्वास करना अपने को पंगु बनाना समझते हैं, और उनके लिए यह स्वाभाविक है भी, जब सम्पत्ति और गणित के साथ देश की मिट्टी में उन्हें जड़-ही-जड़ मिलता है, और उनकी स्वतंत्रता भी बहुत कुछ जड़ स्वतंत्रता है। साहित्यिक के प्रधान साधन हैं सत-चित और आनन्द। उसका लक्ष्य है अस्ति, भाति और प्रिय पर। उसकी स्वतंत्रता इनकी स्फूर्ति से व्यक्ति के साथ समष्टि के भीतर से आप निकलती है।

साहित्य के व्यापक अंगों में राजनीतिक भी उसका एक अंग है। अतएव राजनीति की पुष्टि भी वह चाहता है। पर जो लोग राजनीतिक क्षेत्र से यह प्रचार करते हैं कि पहले अधिकार तब सुधार, उनके इस गुरु प्रभाव से वह दबना नहीं चाहता, कारण, यह व्यक्तिमुख की उक्ति उसकी दृष्टि में 'पहले मुर्गी, फिर अंडा या पहले अंडा तब मुर्गी' प्रश्न की तरह रहस्यमयी तथा जटिल है। वह केवल बहिर्जगत को अन्तर्जगत के साथ मिलाता है। उदाहरण के लिए भारत का ही बाहरी संसार लिया जाए। साहित्यिक के कथन के अनुसार भारतीयों की भीतरी भावनाओं का ही बाहर यह विवादग्रस्त भयंकर रूप है। जिस बिगाड़ का अंकुर भीतर हो, उसका बाहरी सुधार बाहरी ही है, गन्दगी पर इत्र का छिड़काव। इस तरह विवाद-व्याधि के प्रशमन की आशा नहीं। दूसरे, जो रोग भीतर है, जड़-प्राप्ति द्वारा, रुपया-पैसे या जमीन से उसका निराकरण हो भी नहीं सकता। मानसिक रोग मानसिक सुधार से ही हट सकता है। साहित्य की व्यापक महत्ता यहीं सिद्ध होती है।

जीवन के साथ राजनीति का नहीं, साहित्य का सम्बन्ध है। संस्कृत जीवन कुम्हार की बनाई हुई मिट्टी है, जिससे इच्छानुसार हर तरह के उपयोगी बर्तन गढ़े जा सकते हैं, जिसकी प्राप्ति के लिए हम प्राय: एक दूसरा तरीका अख्तियार कर बैठते हैं, वह, साहित्य के भीतर से अध्यवसाय के साथ काम करने पर, अपनी परिणति आप प्राप्त करेगा।

इस समय देश में जितने प्रकार की विभिन्न भावनाएँ हिन्दू, मुसलमान, ईसाई आदि-आदि की जातीय रेखाओं से चक्कर काटती हुई गंगासागर, मक्का और जरूसलेम की तरफ चलती रहती हैं, जिनसे कभी एकता का सूत्र टूटता है, कभी घोर शत्रुता ठन जाती है, उनके इन दुष्कृत्यों का सुधार भी साहित्य में है, और उसी पर अमल करना हमारे इस समय के साहित्य के लिए नवीन कार्य, नई स्फूर्ति भरनेवाला, नया जीवन फूँकनेवाला है। साहित्य में बहिर्जगत-सम्बन्धी इतनी बड़ी भावना भरनी चाहिए, जिसके प्रसार में केवल मक्का और जरूसलेम ही नहीं, किन्तु सम्पूर्ण पृथ्वी आ जाए। यदि हद गंगासागर तक रही, तो कुछ जन-समूह में मक्के का खिंचाव जरूर होगा, या बुद्धदेव की तरह वेद भगवान के विरोधी घर ही में पैदा होंगे। पर मन से यदि ये जड़-संयोग ही गायब कर दिये जा सकें, तो तमाम दुनिया के तीर्थ होने में

सन्देह भी न रह जाए। यह भावना साहित्य की सब शाखाओं, सब अंगों के लिए हो और वैसे ही साहित्य की सृष्टि।

यह साहित्यिक रंग यहीं का है। काल-क्रम से अब हम लोग उस रंग से खींचे हुए चित्रों से इतने प्रभावित हैं कि उस रंग की याद ही नहीं, न उस रंग के चित्र से अलग होने की कल्पना कर सकते हैं, और इसलिए पूर्ण मौलिक बन भी नहीं पाते, न उससे समयानुकूल ऐसे चित्र खींच सकते हैं, जो समष्टिगत मन की शुद्धि के कारण हों।

राजनीति में जाति-पाँति-रहित एक व्यापक विचार का ही फल है कि एक ही वक्त तमाम देश के भिन्न-भिन्न वर्गों के लोग समस्वर से बोलने और एक राह से गुजरने लगते हैं। उनमें जितने अंशों में व्यक्तिगत रूप से सीमित विचार रहते हैं, उतने ही अंशों में वे एक-दूसरे से अलग हैं, इसलिए कमजोर। साहित्य वह काम और खूबी से कर सकता है, जब वह किसी भी सीमित भावना पर ठहरा न हो। जब हर व्यक्ति हर व्यक्ति को अपनी अविभाजित भावना से देखेगा, तब विरोध में खंड-क्रिया होगी ही नहीं। यही आधुनिक साहित्य का ध्येय है। इसके फल की कल्पना सहज है।

['प्रबन्ध-पद्म' में संकलित]

काव्य में रूप और अरूप

प्राय: सभी कलाओं के लिए मूर्ति आवश्यक है। अप्रतिहत मूर्ति-प्रेम ही कला की जन्मदात्री है, जो भावनापूर्ण सर्वांग-सुन्दर मूर्ति खींचने में जितना कृतविद्य है, वह उतना बड़ा कलाकार है। पश्चिमी सभ्यता के मध्यकाल तक जब संसार की विभिन्न सभ्यता-प्रसूत वस्तु-भावनाओं का श्रेणी-विभाग, संचय तथा उपयोग नहीं हुआ था, कलाएँ अपने-अपने देश, संस्कृति तथा कलम के अनुसार विभिन्न आकार, इंगित तथा भावनाएँ प्रदर्शित करती हुई भी एक ऐसी व्यंजना कर रही थीं, जो तमाम भिन्नताओं के भीतर से एक भावसाम्य की स्थापना करती थीं। संसार की भौतिक सभ्यता से सब देशों को गूँथ जाने के कारण संसार-भर के लोगों को वह आत्मिक लाभ पहुँचा। फलस्वरूप कला में देश-भाव की जो संकीर्णता थी, आदान-प्रदान की सहृदयता ने उसे तोड़ दिया। कला की सृष्टि व्यापक विचारों से होने लगी, और हर जाति की उत्तमता से प्रेम-सम्बन्ध जोड़कर लोग उससे अपनी जातीय कला को प्रभावित करने लगे।

काव्य तथा काव्यजन्य संस्कृति पर भी यह प्रभाव पड़ा। प्राचीन मालकोश राग की वीर मूर्ति अंग्रेजी-स्वर में, नायिका के दिल का दर्द भैरवी से अधिक उर्दू की ग़ज़लों में मिलने लगा, और बहार तथा आसावरी की लोकप्रियता थिएटरों की मित्र-हृदय को गुदगुदाकर बाहरी चपलता से गिरह लगा देनेवाली रागिनियों ने ले ली। इस प्रकार प्राथमिक चित्र भी अपने जातीय पद्य-वैशिष्ट्य की परिखा को पार कर संसार के प्रांगण में नये दूसरे-ही-दूसरे रूप से देखने पड़ने लगे। उनके रूप-भाग में कुछ देशीय विशिष्टता रह गई, पर अरूप-भाग से वे मनुष्यमात्र की सम्पत्ति बन गए। अरूप-अंश, वर्णना-भेद के रखने पर भी, पूर्ववत् अक्लेद रहा, रूप-अंश ने जातीय विशिष्टता को रखते हुए संसार की सभ्यता से भी सहयोग किया।

रवीन्द्रनाथ भारतीय काव्य-साहित्य में इस कला के निपुण कलाकार हैं। उनका एक उदाहरण दूँगा :

अचल आलोके रएछे दाँड़ाए,
किरण-वसन अंगे जड़ाए,
चरणेय तले पड़िछे गड़ाए,

छड़ाए विविध भंगे,
गन्ध तोमार घिरे चारि, धार,
उड़िछे आकुल कुन्तल-भार,
निखिल गगन काँपिछे तोमार
परस-रस-तरंगे।

[अचल प्रकाश में तुम खड़ी हुई हो, किरणों की शुभ्र-वसन, चरणों से ज्योति का वस्त्र विविध भंगों से टूटता ढुलकता हुआ। सुरभि तुम्हारी चारों दिशाएँ घेरे हुए है। केशों का व्याकुल भार उड़ता हुआ तुम्हारे स्पर्श रस की तरंगों से अखिल आकाश प्रकम्पित हो रहा है।]

यह नारी-मूर्ति इतनी मार्जित है कि इसे देखकर कोई विश्व-नागरिक इस ज्योतिर्मयी छवि पर मुग्ध हो जाएगा। तुलसीदास के केवल-सौन्दर्य नाम की तरह रवीन्द्रनाथ की इस सुन्दरी में जड़ता अणु-मात्र के लिए भी नहीं। यहाँ एक जगह रवीन्द्रनाथ का पश्चिम-स्नेह रूपमय प्रमाण के तौर पर प्रत्यक्ष होता है। जहाँ चरणों से ज्योति का वस्त्र टूटता हुआ गिरता है, वहाँ ध्यान पश्चिम की सम्राज्ञियों के पीछे लटकते हुए लम्बे वस्त्र के छोर की ओर जाता है।

सौन्दर्य, रूप तथा भावनाओं के आदान-प्रदान में केवल पूर्व पश्चिम से प्रभावित हुआ, यह बात नहीं, सहृदयता का अमृत यहाँ से वहाँ भी अपनी मृत-संजीवनी का विशिष्ट परिचय दे रहा है। जिन-जिन प्रान्तों में अंग्रेजी शासन का पहला प्रभाव पड़ा, इस नवीन साहित्य की जड़ वहाँ-वहाँ पहले जमी, और वहाँ के साहित्यिक इस कार्य में बहुत-कुछ प्रगति कर चुके। मेरा मतलब खासतौर से सुवर्ण बंगाल से है। बंगाल के अमर काव्य 'मेघनाद-वध' के रचयिता माइकेल मधुसूदन दत्त के सम्बन्ध में यह प्रसिद्ध है कि उन्होंने अपने महाकाव्य की रचना कई देशों के महाकवियों के अध्ययन के पश्चात् की थी। फ्रेंच, ग्रीक, लैटिन आदि कई भाषाएँ जानते थे, और यूरोप में रहने के समय काव्यशास्त्र में काफी प्रवेश कर लिया था। कुछ हो, माइकेल मधुसूदन की रचना में जितनी शक्ति मिलती है, उतना जीवन नहीं मिलता। रवीन्द्रनाथ द्वारा बंग-भाषा को वह जीवन मिलता है। उनकी अकेली शक्ति बीस कवियों का जीवन तथा इन्द्रजाल लेकर साहित्य के हृदय-केन्द्र से निकली और फैली।

हिन्दी में छायावादी कहलानेवाले कवियों से इसका श्रीगणेश हुआ। प्राचीन साहित्य के रक्षकों की साहित्यिक प्रतिष्ठा को पार कर अपनी नवीनता की जड़ साहित्य के हृदय में पूर्ण रीति से जमाने में अकृतकार्य रहने पर भी अधिकांश आलोचकों के कहने के अनुसार, पद्य-साहित्य का बाजार आजकल इन्हीं के हाथ है। श्रेय अभी खड़ी बोली के मध्यकाल के कवियों को मेरे विचार से अधिक है, पर जहाँ प्राणों की बात उठती है, वहाँ आधुनिक कवि ही ज्यादा ठहरते हैं। प्रसाद जी की भावनाओं और पंत जी के चित्रों में अभीप्सित नवीनता की कोमल किरण बड़ी खूबसूरती से फूट निकली है।

पर अभी हमारे नवीन साहित्य को समयानुकूल परिमार्जित और भी विराट भावनाएँ मिलनी चाहिए। इतने ही से उसका दैन्य दूर नहीं होता, और न अभी उसकी दिगन्त पुष्टि ही हुई है। जैसा भी कारण हो, हिन्दी के नवीन पद्य-साहित्य में विराट चित्रों के खींचने की तरफ कवियों का उतना ध्यान नहीं, कितना छोटे-छोटे सुन्दर चित्रों की ओर है। संयुक्तप्रान्त, बिहार, मध्यभारत, मध्यप्रान्त आदि एक ऐसी प्रकृति की गोद में हैं, जहाँ विराट दृश्यों की अपेक्षा बाग तथा उपवनों के छोटे चित्र ही विशेषत: सूझते हैं। बड़ी-बड़ी नदियों, समुद्र तथा आकाश के उत्तमोत्तम चित्र नहीं मिलते। रवीन्द्रनाथ द्वारा अंकित सौन्दर्य का एक विराट चित्र :

जेनो गो विवशा होयेछे गोधूली,
पूरबे आँधार बेणी पड़े खुली
पश्चिमेते पड़े खसिया खसिया
सोनार आँचल तार।

[मानो गोधूलि विवश हो रही है, पूर्व और उसकी अन्धकारवेणी खुली पड़ती है, और पश्चिम की तरफ खुल-खुलकर उसका सोने का आँचल गिर रहा है।]

छोटे रूप की क्षणिक प्रभा में स्थायी प्रभाव न मिलने के कारण रवीन्द्रनाथ कहते हैं :

क्षुद्र रूप कोथा जाए बतासे उड़िया दुइ चारि पलकेर पर

[छोटा रूप न जाने कहाँ हवा में दो ही चार पल में उड़ जाता है।]

काव्य में साहित्य के हृदय को दिगन्त-व्याप्त करने के लिए विराट रूपों की प्रतिष्ठा करना अत्यन्त आवश्यक है। अवश्य छोटे रूपों के प्रति यहाँ कोई द्वेष नहीं दिखलाया जा रहा है। रूप की सार्थक लघु-विराट कल्पनाएँ संसार के सुन्दरतम रंगों से जिस तरह अंकित हों, उसी तरह रूप तथा भावनाओं का अरूप में सार्थक अवसान भी आवश्यक है। कला की यही परिणति है और काव्य का सबसे अच्छा निष्कर्ष। इस तरह काव्य के भीतर से अपने जीवन के सुख-दु:खमय चित्रों को प्रदर्शित करते हुए परिसमाप्ति पूर्णता में होगी। जैसे :

कभी उड़ते पत्तों के साथ,
मुझे मिलते मेरे कुमार,
बढ़ाकर लहरों से लघु हाथ
बुलाते हैं मुझको उस पार।

['प्रबन्ध-पद्म' में संकलित]

हिन्दी में आलोचना

आलोचना साहित्य का मस्तिष्क है। अत: साहित्य के विकास का श्रेय अनेक अंशों में इसे ही प्राप्त है। हृदय का महत्त्व लेकर निकलनेवाली कविता भी यदि विचार और शृंखला से सम्बद्ध नहीं, तो शैशव-संलाप की तरह भावोच्छ्वास-मात्र है, उससे साहित्य को कोई बड़ी प्राप्ति नहीं हो सकती। काव्य-साहित्य के बड़े-बड़े आलोचक ऐसा ही कहते हैं, और पहले भी कह चुके हैं। एक उदाहरण लीजिए :

हस्ते लीलाकमलमलके बालकुन्दानुविद्धं,
नीता लोध्रप्रसवरजसा पाण्डुतामानने श्रीः,
चूडापाशे नवकुरवकं चारुकर्णे शिरीषं
सीमन्ते च त्वदुपगमजं यत्र नीपं वधूनाम्। [मेघदूते कालिदासस्य]

अर्थात वहाँ, अलका में, वधुओं के हाथ में क्रीड़ा-कमल रहता है, केशों में कुन्द की नई कलियाँ। लोध्र-पुष्पों के पराग से उनके मुखों की श्री पांडुता लिये हुए है। उनका चूड़ा-पाश में नया कुरवक खोंसा हुआ है, सुन्दर कानों में शिरीष और माँग में (हे मेघ!) तुम्हारे आगम से पैदा हुआ कदम्ब-पुष्प!

इस वर्णन से एकाएक, हाथ में लीला-कमल लिये, केशों में कुन्द की कलियाँ चुने, लोध्र-रज मुखों में लगाए, चूड़ा-पाश में नया कुरवक और कानों में शिरीष खोंसे और माँग पर कदम्ब लगाए हुए अलकापुरी की सुन्दरी वधुएँ दृष्टिगोचर होती हैं। जो, आलोचक नहीं, वह इस एक पद्य का अन्तर्महत्त्व न समझेगा, फूलों से उज्ज्वल, नारियों की विकच सौन्दर्य देखकर कालिदास को 'धन्य कवि, धन्य कवि' कहकर केवल धन्यवाद देगा, उसे फूल-ही-से महाकवि कालिदास के हृदय के सिवा, संयुक्त, कंटकाधार मस्तिष्क—जिस पर यह कोमल कला टिकी हुई है—कदापि अनुभूत न होगा। वह चौंकेगा, जब आलोचक एकाएक पूछेगा, क्यों भाई, कुन्द तो हेमन्त-ऋतु का फूल है, वर्षा में वह खिलता ही नहीं, फिर महाकवि कालिदास ने मेघ से, जो आषाढ़ के पहले दिन रवाना होता है, कैसे कह दिया कि अलका की बहुएँ केशों के कुन्द की कलियाँ चुन रखती हैं? केवल हृदय को काव्य में महत्त्व देनेवाला वह मनुष्य तब कालिदास पर निश्चय ही दोषारोप करेगा। दोष एक ही, नहीं, लोध्र जाड़े

में, कुरवक वसन्त में और शिरीष ग्रीष्म में खिलते हैं। फिर एक ही समय, एक साथ, इतने फूल अलका की सुन्दरियों को कैसे प्राप्त हो जाते हैं? केवल कमल और कदम्ब वर्षा में मिलते हैं।

जब तत्त्व, किसी आलोचक का सुझाया हुआ, उसकी समझ में आएगा, तब वह देखेगा, कालिदास ने यहाँ मस्तिष्क से काम लिया है। कमल की यद्यपि वसन्तान्त से खिलना जारी हो जाता है, तथापि जलपूर्ण शरद-ऋतु में उसका पूरा विकास होता है, हेमन्त के हिम से मुरझाने से पहले। इसलिए महाकवि कालिदास वर्षा के बादवाली शरद-ऋतु से श्रीगणेश कर छहों ऋतुओं के पुष्प-विशेषों से अलका की रूपवती बहुओं को भूषित करते हैं। शरद में हाथ में कमल देकर, हेमन्त में कुन्द की कलियाँ गूँथकर, शिरीष में लोध्र-पुष्प की रज द्वारा, वसन्त में कुरवक खोंसकर, ग्रीष्म में शिरीष और वर्षा में कदम्ब लगाकर। पुष्पों का क्रम देखिए, कितना अच्छा है। इस प्रकार महाकवि के हृदय के साथ मस्तिष्क का परिचय मिलने पर कविता कितनी खिल जाती है! कालिदास सुकुमारी वधुओं पर एक साथ इतने फूलों का भार नहीं रखते। सौन्दर्य-ज्ञान के इतने कोमल कवि हैं, एक ही पुष्प प्रति ऋतु में अलका की सौन्दर्य से हलकी परियों-सी बहुओं को देते हैं। 'त्वदुपगमजम्' से स्पष्ट हो जाता है कि महाकवि ने ऋतुओं के नामों को एक ही शब्द-बन्ध से, संक्षेप में इंगित कर, जाहिर किया है।

यदि यह आलोचना न की गई होती, आलोचकों ने यह सौन्दर्य न खोला होता, तो आज बड़े-बड़े पंडित एक ही साथ इतने फूलों की शोभा के भार से अलका की बहुओं को पीड़ित करते रहते। इस प्रकार आलोचना काव्य के भी विकास का कारण है। यहाँ कालिदास की आलोचना, मस्तिष्क-शक्ति अधिक परिस्फुट है, जिससे काव्य-सौन्दर्य और बढ़ गया है।

हमारी हिन्दी में सबसे बड़ा अभाव यही है कि उत्तम कोटि के आलोचक कम हैं, जो काव्य तथा साहित्य के ऊपर विषयों की विशद व्याख्याएँ कर-कर नवीन साहित्यिकों का उत्कर्ष-पथ मार्जित तथा सुगम कर दें। खड़ी बोली के विकास-युग से आज तक प्राचीन कई आलोचकों ने इस क्षेत्र पर प्रयत्न किया है, पर उनमें दो-एक ही ऐसे हैं, जिन्हें आलोचक का ऊँचा दर्जा दिया जा सकता है। उधर नये स्कूल के कुछ अच्छे आलोचक निकले हैं, पर वे प्राचीन साहित्यिकों के ब्रह्म-परिवार में अभी अन्त्यज ही हैं। उदाहरण में हम कबीर, सूर और तुलसी का साहित्य लेते हैं। प्राचीन जितने भी आलोचक हैं, एक-एक करके सबको देखते जाइए, किसी ने भी उक्त कवियों की अच्छी आलोचना नहीं की। आलोचना अच्छी वह है, जो कृति से पीछे न रहे, चाहिए कि बढ़ जाए। बढ़ने और बराबर रहने की तो बात ही जाने दीजिए, किसी ने इन कवियों को अच्छी तरह समझा भी हो, इसमें भी सन्देह है। यही कारण है कि वर्तमान साहित्य की प्रगति इतनी मन्द है। वर्तमान साहित्यिकों को उनके पूर्वाचार्य

बहुत बड़े-बड़े विचार नहीं दे सके, वे उनके मस्तिष्क का सुधार नहीं कर सके। केवल रस, अलंकार और नायिका-भेद की सीढ़ियों से चढ़ना-उतरना काव्य-ज्ञान का प्रकृष्ट परिचय नहीं। हमारे अब तक के हिन्दी के आचार्य इससे अधिक कुछ नहीं कर सके। कॉलेजों में हिन्दी लेकर एम.ए.पास करनेवाले विद्यार्थियों के कर्ण-कुहर अध्यापक महोदयों के अद्भुत समालोचन-स्वर से, मोरी के मुख की तरह, साहित्य और काव्य-विज्ञान से भरते रहते हैं। वह मैले कानों से चलकर हृदय पर जमता है, और उनके जीवन तक नहीं छूटता। सत्साहित्य और परिपक्व विचारों की वहीं समाप्ति हो जाती है। ऐसी भारतीयता-शक्ति के सिंह-वाहन बनकर वे बाहर निकलते हैं।

आलोचना का सार्वभौम विकास आज हमारे साहित्य के लिए जरूरी हो रहा है, जिससे दूसरे देशों की साहित्य-महत्ता से मिलकर हमारा साहित्य अग्रसर हो, साहित्य का विश्व-बन्धुत्व जन-समाजों में स्थापित हो, हम दूसरे देशों के साहित्य से, व्यावसायिक आदान-प्रदान की तरह, अपने भावों का भी परिवर्तन कर सकें। जिस भारतीयता के गर्व से दूसरे तुच्छ जान पड़ते हैं, वह अपनी ऐसी भारतीयता में कुछ रूढ़ियों से चलती हुई अभारतीयता है। हमारे साहित्य में ऐसे विचार रखनेवाले बहुत थोड़े, नहीं के बराबर हैं। इसीलिए आलोचक, प्राय: देश, काल और रीति आदि के बन्धनों में, तीन सौ वर्ष के पुराने विचारों से रँगे हुए, आज के साहित्य पर गहन उद्गार करते हुए, वज्रकापात करते रहते हैं। कुछ ऐसे हैं, जो अंग्रेज हैं। कुछ ऐसे, जो पूरे भारतीय। उन्हें मालूम होना चाहिए कि आलोचना में भारतीय-अभारतीय कोई रंग नहीं, वह केवल आलोचना है, जिसके साथ मनुष्यमात्र के मन का सम्बन्ध है, और यह ज्ञान खोकर ही हम अब तक नहीं उठ सके।

संस्कृत में आलोचना का बड़ा विस्तृत महत्त्व है। जितने वाद-विवाद हुए हैं, वे धार्मिक होने पर भी आलोचनात्मक ही हैं, यों हर दशा में मतभिन्नता प्रत्यक्ष होती है। एक मंत्र के जो अनेक अर्थ हुए, वे किस प्रकार व्याकरण-सम्मत, विचारानुकूल और मनुष्य-मात्र के मन से सहयोग करनेवाले हैं, देखकर यहाँ वालों की बुद्धि के विकास तथा आलोचना-प्रणाली पर दंग रह जाना पड़ता है। दर्शन का यह महत्त्व यहाँ काव्य में भी प्रविष्ट हुआ। यह उच्चता स्वाधीन भारत की कितनी बड़ी उच्चता है, पाठक संस्कृत-साहित्य के अध्ययन से अवगत होते हैं।

उधर यूरोप की समृद्ध भाषाओं का भी यही हाल है। प्लेटो की उदारता विश्व-विश्रुत है। सुकरात, अरस्तू संसार के मनुष्य हैं। ढाई हजार वर्ष पहले जो कुछ विश्व-मानवता के सम्बन्ध में प्लेटो ने कहा है, आज रवीन्द्रनाथ उससे अधिक कुछ नहीं कह पाए, बल्कि यहाँ का वेदान्त और वहाँ की विश्व-नागरिकता, ये ही रवीन्द्रनाथ के मानव-धर्म-प्रचार के मुख्य अस्त्र हैं। यूरोप के अनेकानेक विवर्तनों को यदि आलोचनात्मक विवर्तन कहें, तो ठीक ही होता है। मनुष्य-मन ही साहित्य है, और आलोचना ही मानसिक परिवर्तन का मूल। तब से अब तक के परिवर्तनजन्य

जीवन या मृत्यु की आलोचनात्मक साहित्य को देखते जाइए, आप समझेंगे, आप भी उस समय वैसा ही करते। वह सब साहित्य मनुष्य के मन के इतने नजदीक है। यही दृश्य अंग्रेजी-साहित्य की वर्तमान धारा के मूल में देख पड़ेगा। पर हिन्दी का आलोचनात्मक वर्तमान साहित्य देखकर किताब फाड़कर फेंक देने की तबीयत होती है। वह मानवीय मन से इतनी दूर है, इतना स्थूल, इतना जड़ है। अभी उसमें बड़ी उन्नति की आवश्यकता है।

['सुधा' : मासिक, लखनऊ, जुलाई, 1933 (सम्पादकीय) असंकलित]

उपन्यास-साहित्य और समाज

क्रान्ति साहित्य की जननी है। नवीनता तभी पैदा होती है, और साहित्य का रथ कुछ कदम आगे बढ़ता है। इसे ही जीवन भी कहते हैं। ऋतु के बदलने पर जिस तरह पृथ्वी एक नये रूप से सजती है, उसी तरह क्रान्तिजन्य नवीनता से साहित्य।

उपन्यास वास्तविक जीवन के चित्र रखता है। साथ-साथ जहाँ जीवन दागी होकर संजीवनी शक्ति से रहित हो जाता है, वहाँ उसे नई प्रथा से सँवारकर या प्रहार द्वारा नष्ट करके औपन्यासिक नवीन चित्रण का समावेश करता है। यह काम बराबर साहित्य में जारी रहता है। कारण, जीवन का भी बराबर कलुषित होते रहना धर्म है। जब किसी वाद की पराकाष्ठा दिखाना, किसी उद्देश्य-विशेष की पूर्ति ही औपन्यासिक का लक्ष्य होता, तब उसकी तैयार की हुई कृति नवीनता से रहित, इसलिए अनुपयोगी सिद्ध होती है।

हमारे यहाँ आदर्शवाद की जो प्रथा पहले प्रचलित थी, वही बाद को भी रखी गई। उसमें अनेक विकार थे, पर वे बुरे नहीं लगे। कारण, मनुष्यों का मन उन्हें अच्छा समझता-समझता अच्छा समझने का आदी हो गया। इस प्रकार नवीनता का समावेश रुका रहा। जो नई सृष्टियाँ हुईं; वे भी उसी पुराने ढंग की। इस संस्कार का हाल हम राम और कृष्ण के साहित्य में प्रत्यक्ष करते हैं। कितनी लकीर पीटी गई। कृष्ण का गोपी-प्रेम, जैसा लिखा जाता है, वैसा ही रहकर पूर्ण आदर्शवाद की सिद्धि कहलाया, पर किसी स्त्री का दूसरे के प्रति प्रेम बराबर निंद्य माना गया। यह संस्कार है! हिन्दी के बड़े-बड़े पढ़े लेखक कृष्ण को बुरा न कहेंगे कि गोपियों से जुदा होकर फिर उनकी खबर न ली, पर बायरन अगर एक के बाद दूसरी प्रेमिका को पकड़ता और पहली को ठुकराता गया, तो यह उसके चरित्र की बड़ी कमजोरी, कृष्ण की तरह का त्याग नहीं, सिद्ध कर दी गई। कृष्ण ने जो द्वारका में राजसिंहासन ग्रहण किया, और एक नहीं, दो-दो ब्याहीं, ये सब अवतारवाद के महान कर्म और त्याग कहलाए! इसे ही संस्कार कहते हैं, जिससे बुद्धि का नाश होता और नवीन साहित्य की प्रगति रुकती है। उपन्यास में हमारे यहाँ इन्हीं संस्कारों का प्राबल्य है, जिनसे नवीनता का स्रोत नहीं बह रहा और समाज पिछड़ा हुआ है। कुछ सृष्टियाँ इधर हुई हैं, जो समयानुकूल हैं, पर इतने से साहित्य का विशाल उदर नहीं भरता।

दूसरे उपन्यास-साहित्यों की वृद्धि की ओर दृष्टिपात करने पर यह विषय और स्पष्ट हो जाता है। महाकवि ह्यूगो का संसार-प्रसिद्ध उपन्यास 'ले मिजरेबल्स' जिस शक्ति का प्रवाह बहाता है, वह तत्कालीन समाज की दशा से फूटकर निकलता था। हार्डी ग्रामीण युवती पर होनेवाले अत्याचार के जो दृश्य खींचता है, वे समाज के अंगों के नवीन प्रदर्शन हैं। इनके अलावा समाज को नये पथ पर ले चलने की सृष्टि भी वहाँ के उपन्यासों में है। फिर भी इस तरह किसी वाद के प्रच्छन्न होने का भय नहीं रहता। केवल नवीन पथ प्रशस्त होता जाता है। बंकिमचन्द्र आदर्शवादी थे। बंगला-साहित्य में आज भी आदर्शवादी रचनाएँ काफी होती हैं। शरच्चन्द्र बहुत-कुछ सुधारवादी हैं। इनके उपन्यासों से समाज ने नया जीवन पाया, उठने की नई शक्ति। रवीन्द्रनाथ सुधारवादी भी हैं, और केवल चित्रणकलावादी। इन्होंने जैसा देखा, वैसा चित्रण भी, अपूर्ण मनस्तत्त्व की समीक्षा करते हुए, किया, और समस्या-विशेष पर भी उपन्यास और कथाओं के ठाट तैयार किये। इसी तरह साहित्य को प्रगति मिलती है, समाज आगे बढ़ता है।

इसमें इसी जगह एक बहुत बड़ी कमी है। हमारे समाज में एक आर्यसमाज के आन्दोलन के सिवा व्यापक रूप से कोई बड़ा परिवर्तन नहीं हुआ। इससे उपन्यास के स्त्री-चरित्र उन्नत दशा को नहीं पहुँचते। कोई समस्या भी इतनी गिरी दशा से हल नहीं की जा सकती। जो दशा हमारे सामाजिक जीवन की है, उसमें दृश्यमान ऐसी कोई भी बात नहीं, जो सभ्य-समाज के मुकाबले के चरित्र उपन्यास-लेखकों को दे सके। उपन्यास जीवन की सूक्ष्म विचारधारा का आधार लेता है। पर हमारे यहाँ विचारों का स्थूलतम रूप ही है, या रूढ़ियों की पूरी पाबन्दी। इस तरह साहित्य तथा जाति को महत्त्व प्राप्त नहीं होता। दैनिक जीवन के ऊँचे व्यवहार, ऊँचे कार्य, वार्तालाप और नवीन ऊँचे आदर्श पर चलने की इच्छा यही उपन्यास के जीवन की नींव है; हमारे यहाँ यह भी नहीं पड़ी है। इसलिए औपन्यासिकों का कर्तव्य होता है, या तो आदर्शवाद की सुन्दर साहित्यिक रचना करें, या क्रान्ति की लहर उठाएँ, और खूबी से उसे बहाते चलें, जब तक समाज का नवीन रूप उसके अनुकूल न हो जाए। वर्तमान पीड़नों का जो मसाला समाज में है, वह भी उसे उठाने के लिए काफी है। ऐसी ही सक्षम रचनाएँ इस साहित्य को नया जीवन दे सकेंगी।

['सुधा' : मासिक, लखनऊ, फरवरी, 1935 (सम्पादकीय)। असंकलित]

हिन्दी भाषा कैसी होनी चाहिए

मानव-जाति के लिए भाषा एक परम सम्पदा है। आज मनुष्य ने प्राणि-जगत में जो ऊँचा स्थान पाया है, वह केवल भाषा ही की बदौलत। वैज्ञानिकों की राय है कि भाषा के बिना हम बिलकुल चिन्ता ही नहीं कर सकते। इसलिए हमारी भाव प्रकट करने की शक्ति बहुधा भाषा की उन्नति पर अवलम्बित है। भारतवर्ष में आजकल जितनी भाषाएँ प्रचलित हैं, उनमें से हिन्दी का स्थान, व्यापकता की दृष्टि से सबसे ऊँचा है। और भी कई कारणों से हिन्दी भारतवर्ष-भर की राष्ट्रभाषा होना चाहती है जिनमें से एक तो उसका उच्चारण है जो अक्षरों के ही अनुरूप है। दूसरा कारण उसका आसानी से बोध होना है। दक्षिण भारत को छोड़कर भारत के प्राय: सभी प्रान्तों में हिन्दी थोड़ा-बहुत समझी ही जाती है और हमें पूरा विश्वास है कि थोड़ा प्रचार होने पर दक्षिण-देश में भी वह सहज ही में लोगों की समझ में आ जाएगी। अस्तु।

हिन्दी-भाषा की उत्पत्ति भारत की प्राचीन भाषा संस्कृत से बनी हुई अपभ्रंश भाषाओं से हुई है। इसलिए इसमें संस्कृत के बहुतेरे शब्द पाए जाते हैं—कभी अपने ही पुराने रूप में (तत्सम) और कहीं कुछ रूप बदले हुए (तद्भव); शेष शब्दों में कुछ विदेशी हैं, जो अरबी, फ़ारसी, अंग्रेजी आदि भाषाओं से लिये गए हैं और बाकी देशज शब्द हैं। हिन्दी भाषा के इस गठन को देखने से मालूम हो जाएगा कि शब्द का एक बहुत बड़ा हिस्सा या तो तत्सम होगा या तद्भव। भारतवर्ष में विदेशी राजाओं के वास करने के कारण और विजित जाति में विजेताओं के रहन-सहन की अनुकरण स्पृहा होने के कारण देशी भाषाओं में बहुत-से विदेशी शब्दों का व्यवहार शुरू हुआ। इनमें से कुछ शब्द तो आवश्यक थे, क्योंकि देश में पहले-पहल आए हुए नये-नये भावों के लिए देशी भाषाओं में योग्य शब्द ही नहीं थे, पर बाकी शब्द केवल अनावश्यक शोभा के लिए और कुछ शासक-मंडली अपनी सभ्यता दिखाने के उद्देश्य से प्रयोग में लाने लगी। अब वह जमाना नहीं रहा, लेकिन वे विदेशी शब्द अब तक जारी हैं, जिनमें से कुछ तो ऐसे हैं जिन्हें स्त्रियाँ और बच्चे तक बोलते हैं, बाकी केवल शिक्षित जनता की ही बोलचाल और लेख में आते हैं। मुसलमान बादशाहों के समय राजा और प्रजा की बातचीत के सुभीते के लिए हिन्दी को एक

नया रूप मिल गया जिस पर अरबी-फारसी का बहुत प्रभाव पड़ा, और वही उर्दू है। तो शुरू से उर्दू हिन्दी ही का अरबी-फारसी लिबास पहने हुए रूपान्तर मात्र थी। धीरे-धीरे उसमें साहित्य की सृष्टि होने लगी और काल की गति से उसमें विदेशी शब्दों का अधिकाधिक उपयोग आरम्भ हुआ। फल इसका यह हुआ कि शुरू में तो हिन्दी और उर्दू में थोड़ा ही अन्तर था परन्तु आजकल वह भेद इतना बढ़ गया कि लोगों को सन्देह होता है कि वे एक ही भाषा हैं या दूसरी। इधर हिन्दी में भी संस्कृत शब्दों की संख्या धीरे-धीरे बढ़ने लगी और नौबत यहाँ तक पहुँची कि अन्त में 'पंडिताऊ' भाषा लोगों को डरावनी मालूम होने लगी। इस गढ़े से बचने के लिए इसी के प्रतिक्रिया के रूप में आधुनिक शिक्षा की रोशनी पाए हुए कुछ लोग हिन्दी को जबरदस्ती फ़ारसी-अरबी के विकट शब्दों से लादने लगे। मानो संस्कृत की अपेक्षा वे विदेशी शब्द जल्दी लोगों की समझ में आ जाएँगे। इस खींचातानी में पड़कर हिन्दी-भाषी और उर्दू-भाषी जनसाधारण के बीच में एक पहाड़-सा खड़ा हुआ दीखता है, जो हटाने से भी नहीं हटता।

इस झमेले का फल यह हुआ है कि आजकल उर्दू ही भारत में हिन्दी का सबसे अधिक विरोध करने का दम भरती है, यद्यपि वास्तव में दोनों एक ही भाषा के विभिन्न रूप हैं। पक्षपात एक बुरी बला है—वह अपने पक्ष का दोष-गुण ठीक से देखने नहीं देती। इसीलिए उर्दू एक अत्यन्त सदोष और अति कठिन लिपि में लिखी जाने पर भी इसका समर्थन करनेवाले हमारे भाई इसी भाषा और इसी लिपि को भारत की राष्ट्रभाषा और राष्ट्रीय लिपि बताने में हिचकिचाते नहीं। उर्दू-भाषा और फ़ारसी-लिपि में भले ही बहुत गुण हों, पर यह बात तो सिर्फ उर्दू बोलनेवालों ही के लिए है, औरों के लिए नहीं और हमें यह भी कभी न भूलना चाहिए कि भारतवर्ष के अधिकांश मनुष्य आधुनिक उर्दू जैसी क्लिष्ट भाषा तथा फ़ारसी लिपि की अपेक्षा, संस्कृत-लदी हिन्दी को ही अच्छा मानेंगे। कारण यह कि संस्कृत एक समय यहाँ ही मुख्य भाषा थी और भारत की वर्तमान सभ्यता अधिकतर उसी की कृपा से हुई है। अरबी, फारसी आदि उन भाषाओं का जिनसे कि उर्दू के उर्दूपन का घना सम्बन्ध है, पठन-पाठन भी इसी देश में अब तक वैसा नहीं होता, जैसा कि संस्कृत का, और न वैसा होना सम्भव है। इन सब कारणों से क्लिष्ट फारसी-अरबी शब्दों की अपेक्षा कठिन-से-कठिन और लम्बे-से-लम्बे संस्कृत शब्द ज्यादा भारतवासियों के लिए सुबोध्य होंगे।

हिन्दी में अब यह प्रश्न होता है कि जो शब्द विदेशी भाषाओं से हिन्दी में आ मिले हैं, क्या उन्हें हिन्दी में ज्यों-का-त्यों रख देना होगा, या उनमें कुछ स्वाभाविक फेरफार करके उनका विदेशी आकार जरा बदल दिया जाएगा। इस मामले में उच्चारण की कठिनाइयों का खयाल करना पड़ेगा, क्योंकि हर विदेशी भाषा में ठीक-ठीक अनुकरण करना केवल कठिन ही नहीं बल्कि असम्भव है। उर्दू के कुछ विशेष-विशेष अक्षर ही को देखिए न—भारतवासियों में से कितने इनका शुद्ध उच्चारण कर सकेंगे? अन्त

में विवश होकर उन बेचारों को यह कहना पड़ेगा कि वे उन शब्दों ही को, जिनमें इन अक्षरों का उपयोग है, एकदम दूर भगावें—नहीं तो उच्चारण के बारे में अपने जानकार भाई-बहनों का हँसी-मजाक कौन अपने मत्थे मढ़ लेगा? हमारे क्षुद्र विचार में तो समय की गति देखकर इन बेढब शब्दों में कुछ स्वाभाविक हेर-फेर कर देना ही ठीक जँचता है जिसमें वे शब्द देशी पोशाक पहने हुए धीरे-धीरे अपनाए जाएँ। उदाहरणार्थ हम बंगाल का हाल बताते हैं—बंगला भाषा में बहुत-से शब्द अरबी-फारसी के हैं, पर वे हिज्जे और उच्चारण, दोनों में थोड़ा-बहुत परिवर्तन करके ऐसे अपनाए गए हैं कि उनके नये रूप में कोई भी उन्हें विदेशी नहीं समझ सकते। सब कोई उनको काम में लाते हैं और वे देशज और तद्भव शब्दों के ही बराबर हो गए हैं। ऐसे ही होना चाहिए। बंगला में उर्दू के शब्दों का ठीक-ठीक उच्चारण करनेवाले बहुत ही कम पाए जाते हैं—वहाँ के साधारण मुसलमान भी बंगला ही बोलते हैं। हाँ, उनकी भाषा में उर्दू शब्द कुछ अधिक रहते हैं, पर उत्तरी भारत में उनका जैसा उच्चारण हम सुन पाते हैं, वैसा बंगाल में वे नहीं करते। जैसे बंगाल के साधारण मुसलमान और हिन्दू में पोशाक का भी अन्तर थोड़ा ही है

हम पहले ही कह चुके हैं हिन्दी का उच्चारण अक्षरानुरूप होता है। हिन्दी की इस विशेषता को जारी रखने के लिए कुछ लोगों का मत है कि अगर विदेशी शब्दों का उच्चारण ज्यों-का-त्यों बनाए रखना हो तो कई एक अक्षरों में बिन्दी या और कुछ चिन्ह लगा दिये जाएँ। यह छपी किताबों या अखबारों में सम्भव होने पर भी लिखने में हमेशा वैसे चिन्ह देते जाना कुछ सीधी बात नहीं। अंग्रेजी में जो फारसी शब्द बरते जाते हैं उनके हिज्जे तो वैसे ही रख दिये जाते हैं, पर उच्चारण में अन्तर पड़ता है। अंग्रेज उन शब्दों को दूसरे यानी अंग्रेजी ढंग से उच्चारण करते हैं। किसी भी जीवित भाषा में विदेशी शब्द लिये तो अवश्य जाते हैं, पर वे अक्सर अपने ही रंग से रँग लिये जाते हैं। क्या हिन्दी में भी वैसा होना उचित और सम्भव नहीं? सांकेतिक चिन्हों का उपयोग करना एक तरह से भाषा की स्वच्छन्द गति को रोक देना है। वे शब्द विदेशी ही रह जाते हैं और इससे आगे चलकर अनर्थ हो जाने का डर रहता है।

राष्ट्रभाषा की दृष्टि से हिन्दी को सरल और तेजस्वी होना चाहिए। भाषा भाव को प्रकट करने का एक साधन है। इसलिए सब प्रकार के उच्च भावों को प्रकट करने की शक्ति हिन्दी में होनी चाहिए। यदि उसमें किसी नये उच्च भाव के लिए उचित शब्द न हो तो उसे गढ़ लेना चाहिए। पहले संस्कृत के खजाने से, फिर उसमें न मिलने पर और किसी प्रान्तीय भाषा से—क्योंकि प्रान्तीय भाषाओं की चर्चा देश में होती ही रहेगी और इसी से वे उतने कठिन मालूम न होंगे—और अन्त में फारसी, अंग्रेजी आदि विदेशी भाषाओं से। इसमें सरलता और उपयोगिता का ध्यान रखना होगा। आपस की फूट बढ़ाना बुद्धि का काम नहीं। यों तो कुछ-न-कुछ त्रुटि सभी भाषाओं में रहा करती है। तो व्यर्थ की मनमानी हाँकने के बदले एक राष्ट्रीय भाषा

के बनने में मदद देना केवल उचित ही नहीं, परमावश्यक है। और-और प्रान्तवासी भाई-बहनों पर दृष्टि रखते हुए सब हिन्दी-प्रेमियों को एक सरल, सुन्दर और जोरदार देशभाषा बनाने के लिए कमर कसे रहना चाहिए, जिससे हिमालय से कन्याकुमारी तक और सिन्ध से आसाम तक सारे भारतवर्ष में, एक साधारण भाषा के सहारे एक प्रान्तवासी दूसरे प्रान्त में रहनेवाले अपने भाइयों से अपना मनोभाव प्रकट कर सके और भाषा की दृढ़ पर मुलायम डोरी से बँधे हुए एक अखंड भारत की सृष्टि करे।

['समन्वय' : मासिक, कलकत्ता, और ज्येष्ठ, संवत 1980 (वि.), मई-जून, 1921। असंकलित]

अर्थ

पूँजीवाद के सिंहासन पर शासन के रावण जितने ही ऊँचे बैठेंगे, दैन्य के लंगूर पूँछ की कुंडली पर अंगद की तरह उतने ही ऊँचे पहुँचेंगे। यह स्वाभाविक सत्य आज तक अपनी मर्यादा में पूर्ववत् चला जा रहा है। दोनों—अमीरों और गरीबों—के समूह बीच की मरीचिका में भटककर संसार की निस्सीमता इसी तरह चिरकाल से साबित करते चले आ रहे हैं, अर्थात जल और मृग, दोनों के बीच ताप ही तृष्णा या मरीचिका का जड़त्व है। हम मनुष्यों के बुद्धि-विज्ञान के लिए जितनी भी कोशिश करें, उनके दैन्य के दूरीभूत होने के जितने भी उपाय बतलाए जाएँ, विकास का वैषम्य रहेगा ही, अर्थात अमीर और गरीब रहेंगे ही। कारण, गरीबी से लड़ना ही अमीरी को प्रश्रय देना है।

एक समय था, जब एक जाति जंगल में रहती थी। उसने नदियों, समुद्रों या झीलों में मछली मार-मारकर अपना जीवन पार करने का शौक अख्तियार किया था। देखते-देखते वह संगठित और समर्थ हुई, दूसरे देशों पर कब्जा कर लिया। क्रमश: बाह्य सभ्यता की सर्वोत्तम प्रतिमा अपर जातियों की आँखों में आश्चर्य बन गई। प्रभाव के बादवाली क्रिया ही अनुकरण कहलाती है। फिर उसका अनुकरण होता रहा। पर संसार के जंगली जातियों के जत्थे इस समय भी मौजूद हैं। समृद्धि के दैन्य और दीन की समृद्धि के फूटकर उदाहरण गाँव-गाँव प्रति वर्ष मिलते रहेंगे।

जब दीन केवल अर्थ पर ही लक्ष्य रखता है कि दूसरे की जगह वह ऐश्वर्यवान होकर भोग-सुख प्राप्त करे, तब मृग की मृगतृष्णा का उदाहरण है, और जब ऐश्वर्यशाली दीनों से सामर्थ्य के बल पर अर्थ प्राप्त करता है, और यही उसका लक्ष्य है, तब जल का दृष्टान्त है, जो एक-दूसरे ताप से क्रमश: सूखता रहता है। जबकि तृष्णा के ताप से जल और मृग, दोनों दिग्भ्रमण करते हैं, तब किसी अलक्ष्य शीतल समीर को ही यथार्थ शक्ति का कारण कहते हैं। वही जल बरसाती, तड़ाग भरती और दैन्य के मृग को तृष्णा से बचाकर चमक से जलाशय की ओर ले चलती है।

निस्सीम नीड़ से ही निकल-निकलकर सीमा-शून्यता में सीमा की खोज होती है। एक अंडे में निस्सीम का ही रूपक है। पक्षी आकाश की असीमता के भीतर रहकर ही खाद्य की सीमा का पर्यवेक्षण करता है। भूख लगने पर पक्षी की तरह मनुष्य भी

ससीम है, और उसी तरह असीम अवकाश के भीतर खाद्य की तलाश करता है, जो उसी की तरह ससीम है।

जब इन कृत्यों की प्रतिक्रिया होती है, यानी भक्षक जब भक्ष्य बनता है, अर्थात बड़ा जब छोटे के शिकार की तैयारी करता है, तब भय की लक्षण मनुष्य को धर्म की व्यंजना की तरफ फेरती है। यह धर्म भी सीमार्थ के भीतर असीम परमार्थ है। यह चिरकाल ऐसा ही साधार और निराधार जल और कमल की तरह खिलता और अपने ही अर्थ में विलीन होता रहा। पशुत्व और मनुष्यत्व में उच्च-नीच भावों की प्रतिक्रियाएँ होती रहीं, पर अन्त तक पशुत्व और मनुष्यत्व में फर्क न मिला। जब पशुता की परिणति मनुष्यता होगी, तब मनुष्यता की परिणति पशुता हुई रखी है, सिर्फ पशुपति मनुष्य न होकर अर्थ में अपनी विशेषता रख लेते हैं। विकासवाद की जैसी शृंखला तैयार हुई है, उसके अनुसार पश्चिम मनुष्य को माला के दूसरे जप में जानवर भले ही न बनावे, पर यह बतलाता है कि स्त्री, रोएँ झड़ जाने के कारण, मनुष्य से श्रेयस्करी कृति है। यहाँ पहली बात विपरीत रति की तरह यह उठती है कि जब मनुष्य को बराबर स्त्री की आवश्यकता है, तब बराबर चेन की पहली लिक (माला की पहली गुरिया) को स्त्री की आवश्यकता होगी; फिर मनुष्य मर-मर स्त्री की पदवी प्राप्त करते रहेंगे, नहीं तो उपाय नहीं। दूसरी यह कि स्त्री में जो उपकरण हैं, वे ही मिलकर पृथ्वी के बाह्य उपकरण हैं; उन्हीं से फिर अंडज, पिंडज, स्वेदज आदि की सृष्टि होगी, फिर स्त्री की मुक्ति में यथेष्ट बाधा है। यदि स्त्रीत्व ही प्रधान विकास है, तो इतर जीवों में भी स्त्रीत्व मिलता है, इसलिए नारी ही श्रेष्ठ है, इसकी कोई सिद्धि नहीं। यहाँ की 'प्रकृति' में स्त्रीत्व की प्रभूत मात्रा है। पर विरोध की कमी नहीं। कपिल प्रकृति के प्रतिपादक हैं और प्रमाण को सत्य कहते हैं, पतंजलि निर्बीजत्व के प्रतिपादक और प्रमाण को मिथ्या कहते हैं।

इस तरह सत्य का मिथ्या आश्रय और मिथ्या सत्य का आश्रय है। हमारे देश में दैन्य का कारण एक समय की इसकी प्रभुता ही है। यही शृंखला है। यह टूट नहीं सकती। आज जिसको महच्चरित्र कहते हैं, कल उसे रमण के रूप में मनुष्य नीच कहते हुए संकुचित नहीं होते। जो देश दिव्यता का उपासक था, वही पंचमकार साधन, मद्य, मीन, मांस, मुद्रा, मैथुन में दिव्यता, ज्योति: या शक्ति प्राप्त करने लगा था। 'तिष्ठं तिष्ठं क्षणं मूढ मधु यावत पिढम्यहम्' का जप आज भी होता है।

जिस मंत्र को जपकर मनुष्य मुक्त होता है, जिसके अनेक भेद हैं, आप पशु-पक्षियों को वही मंत्र जप करते देख लीजिए। हर पशु और हर चिड़िया की एक-एक अलग बोली है, जैसे एक-एक देवता के एक-एक बीज हों। कुँ, खुँ, चि, चं आदि का मनुष्येतर प्राणियों में अभाव नहीं। कू-अ, पिउ कहाँ, झीं—, पट-पट, टिल-टिल का जंगल में अभाव नहीं। फिर 'हुँ फट' के द्वारा या हं, लं, वं करने से मुक्ति होगी अथवा नहीं, यह कैसे हो सकता है? योगी एक ही मंत्र

लेकर जीवनव्यापी परिश्रम करता है और झिल्ली 'झीं' के अटूट स्वर में निरन्तर ध्यानरत है। गंगा के जल-प्रपात का हर-हर शब्द ही हरद्वार की सार्थकता है, इसी तरह चिड़ियों की 'च्यूँ' और पशुओं की 'म्यूँ' आदि वैदिक मंत्रों के प्रधान कारण है, जब वेद का अर्थ ज्ञान है।

बात यह कि महत्ता किसी अविनश्वर की है, बड़े-छोटे के सीमा-बन्ध में भी जो मूल जीवन-सूत्र है। विकासवाद की तरह बड़े-छोटे की परिणति होती रहती है। वह जो अदृश्य है, सबको गूँथे हुए है।

स्वामी सारदानन्द रामकृष्ण मिशन के एक संसार-प्रसिद्ध व्यक्ति हैं। उन्हें लोग महावीर की विभूति-सम्पन्न कहते हैं। जब आचार्य महावीरप्रसाद जी द्विवेदी की सिफारिश से मैं 'समन्वय' का उपसम्पादक होकर बाग बाजार कलकत्ता गया, तब दुबारा मैंने उनके दर्शन किये। पहले पढ़ते समय पानी भरने के लिए श्रीरामकृष्ण महोत्सव होने पर कभी-कभी जाता था। एक दिन मैं महाज्ञान बकबकाने लगा; कहा, जो बातें नई-नई देखता हूँ, सब तुलसीकृत रामायण में मिलती हैं। उन्होंने कहा, अभी और समझोगे। फिर उन्होंने इतना समझाया कि मैं पढ़ते-पढते परेशान हो गया। अब वह सत है, उनका शरीर रामकृष्णमय हो गया है, मैं उनका यंत्र हूँ। मैं किताब पढ़ने के लिए उठाता था तो अक्षर दिखलाई नहीं पड़ते थे। वह आँखें मूँद लेते थे। भीतर उन्हीं की सरस्वती मुझमें परिणत होकर कहती थी, वही तुम्हारी विद्या है, इस चिड़िया को पढ़ो। आँखें खोलते ही चूँ-चूँ करके एक चिड़िया उड़ती हुई देखता था, उससे तरह-तरह के अर्थ निकलते थे। जब यह दशा बीत जाती थी, तब गरुड़ और कागभुसुंड का अर्थ सामने आ जाता था। तब मालूम हुआ, उनके संन्यास का क्या अर्थ है और महाविद्या किसे कहते हैं :

इहि भक्षणकृत क्षुधा न प्यासा,
वर्ष सहस दस संशय नाशा।

क्या अर्थ रखता है?

जो सब जीव पराधीन हैं, मनुष्य स्वतंत्र होकर पैदा होता है, क्योंकि सब जानवरों की, सब पशुओं की, वे किसी भी देश में रहें, भाषा एक है। मनुष्य की कोई भाषा नहीं, उसे जो भाषा सिखलाओ, वह बोल सकता है, इसलिए वह सत के अर्थ को समझ सकता है, और समाधि का बाह्य रूप है।

जब अर्थ में अनर्थ का प्रादुर्भाव होता है, तभी मनुष्य अपनी मनुष्यता से च्युत होता है। आजकल देश की वही दशा है। अपनी Personality (व्यक्तित्व) का बोझ डाल-डालकर मनुष्य अपने स्वरूप को धोखा देता है। इसलिए भौतिक प्रशंसार्थ कुछ प्राप्त करने पर भी वह भूमार्थ से वंचित ही रहता है। भूमा की इतनी प्रशंसा मनुष्य की कभी नहीं हुई। संन्यासी इसीलिए सब कुछ छोड़ देता है। मनुष्य छोड़ता नहीं,

केवल लेना चाहता है। पर किसी मनुष्य की बाह्य प्राप्ति इतनी नहीं हुई कि वह सब कुछ पा जाए। इसलिए रोकर फिर पीछे लौटता है।

विलायत और भारत में बाह्यार्थ की यही खींचतान है। न भारत छोड़ता है, न विलायतवाले। भारतवालों से भी प्राप्त करने के लिए भारत में बहुत-सी जातियाँ, बहुत-से लोग हैं, पर वे क्या पाते हैं? जब भारत के लोग छोड़ने लगेंगे, तब विलायतवाले भी छोड़ने लगेंगे। हिन्दू मुसलमानों को क्या देते हैं; जो कुछ देते हैं, वही पाते हैं। मैं सब जातियों को बराबर देखता हूँ। मुझे सब जातियाँ बराबर स्नेह की दृष्टि से देखती हैं। यहाँ के धनी और धन चाहते हैं। गरीबों को देते नहीं, ऊपर से रामचन्द्र और हरिश्चन्द्र को पूजते भी हैं, पर रामचन्द्र और हरिश्चन्द्र ऐसे मूर्ख नहीं, जो केवल पूजा देखकर प्रसन्न हो जाएँ, वे अपने आदर्श की रक्षा के लिए धनियों का अर्थ क्रमशः हरते ही जा रहे हैं। धन रखने का उपदेश इसीलिए है कि वह दरिद्रों की सेवा का कारण हो। यदि ऐसा न हुआ, तो उसका दुरुपयोग अवश्य होगा। धनिकों के पुत्र विलायती बहार देख-देखकर वहीं के मालियों को पुरस्कार देते रहेंगे।

जब एक जगह देश-भाव प्रबल हो, तब दूसरी जगह का भी देश-भाव प्रबल होना चाहिए। यही हमारे देश की जागृति है। पर विलायत का-सा संगठन हमारे यहाँ नहीं। न होने की कोशिश को परास्त करने की कोशिश मौलिक नहीं। वह नकल है। यहाँ जितने वाद नवीनता के तौर पर लड़ रहे हैं, एक मौलिक जड़ की जगह गड़ रहे हैं, इसलिए वे पास के बड़े पेड़ की छाँह के पौधों की तरह मुरझा भी रहे हैं। रूस में जिस ism के द्वारा परिस्थिति बदली, वह ism अमेरिका में नहीं हुई, उसका आधार इटली में नहीं लिया गया, न फ्रांस के साथ उसका तअल्लुक रहा। एक बात में विप्लव उसका मूल कारण है। पर यहाँ की जातीय परिस्थिति का विप्लव उसके विप्लव-अर्थ को छोड़कर क्यों किया जाए? यहाँ भी ऐसे अनेक विप्लव हुए हैं।

यहाँ के आर्थिक विप्लव को सभी दृष्टिकोणों से, भौमिक प्रसार की सभी रेखाएँ खींचकर देखिए, तो तत्काल बीज रूप में उसका कारण मिल जाएगा। हिन्दू-शास्त्रों में अर्थ की कहीं भी संकुचित परिभाषा न मिलेगी। इसीलिए हिन्दू या आर्य या भारत सभी अर्थों में विश्व के साथ सहयोग करता रहा है। यह सहयोग अर्थ के जड़ और चेतन, दोनों रूपों में रहा। आज अधिकांश जन किसी रूप में नहीं करते। कारण, उनकी वह समझ सदियों के बाहरी अर्थ-प्रहारों के द्वारा प्रसुप्त है। इसका कारण भी विप्लव का मौलिक रूप होता है। सोकर जागनेवाले मनुष्य की जागृति का जो कारण है, इसका भी वही कि अभी जाति की नसों से रक्त का संचार बन्द नहीं हुआ।

जगी हुई जाति ज्ञात रूप से विश्व के साथ अर्थ-सहयोग करेगी। 'हेयं दुःखमनागतम्' की क्रिया ठीक-ठीक तभी होगी। विश्वमानव के साथ ऐसे ही अर्थ-प्राप्त मनुष्य, मनुष्य-धर्म का निर्वाह कर सकते हैं। इसी ज्ञान के आश्रय से कर्म-बन्धन के भीतर से मनुष्य मुक्त होता है। अब किसी उड़ती हुई

चिड़िया को देखकर कवि की मुक्त-गीति सुप्ति के समय नहीं रह जाती। तब यथार्थ कवि जाग्रत होता है, जो लक्ष्य रूप से अपने सहयोग में रखकर वाल्मीकि और तुलसी, सूर-जैसे कवियों को क्लेद से बचा अपने को परमार्थ में अन्त में मुक्ति देता है।

शक्ति का विकास बराबर न होने के कारण ही अर्जित अर्थ के दान की महत्ता है। अर्थ-प्राप्ति की अन्ध-भावना अपने अन्धकार में मनुष्य को ही अन्ध कर देती है, क्योंकि वैसी प्राप्ति में कोई निकास मकान के पनाले की तरह नहीं रहता। फल यह होता है कि उस कदर्य से मनुष्य या जाति का घर भर जाता है, फिर उसी के रहने की जगह नहीं रहती और परिणाम में वह भी अन्ध जड़-रूप प्राप्त करता है। हमारे लिए रुपये से हवा ज्यादा उपयोगी है। कारण, ज्यादा सूक्ष्म है। इसीलिए ज्यादा स्वास्थ्यप्रद। यही हवा शरीर के भीतर प्राण है। हम इतने से समझ सकते हैं कि प्राणों का हमारे पास कितना मूल्य है। फिर आकाश और भी मूल्यवान है। इसी धर्म-रूप आकाश-तत्त्व की रक्षा के लिए भारतीयों ने पुनः-पुनः प्राणों के वायु-तत्त्व का विसर्जन किया है। यही धर्म की सादगी और निस्सीमता का रहस्य है। यही से लोगों को अर्थ और यहीं परमार्थ की प्राप्ति होती है।

यही आकाश शब्द-तत्त्व है। शब्द-बन्ध ही अर्थ है। हमारा यही शब्द-बन्ध खो गया है। हम अमौलिक हो गए हैं, जिससे अर्थ का मूल उद्गम नहीं मिल रहा। दैन्य के द्वारा मिट्टी के सिर पर मिट्टी का ही बोझ रख रहे हैं, जिससे सिर और झुका जा रहा है। आकाश को अपनाने से सब पाश आप खुल जाएँगे, चमक या मरीचिका की तरफ दौड़ना आप बन्द हो जाएगा—जब चमक के कारण तक पहुँच हो जाएगी; जब नभ को सफेद, काले, लाल, नीले, सब्ज, धानी, बैगनी आदि सब रंगों की साड़ियाँ पहने अपनी प्रभा-पत्नी को आलिंगन कर अपने में मिलाते हुए देख लेंगे।

भारत के ब्राह्मण या विद्वान इसीलिए इतने सादे हैं, कोई अलंकार नहीं। भारत के संन्यासी इसीलिए महासमाधि में नभ हैं। आज यह अर्थ छूट गया है। देश या सीमा की सुप्ति में छूट ही जाता है। पश्चिम की पदार्थ विद्या, भौतिक विज्ञान उस नभतत्त्व से रंग ले-लेकर सभ्यता की रंगामेजी कर रहा है और हमारे देश के बड़े-बड़े पंडित उसी अर्थ का अनुकरण करने पर तुले हैं। फल यह हुआ है कि इतनी दूर से पश्चिम ने भारत को पराजित किया।

'भारत को पराजित' के अर्थ से ही हमें भारत को जित करना है। भारत सदा पराजित, परा या श्रेष्ठ विद्या को जीतनेवाला है, क्योंकि वह भारत है। अर्थ की परिणति द्वारा बराबर हमें अर्थ पर अधिकार रखना है। यह अधिकार उतना ही सूक्ष्म है जितना आकाश का, जो अज्ञों की समझ में किसी तरह नहीं आता और समझाकर इसी तरह उन्हें विज्ञ करना है, यही आकाश में—नभ। यही पूर्णार्थ है, सार्वदेशिक।

['सुधा' : मासिक, लखनऊ, सितम्बर, 19[illegible]। 'संग्रह' में संकलित]

किसान और उनका साहित्य

समय धीरे-धीरे बदल जाता है। पहले जिस भाव तथा कार्यों से देश और जाति की उन्नति होती है, बाद को उन्हीं में दोष आ जाते हैं। तब उन कार्यों को युग के अनुकूल बनना पड़ता है। ऋषियों का युग बौद्ध-काल में न था। उसमें दोष आ गए थे, यहाँ तक कि भाषा भी बदल गई थी। पर पुरानी लकीर के फकीरों ने उसे नहीं अपनाया, न युग के अनुसार भावों को ग्रहण कर अपना सुधार किया। इसलिए बुद्ध पैदा हुए। उन्होंने देश के साधारण लोगों के अनुकूल रास्ता निकाला। भाषा वही रखी, जो लोगों में प्रचलित थी। इसी प्रकार ब्राह्मण-धर्म के बाद भारत में क्षत्रिय-धर्म प्रबल हुआ। वैश्य-धर्म विदेश से आया, और आज ब्रिटेन की महिमा के रूप से संसार-भर में फैला हुआ है। ब्राह्मण-धर्म की दुर्बलता के कारण क्षात्र-धर्म का जोर बढ़ा, और अन्तिम महावीर नेपोलियन के पतन के बाद वैश्य-धर्म की विजय हुई। विज्ञान ने वैश्य-धर्म की ही वृद्धि की, जिसका आज तक संसार पर आधिपत्य है, और जो संसारव्यापी दरिद्रता का एकमात्र कारण है, इस प्रकार अब यह वैश्य-धर्म अपने तमाम विज्ञान के साथ होकर भी संसार की शान्ति को सहारा नहीं दे रहा—इसके भी दिन पूरे हो गए। नया उदाहरण रूस है, जिसने किसानों का राज्य स्थापित किया। आज संसार के बड़े-बड़े प्राय: सभी मनुष्य किसानों के युग का स्वागत कर रहे हैं। इस प्रकार, हम देखते हैं, अब वैश्य-युग भी मनुष्यों के मन से दूर हो गया है—अब किसान या मजदूरों का युग है।

अब पहले-पहल मजदूरों की हड़तालें शुरू हुईं, विज्ञान की प्रखर उन्नति बड़ी-बड़ी मिलों के साथ-साथ साधारण लोगों की दरिद्रता भी द्रुतगति से बढ़ती गई, तभी दूरदर्शी पंडितों ने आगे चलकर होनेवाले मजदूर तथा किसानों के युग का अनुमान कर लिया था। भारत में महात्मा गांधी की साधना इसी वैश्य-शक्ति के खिलाफ, पीड़ित, शूद्र, अछूत, मजदूर और किसान-शक्ति को उठाने के लिए हुई। देश के पेड़ को हरा-भरा करने के लिए उसकी जड़—किसानों—में जीवन डालना चाहिए, यह महात्मा जी का मूल-मंत्र है। इस विचार की पुष्टि भारत के राष्ट्रकवि श्री रवीन्द्रनाथ ठाकुर बहुत पहले से करते आ रहे हैं। उनके काव्य में तो इसके प्रमाण हैं ही,

'श्रीनिकेतन' नाम की एक शाखा भी उनके 'शान्तिनिकेतन' के शिक्षा-क्रम से (में) सम्मिलित है। श्रीरामकृष्ण-मिशन ने भी किसानों की शिक्षा आदि का संगठन बंगाल में कर रखा है, और यह सर्वोत्तम है। दरिद्रनारायणों की सेवा का कार्य देश में सबसे पहले स्वामी विवेकानन्द जी ने चलाया। जब कहीं भी सेवा का भाव न था, उस समय बाढ़-पीड़ितों की सेवा के लिए रामकृष्ण-मिशन के संन्यासी और ब्रह्मचारी जाया करते थे। गाँव-गाँव किसानों को शिक्षा देते फिरने के लिए स्वामी विवेकानन्द जी ने अपने गुरुभाइयों को लिखा है। आज यह संघ भारतव्यापी ही नहीं, विश्वव्यापी हो रहा है। बंगाल में, किसी गाँव में रहकर, इस संघ के कोई ब्रह्मचारी महाराज-जिन्होंने शिक्षा प्राप्त कर, ब्रह्मचर्य तथा संन्यास लेकर पहले अपने को शिक्षित कर लिया है—गाँव तथा पड़ोस के बालकों को प्राप्त धन के अनुसार बाकायदा छोटा या बड़ा भवन-निर्माण करके, उसमें या किराये के या कुछ दिनों के लिए मिले हुए मकान में शिक्षा दे रहे हैं; कहीं-कहीं बालिकाओं के लिए भी प्रबन्ध है। मदरसे की शिक्षा के साथ, कला-कौशल, दस्तकारी, सीना-पिरोना, कातना और कपड़ा बुनना भी सिखाया जाता है। इनके ठोस कामों की शायद ही कभी संवादपत्रों में आलोचना छपती है। अवश्य इनके अपने पत्रों में हाल छपता है। पर प्रचार द्वारा बड़े होकर लोगों के सामने आनेवाले नेताओं की तरह यहाँ के कार्यकर्ता संन्यासी और ब्रह्मचारी प्रसिद्ध नहीं हो सके। शिक्षा के पैसे से दवाएँ देकर दीन-दुखियों को रोगमुक्त करने का कार्य प्राय: प्रत्येक शाखा में प्रचलित है। लखनऊवाली शाखा में भी रामकृष्ण-मिशन गरीब बालकों के लिए नैश पाठशाला, सर्वसाधारण के लिए वाचनालय और दीन-दुखियों के लिए दवाखाना और चिकित्सालय चला रहा है। वर्तमान आन्दोलन के बाद से यह बात अच्छी तरह लोगों की समझ में आ गई कि गरीब किसानों और मजदूरों का संगठन, सुधार किये बिना देश का कल्याण नहीं हो सकता। महात्मा जी का दौरा इसी उद्देश्य की पुष्टि के लिए हो रहा है। वह जहाँ-जहाँ जाते हैं, उनका कार्यक्रम किसानों को आदर्श की शिक्षा देता है। किस तरह रहना चाहिए, साधारण हालत में भी सफाई कहाँ तक चल सकती है, महात्मा जी बिना प्रचार के इसका सुन्दर पाठ पढ़ा रहे हैं।

देश की सच्ची शक्ति इसी जगह है। जब तक किसानों और मजदूरों का उत्थान न होगा, तब तक सुख और शान्ति का केवल स्वप्न देखना है। परन्तु यह कार्य जितना सीधा दिखाई देता है, उसका करना उतना ही कठिन है। यहाँ उन कार्यकर्ताओं का त्याग है, जो अखबारों में नाम छपवाने के भूखे नहीं; उन पक्के सिद्धान्तवालों का काम है, जो सत्य ही अपने गरीब भाइयों को प्यार करते हैं; उन समझदारों की आवश्यकता है, जो जाति, वर्ण के अज्ञान को शिक्षा की अग्नि से जलाकर शुद्ध तथा समदर्शी हो गए हैं; उन सच्चरित्रों की जरूरत है, जिनकी महत्ता की छाप शिक्षा लेनेवालों पर पड़े।

कहीं-कहीं यह ग्राम-संगठन तथा किसानों के सुधार का काम जारी किया गया

है। वहाँ रोज गाँव के रास्ते साफ किये जाते हैं। घूर बस्ती से काफी दूर डाले जाते हैं। रात्रि-पाठशालाएँ कायम की गई हैं, और छोटे-मोटे पुस्तकालय भी खुले हैं। पर यह अवश्य है कि अभी किसान या उनके बालक ऐसे शिक्षित नहीं हो सके कि उन पुस्तकालयों की किताबें पढ़कर समझ सकें; पुन: वहाँ ऐसी किताबें भी दुर्लभ हैं, जो किसानों के फायदे की दृष्टि से लिखी गई हों। जिस तरह गाँवों में किसानों की शिक्षा-दीक्षा जरूरी है, उसी तरह साहित्य में भी उनके योग्य साहित्य का निर्माण आवश्यक है। हमने इसका साद्यन्त विचार करके 'किसान कुसुमावली' नाम की एक पुस्तकमाला निकालने का निश्चय कर लिया है। इसमें अत्यन्त सीधी भाषा में अधिकारी विद्वानों द्वारा किसानों तथा श्रमजीवियों के काम की किताबें लिखाई जाएँगी। उनकी कीमत भी बहुत साधारण होगी। यह विचार रखा जाएगा कि सोम-चहर्रुम का विद्यार्थी उन पुस्तकों को पढ़ सके, और उसके घरवाले वह भाषा और भाव समझ सकें। रबी, गर्मी तथा बरसात को होनेवाली सभी फसलों का सुचारु वर्णन होगा। किस देशवाले किस प्रकार से अधिक अन्न उत्पन्न करते हैं, इसका सीधा, साफ सचित्र विवेचन होगा। दूसरे देशों के किसानों की दशा और उनके सुधार का हाल इतिहास के रूप में होगा। कृषि को किस-किस तरह किन-किन कीड़ों और किस-किस अभाव से हानि होती है, इसका भी विवेचन रहेगा, बचत बतलाई जाएगी। किस खेती के लिए कौन-सी खाद अधिक उपयोगी होगी, देहात में प्रचलित खाद के अलावा और कौन-कौन-सी खादें बनाई जा सकती हैं, इनका भी हवाला होगा। घर-गृहस्थी के लिए सीना-पिरोना, दवा-दारू, पाक-रसायन, चारित्र्य-व्यवहार-कौशल आदि-आदि विषयों पर भी प्रकाश डाला जाएगा, और यह विचार बराबर रहेगा कि हम साधारण पढ़े-लिखे किसान भाइयों के हित का साहित्य दे रहे हैं। साधारण कानून और आवश्यक राजनीति तथा साहित्य-धर्म आदि पर भी सीधी भाषा में पुस्तकें लिखवाई जाएँगी। इसी प्रकार मिल के श्रमजीवियों के लिए भी, मिल, कारखाने, खरीद-फरोख्त, कर, भाव, कारण, मुनाफा आदि की भिन्न-भिन्न व्यावसायिक आवश्यक पुस्तकें लिखवाने का विचार है। हमें आशा तथा विश्वास है, हमारे सहृदय देशवासियों की शुभकामना हमें सफल करेगी।

['सुधा' : अर्द्धमासिक, लखनऊ, 16 जुलाई, 1914 (सम्पादकीय)। असंकलित]

संस्कृति

मुसलमान और हिन्दू कवियों में विचार-साम्य

सभ्यता के आदि-काल से लेकर आज तक जितनी बड़ी-बड़ी बातें साहित्य के पृष्ठों में लिखी हुई मिलती हैं, उनके बाह्य रूपों में साम्य रहने पर भी वे एक ही सत्य का प्रकाश देती हैं। आज तक मानवीय सभ्यता जहाँ कहीं एक दूसरी सभ्यता से टक्कर लेती आई है, वहाँ उसके बाह्य रूपों में ही वैषम्य रहा है; वेश-भूषणों, आचार-व्यवहारों तथा उच्चारण और भाषाओं का ही बहिरंग भेद रहा है। उन सभ्यताओं के विकसित रूप देखिए, तो एक ही सत्य की अटल अपार महिमा वहाँ मिलती है। थोड़ी देर के लिए, उदाहरणार्थ, हम मुसलमानों को ले सकते हैं। मुसलमानों से हिन्दुओं की लड़ाई शताब्दियों तक होती रही। आज भी यदि भारतवर्ष के स्वतंत्र होने में कहीं किसी को अड़चन मिलती है, तो वह हिन्दू-मुसलमानों का वैषम्य ही कहा जाता है। जगह-जगह, मौके-बेमौके, आज भी दोनों एक-दूसरे की जान ले लेने को तैयार हो जाते हैं। बहुत कम हिन्दू और बहुत कम मुसलमान ऐसे होंगे, जो इनमें से एक-दूसरे के उत्कर्ष का पूरा-पूरा पता रखते हों। मुसलमानों के आक्रमण के समय से लेकर आज तक दोनों जातियों में जो घृणा के भाव चले आ रहे हैं, वे दोनों जातियों की अस्थि-मज्जा में कुछ इस तरह से मिल गए हैं कि सुप्त रहते हुए भी वे जाग्रत ही रहते हैं। हिन्दू लोग, आचारों को प्रधानता देते हुए, खुदापरस्त मुसलमानों को म्लेच्छ आदि नामों से विभूषित करते हैं। उसी तरह मुसलमान भी हिन्दुओं को मूर्तिपूजक देखकर उन्हें बुतपरस्त, काफिर आदि घृणासूचक शब्दों से याद करते हैं। सदियों से यह व्यवहार कुछ ऐसा चला आ रहा है कि दोनों के विचारों में जहाँ साम्य है, वहाँ तक पहुँचकर दोनों में मैत्री-स्थापना की कोई चेष्टा ही नहीं की गई। जिन हिन्दुओं को 'आचारः प्रथमो धर्मः' सिखलाया जाता है, और यह इसलिए कि आचारों से चित्तशुद्धि होने पर ज्ञान या सत्य की प्रतिष्ठा मन में हो सकेगी, वे हिन्दू आचारों में इस बुरी तरह बँध जाते हैं कि वे आचार ही उनकी आध्यात्मिक उन्नति के अन्तिम लक्ष्य-से बने रहते हैं, यद्यपि 'अघोरान्नापरो मंत्रः' का वे प्रतिदिन पाठ किया करते हैं। इधर मुसलमानों को बुत ही से खुदा का पाठ मिला, पर वे बुत को घृणा ही करते गए; केवल काव्य में ही रह गया :

परस्तिश की याँ तक कि ऐ बुत, तुझे—
नजर में सभों की ख़ुदा कर चले।

किन्तु बुतों के प्रति उनके भाव नहीं रह गए, यद्यपि बुत-रूपी अपने बीवी-बच्चों को सभी मुसलमान प्यार करते हैं।

आज, अब, विज्ञान के युग में, जिस तरह पश्चिम की रोशनी से अपने गृह का अन्धकार दूर करने के लिए राष्ट्रवादी हिन्दू प्रयत्नशील हैं, उसी तरह मुसलमान भी। परन्तु स्वार्थ एक अजीब सत्ता है। यहाँ प्राणों का भरा हुआ आनन्द बिलकुल ही नहीं, सिर्फ एक अभाव की आग भड़कती है। देश दीन है, दुखी है, परतंत्र है, स्वाधिकाररहित है, इस तरह की अभाववाली जितनी भी बातें होंगी, वे जिस तरह प्राणहीन हैं, उनकी पूर्ति के लिए लड़ाइयाँ, उद्योग आदि भी इसी तरह प्राणहीन। कारण, स्वार्थ ही दोनों का मूल है। यदि ब्रिटेन के वीरसिंह हैं और भारत के दीन कृषक मेष, तो विचार की दृष्टि में, दार्शनिक की भाषा में, दोनों मनुष्यता से गिरे हुए हैं, और आधुनिक विकासवाद के अनुसार सिंह और मेष में कौन-सी सृष्टि अधिक उच्च है, यह बतलाना भी जरा टेढ़ी खीर है। मतलब यह कि जिस विज्ञान के बल पर पश्चिम सिंह बन सकता है, वह जिस तरह मनुष्यता की हद से गिरा हुआ होता है, उसी तरह हिन्दुओं का ज्ञान-मूलरहित आचारवाद, जिसने सदियों से उन्हें गुलाम बना रखा है, और मुसलमानों की खुदापरस्ती भी, जो बुतों से घिरी हुई रहकर भी उनकी सत्ता से घृणा करे।

हिन्दू और मुसलमान, दोनों जातियाँ ऊँची भूमि पर एक ही बात कहती हैं। इस लेख में हम यही दिखलाने की चेष्टा करेंगे। साथ ही हमारा यह भी विश्वास है कि जब तक हिन्दू और मुसलमान इस भूमि पर चढ़कर मैत्री की आवाज नहीं लगाएँगे, तब तक वह स्वार्थजन्य मैत्री स्वार्थ में धक्का न लगने तक की ही मैत्री रहेगी—वैसी ही मैत्री, जैसी ब्रिटिश-सिंह और भारत-गऊ की हो सकती है।

न था कुछ तो ख़ुदा था, कुछ न होता तो ख़ुदा होता,
डुबोया मुझको होने ने, न होता मैं तो क्या होता। [ग़ालिब]

"अर्थात जब कुछ नहीं था, तब खुदा था। यदि कुछ न होता, तो खुदा होता। मुझे होने ने (भव ने, संसार ने, 'हूँ' के इस भाव ने) डुबा दिया। मैं न होता, तो क्या (अच्छा) होता!"

महाकवि ग़ालिब के ये भाव हर्फ़-हर्फ़ वेदान्त से मिलते हैं। जब कुछ नहीं था, तब खुदा था, यही वेदान्त की तथा हिन्दू आस्तिक और नास्तिक दर्शन की बुनियाद है। जहाँ ईश्वर की सत्ता है, वहाँ संसार नहीं। इसी पर गोस्वामी जी लिखते हैं—

जिहि जाने जग जाए हेराई।

यहाँ दोनों के भाव एक ही हैं। 'होने' ने या 'भव' ने ग़ालिब को डुबो दिया है अर्थात दुनिया के ज्ञान ने उन्हें ससीम कर दिया है, संसार में डाल रखा है, जिसके लिए वह कहते हैं—यह न होता तो क्या ही अच्छा होता! तब केवल खुदा का ही अस्तित्व रहता, जिसके लिए कहा है :

'None else exists and thou art that.'

कबीर भी कहते हैं, जहाँ ज्ञान रहता है, वहाँ मोह नहीं रहता :

सूर-परकास तहँ रैन कहँ पाइए
रैन-परकास नहिं सूर भासै;
होय अज्ञान तहँ ज्ञान कहँ पाइए
होय जहँ ज्ञान अज्ञान नासै।
काम बलवान तहँ प्रेम कहँ पाइए,
होय जहँ प्रेम तहँ काम नाहीं,
कहत कब्बीर यह सत्य सुविचार है
समझ तू, सोच तू, मनहिं माहीं।

आज तक मनुष्यों के मनों ने जितनी ऊँची उड़ानें भरी हैं, वे सब यहीं आकर ठहरती हैं। अन्यथा लक्ष्य-भ्रष्ट हो गई हैं। सांसारिक जितने भी चमत्कार हैं, उन सब पर प्रभुता करनेवाली यही भूमि है, और संसार में जितने भी भेद हैं, उन सबमें साम्य स्थापित करनेवाली भी यही भूमि है। बिना यहाँ आए हुए भेद का ज्ञान कदापि दूर नहीं हो सकता। यही हिन्दुओं की अद्वैत-भूमि है। और, चूँकि यहाँ भेदभाव नहीं रह जाता, इसीलिए इसे अद्वैत कहा भी है।

नजीर कहते हैं :

तनहा न उसे अपने दिले तंग में पहचान;
हर बाग में, हर दश्त में, हर संग में पहचान।
बेरंग में, बारंग में, नैरंग में पहचान;
मंजिल में, मुक़ामात में, फरसंग में पहचान।
नित रूम में, औ हिन्दू में, औ जंग में पहचान;
हर राह में, हर साथ में, हर संग में पहचान।

× × ×

हर आन में, हर बात में, हर ढंग में पहचान;
आशिक़ है, तो दिलबर को हर रंग में पहचान।

यहाँ दुनिया की लावण्यमयी श्री भी है और वहाँ उस प्यारे की खोज भी। यह यहाँ विशिष्टाद्वैतवाद कहलाता है यानी दुनिया भी है और खुदा भी। या यों कहिए कि

वह ख़ुदा ही दुनिया के अनेक रूपों में विराजमान है। गोस्वामी तुलसीदास जी की एक उक्ति इसी अर्थ पर बहुत ही सुन्दर हुई है :

अव्यक्तमूलमनादि तरु त्वच चारि निगमागम भने।
षटकन्ध शाखा पञ्चविंश अनेक पर्ण सुमन घने॥
फल युगल-विधिकटु-मधुर बेलि अकेलि जिहि आश्रित रहे।
पल्लवित फूलित नवल नित संसार विटप नमामहे॥

यहाँ राम को ही उन्होंने वेद के मुख से संसार-विटप कहकर सम्बोधित किया है, जिसकी तारीफ में संसार की कोई वस्तु छोड़ी भी नहीं, जैसे तमाम संसार में राम ही का रूप रहा हो!

एक जगह महाकवि ग़ालिब कहते हैं :

तेरे सर्वे क़ामत से एक क़द्दे आदम,
क़यामत के फ़ितने को कम देखते हैं।

यहाँ महाकवि ग़ालिब क़यामत को एक आदमी-भर लम्बी बतलाते हैं, यानी क़यामत उतनी ही बड़ी है, जितना लम्बा एक आदमी। यह प्रलय की सर्वोत्तम व्याख्या है। हर एक आदमी में प्रलय की नाशकारी कुल शक्तियाँ हैं, और वह चाहे तो उन्हें प्रत्यक्ष कर सकता है। हर मनुष्य सौर ब्रह्मांड से मिला हुआ भी उससे अलग है। संसार का अस्तित्व उसके पास सिर्फ इसलिए है कि वह अपने अस्तित्व पर विश्वास रखता है। जब मनुष्य सो जाता है, उस समय वह अपना अस्तित्व बहुत-कुछ भूल जाता है। यही कारण है कि सुप्ति-काल में संसार का ज्ञान नहीं रहता। संसार के सिर पर जो क़यामत क्रीड़ा कर रही है, उसको प्रत्यक्ष करनेवाला वही है और उसका शरीर भी क़यामत के कानून के अन्दर है। इसलिए क़यामत को एक ही आदमी के कद के बराबर कहा, और यह केवल साहित्यिक उपमा ही नहीं, किन्तु दार्शनिक महान सत्य हो गया है।

बिलकुल यही भाव सूरदास जी के हैं, जहाँ उन्होंने बालक कृष्ण की वर्णना की है—'प्रभु पौढ़े पालने पलोटत' आदि-आदि। यहाँ भी श्रीकृष्ण के हिलने-डुलने से जो क्रिया होती है, वह प्रलय ही है—'विडरि चले घन प्रलय जानि कै'; कारण, किसी भी चेतन के हिलने से सौर-ब्रह्मांड हिलता-डोलता है, यह सूरदास जी के कहने का मतलब है। श्रीकृष्ण की चेतन-क्रिया में संसार डोल रहा है, कहीं-कहीं प्रलय हो रहा है, दिग्दन्ती बड़े धैर्य से धरा-भार को धारण कर रहे हैं। यहाँ भी एक ही की चेतन-क्रिया से संसार में क़यामत आ रही है, प्रलय मचा हुआ है, और इसे समझनेवाले सूरदास जी 'सकट पगु पेलत'—धीरे-धीरे चल रहे हैं। ग़ालिब और सूरदास जी की उक्तियाँ बिलकुल मिल जाती हैं। कोई विरोध नहीं देख पड़ता। वहाँ भी एक ही कद

के बराबर क़यामत की नाप होती है, और यहाँ भी एक कृष्ण की चेतन-क्रिया से आफत उठी हुई है। दोनों महाकवि इस सत्योक्ति में पूर्णतया सहमत हैं।

कुछ जुल्म नहीं, कुछ जोर नहीं,
कुछ दाद नहीं, फरियाद नहीं;
कुछ कैद नहीं, कुछ बन्द नहीं,
कुछ जब्र नहीं, आजाद नहीं।
शागिर्द नहीं, उस्ताद नहीं,
वीरान नहीं, आबाद नहीं;
हैं जितनी बातें दुनिया की,
सब भूल गए, कुछ याद नहीं।

हर आन हँसी, हर आन खुशी,
हर वक़्त अमीरी है बाबा;
जब आशिक़ मस्त फ़क़ीर हुए,
फिर क्या दिलगीरी है बाबा।

जिस सिम्त नजर कर देखे हैं,
उस दिलबर की फुलवारी है;
कहिं सब्जी की हरियाली है,
कहिं फूलों की गुलकारी है।
दिन-रात मगन खुश बैठे हैं,
और आप उसी की भारी है;
बस, आप ही वह दातारी है,
और आप ही वह भंडारी है।

हर आन हँसी, हर आन खुशी,
हर वक्त अमीरी है बाबा;
जब आशिक़ मस्त फ़क़ीर हुए,
फिर क्या दिलगीरी है बाबा।

हम चाकर जिसके हुस्न के हैं,
वह दिलबर सबसे आला है;
उसने ही हमको जी बख्शा,

उसने ही हमको पाला है।
दिल अपना भोला-भाला है,
औ' इश्क़ बड़ा मतवाला है;
क्या कहिए और नजीर आगे,
अब कौन समझनेवाला है।

हर आन हँसी, हर आन ख़ुशी,
हर वक़्त अमीरी है बाबा;
जब आशिक़ मस्त फ़क़ीर हुए,
तब क्या दिलगीरी है बाबा। [नजीर]

कविवर नजीर यहाँ फ़क़ीरी का हाल बयान कर रहे हैं। यह वह फ़क़ीरी है, जब तमाम दुनिया में अपना इष्ट-ही-इष्ट नजर आता है। संसार की हर वस्तु में उसी का रंग चढ़ा देख पड़ता है। प्रह्लाद के चरित्र-लेखक दिखलाते हैं कि शेर आता है, तो उससे भी प्रह्लाद 'हरि आये' कहकर लिपट जाते हैं। नरसी जी भूत देखते हैं, तो 'आये मेरे लम्बकनाथ' कहकर गाने और प्रेमविह्वल होकर नाचने लगते हैं। एक सिद्ध श्वान पर बैठा हुआ भोजन कर रहा था, और कभी-कभी अपना अन्न उस कुत्ते को भी खिला दिया करता था। दूर से कुछ लोगों ने यह तमाशा देखा। उसके पास गए। कहने लगे, "तुम कुत्ते की जूठन खाते हो, कैसे आदमी हो?" वह सिद्ध बड़ी देर तक चुप रहा। तब भी इन लोगों ने अपना व्याख्यान बन्द नहीं किया। तब चिढ़कर वह सिद्ध कहता है :

विष्णूपरिस्थितो विष्णुः विष्णुं खादति विष्णवे:
कथं हससि रे विष्णो सर्वं विष्णुमयं जगत्।

सूरदास जी इन्हीं भावों पर कहते हैं :

जित देखो तित श्याममयी है;
श्याम कुंज, वन, यमुना श्यामा,
श्याम गगन-घन-घटा छई है।
श्रुति को अच्छर श्याम देखियत,
दीप-शिखा पर श्यामतई है;
मैं बौरी को लोगन ही की
श्याम पुतरिया बदल गई है।
इन्द्र-धनुष को रंग श्याम है,
मृग-मद श्याम, काम विजयी है;

नीलकंठ को कंठ श्याम है,
मनो श्यामता बेलि बई है।

कवि के भाव-नेत्र चारों तरफ श्याम को ही प्रत्यक्ष करते हैं। तमाम संसार में वह एक ही श्याम-छवि रमी हुई है। 'रामायण' में गोस्वामी तुलसीदास जी इस भाव की सुन्दर व्याख्या-सी कर देते हैं। जिस कारण से यह इष्ट-मूर्ति भक्त को चारों ओर दिखलाई पड़ती है, उस कारण की जड़ चित्त में है, जहाँ इष्ट की छाप पड़ जाने पर फिर और कोई रूप नहीं देख पड़ता, दूसरे रूपों की सत्ता छिप जाती है :

चित्रकूट चित चारु, तुलसी सुभग सनेह बन;
सिय-रघुबीर-बिहारु, सींचत माली नयन-जल।

मृत्यु की नश्वरता को दिखलाते हुए कविवर नजीर कहते हैं :

जब चलते-चलते रस्ते में
यह गौन तेरी ढल जावेगी;
यह बधिया तेरी मिट्टी पर
फिर घास न चरने पावेगी।
यह खेप जो तूने लादी है,
सब हिस्सों में बट जावेगी;
धी, पूत, जमाई, बेटा क्या,
बनजारन पास न आवेगी
सब ठाट पड़ा रह जावेगा
जब लाद चलेगा बंजारा;
क्या जी पर बोझ उठाता है।
इन गोंनों भारी-भारी के;
जब मौत का डेरा आन पड़ा,
तब दोनों हैं व्यापारी के।
क्या साज जड़ाऊ जर-ज़ेवर,
क्या गोटे थान किनारी के;
क्या घोड़े, जीन सुनहरी के,
क्या हाथी लाल अमारी के।
सब ठाट पड़ा रह जावेगा
जब लाद चलेगा बंजारा।
मग़रूर न हो तलवारों पर,
मत भूल भरोसे ढालों के;

सब पट्टा तोड़ के भागेंगे
मुँह देख अजल के भालों के।
क्या डिब्बे मोती-हीरों के,
क्या ढेर ख़जाने मालों के;
क्या बकचे ताश मुशज्जर के,
क्या तख़्ते शाल-दुशालों के।
सब ठाट पड़ा रह जावेगा,
जब लाद चलेगा बंजारा।

नश्वर संसार का जो चित्र यहाँ विवेक को जाग्रत करने के लिए नजीर साहब ने खींचा है, उसका प्रभाव हिन्दू कवियों पर पहले ही से बहुत ज्यादा रहा। नश्वरता पर प्रायः यहाँ के सभी कवियों ने कविताएँ लिखी हैं। भगवान शंकराचार्य आदि धर्म-प्रचारकों से लेकर आधुनिक कवियों तक में यह भाव यहाँ परिपुष्ट ही मिलता है :

कस्त्वं कोऽहं कुत आयातः
का मे जननी को मे तातः।
इति परिभावय सर्वमसारं
विश्वं त्यक्त्वा स्वप्न-विचारम्।
पुनरपि जननं पुनरपि मरणं
पुनरपि जननी-जठरे-शयनम्;
इह संसारे खलु दुस्तारे
कृपया पारे पाहि मुरारे।
पुनरपि रजनी पुनरपि दिवसः
पुनरपि पक्षः पुनरपि मासः।
पुनरप्ययनं पुनरपि वर्ष
तदपि न मुंचयत्याशामर्षम्।

—श्री शंकराचार्य

चढ़कर मेरे जीवन रथ पर
प्रलय चल रहा अपने पथ पर
मैंने निज दुर्बल पद-बल पर
उससे हारी होड़ लगाई।'

—श्री जयशंकर 'प्रसाद'

लक्ष अलक्षित चरण तुम्हारे चिन्ह निरन्तर,
छोड़ रहे हैं जग के विक्षत वक्षःस्थल पर;

शत-शत फेनोच्छ्वसित स्फीत फूत्कार भयंकर,
घुमा रहे नित घनाकार जगती का अम्बर,
मृत्यु तुम्हारा गरल-दन्त, कंचुक कल्पान्तर,
अखिल विश्व ही विवर,
वक्र-कुंडल दिङ्-मंडल!
अये दुर्जेय विश्वजित्!
नवाते शत सुरवर नरनाथ,
तुम्हारे इन्द्रासन-तल माथ।
घूमते शत-शत भाग्य अनाथ
सतत रथ के चक्रों के साथ।
तुम नृशंस नृप-से जगती पर चढ़ अनियंत्रित,
उत्पीड़ित संसृति को करते हो पदमर्दित;
नग्न नगर कर भग्न भवन, प्रतिमाएँ खंडित,
हर लेते हो विभव, कला-कौशल चिरसंचित;
आधि-व्याधि बहुवृष्टि पात उत्पात अमंगल,
वह्नि, बाढ़ भूकम्प, तुम्हारे विपुल सैन्यदल;
अये निरंकुश पदाघात-से वसुधा टलमल
हिल-हिल उठता है प्रतिफलपद-दलित धरातल!

—श्री सुमित्रानन्दन पंत

नश्वरता को प्रत्यक्ष करा देने पर जरा देर के लिए मन में वैराग्य का उदय होता है। फिर वह वैराग्य यदि स्थायी हो, तो मनुष्य संसार की नश्वर वस्तुओं से प्रेम करना छोड़कर एक ऐसी ज्ञान-स्थिति प्राप्त करता है, जिससे उसे यथार्थ शान्ति मिलती है। जिस तरह हिन्दुओं में वैराग्य की यह शिक्षा मिलती है, उसी तरह मुसलमानों में भी। सूफीवाद में ज्ञान, वैराग्य और मादकता, तीनों की प्रधानता है। मुसलमानों के दर्शन में तो नहीं; हाँ, कुरान के साथ अद्वैतवाद की सूक्तियाँ जरूर मिल जाती हैं। पर कविता में और सूफियाने ढंग की कविता में यहाँ के बड़े-बड़े दर्शनशास्त्र का तो बिलकुल जोड़ मिल जाता है। खान-पान और रहन-सहन का भेद रहने पर भी जिस विकास की ओर मुसलमान सभ्यता गई है, वह यहाँ से कोई पृथक् सत्ता नहीं। कुरान का असल तत्त्व जो 'ला इलाह इल्लिल्लाह' है, वह 'एकमेवाद्वितीयम्' का अक्षर-अक्षर अनुवाद है। हम यह नहीं कहते कि क़ुरान की उक्ति अनुवाद के रूप में आई है; क्योंकि हमें मालूम है, ईश्वर को प्रत्यक्ष करनेवाले महापुरुष एक ही सत्य का प्रचार करते हैं। और, जिस तरह हिन्दुओं के महापुरुषों ने सत्य से ओतप्रोत एक ही ज्ञानमय कोष का तत्त्व हासिल किया, उसी तरह मुहम्मद ने भी तपस्या द्वारा 'अवाङ्मनसोऽगोचरम्' सत्य का साक्षात्कार किया। सिन्धु और बिन्दु की उक्ति से

ब्रह्म और जीव की जो बातें भारतीय साहित्य में मिलती हैं, वही मुसलमान कवियों की कविता में, दरिया और क़तरे के रूप से आई हैं।

तुमहिं मिलत नहिं होय भय, यथा सिन्धुगत नीर।

—तुलसीदास

इशतरे-कतरा है दरिया में फ़ना हो जाना।

—ग़ालिब

यक कतरए-मैं जब से साकी ने पिलाया है;
उस रोज से हर क़तरा दरिया नजर आता है।

ख़ुदनुमाई पर की गई वह गुफ्तगू याद आती है, जो अपनी बाँदी के साथ शायद बेगम नूरजहाँ ने की थी जब उसका चीनी आईना बाँदी के हाथ से गिरकर फूट गया था, और एकाएक महर्षि वाल्मीकि की तरह बाँदी के मुँह से यह शेर का एक टुकड़ा निकल पड़ा था :

अज कजा आईनये-चीनी शिकश्त।
ख़ूब शुद सामाने खुदबीनी शिकश्त।

यह मेहरुन्निसा का उत्तर था। तमाम हिन्दोस्तान की सम्राज्ञी के हृदय में भी वैराग्य की यह भावना प्रबल थी—वह शिक्षा, जो गोस्वामी तुलसीदास-जैसे महापुरुष ही दे सकते हैं :

सेवहिं लखन सीयरघुवीरहिं;
जिमि अविवेकी पुरुष सरीरहि।

एक तरफ श्रीरामचन्द्रजी की सेवा लक्ष्मण और सीता जी धर्मभावना से प्रेरित होकर करते हैं, जैसे अपने परम इष्ट की सेवा की जाए, दूसरी तरफ महाकवि शिक्षा से भरी हुई उसकी उपमा में कहते हैं, जैसे अविवेकी पुरुष अपने शरीर की सेवा करते हैं—उसे किसी क्षण के लिए भी नश्वर नहीं समझते। यहाँ शरीर-ज्ञान में बँधे हुए मनुष्य 'सदा ही नश्वरता' के ग्रास में पड़े रहते हैं, यह भावना भी उद्दीप्त होती है, और आलंकारिक व्यंजना श्रीरामचन्द्र की तल्लीन सेवा का बोध भी अच्छी तरह करा देती है—एक ढेले में दो पक्षियों का शिकार हो गया है :

तुम मेरे पास होते हो गोया,
जब कोई दूसरा नहीं होता।

—ग़ालिब

यह बहुत ऊँचे दर्जे का प्यार है। सच्चा प्यार भी यही है। लोग इसका अर्थ यह भले ही करें कि निर्जन रहने पर ही प्रिय की याद आती है—दिल के आईने में

उसकी सूरत देख पड़ती है; पर इसका मतलब वह नहीं। यह सांसारिक प्रेम नहीं, यह ईश्वर-प्रेम है। जब मन बिलकुल निस्संग हो जाता है, किसी भी दूसरे से लगावट नहीं रहती, तभी उस मन में ईश्वर का ध्यान आता है, वह भगवत्-संग प्राप्त करता है, वह मित्र—जिसके लिए कहा जाता है, 'रामप्राण के जीवन जी के'—मिलता है, साथ रहता है; इसी क्षण को इष्ट-प्राप्ति का समय कहते हैं, और इसी अवस्था में वह मिलता भी है। कविवर मैथिलीशरण कहते हैं :

प्रभो, तुम्हें हम कब पाते हैं,
जब इस जनाकीर्ण जगती में एकाकी रह जाते हैं।

जौक़ के एक शेर में परलोक, यहाँ तक कि अर्थ लगाने पर हिन्दुओं के पितृलोक, देवलोक, प्रेतलोक आदि की सिद्धि भी हो जाती है :

अब तो घबरा के यह कहते हैं कि मर जाएँगे,
मर के भी चैन न पाया तो किधर जाएँगे।

—जौक़

मृत्यु के बाद चैन न पाने की उक्ति परोक्ष रीति से उसी प्रेतयोनि को सिद्ध कर रही है, जहाँ जीवों को शान्ति नहीं मिलती। एक प्रकार की जलन, क्षोभ, अशान्ति तथा चंचलता बनी रहती है। इसके अर्थ से प्रेतलोक की सिद्धि कोई भले हो न करे, पर इतना तो जाहिर ही है कि मृत्यु के बाद अशान्ति की चिन्ता कवि को लगी हुई है। वह इस पर भी विश्वास करता है। दूसरे, महाकवि ग़ालिब को भी जौक़ का यह शेर पसन्द आता है। इसके मानी ये हैं कि इस तत्त्व पर वह भी विश्वास करते हैं। बहिश्त और दोजख तो मुसलमानों के शास्त्र मानते ही हैं, जहाँ हिन्दुओं का बिलकुल साम्य है। वह बेचैनी की हालत, जो मृत्यु के बाद होती है, और उस मृत्यु के बाद जिसे आत्महत्या कहते हैं—'मर जाएँगे' के अर्थ से असमय मृत्यु या आत्महत्या का ही भाव व्यंजित है—बहुत-कुछ उसी अवस्था की वर्णना है, जो प्रेतयोनि में होती है। यहाँ हिन्दू और मुसलमान मृत्यु के बाद के एक ही विचार रखते हुए देख पड़ते हैं। यों तो प्रेत या जिन्न मुसलमानों के यहाँ भी कम नहीं :

जिन्नों ने वहीं अपना मैख़ाना बना डाला।

और, रात बारह बजे शहर-भर की मिठाई खरीद लेनेवाले लखनऊ के जिन्न अब भी देहात में काफी मशहूर हैं। वे आजकल की व्याख्या के अनुसार मुँह ढककर आनेवाले छज्जे पर बैठनेवालियों के यार और आशिक़ भले ही हों, अथवा चाहे लखनऊ की प्राचीन व्याख्या के अनुसार 12 लाख साफ़ करने के बाद रईसों के शोहदा-खाते में नाम लिखानेवाले हों। हिन्दी में तो :

भूत-पिसाच निकट नहिं आवे;
महावीर जब नाम सुनावे।

से लेकर

सावर-मंत्र-जाल जिन सिरजा, प्रेत, पितर, गन्धर्व;
बन्दौ किन्नर रजनिचर, कृपा करहु अब सर्व।

तक, पता नहीं, इस परलोकवाद की कितनी चर्चा हुई है, और समाज में इस पर कितना दृढ़ विश्वास है; जबकि ज्ञान की जननी गीता स्वयं कहती है—'पतन्ति पितरोह्येषां लुप्तपिंडोदक-क्रियाः' और केशवदास का प्रेत होना तमाम साहित्यिकों के दिमाग में भरा ही हुआ है, उधर गोस्वामी तुलसीदास जी की जीवनी से 'बसै तहाँ इक प्रेत पुरानो' जबकि अभी तक नहीं निकाला गया; और उन्हें भगवान श्रीरामचन्द्र से मिलने का पता भी बताता है प्रेत!

जहाँ में हाली किसी का अपने सिवा भरोसा न कीजिएगा;
य' भेद है अपनी जिन्दगी का कि इसकी चर्चा न कीजिएगा।

हाली साहब जिस तरह यहाँ हर एक को अपनी ही सत्ता पर जोर देने के लिए कहते हैं, और इसे ही वह दुनिया में कामयाब होने की कुंजी समझते हैं, उसी तरह यहाँ के हिन्दुओं की भी शिक्षा है। 'नायमात्मा बलहीनेन लभ्यः, न मेधया न च बहुना श्रुतेन' में सबसे कठिन कार्य आत्म-प्राप्ति के लिए जिस तरह मनुष्य को अभ्यन्तर-बल प्राप्त करने के उपदेश दिये गए हैं, उसी तरह अन्य सफलताओं के लिए भी। यथार्थ बल अपने ही भीतर से प्राप्त होता है, जिससे कुल सिद्धियाँ हासिल होती हैं, यही यहाँ की शिक्षा है। इस प्रकार मन को प्रसन्न करने के लिए ही कहा है :

मन के हारे हारिए, मन के जीते जीत;
परब्रह्म को पाइए, मन ही की परतीत।

यहाँ के साहित्य में अपनी ही आत्मा पर विश्वास रखने के केवल उपदेश ही नहीं, किन्तु जीवनियाँ भी अनेक लिखी हुई हैं। इस कोटि में स्त्री और पुरुष, दोनों को बराबर जगह मिली है। पार्वती तपस्या में दृढ़निष्ठ हैं। वह महादेव को पतिरूप से प्राप्त करना चाहती हैं। उनकी तपस्या की परीक्षा करने, उनके मनोबल को तौलने के इरादे से ऋषि उनसे कहते हैं : "तुम क्यों व्यर्थ ही शिव जैसे एक पागल के पीछे पड़ी हो? इससे तो अच्छा है कि विष्णु की कामना करो। वह सुन्दर हैं, और सब तरह से महादेव से श्रेष्ठ हैं।" यह सुनकर पार्वती का उत्तर नम्र होकर भी दृढ़ होता है। वह अपनी प्रतिज्ञा पर अटल रहती हैं। कहती हैं :

सत्य-सत्य शिव अशिव-घर, विष्णु सकल-गुण-धाम;
जाको मन रम जाहि सँग, ताहि ताहि सन काम।

उद्धव को अपने ज्ञान का गर्व है। श्रीकृष्ण उनका यह अहंकार तोड़ना चाहते हैं। साथ ही, एक दूसरे मन का बल भी उन्हें दिखाना चाहते हैं। इस विचार से वह उद्धव को गोपियों के पास अखिल व्यापक निरंजन ब्रह्म का उपदेश करने के लिए भेजते हैं। उद्धव गोपियों के बीच में व्यापक ब्रह्म की कथा सुनाते हैं, और गोपियाँ बार-बार उनसे श्रीकृष्ण का कुशल तथा अन्यान्य संवाद पूछती हैं, बार-बार उद्धव को उनके विषय से अलग कर देती हैं। पर वह भी अपने ज्ञान-हठ पर अड़े रहते हैं। वह भी बार-बार वैराग्य की वाणी के प्रभाव से उनका प्रेमजन्य मोह दूर कर देना चाहते हैं। पर गोपियों का प्रेम शरीर-प्रेम नहीं था। उसमें कृष्ण की चेतन सत्ता थी, जिससे उनके हृदय का मोहान्धकार दूर हो चुका था। वे प्रेम ही की वाणी में जो उत्तर देती हैं, उसका फिर प्रत्युत्तर उन्हें उद्धव से नहीं मिलता :

ऊधो, मन न होहिं दस-बीस।
एक रह्यो सो गयो स्याम सँग,
काह करब अज, ईस?

और 'राधे-दृग-सलील-प्रवाह' में 'सुनौ हौ ऊधौ, रावरे समेत 'ज्ञान-गाथा बहि जवैगो' आदि सुनकर प्रेम के प्रभाव से उद्धव मौन ही रह जाते हैं। यह यहाँ का मानसिक बल है, अपना अटल विश्वास, जिससे अपने सम्पूर्ण कार्य सार्थक हो जाते हैं। यही अंग्रेजों का concentration power (एकाग्रता शक्ति) है। 'The real I is real He' अर्थात यथार्थ मैं और यथार्थ वह (ईश्वर) एक ही है, अत: अपने पर यथार्थ विश्वास और उस पर अकृत्रिम विश्वास एक ही है।

जन्म कोटि लगि रगर हमारी।
बरऊँ संभु न त रहउँ कुआरी॥

यह अपनी शक्ति पर विश्वास है, और :

नट-मरकट इव सबहिं नचावत।
राम खगेस वेद अस गावत॥

यह ईश्वर पर किया गया विश्वास है। यहाँ ईश ही की शक्ति सफल-काम है।

हिन्दू और मुसलमानों के सामाजिक आचार-व्यवहार और वेश-भूषण आदि निस्सन्देह एक-दूसरे से नहीं मिलते; परन्तु यह कोई बहुत बड़ा भेद नहीं। कारण, मनुष्य की जाँच उसकी मनुष्यता और उसके उत्कर्ष से होती है, और वहाँ ये दोनों जातियाँ एक ही पथ की पथिक तथा एक ही लक्ष्य पर पहुँची हुई जान पड़ती हैं। हिन्दू

सभ्यता बहुत पुरानी है और मुसलमान-सभ्यता हिन्दुओं के मुकाबले बहुत आधुनिक। यह तो हम दावे के साथ कहेंगे कि जहाँ भी सभ्यता ने अपने उत्कर्ष के प्रति संसार को आकृष्ट करना चाहा है, जहाँ कहीं उसकी सुप्त अपार शक्ति जाग्रत हुई है, वहीं, किसी-न-किसी रूप में, प्रत्यक्ष या प्रकृति की अपर शक्तियों की तरह परोक्ष रीति से, हिन्दू-सभ्यता के बीज संचालित हो गए हैं। आज संसार में जितने भी धार्मिक विचार अपना आधिपत्य जमाये हुए हैं, वे सब हिन्दुओं के किये हुए विचारों के अनुवाद-से प्रतीत होते हैं। हमारा विचार है कि यह हिन्दुओं की ही मानसिक दुर्बलता है, जिसके कारण वे हर तरह से पराधीन हो रहे हैं। यदि वे अपने-आपको पहचानें, तो उनके भीतर के भेदभाव तो दूर हों ही, किन्तु संसार में एक अद्‌भुत साम्य का प्रचार भी हो, जिसकी अब तक संसार के लोग प्रतीक्षा कर रहे हैं। जहाँ प्रतिद्वन्द्विता के भाव प्रबल हैं, वहाँ मानवीय शक्ति भी नहीं, पशुशक्ति काम करती है, चाहे कितने ही बड़े-बड़े शब्दों तथा वाक्यों की आवृत्ति वहाँ की जाए। मानवीय प्राथमिक शक्ति का विकास ही कार्य की शक्ति है। धर्म के अनुकूल चलकर शक्ति को विकसित करना, यही शास्त्रीय शिक्षा है। पर आज इसके प्रमाण बहुत ही कम रह गए हैं। पाशविक वृत्तियों की प्रबलता मानवीय वृत्ति को, जिसे प्रवृत्ति कहते हैं, दबाये हुए है। युग-धर्म ही कुछ ऐसा बन रहा है कि प्रवृत्तिमूलक बातें अत्यन्त रुचिकर मालूम देती हैं यद्यपि उनसे पतन के सिवा एक इंच भी उत्थान की गुंजाइश नहीं है। यही कारण है कि समाज के विवेक की तुला टूट गई है। बड़े-से-बड़े और छोटे-से-छोटे, सब मनुष्य, सब सम्प्रदाय अन्धानुसरण को ही सनातन-धर्म या अपना सच्चा मजहब समझ रहे हैं। उधर विज्ञान के प्रकाश ने वहाँ के मनुष्यों के हृदय से यह विश्वास ही दूर कर दिया है कि ईसा को भजोगे, तो डूबते वक्त पानी में आप ही जमीन बन जाएगी। वहाँ नास्तिकता का राज्य है, यहाँ अन्धानुकरण का। संसार की अशान्ति इस तरह कब दूर हो सकती है? मोटर, रेल, तार, जहाज, मशीनगन, एरोप्लेन, टारपेडो, मेन ऑफ बार और तीस मील की चाँदमारी करनेवाली तोपें, बम, तरह-तरह की विषैली बारूदें हजारहा मशीनें, ये सब अभाव ही की आग भड़कानेवाले हैं; इनसे कुछ मनुष्यता की प्राप्ति नहीं होती। यूरोप में जो दो-चार मनीषी मनुष्यता के तत्त्व को समझकर उसका प्रचार तथा प्रसार करते हैं, उन्हें वहाँ के गवर्नमेंट से तिरस्कार ही मिलता रहता है। प्रभुता स्वयं अनिष्टकर है, इसलिए विभूतिपाद के आचार्यगण मनुष्यता के दायरे से सदा ही निकाले हुए रहे हैं। मनुष्यता किसी कीमत से नहीं मिलती। वह तो एक प्रकार की शिक्षा है, जिस पर अभ्यास दृढ़ हो जाने पर मनुष्य, मनुष्य कहलाता है। भारत की राष्ट्रोन्नति के लिए जो अनेक प्रकार की चर्चाएँ सुनने में आती हैं, उनसे प्रतीत होता है कि यहाँ लोगों की आँखों में यूरोप का ही चश्मा लगा हुआ होता है, और वे बेचारे झूठ बोलकर जिन्दगी-की-जिन्दगी पार कर देनेवाले भारतवर्ष के वकील-लीडर यह क्या जानें कि यहाँ की शिक्षा किस रंग की चिड़िया थी? भारतवर्ष में जो सबसे बड़ी दुर्बलता है, वह शिक्षा

की है। हिन्दुओं और मुसलमानों में विरोध के भाव दूर करने के लिए चाहिए कि दोनों को दोनों के उत्कर्ष का पूर्ण रीति से ज्ञान कराया जाए। परस्पर के सामाजिक व्यवहारों में दोनों शरीक हों, दोनों एक-दूसरे की सभ्यता को पढ़ें और सीखें। फिर जिस तरह भाषा में मुसलमानों के चिन्ह रह गए हैं, और उन्हें अपना कहते हुए अब किसी भी हिन्दू को संकोच नहीं होता, उसी तरह मुसलमानों को भी आगे चलकर एक ही ज्ञान से प्रसूत समझकर अपने ही शरीर का एक अंग कहते हुए हिन्दुओं को संकोच न होगा। इसके बिना, दृढ़ बन्धुत्व के बिना, दोनों की गुलामी के पाश कट नहीं सकते, खास कर ऐसे समय जबकि फूट डालना शासन का प्रधान सूत्र है।

हिन्दुओं की जो मानसिक स्थिति पहले थी, वह मुसलमानों के आक्रमण-काल तक नहीं थी। पंच-देवताओं की उपासना में पड़े हुए हिन्दू द्वैतवादी हो रहे थे। यों तो भारतवर्ष की धार्मिक स्थिति भगवान बुद्ध से पहले ही बिगड़ गई थी। बुद्ध के आने के बाद कुछ सुधरी, और यही कारण है कि बुद्ध-काल में कला के विस्तार के साथ-ही-साथ भारत की शासन-शृंखला भी सुदृढ़ हो गई थी। भगवान शंकर के आविर्भाव के पश्चात भी भारतवर्ष की कुछ अच्छी अवस्था थी। पर देश सब तरह से मानसिक दुर्बल हो रहा था। वह शंकराचार्य द्वारा प्रचारित अद्वैतवाद को धारण करने में समर्थ नहीं रहा। उसे एक ऐसे धर्म की जरूरत पड़ी, जो सरस हो, और गृहस्थों के सामने त्याग का महान आदर्श न रख उन्हें कोई प्रेम तथा पूजा का मार्ग बतलाए। मनुष्यों के मन के अनुकूल धर्म का भी उद्‌भव हो जाता है। भगवान रामानुज ने वैष्णव धर्म का प्रचार किया। इसमें ईश्वर और संसार, दोनों रहे। अद्वैत की सूक्ष्म छानबीन नहीं रही। किन्तु रस से भरा हुआ एक दूसरा ही प्रेम-धर्म लोगों के सामने आया। चूँकि साधारण मनुष्य जन्म से ही मूर्तिप्रेमी हुआ करता है, और संसार के अस्तित्व पर विश्वास रखता है, इसलिए यह विशिष्टाद्वैतवाद उस समय के लोगों को बहुत पसन्द आया। भारतवर्ष में आज भी अधिकांश मनुष्य इसी सम्प्रदाय की शाखा-प्रशाखाओं में शामिल हैं। परन्तु मूर्ति स्वयं ससीम होती है, इसलिए उसके उपासक भी, ससीम होने के कारण, भाव तथा क्रिया की भूमि में छोटे ही होते गए। महाभारत के समय से लेकर कई बार महापुरुषों ने भारतवर्ष को गिरने से रोकने की चेष्टाएँ कीं; पर स्वाभाविक गीत में कोई रुकावट हो नहीं सकती। जिस हद तक इस देश को गिरकर पहुँचना था, उस अवश्यम्भावी परिणाम को कौन रोकता? वह गिरता ही गया। उधर दीन-इस्लाम की नई रोशनी अद्वैतवाद से भरी हुई फैली। उसका वह नवीन वेग कोई भी देश नहीं रोक सका। भारत भी जिस मानसिक अवस्था को प्राप्त था, उसके लिए हारना स्वाभाविक ही था। वह हारा। किसी भी बृहत् तथा व्यापक वस्तु या धर्म से कोई भी ससीम वस्तु या धर्म हार जाता है। ससीम हो रहने के कारण भारत की शक्ति भी खंडशः हो रही थी। मुसलमानों की संगठित तलवारों की चोट से भारत का स्वाधीन दम्भ चूर-चूर हो गया।

हिन्दुओं के साथ मुसलमानों का यह प्रथम सम्बन्ध हुआ जेता और विजित के भावों से। वे शासन भी करने लगे। उस समय के संगठित मुट्ठी-भर मुसलमान किस तरह आतंक की तरह तमाम भारतवर्ष में फैल गए, यह पढ़कर आश्चर्य होता है। उनकी दक्षता, उनकी कार्यपटुता के प्रभाव से राजपूत शक्ति ने भी उनका आधिपत्य स्वीकार कर लिया। जहाँ देखिए, जिस प्रान्त में देखिए, मुसलमानों का ही शासनाधिकार हो गया। पठानों के बाद मुगल आए। ऐयाशी में पड़कर पठान दुर्बल हुए, और उसी ऐयाशी ने मुगल-बादशाहत को बरबाद कर दिया। खैर, मुसलमानों के वे भाव, जो पहले से हिन्दुओं के प्रति थे, अब भी ज्यों-के-त्यों ही रह गए और यह स्वाभाविक भी है। अभी उस दिन तक यह प्रचार किया जाता था कि एक मुसलमान 50 हिन्दुओं के लिए काफी है। और, यह सब हिन्दुओं की ही कमजोरी है। इस समय कुछ को छोड़कर प्राय: सभी हिन्दू क्षुद्रतम सीमा में बँधे हुए हैं। यही कारण है कि देश शताब्दियों के लिए पिछड़ा हुआ नजर आ रहा है। मुसलमान भी अब वे मुसलमान नहीं रहे। एक प्रकार की कट्टरता मूर्खता से मिली हुई रह गई है। इन दोनों जातियों के सुधार के लिए मनुष्यता की शिक्षा आवश्यक है, जिससे एक-दूसरे के प्रति प्रेम तथा आदर-भाव धारण करें। तब तक यूरोप का वर्तमान धर्म अवश्य ही नष्ट होगा। वहाँ विज्ञान की चर्चा से जिस नास्तिकता का उदय हुआ है, उससे सुफल के ही होने की सम्भावना है। चरम नास्तिकता और चरम आस्तिकता एक ही बात है। शून्य को चाहे कुछ नहीं कह लीजिए या सब कुछ, वह पूर्ण भी है और कुछ भी नहीं। यह आस्तिकवाद और नास्तिकवाद का रहस्य है। यही कपिल, बुद्ध और नास्तिक दर्शन कहते हैं और यही वेदान्त, गीता और पातंजल आदि आस्तिक दर्शन। यही सबसे ऊँची भूमि है। यहीं हिन्दू और मुसलमान परस्पर मिलते हैं। यूरोप के भौतिक विज्ञानवाद को और एक सीढ़ी चढ़ना है, बस। सब फैसला वही प्रकृति कर देगी, जिसने इतना सब चमत्कार पैदा किया है। फिर ये सब 'यथा पूर्वमकल्पयत्' ही रहेंगे, अन्यथा मनुष्य की जीवन-प्रगति रुकेगी। मशीन के पहिये जितना तेज चलते हैं, आदमी की चाल उतनी ही द्रुत बन्द होती है। इस पर बहुत-कुछ लिखा-पढ़ी हो चुकी है, और होती जा रही है। यही कारण है कि महात्मा जी का चरखावाद यहाँ की अपेक्षा यूरोप के किसानों को अधिक पसन्द आया है, और वे अपने जीवन को अन्न-वस्त्रोत्पादन के पश्चात् शुभचिन्तन में लगाने का प्रयत्न भी कर रहे हैं। जब-तब अनेक प्रकार के वितंडावाद भारतवर्ष में चक्कर काट रहे हैं, तब तक यदि हिन्दू और मुसलमान अपनी-अपनी यथार्थ प्राचीन शिक्षा को प्राप्त कर दबाने या दबनेवाले अपर भावों को त्यागकर आपस में मैत्री स्थापित करके एक-दूसरे के उत्कर्ष को समझने की चेष्टा करें, तो दोनों के लिए उन्नति का रुका हुआ रास्ता निस्सन्देह खुल जाएगा।

['सुधा' : मासिक, लखनऊ, नवम्बर, 1929। 'प्रबन्ध-पद्म' में संकलित]

मनुष्य-धर्म

धर्म के लिए सभ्य समाज के प्राय: सभी लोग जान देते हैं केवल रूस और वहाँ के मत के अनुसार चलनेवाले अंशत: कुछ अपर देश धर्म से परेशान हैं। इनकी निगाह से वहाँ का प्रचलित धर्म अनुयायियों की कमजोरियों के कारण गिर गया है। यही हाल धर्म के माननेवालों का है। उनमें भी अविश्वास, दुर्बलताएँ और मानसिक संकोच समा गए हैं। सनातन धर्म, बौद्ध धर्म, क्रिश्चियन धर्म और मुसलमान धर्म आदि जितने प्राचीन धर्म पृथ्वी पर हैं, सब-के-सब किसी-न-किसी प्रकार की दुर्बलता से पंगु हैं। अच्छी तरह जाँच करने पर मालूम होता है, हर एक धर्म के अनुयायियों में ही अपने धर्म का विश्वास नहीं रहा। क्रैस्त-धर्म के माननेवालों में वैज्ञानिक प्रसार ज्यों-ज्यों बढ़ा, धर्म पर आस्था त्यों-त्यों घटती गई। उनके अधिकांश लोगों में धर्म केवल एक सामाजिक शौक है। विज्ञान-व्यवसाय का क्रैस्त-धर्मवालों ने ज्यों-ज्यों पृथ्वी के भिन्न-भिन्न भागों में फैलाव किया, वहाँ-वहाँ के धर्मों की जड़ जड़वाद के भूकम्प से हिलने लगी। सनातन, पारसी, बौद्ध, मुसलमान—सभी धर्म इतिहास के पृष्ठों की तरह अपनी प्राचीन सभ्यता के दिखलावे के तौर पर रह गए। उन-उन देशों के लोगों ने जड़वाद तथा भौतिक विज्ञान का ही हृदय से स्वागत किया। बौद्ध और मुसलमान देशों के स्वतंत्र राज्य भी यूरोपीय सभ्यता के कायल हो गए—उसे पूरी मात्रा में अपनी शिक्षा तथा शासन-प्रबन्ध में ग्रहण किया। भारतवर्ष पराधीन हो हुआ, तब राज सत्ता का उस पर ओत-प्रोत प्रभाव स्वाभाविक है। इस प्रकार जड़वाद द्वारा सभी प्राचीन धर्म ग्रस्त हो गए।

इस प्रकार प्राचीन धर्मों के माननेवाले देशों का प्रभावित होना स्वाभाविक था, क्योंकि राज्य, शासन, समाज, व्यवस्था, आचार, विचार आदि सभी बहिर्मुख हैं। कोई देश राज्य-शासन करता हुआ, कोई राजा सिंहासन पर बैठा हुआ, कोई समाज पृथ्वी पर चलता हुआ अपने को अन्तर्मुख नहीं कह सकता। इस प्रकार के संसार में रहनेवाले लोग कुछ हद तक अन्तर्मुख हो सकते हैं, पर उनकी अधिकांश वृत्तियाँ उनके कर्माधिकार के अनुसार बहिर्मुख ही हैं। ऐसे बहिर्मुख लोग यदि बहिर्मुख जड़-विज्ञान के ऐश्वर्य से प्रभावित हो जाएँ, तो यह कोई आश्चर्य की बात नहीं, न

इससे यह सिद्ध होता है कि उनका वह प्राचीन धर्म इस नवीन भौतिकवाद से परास्त हो गया, क्योंकि उस धर्म को वे पहले भी न मानते थे; जितना मानते थे, वह नहीं के बराबर है, जबकि वह बहिर्मुख थे।

इसी 'मनुष्य-धर्म' शीर्षक से निकले हुए अंग्रेजी के 'कलकत्ता रिव्यू' नाम से प्रसिद्ध पत्र के कुछ कथनों की, जो धर्म पर कहे गए हैं, यहाँ हम आलोचना करते हैं। इस 'The religion of man' विशाल प्रबन्ध के लेखक हैं के.सी.सेन। इनका पूरा नाम कार्तिक चन्द्र सेन, काली चरण सेन या कामिनी चरण सेन, ऐसा ही कुछ होगा। 'कलकत्ता रिव्यू' के लिखनेवाले और ऐसे गहन विषय पर और इतने उदात्त अंग्रेजी स्वरपात, भाषाकौशल और भावप्रवणता से, जरूर कोई बड़े आदमी होंगे। विचार क्या हैं, कुल संसार 'कर-तल-गत आमलक-समान' है। आप लिखते हैं :

"What was at one time considered to be the everlasting religion of mankind has lost its cash value, and humanity is anxiously waiting for a new religion."

अर्थात् जो एक समय मनुष्यों का चिरस्थायी धर्म समझा गया था, वह अपनी मौजूदा कीमत खो बैठा है, और मनुष्यता उत्कंठा से एक नये धर्म की प्रतीक्षा कर रही है।

छानबीन करने पर यह सारा वाक्य निरर्थ है, यद्यपि यों पढ़ने पर एक अर्थ निकलता है। "जो एक समय मनुष्यों का धर्म समझा गया था"—सेन महाशय का यह कहना 'वेद', 'श्रुति' और 'वेदान्त' में किसी का भी पर्यायवाचक नहीं, न यह 'निर्वाण' का ही ठीक-ठीक अनुवाद है, 'इस्लाम' का भी नहीं। सेन महाशय के कहने का ढंग देखिए; स्पष्ट जान पड़ता है, जैसे किसी या किन्हीं ने मनुष्य-समुदाय का एक चिरन्तन धर्म बनाया हो, पर बात ऐसी नहीं। 'वेद' अपने ज्ञान-अर्थ से ही चिरन्तन है, ऐसा ही अपर धर्मार्थों के लिए भी है। धर्माचार्य केवल ज्ञान के पूर्णलोक में लीन हुए थे, उसे बनाया नहीं। जो लोग देखकर लौटे, उन्होंने उस ज्ञान को ही पूर्ण कहा है, बिजली की रोशनी तैयार कर सूर्य के प्रकाश की व्याप्ति उससे जुदा करने की कोशिश नहीं की, जैसा सेन महाशय का अद्भुत प्रयत्न कर रहा है। वह ज्ञान धर्म न नया है और न पुराना, वह सदा एकरस है। उससे छूटकर अलग होनेवाले लोग एक नहीं, पच्चीस भावनाओं के भीतर से गुजरे, पर वे भी एक ही पूर्ण ज्ञानाब्धि में मिलेंगी। यदि सनातन, बौद्ध या मुसलमान आदि शब्द प्राचीनता के ही कारण पुराने लगते हों, तो उनके अर्थों पर ध्यान देने की कृपा करें, इन भिन्न धर्मों के अर्थों में साम्य और आज की नवीनता मिल जाएगी।

धर्म का जो सर्वोच्च सूत्र होगा, वही उसकी आत्मा या यथासत्य रूप कहा जाएगा। ऐसे सूत्र सभी धर्मों में हैं। अत: मूलत: सभी धर्म अभेद हैं। भेद बाहरी दुनिया में, आचार-विचार, भाषा-वेश आदि हैं। पर वे कभी धर्म की आत्मा नहीं बन सके।

'The religion of man' कभी अंग्रेजों को धोती या बंगालियों को हैट न पहना पाएगा; न अंग्रेज टोस्ट छोड़ेंगे, न बंगाली भात, जहाँ फर्क देख पड़ता है। काले गोरे नहीं हो सकते, न गोरे काले। मन में सभी बराबर हैं, मनुष्यमात्र के बराबर अधिकार हैं, यह सभी धर्मों का मूल उद्देश्य है।

सेन महाशय ने जो लिखा है : "The religion of man teaches us that all man form one personality actually and not merely potentitally" (मनुष्य-धर्म हमें बतलाता है कि सब मनुष्य एक व्यक्तित्व वस्तुत: गठित करते हैं, केवल सम्भवत: नहीं)—यह प्राचीन धर्मों के लिए भी कोई नई बात नहीं। आपने 'actually' और 'Potentially' द्वारा जो भेद किया, जान पड़ता है, नवीन और प्राचीन के भेद बतलाए गए हैं, वर्तमान जड़-प्राधान्य के वजन पर मनुष्य-धर्म को जोरदार करने के लिए 'actually' प्रयुक्त हुआ है।

मनुष्य-प्रगति की जैसी आलोचना आपने अपने निबन्ध में की है, और जनसमाज को बढ़ता हुआ बतलाकर जैसे 'मनुष्य-धर्म' की उद्‌भावना डॉ रवीन्द्रनाथ की आड़ लेकर की है, यह सब लिखने और ऐसी ही समझवालों के समझने का दिल-बहलाव वाला विषय होगा, कोई तत्त्व नहीं। जितनी भौतिक उन्नति हुई है, उसका दायरा प्राचीन धार्मिक उन्नति से बढ़ नहीं गया। आजकल बड़ी खूबी से आधुनिक जड़-विज्ञान प्राचीन धर्म-विज्ञान के द्वारा सिद्ध किया जा रहा है। किसी धर्म पंडित ने जड़-विज्ञान को धर्म-विज्ञान से बड़ा हुआ स्वीकृत नहीं किया। फिर एक नये मनुष्य-धर्म की कल्पना कैसे की जा सकती है? क्या यह केवल एक कहने की ही बात न हुई? आपने लिखा है : "The truth is that all existing religions are old and effete, while human life is progressive." (सच तो यह है कि वर्तमान सभी धर्म पुराने हैं और जीर्ण, जबकि मनुष्य-जीवन उन्नतिशील है)। यहाँ मालूम हो जाता है—सनातन धर्म, बौद्ध धर्म, क्रिश्चियन धर्म या मुसलमान धर्म को पुराना कहकर उसका क्या अर्थ समझते हैं। फिर धर्मों के भिन्न नामकरण के कारण यदि मनुष्यों के मेल में दिक्कत जान पड़ती है, तो नया 'मनुष्य-धर्म' भी इनसे एक पृथक् धर्म ही होगा, जिसके माननेवाले, मुमकिन है, किसी-किसी धर्म के प्रचलन के अनुसार 'मनुष्य-धर्म' के खाते में नाम लिखाते हुए कहें : "मैं हिन्दू नहीं, बौद्ध नहीं, क्रिश्चियन नहीं, मुसलमान नहीं, मनुष्य-धर्म-दीक्षित हूँ।" इस तरह एक नये सम्प्रदाय का निकलना भी अनिवार्य है। फिर इसके साथ किसी 'उसका' संघर्ष न होगा, मनुष्यता पशुता में परिवर्तित न होगी, कैसे कहा जा सकता है?

रही डॉ. रवीन्द्रनाथ की बात, सो हमें तो उनमें जो कुछ मिला, वह प्राचीन की ही एक सुन्दर खिचड़ी है, कुछ यहाँ के चावल, कुछ वहाँ की दाल, हिन्दोस्तान का पानी और यूरोप की बिजली की आग। पर पहले बिजली थी या नहीं, यह आप ही कह लीजिए। हमें महाकवि रवीन्द्रनाथ में एक भी बात ऐसी नहीं मिली, जो पहले

नहीं थी। मनुष्य का केवल मनुष्य-भाव उसे धर्म का रास्ता सुझा सकता है। यहाँ का वेदान्त मनुष्य-धर्म का सर्वोत्कृष्ट मार्ग निश्चित है, क्योंकि वह केवल ज्ञान है, और किसी व्यक्ति की रचयिता की आज्ञाकारिता से बाहर है।

['सुधा' : मासिक, लखनऊ, मार्च, 1933 (सम्पादकीय)। असंकलित]

दिव्यता और वेदान्त

सरोवर के सुदर्शन जल की उपमा है दिव्यता और झरने की हीरकचूर्ण जल-राशि वेदान्त। जब तक झरने के या नदी के जल-प्रवाह के साथ सरोवर के जल का संयोग न होगा, कुछ दिनों के बाद वह जरूर गन्दा हो जाएगा। किसी भी सुन्दर सीमित ज्ञान या मनोहर रूप में जब तक अनन्त ज्ञान और अविनश्वर आत्मा के रहने की, प्रत्यक्ष अनुभव के अभाव से, कल्पना नहीं कर ली जाती, तब तक वह सीमित ज्ञान नश्वर और रूप क्षण-भंगुर है। यहाँ पति-पत्नी के सीमित चित्र-प्रेम को इसीलिए चिरन्तर कहकर मनोविज्ञान-वेत्ताओं ने रूप-प्रेम और विषय-तृष्णा को वेदान्त की ज्ञान-धारा में डालकर और सुन्दर तथा मोहक कर दिया है। उनके सम्बन्ध को पुरुष और प्रकृति का सम्बन्ध देखा। पुरुष और प्रकृति के नित्य सम्बन्ध की तरह उसे भी नित्य बतलाया। यदि इस अत्यन्त सुन्दर और मनोहर संयोग के पीछे यह ज्ञान-राशि न होता—यह चिरकालिक आत्म-संयोग न रहता, तो तृष्णा ही विवाह का परिणाम बनी रहती, और रूप के नष्ट होने के साथ उनके प्रति हुआ आकर्षण भी शिथिल पड़ जाता। संयोग कितना ही दिव्य कहा जाता, वह नश्वर जरूर रहता।

इस प्रकार दिव्यता और वेदान्त का सर्वत्र विचार है, सब विषयों पर, सब वस्तुओं पर। पर हमारे हिन्दी-साहित्य में अजीब तमाशा है। जिस पत्र में देखिए, वही दिव्यता और भारतीय संस्कृति के चीत्कार से फट रहा होगा। साथ ही वेदान्त के प्रति घृणा भी उतनी ही मात्र में होगी। इससे समझते हुए देर नहीं लगती कि चीत्कार करनेवाले दिव्यता को क्या समझते हैं, और क्या वेदान्त को। हमें प्रत्यक्ष अनुभव है, अनेक महाशयों को हम जानते हैं, जो वेदान्त के नाम से चिढ़ते हैं, और दिव्यता के नाम से उसी तरह गाल फुलाकर गम्भीर हो जाते, जैसे दिव्यता का चित्र देखा रहे हों! पर वेदान्त का ज्ञान न रहने से थोड़ी ही देर में, दिव्यता का वाष्प उड़ जाने पर, पूर्ववत् फिर पिचक जाते हैं। चिरकाल तक यह दिव्यता रहेगी, तो व्यापक आसुर शासक-प्रकृति का सिक्का मानकर सिर कौन झुकाएगा?—अत: बेचारे मुरझाकर रह जाते हैं।

वेदान्त निरवलम्ब ज्ञान के सिवा और कुछ नहीं। जड़-संयोग होने पर ज्ञान नहीं रह जाता, इसका अनुभव होना चाहिए। इसके अनुभव की क्रिया ही साधना है, और

अनुभव के पश्चात की स्थिति, संस्कृति की रक्षा, दूसरों के लिए है। तब उस मनुष्य के विचार किसी हद में, किसी स्वार्थ में नहीं बँधे रहते; तब वह विश्व-नागरिक और उसकी बातें यथार्थ विश्वजनीन होती हैं, उसकी क्रिया दिव्यगुण-युक्त।

साधारण लोग इसका अनुकरण या पुनर्वर्तन करते हैं, सत्य की प्राप्ति के लिए। वेदान्त स्वयं सत्य है, निर्लिप्त है, अक्लेद, अविनाशी, पूर्ण, ओत-प्रोत। दिव्यता के आईने से उसका प्रकाश अधिक मधुर देख पड़ता है। यों सभी सृष्टियों से उसकी झलक निकलती रहती है। दिव्यता का इतना ही महत्त्व है कि वह उस प्रकाश को बड़ी खूबसूरती से धारण कर सकती है।

जब केवल दिव्यता है, तब उसका परिणाम केवल उत्तम भोग है। इसीलिए देवता भोग-योनि हैं। मनुष्य देवताओं से बड़ा है, क्योंकि वह मुक्त हो सकता है, वह ज्ञान प्राप्त कर सकता है। हमारे शास्त्रों में जो निर्देश सब शुभाशुभ कर्मों का फल ब्रह्म में अर्पण करने का है, वह इसलिए कि केवल ज्ञान रहे, कर्मों का फल-भोग चला जाए। इसके द्वारा भी हमें मालूम हो जाता है कि हर कार्य के साथ हमारा ज्ञान का संयोग था, हमारे हर एक सुन्दर तालाब का बँधा हुआ पानी बहाव के जल से मिला हुआ था। आज वह बहाववाला जल नहीं रहा, इसीलिए वह सुन्दर सरोवर गन्दा हो गया है, और दूषित। उसे कोई दिव्यता नहीं परिष्कृत कर सकती, बहाव का वही वेदान्त-जल आवश्यक है।

वेदान्त निरवलम्ब, केवल ज्ञान है। अन्य ज्ञान सावलम्ब, इसीलिए दूषित एकांग हैं, पार्थिव हैं। सावलम्ब ज्ञान से संसार के कार्य चलते हैं। वे भूमिष्ठ हुए जीव की तरह सक्लेद हैं; वेदान्त मुक्ति की तरह निर्बीज। आजकल हमारे जितने सुधार, जितने परिवर्तन हो रहे हैं, उनकी जड़ में कोई बड़ी बात नहीं रहती। इसीलिए कार्य भी आवश्यकतानुसार नहीं होता। पर जिसमें ज्ञान होगा, उसके लिए किसी भी सुधार की आवश्यकता नहीं, बल्कि कहना चाहिए, जो जितने अंशों में अक्लेद है, वह उतने अंशों में सुधरा हुआ। सुधारक तो एक कीचड़ से निकलकर दूसरे कीचड़ में डालते हैं।

हिन्दोस्तान की स्वतंत्रता विलायती स्वतंत्रता नहीं हो सकती, नहीं होगी। विलायती दैशिक स्वतंत्रता के इन्द्रजाल से मुग्ध भारतीय उनका अनुकरण कर उसे प्राप्त नहीं कर सकते। प्राप्ति मौलिक उद्भव का दूसरा रूप है। विलायत के स्वतंत्र मनुष्य भी किस हद तक परतंत्र हैं, यह साधारण मनोविज्ञान का ज्ञाता भी समझ सकता है। यहाँ जिस तरह अनेक धर्मों का सागर समुद्वेलित है, यहाँ देश-धर्म कभी टिक नहीं सकता। कारण केवल भारत तमाम पृथ्वी नहीं बन सकता, अरब भारत में नहीं आ सकता।

पर ज्ञान-संयोग तमाम पृथ्वी, सूर्य-मंडल को भी पार कर जाता है। भारत को उस तरह के मनुष्यों की जरूरत है, जिनके पास केवल ज्ञान का महास्त्र है; जिन्हें मुसलमान परम प्रिय, ईसाई जिनका घनिष्ठ मित्र है, और जिनका धर्म प्रत्येक स्थिति से सर्वस्व-दान और इस तरह सर्वस्व-प्राप्ति है। उस सब कुछ पाए हुए को कोई चाह

नहीं रहती, और संसार के बड़े-बड़े स्वतंत्र देशों के मनुष्य भी उससे कुछ चाहने के लिए आते हैं, इस प्रकार पराधीन होकर। स्वतंत्रता के, मानवीय मुक्ति के यथार्थ बीज उसी के पास रहते हैं।

['सुधा' : मासिक, लखनऊ, जनवरी, 1931 (सम्पादकीय), असंकलित]

राजनीति के लिए सामाजिक योग्यता

भारत की जातीय राजनीति ने रुख बदल दिया है। इसे यहाँ की राजनीतिक अदूरदर्शिता भी कह सकते हैं। यहाँ के एक नेता ने अपर नेताओं का समर्थन करते हुए लिखा है कि उनकी राजनीतिक चालें बड़ी गहरी थीं। नाकामयाबी अख्तियार से बाहर की बात है। हम इसे केवल मन को समझ लेना समझते हैं। यह कोई तथ्यपूर्ण बात न हुई। अपनी गोटों को सुरक्षित न देखकर, उनके पिट जाने की बात न सोचकर एक उत्तरदायी चाल बढ़ा देना कोई राजनीतिज्ञता न हुई—यह गलती ही है।

इस राजनीतिक गलती का कारण हुआ उसकी सामाजिक दुर्बलता। घर में एक-दूसरे से अगर रहकर सभास्थल में मेल की गलेबाजी में कितनी जान है, यह देश में रहनेवाले विरोधी दल से छिपा नहीं है! बल्कि शासन के प्रारम्भ से हमारा जातीय विच्छेद ही हमारी कमजोरी का कारण रहा, और हम कल तक इसके सुधार के लिए न लगे। यह कारण आज भी हमारे सामने उसी रूप में है, और इसी का सुधार हमारा सब प्रकार का सुधार है।

हम बहुत पहले से कह रहे हैं, समाज का आमूल परिवर्तन जरूरी है। प्रकृति ने सदियों की पराधीनता से दबाकर भारत की जातीय उच्चता को नष्ट कर दिया है। अब सब एक ही जाति के हैं—शूद्र। वैश्य-शक्ति, राज-शक्ति और ब्राह्मण-शक्ति—तीनों यूरोप को गईं। हम इस बात को न समझकर, ब्राह्मण बनकर, भारतीय संस्कृति के एकच्छत्र सम्राट होकर भाइयों पर खोखली भारतीयता का रोब गाँठते रहे। अब उस भारतीयता से कैसा फल पैदा हुआ, वह सामने है, चखिए।

जो ब्राह्मण और क्षत्रिय अपनी वर्णोच्चता का ढोंग भी नहीं छोड़ सकते, अपने ही घर के अन्त्यजों को अधिकार नहीं दे सकते, भारतीयता के अँधेरे में प्रकाश देखने के आदी हैं, वे बिना दिये हुए कुछ पाने का विचार कैसे रखते हैं? उनकी सामाजिक नीचता 'समाज'-शब्द को, उन्नतिशीलता के अर्थ को कैसे पुष्ट कर सकती है? हमारी राजनीतिक दुर्बलता यहीं पर है। यहीं से हमें समाज—जातीय समाज—भारतीय समाज की नींव डालती है। उसी की मजबूती हमारे राष्ट्र की दृढ़ता है।

पहले हमारे नेताओं के केवल आर्थिक और राजनीतिक लक्ष्य थे, जिनका सहयोग

समाज के साथ न था। जो समाज पुराना, हारा हुआ है, वह कितनी भी प्राचीन विभूतियों से युक्त हो, वह नवीन युग के लिए मृत है। उसी से पहले हमें लड़ना था। लड़कर परास्त करना था। परास्त कर नये समाज को सजीव और बहुजनोंवाला बनाना था। तब हम राष्ट्र का पहला सोपान तय करते। इसी समाज से राष्ट्र को बल मिलता। यही समाज राष्ट्र का समाज है।

जो लोग यह तर्क उपस्थित करते हैं कि इस तरह भ्रष्टाचार पैदा होगा, वे मूर्ख हैं, फिर कहिए, हम फिर कहते हैं, वे मूर्ख हैं। अगर आप नहीं जानते, तो विश्वास कीजिए, वे मूर्ख हैं। जो मनुष्य देश के सभी मनुष्यों को अपने बराबर समझता है, वह अगर भ्रष्टाचार फैलाता है, तो मनुष्यों की उच्चता का, सदाचार का कोई प्रमाण नहीं।

धर्म के लिए भी कोई डर नहीं। हम लिख चुके हैं, बहुत बार अपने पाठकों से नम्र प्रार्थना कर चुके हैं कि जड़-विज्ञान आज ज्ञान के जितने ऊँचे सोपान पर स्थित है, उससे बराबरी करने, उसे परास्त करने में केवल आपका वेदान्त-ज्ञान ही समर्थ है। आप किसी स्थिति में रहकर वेदान्त के उपासक रह सकते हैं। वह मूर्ति-प्रेम नहीं, जिसे किसी महमूद की तलवार तोड़ सकती है, आपको दुखा सकती है। आपका प्रेम अविनश्वर है। यही आपको छोटों के पास ले जाकर उन्हें उठाने में शक्ति दे सकता है। यही व्यावहारिक वेदान्त है; यही भारत का सबसे बड़ा अस्त्र है। वीरो, छोटों को अपने बराबर कर लेने से बड़ा धर्म और कौन-सा है? जो बड़ा है, वही दूसरे को विद्या देकर, धन देकर, सहानुभूति देकर अपने बराबर कर सकता है। जो स्वयं छोटा है, वह क्या करेगा?

भारत की विशाल राष्ट्रीयता यही है। यहाँ हिन्दू-मुसलमान वाला सवाल नहीं। ऐसे मनुष्य को कोई हिन्दू या मुसलमान, धर्म-विशेष में कैद रहनेवाला मनुष्य, नहीं हजम कर सकता। आप ही सोचिए, ऐसे भाव को कोई 'पन' क्या अपने में मिला सकता है? आप समझें, सब 'पन' इसी भाव के आश्रय में हैं या नहीं?

इसलिए तोड़कर फेंक दीजिए जनेऊ, जिसकी आज कोई उपयोगिता नहीं, जो बड़प्पन का भ्रम पैदा करता है, और समस्वर से कहिए कि आप उतनी ही मर्यादा रखते हैं, जितनी आपका नीच-से-नीच पड़ोसी, चमार या भंगी रखता है। तभी आप महामनुष्य हैं। उसी क्षण आप ज्ञान-कांड के अधिकारी हैं। एक समाज आपको च्युत करेगा, तो आपको दूसरा समाज मिलेगा। उसी समाज से आप साबित कर सकेंगे, आप समाज से नहीं बढ़े, समाज आपसे बढ़ा है।

यहीं से राष्ट्र की वृद्धि है, शक्ति है, उत्थान है, गति है। सब सुधार, सारी शिक्षा, कुल वैमनस्य का प्रतिरोध यहीं है। आज का सच्चा भारतीय यही है।

मित्रवर, देश को ऐसे ही महापुरुषों, ऐसी ही महाशक्तियों की आवश्यकता है। यही लोग राजनीति की जड़ सुदृढ़ कर सकते हैं; त्याग, तपस्या तथा अध्यवसाय

द्वारा देश के मूर्खों को शिक्षा दे सकते हैं, समाज को राजनीति के लिए उपयुक्त बना सकते हैं, और सब भ्रम है, सारी बहस मिथ्या है, सारी स्कीम इन्द्रजाल है, सारा व्यक्तित्व दूसरों को गुलाम बनाने का बोझ है।

['सुधा' : अर्द्धमासिक, लखनऊ, 16 अगस्त, 1933 (सम्पादकीय)। असंकलित]

सामाजिक पराधीनता

नाली का मुँह बन्द हो जाने पर गृह में गन्दगी भर जाती है दूषित वायु से कलुषित हो स्वास्थ्य उत्तरोत्तर गिरता जाता है। फिर मकान के लोग मृत्यु के पल गिनते रहते हैं।

नवीन युग के पल पलक मारते हुए बहुत दूर चले गए, पर हमारा समाज वैसा ही अचल खड़ा रहा। इस ओर ध्यान देनेवाला अब कोई भी समाज-पति नहीं।

मैंने समाज-सम्बन्धी अपने पहले प्रबन्धों में लिखा है, म्लेच्छों के शासनाधिकार में समाज शूद्रत्व को प्राप्त होता है, और उस समय सभी वर्ण शूद्र हैं। केवल घर में ऐंठ दिखाने के लिए गुलामों की तरह, एक-दूसरे से बढ़कर होने की स्पर्द्धा करते हैं। कोई अंग्रेजी राज्य की सुविधा प्राप्त कर शूद्र से क्षत्रिय बन रहा है, कोई वैश्य से ब्राह्मण। ऐसा पहले भी हुआ है, पर इस समय शूद्रत्व ही हमारे समाज का प्रबल संस्कार है।

गांधी जी वैश्यत्व की प्रतिष्ठा के प्रथम महापुरुष, देश की आर्थिक स्थिति के सुधार के उद्योगी हैं। उनकी भूख मिटानेवाली देशव्यापी पुकार, देश का उनके साथ सहयोग साबित कर रहा है कि शूद्र अब द्विजत्व के प्रथमाधिकार के लिए सचेष्ट होने लगे हैं। वैश्य-शक्ति के उत्थान के बाद उन्हीं सजीव वैश्यों में क्षत्रियत्व और ब्राह्मणत्व का परिणाम होगा। तब तक आजकल के ब्राह्मणों और क्षत्रियों की क्या दशा होगी, यह कहा नहीं जा सकता। उत्थान के साथ सहयोग करनेवाले आजकल के ब्राह्मण और क्षत्रिय भी वैश्य-शक्ति के प्रतिपादक हैं, इसलिए मुख्यत: वैश्य ही हैं; शूद्र भी वैश्य हैं।

एक दूसरे दर्शन के विचार से प्रत्येक मनुष्य में चारों शक्तियों का सम्मेल रहता है। पाँचभौतिक शरीर की तरह चारों वर्णों के विभाग मनुष्य में एकत्र होते हैं, जिनका इच्छानुसार वह उपयोग करता रहता है। जिस वर्ग का आधिक्य देख पड़ता है, उसी कोटि में उसकी गणना की जाती है। मैं समझता हूँ, इस विचार से भी शूद्रत्व की पुष्टि होती है, क्योंकि मेधा ऐसी परिस्थिति में स्वतंत्र नहीं रह सकती, वह पराधीनता का बोझ रखकर अपनी सुविधा का विचार करती है। जहाँ कहीं भी जाइए, विचारों के ऐसे ही तारों से भारत बुना हुआ है, और वे जुलाहे शूद्रत्व को छोड़कर ब्राह्मणत्व और क्षत्रियत्व की कोटि में कभी नहीं आ सकते।

उदाहरणार्थ कलकत्ता, बम्बई, कानपुर और दिल्ली को लीजिए। यहाँ भारत के सब वर्णों के लोग मिलेंगे, सब पराधीन। समाज में ब्राह्मण कहलानेवाले लोग जूते तक की दुकान करते हैं। बालकराम शुक्ल सुर्ती और जर्दा के जहर से देश को जर्जर करने का इरादा गाँठकर, कामयाब होने पर भी, शुक्ल नहीं रह सकते। घर लौटकर पिता जी के श्राद्ध में जब वह दो हजार ब्राह्मणों को भोज देते हैं, और समाज के वर्तमान ब्राह्मणों के मनों में उनका शुक्लाम्बर और भी धाँत, निर्मल हो जाता है, तब तथ्य की कालिमा कहती है—मुझे समझो। इस तरह का कोई दूसरा रंग मुझ सूरदास की कमली पर चढ़ नहीं सकता। बात यह है कि यह सब 'अन्धेनैव-नीयमाना यथान्धा:' होता रहता है, और यहीं, ऐसी ही पराधीन वृत्तियों से भरी बातें हमारे समाज में देख पड़ती हैं, जिनका समर्थन पढ़े-लिखे लोग भी न समझकर करते रहते हैं। शहरों में सब वर्गों के लोगों की एक ही पराधीन वृत्ति गति है, जिसका दम्भ भी लोग आपस में बैठकर करते हैं। व्यवसाय और कर्माधिकार जुदा-जुदा होने पर भी वे शूद्रताजन्य हैं। किसी ने किताबों की दुकान खोली। छापने के लिए यंत्र की जरूरत यहाँ से पूरी नहीं हो सकती। डॉक्टरों की दवाएँ यहाँ की बनी नहीं। वकीलों को अपने कानूनों से काम नहीं लेना पड़ता। रेल, तार, यहाँ के नहीं।

सब लोग जानते हैं, अंग्रेजी पढ़ाने से लड़कों के खयालात बदल जाते हैं, वे आचार-भ्रष्ट हो जाते हैं। पर समर्थ सब लोग अंग्रेजी पढ़ाते हैं। यहाँ देख पड़ता है कि आचरण का उन्हें भानमात्र है, पर ऐंठ नहीं छोड़ते। लड़के कॉलेजों में अंडे, कबाब, कोफ्ते खाते हैं, घर में वह स्वतंत्रता नहीं। नहाकर, पैर धोकर चौके में जाओ, नहीं तो अलग कर दिये जाओगे, शादी न होगी। बाप-दादों का ऐसा भय भी है, और अंग्रेजी भी पढ़ाते हैं। यह कोई शृंखला न हुई। यह कोई आचरण, भारतीयता, शालीनता और सात्त्विकता नहीं, जिसकी अखबारों में सब लोग डींग हाँकते हैं। ऐसे भी आदमी हैं, जो अपने को सर्वश्रेष्ठ ब्राह्मण कहते हैं, दूसरे के हाथ का पानी भी नहीं पीते, पर दहेज अधिक मिलने के लोभ से लड़के को अंग्रेजी पढ़ाते हैं, और लड़का बाजार में कचालू खाया करता है, सुनकर भी नहीं सुनते। हाँ, दूसरे को सुनकर समाज-च्युत करने की सबसे ऊँची आवाज उठाएँगे।

शहर और देहात—सब जगह, समाज की एक ही-सी पतित अवस्था है। भारतीयता, दिव्यता और सतीत्व आदि की जितनी बातें हैं, दिखलाव हैं। सती-प्रथा की तरह सतीत्व-प्रथा के उठ जाने का और कानून बन जाए, तो और-और देशों की महिलाओं की तरह यहाँ की सीता और पार्वती देवियों के भी चित्र देखिए। छिपे तौर पर कितना पाप होता है, यह किसी भी आँख-कानवाले से छिपा नहीं। मैं जहाँ रहता हूँ, उसके एक ही कोस के अन्दर सतियाँ ससुर, जेठ, भाई और पिता तक के साथ पति-सम्बन्ध स्थापित होने पर कम हिचकीं। जो स्त्री पति की मृत्यु होने पर जल गई या कुएँ में गिरकर मरी, वह सती अवश्य थी, और ऐसी भी अवश्य हैं, पर बिलकुल

पश्चिमी विचार लड़ाने पर मालूम होता है कि वह चित्त का अस्थिरताजन्य रोग है, समाज द्वारा कोई दूसरा उपाय न रहने का भय है, एक बड़ी प्राकृतिक वैपरीत्य की प्रतिक्रिया है। जिस पुण्य का विचार किया जाता है, वह पाप होने के बाद होनेवाला एक परिणाम है; केवल पाप द्वारा एक जीवन बन नहीं सकता। जो यथार्थ सत्ता है, वह पाप और पुण्य से परे है। अस्तु, ऊपर कहे हुए समाज के महापाप भी ब्रह्मभोज द्वारा छिप जाते हैं। पर विधवा स्त्री फिर किसी प्रकार सधवा नहीं हो सकती। सीधे चलते हुए चक्र का परिक्रमण, परिवर्तन नहीं हो सकता। कारण, मूल में ज्ञान नहीं। अभ्यास ज्ञान नहीं बन सकता। शास्त्र का एक भी विधान समाज में नहीं रहा। पर इस समय का समाज यह मानने के लिए तैयार नहीं।

बात-बात में शास्त्रों की राय लेने की जो आदत बड़े-बड़े विद्वानों तक में देख पड़ती है, वह शास्त्रीय पराधीनता है। मनुष्य शास्त्रों से अपने अनुकूल विधान ही निकालता है। शास्त्रों में हर कानून की प्रतिकूलता देख पड़ती है। सच बोलना चाहिए, पर झूठ कहने के भी अवसर हैं। इस तरह के सविरोध शास्त्रों से यही शिक्षा मिलती है कि मनुष्य को अपनी मेधा के अनुसार ही काम करना चाहिए। यह बात समाज में नहीं देख पड़ती।

भारत में बहुत बड़े-बड़े सामाजिक परिवर्तन हुए हैं। मैं इसी युग की बात कह रहा हूँ। पर इससे अधिकांश जन निर्लाभ ही रह गए। वाचस्पति के व्याख्यान के महत्त्व में रुपयों का सुधार समाज के सुधार से बढ़कर रहा। आजकल स्त्री-धर्म में उसी तरह सतीत्व का प्रचार अपने प्यार के मूल्य में स्त्रियों को गुलाम बना लेने का इरादा है। पहले का प्यार ऐसे रहस्यमय ढंग से कहा गया है, जो बहुत जगह समझ में नहीं आता। प्यार सत है। वह यदि मृत पति पर स्थायी रहा, तो स्त्री दूसरा ब्याह कर नहीं सकती। प्यार की एकमुखी (Concentrated) रखकर मन तथा स्वास्थ्य का कल्याण कराना भी पहले के धर्माचार्यों का लक्ष्य रहा है। पर आजकल जैसा वायुमंडल है, जैसे परमाणुओं के बीच स्त्रियों को रहना पड़ता है, उनके भावात्मक सत का बोझ कुछ हल्का करने से मन और शरीर का कल्याण हो सकता है। बड़े-बड़े समाज-सुधारक ऐसा ही कहते हैं। महाराज दशरथ या वाजिद अली शाह की तरह यदि अनेक स्त्रियों का एक पति होना शास्त्र-संगत है, तो द्रौपदी की तरह एक स्त्री 25 पतियों से भी रति कर सकती है, और उसका प्यार मर नहीं सकता। हाँ, किसी एक के प्रति अधिक भले ही हो। हमारे पुरुषों को यह सब बहुत बुरा लगेगा, क्योंकि वे चाहते हैं, हम सबकी स्त्रियों की तरफ देखें, हँसी-मजाक करें, पर हमारी स्त्री दिन-रात हमारे ही ध्यान में डूबी रहे। ठीक मनुष्य की तरह, इतनी ही ऊँचाई पर ठहरकर विचार करने पर, चारित्रिक आकाश-कुसुम फिर पृथ्वी ही पर खुलेंगे और आदर्श का आकाश आकाश ही-सा शून्य बनकर प्रकाश-लेश-रहित हो जाएगा।

पहले की जो बातें हैं, उनमें बात थोड़ी और रहस्य अधिक है। इन्द्र के वास्तव-राज्य की कल्पना जितनी मजबूत है, उनके अंगों में सहस्र योनियों का होना जितना संगत है, प्राचीन आदर्श का सत्य भी जड़ प्रमाणों से उतना ही सविरोध। क्या एक आदमी के हजार योनियाँ हो सकती हैं? समझदार सभी कहेंगे, नहीं। साधारणजन कथा पढ़कर विश्वास कर लेते हैं। यदि विज्ञ भी उसी बहाव में बहते रहे, तो देश के उद्गार की यह विलम्बित गति द्रुत होने में दस हजार वर्ष और लेगी। रहस्य के द्वारा अथवा कल्पना के भीतर से एक हजार क्यों, एक लाख योनियाँ मनुष्य के केवल सिर पर सिद्ध की जा सकती हैं।

समाज की भूत संज्ञा है, रहस्य नहीं। उसका सुधार भूत या जड़ सुधार है। फिर जड़ को जब रहस्यमय बनना होगा, बन लेगा। जिसके पति नहीं है, उसको धार्मिक बातों से थोड़ी ही देर के लिए संन्यासी जी या धर्माचार्यों के प्रणीत ग्रन्थ बहला सकते हैं, फिर उसके अपने तथा परिपार्श्विक संस्कार पति-सहयोगवाले जब जगेंगे, तब कामदेव उस सत्साहित्य के शिव से भस्म होकर भी पुनर्विवाह किसी दूसरे पति या एकान्त के उपपति द्वारा कराकर छोड़ेंगे, क्योंकि वह अनंग हैं, और बिना मिलन-प्रसंग के मान नहीं सकते, उनकी प्रिया को ऐसा ही वरदान मिला है।

दुनिया-भर के पौराणिक खुराफात लोग मानते हैं, पर जीवन के सत्य को नहीं मानेंगे। इसकी क्या दवा है? यह मानते हुए, संस्कारजन्य एक कमजोरी है, प्रेमचन्द जी कहानियों में आदर्श की पुष्टि करते हैं। लिखते हुए आदर्श को बड़ा बतलाते हैं। मैं कहता हूँ, यह आदर्श वैसा ही सत्य है, जैसा सूर्य का वंश चला और रघु, दशरथ, रामचन्द्र पैदा हुए; चन्द्र का वंश चला और वसुदेव, कृष्ण पैदा हुए। लेकिन यह कितना बड़ा प्राकृतिक सत्य है? इसमें जड़-बोध की मात्रा कितनी है? अविवाहिता कुन्ती से सूर्य के रमण द्वारा कर्ण हुए। सब लोग मानते हैं। रोज महाभारत पढ़ते हैं। पूछिए, यह कैसा हुआ? फिर उत्तर कौन देता है? रहस्यवाद के भीतर से यह सब गद्य-पद्यों द्वारा सिद्ध करने का वायु-विकार मुझमें बहुत ज्यादा है, अतएव उत्तर माँगे हुए तरीके पर, सत्य साबित करते हुए, दीजिए। हमारे साहित्य में प्रेमचन्द जी स्वनामधन्य साहित्यिक हैं। वह आदर्श का पक्ष लेते हैं। मैं समझता हूँ, यदि उनकी अनमोल कृतियाँ वास्तव-सत्य (यद्यपि उनके आदर्श में यथार्थवाद ही प्रधान है) को लेकर समाज के दुष्परिणाम के रूप रँगकर चलतीं, तो साहित्य तथा समाज को और बड़ी-बड़ी वस्तुएँ मिली होतीं। अब इस काम के लिए दूसरे बड़े लेखक की आवश्यकता है। सुदर्शन जी लिखते हैं इस तरह। खैर, समाज यथार्थ तत्त्व चाहता है। तभी उसका सुधार होना सम्भव है।

अर्थ के दो भेद हैं : परमार्थ और स्वार्थ। एक की ऊर्ध्व गति है, दूसरे की अधः। एक केवल शब्दार्थ है, सर्वश्रेष्ठ आकाश-गुणजन्य उसकी परिणति तत्काल ईश में होती है, जो आकाश-रूप है; दूसरा जड़ार्थ है, जो समाज की ही तरह व्यवहारशील

है। रुपये की धातु को क्षिति-तत्त्व से आकाश-तत्त्व में परिणत करके शंकराचार्य ही 'तैलधारावन्निरवच्छिन्नं ध्यानं' की सिद्धि के लिए कह सकते हैं :

'अर्थमनर्थ भावय नित्यम्' वह संन्यासी थे, उनका यही कर्तव्य था। पर संसार के मनुष्य उस समय भी कहा करते थे :

टका धर्मः टका कर्म, टका हि परमो तपः,
यस्य गेहे टका नास्ति, 'हा टका' टकटकायते।

यह अर्थ के दो रूप, दो जगह, देखिए। एक का ऊर्ध्व, दूसरे का अधः।

जब संसार का दर्शन ही समाज की सार्थकता है, तब 'अव्यापारेषु व्यापारः' उसे नहीं करना चाहिए। सब प्रकार के अर्थों का हमारे समाज में अनर्थ है। इन अर्थों को आधुनिक सिद्ध-रूप देने में साहित्यिकों को बहुत साधना करनी पड़ेगी। संसार में रहनेवाला समाज ज्ञात या अज्ञात भाव से समस्त संसार के साथ सहयोग करता है। हमारा समाज इतना पिछड़ा हुआ, पतित और मृतकरूप हो रहा है कि वह घर ही में परस्पर सहयोग नहीं कर सकता। इसके मूल में वही प्राचीन शिक्षा है, जो एक वक्त संस्कार थी और अब कुसंस्कार। हमारे यहाँ साधुओं और गृहस्थों का गुरु-शिष्य-सहयोग अब भी है। यह और बुरा है, क्योंकि गुरुदेव घोर कलिकाल में रहकर भी बातचीत के समय सत्ययुग से एक पग इधर नहीं रखते। अधिकांश मूढ़—'गुरु ने जैसा घुखाया' वाले। कुछ अल्प-शिक्षित। सब-के-सब जातीय द्वेष भड़कानेवाले। इतने बड़े माया-जाल में फँसा हुआ समाज महान साधना के पश्चात् ही मुक्त हो सकता है।

अर्थ के लिए मैंने कहा है, देश के लोग अपना ही मांस नोच-नोचकर खाते हैं। कच्चा माल बेचने के सिवा यहाँ का कोई भी दूसरा बड़ा व्यवसाय नहीं। कुछ सिख वैदेशिक व्यवसाय करने गए थे। बारह-चौदह साल हुए। उनकी विपत्ति-कथा पठित जनों को मालूम होगी। यह दुर्बल देश अभी किसी सभ्य देश में मुँह नहीं दिखा सकता। घर में मुसलमान-द्वेष। भिन्न जातीयता, जो हिन्दुओं में ही भरी हुई है, उसकी तो बात ही नहीं। ऐसी दशा में सबसे पहले आवश्यक है,समाज की नाव का भारतीयता के शब्दार्थ का लंगर खोल दिया जाए। तभी डाँड़ चलाने की सुव्यवस्था होगी। नाव अपने अर्थ-व्यवसाय के घाटों में पहुँच सकेगी। हिन्दी में जो लोग भारतीयता और शालीनता आदि कुछ चुने हुए शब्दों के जिम्मेवार हो रहे हैं, चरित्र की रक्षा कराने का ईश्वर के यहाँ से अधिकार-सा लेकर अवतीर्ण हुए हैं, उनकी महान भारतीयता उनके लेखों में ही प्रांजल है। कंगन-हाथ को आरसी की जरूरत नहीं पड़ती!

लोग पूछेंगे, समाज का आदर्श फिर क्या होगा? मैं कहता हूँ, जो था, वही रहेगा; जो जैसा चाहेगा, उसका वही बन जाएगा; सिर्फ क्रियाओं, भावनाओं तथा आदान-प्रदान में प्रसार होगा। भलाई और बुराई, दोनों रहेंगी, रहती हैं, और हर आदमी दोनों के मातहत है। हाँ, किसी में भलाई ज्यादा है, किसी में बुराई। पर अगर उस बुराई

का रुख भलाई हो, तो वह भलाई है। समाज में रहन-सहन, खान-पान, विवाह आदि का कोई बँधा कानून नहीं रह सकता। यह गुलामी है।

प्रयाग में एक बहुत बड़े कान्यकुब्ज ब्राह्मण, सरकारी अफसर, प्रतिष्ठित सज्जन हैं। अभी उस दिन उनके यहाँ जनेऊ था। एक निमंत्रित मित्र के साथ मैं भी गया। देखा आलीशान बँगला, सामने फाटक, बगीचा। एक आँगन के ऊपर शामियाना तना था। उसके नीचे तृण से छाया मंडप! मंडप पहले गरीब ब्राह्मण छाया के लिए ही कुश आदि के आँगन में छाते थे। यहाँ विशाल मोटे शामियाने नीचे तृण का मंडप! यह कौन-सा स्वाँग था? ऐसे ही भारतीयता की रक्षा की जाएगी? सब जगह मूजी-मेखलाधारी नया ब्राह्मण-बालक छत्र-दंड आदि लिये काशी पढ़ने के अर्थ रवाना होता है। तब कोई उसे पकड़कर रुपया, दो रुपया देकर समझाता है—यहीं रहो, यहीं पढ़ जाओगे। फिर अगर वह बड़े बाप का लड़का हुआ, तो देखिए, घड़ी-भर बाद कमीज, वास्कोट, टाई, कोट, रिस्टवाच, सोने की चेन, मोजे-जूते डाटे हुए, हैट लगाए, निमंत्रित जनों का विस्मय बना बैठा हुआ है। जनेऊ के समय के दंडधर ब्राह्मण-बालक का दंड कहाँ चला गया? नहीं रखने की इच्छा, तो वह स्वाँग क्यों? यह भारतीयता और शालीनता समाज के सर्वोच्च कृत्य का एक विकसित रूप है! इसी तरह की और-और बातें हैं, जहाँ स्वभावत: मन विद्रोह कर बैठता है, जिनके निराकरण की जरूरत है। सुधार तो बहुत दूर की बात है। पहले आदमी बनाइए, सुधार तब होगा।

['सुधा' : मासिक, लखनऊ, जून, 1932 ('समाज' शीर्षक स्तम्भ में)।
'प्रबन्ध-प्रतिमा' में संकलित]

रूस की स्त्रियाँ

रूस ने नारी-जीवन में एक क्रान्ति की लहर उत्पन्न की है। बोल्शेविक क्रान्ति के पहले वहाँ स्त्रियों के साथ अत्यन्त अमानुषिकता का व्यवहार किया जाता था, उनकी दशा बड़ी ही शोचनीय थी। रूस के याकुटस्क-प्रान्त में तो स्त्रियों के बेचने तक का व्यवसाय होता था। इस सम्बन्ध में अधिक जानकारी के लिए हम यहाँ तक प्रकाशित लेख का कुछ अंश उद्धृत करते हैं :

"रूस में याकुटस्क एक प्रान्त का नाम है। यह प्रान्त क्षेत्रफल के हिसाब से बहुत बड़ा है। इसी प्रान्त में पहले स्त्रियों के बेचने का व्यवसाय होता था। स्त्रियों का मूल्य, उनकी अवस्था और सुन्दरता के अनुसार, तीस-बत्तीस पौंड आटा से लेकर तीस-चालीस पौंड मक्खन तक होता था। सुन्दर-से-सुन्दर स्त्रियाँ रूस के इस प्रान्त में थोड़े-से दामों अथवा नाज के बदले में मोल ले ली जाती थी। इन खरीदी हुई स्त्रियों का उनके मालिकों के ऊपर कोई अधिकार न होता था। खरीदार मालिक उन्हें स्त्री बनाता, उनसे मजदूरी करवाता और भोजन-वस्त्र देकर उनका पालन-पोषण करता था। इसके पश्चात् वह खरीदार, कुछ दिनों के पीछे, जब चाहता था, उस खरीदी हुई स्त्री को बेच सकता था। उस समय, जब लड़कियाँ अपने माँ-बाप के यहाँ रहती थीं, उनको अपने जीवन का कुछ ज्ञान न होता था। वे नहीं जानती थीं कि कब, कहाँ और किसके हाथों बेच दी जाएँगी, और इस प्रकार उनको अपने माता-पिता का घर छोड़कर चला जाना पड़ेगा। लड़कियों के माता-पिता उनके सयानी होने की प्रतीक्षा करते और सयानी हो जाने पर यथासम्भव अधिक मूल्य में बेचने का प्रयत्न करते थे। इन अभागिनी लड़कियों को अपने माता-पिता के घरों में भी कुछ सुख-सन्तोष का जीवन न मिलता था।"

रूस की वैवाहिक प्रथा और भी अधिक चिन्तनीय थी। लड़कियाँ अपने पिता के हाथों में कठपुतलियों की भाँति थीं। उन्हें अपने विवाह के सम्बन्ध में कोई भी अधिकार प्राप्त न था। पिता मनमाना धन लेकर जिसके साथ चाहे, उनका विवाह कर देता, वे चूँ तक न कर सकती थीं। अपने वैवाहिक जीवन में उन्हें 'पति की मोल ली हुई दासी' की तरह रहना पड़ता था। खाना पकाना, पानी भरना, वस्त्र धोना, कपड़े सीना, बच्चों का पालन-पोषण करना और खेतों में काम करना—यही

उनका रोज का कार्यक्रम था। सब प्रकार पति को प्रसन्न रखना उनका एकमात्र लक्ष्य था। तनिक-से अपराध पर पुरुष उन्हें कड़े-से-कड़े दंड दे सकते थे। वे कहीं भाग न सकती थीं। और यदि भागतीं, तो पुलिस उन्हें पकड़कर पुन: पतियों के हाथों सुपुर्द कर देती थी। पुरुषों को विवाह-सम्बन्ध विच्छेद का पूर्ण अधिकार था। वे उन्हें तनिक-सी बात पर रुष्ट होकर त्याग सकते थे। विरोध करना तो दूर रहा, वे बेचारी निगाह भी ऊपर न कर सकती थीं। पुरुषों की इच्छा के सम्मुख उन्हें समस्त इच्छाओं की बलि दे देनी पड़ती थी।

इस नारकीय दाम्पत्य जीवन की दुरवस्थाओं के कारण समाज में सर्वत्र व्यभिचार बढ़ गया था—वे समाज की आँखों में धूल झोंक अपने सतीत्व को नष्ट करती थीं। व्यभिचार द्वारा उत्पन्न बच्चे नदी-नालों, तालाबों आदि प्रच्छन्न स्थानों में फेंक दिये जाते थे। वेश्यालयों के अतिरिक्त कुछ ऐसे स्थान होते थे, जहाँ जवान, खूबसूरत बालिकाएँ घृणित उपायों द्वारा सतीत्व से भ्रष्ट की जाती थीं। ऐसे गुप्त संकेत-स्थल (Little Candle club) के नाम से प्रख्यात थे। जब किसी स्त्री का दुश्चरित्र प्रकट हो जाता, तो वह अपने घर से निकाल दी जाती थी, परन्तु व्यभिचारी, कामान्ध युवकों को कोई भी दंड न मिलता था।

रूस के इस कुत्सित, अत्याचारपूर्ण जीवन का अन्त में अन्त होकर रहा। यहाँ की भीषण बोल्शेविक राज्य-क्रान्ति ने दीन-दलितों का ही उत्थान नहीं किया, वरन् वहाँ की स्त्रियों में भी अभूतपूर्व जागृति उत्पन्न कर दी। आज रूस की स्त्रियों को संसार में अपना मस्तक ऊँचा करने का श्रेय प्राप्त है। उनकी नस-नस में विद्युत की-सी शक्ति प्रवाहित हो उठी है। क्रान्ति के पश्चात् सोवियत सरकार ने स्त्री-पुरुष के समान अधिकार घोषित किये। स्त्रियों में शिक्षा-प्रचार के लिए भरसक यत्न किया गया। उनमें जागृति उत्पन्न करने के लिए रूस में भिन्न-भिन्न प्रकार की संस्थाएँ स्थापित की गईं। अनेक पत्र-पत्रिकाओं का जन्म हुआ। उनकी शारीरिक, मानसिक तथा बौद्धिक उन्नति के लिए व्यायामशालाओं, क्लबों तथा पुस्तकालयों का आयोजन किया गया। देहातों में भी इन सब बातों का समुचित प्रबन्ध किया गया। कुछ ही दिनों में वहाँ की स्त्रियों का जीवन नवीन प्रस्फुटित कलियों की भाँति विकसित हो उठा। शिक्षा-प्राप्त स्त्रियाँ स्कूलों, दफ्तरों, कारखानों तथा अन्य स्थानों में पुरुषों के साथ-साथ, समान रूप से, समुत्साहित हो कार्य करने लगीं। उनमें स्वाधीन होने और कर्मशील बनने की उत्कट अन्तर्भावना अंकुरित हो उठी। वे निर्भय तथा स्वावलम्बी होकर रहना पसन्द करने लगीं। प्रत्येक स्त्री पत्र-पत्रिकाओं का पढ़ना, भिन्न-भिन्न कार्यवाहियों में भाग लेना तथा वाचनालयों में जाना अपना अनिवार्य कार्य समझने लगीं। देहात की स्त्रियों की उन्नति के लिए भी पूर्ण प्रयत्न किया गया। उनको सब प्रकार की सुविधाएँ दी गईं। खेती की उन्नति के लिए कृषि-संस्थाएँ खोली गईं, और नागरिक सभाओं तथा शासन-सम्बन्धी पंचायतों से उन्हें पूरा सहयोग प्राप्त हुआ।

फलत: देहातों में भी स्त्री-जीवन तथा स्त्री-व्यवसायों की व्यवस्था में नवीन स्फूर्ति पैदा हो गई। कारखानों में काम करनेवाली स्त्रियों और लड़कियों की समुन्नति में भी काफी प्रयत्न किया गया। उनके लिए टरेड्स स्कूल खोले गए, जहाँ उन्हें कारखानों के काम में विशेष योग्यता प्राप्त करने का समुचित प्रबन्ध किया गया। आजकल तो वे कारखानों में काम करने के समय में से आधा समय निकालकर इन स्कूलों में काम सीखती हैं। उन्हें छात्रवृत्ति भी मिलती है। इन सुविधाओं के कारण वे स्त्रियाँ, जो मजदूरी करके कठिनता से अपना बसर करती थीं, अधिक उपकृत हुईं।

सोवियत सरकार ने स्त्रियों के घरेलू जीवन में भी एक क्रान्ति उपस्थित की है। स्त्रियों का बहुत-सा अमूल्य समय बाल-बच्चों के पालन-पोषण में ही चला जाता था, और वे अपने सामाजिक तथा राजनीतिक जीवन को सुदृढ़ तथा समुन्नत नहीं बना सकती थीं। उनका बहुत-सा समय गार्हस्थिक चिन्ताओं में ही व्यतीत होता था। देश तथा समाज के लिए वे कुछ न कर सकती थीं। इस महान दोष से देश को मुक्त करने के लिए सोवियत सरकार ने बच्चों के पालन-पोषण और उनकी शिक्षा-दीक्षा का दायित्व अपने ऊपर ले लिया। महात्मा लेनिन के कथनानुसार : घर तथा बाहर, दोनों ही जिम्मेदारी स्त्री-पुरुष पर समान रूप से पड़ी। स्त्रियों ने पुरुषों के समान अपने अधिकार प्राप्त किये, और अब रूस के कोने-कोने में साम्यवादी सिद्धान्त का प्रभाव दिखलाई पड़ रहा है। सोवियत सरकार ने देश में ऐसे आश्रम बनाए हैं, जहाँ देश के प्रत्येक बच्चे का पालन-पोषण अत्यन्त ध्यानपूर्वक होता है। हर एक स्त्री-पुरुष अपने बच्चे को, पैदा होते ही, आश्रम में भेज देता है। वहाँ सब बच्चे स्वस्थ, नीरोग, शिक्षित तथा योग्य बनाए जाते हैं। माता-पिता स्वच्छन्दतापूर्वक अपना और काम देख सकते हैं। उन्हें अपने बच्चों के लालन-पालन की कोई भी फिक्र नहीं करनी पड़ती। रूस की नई सरकार इन बच्चों को देश और समाज का अंग और उनकी स्थायी सम्पत्ति समझती है। यही कारण है, रूस की शक्ति दिन-पर-दिन बढ़ रही है। अब कोई युवती कौमार्य अवस्था में पुत्रवती हो जाने से तिरस्कृत नहीं की जाती। उसकी वह सन्तान भी शिशुगृह में सावधानी से पाली जाती और बड़ी होने पर उसी की कहलाती है। उसे इस भूल के लिए आजीवन कष्ट नहीं झेलना पड़ता।

रूस की वर्तमान सोवियत सरकार ने वेश्यावृत्ति को अत्यन्त गर्हित कर्म करार दिया है। वह उसके विरुद्ध बड़ा प्रबल आन्दोलन कर रही है समाजप्रेमी स्त्री-पुरुष उसको निर्मूल करने के लिए जी-तोड़ परिश्रम कर रहे हैं। रूस में स्वास्थ्य और सदाचार के प्रसार के लिए बड़ी-बड़ी सभाएँ कायम की गई हैं। उन्हीं सभाओं के अन्तर्गत 'वेश्यावृत्ति-विरोधिनी केन्द्रीय समिति' (The central council to combat prostitution) की स्थापना की गई है। इसका फल यह हुआ कि अब रूस में वेश्याओं की संख्या दिन-पर-दिन घट रही है और वेश्यावृत्ति की भावना भी धीरे-धीरे नष्ट हो रही है।

इस प्रकार रूस में शिक्षा, सभ्यता, देशप्रेम और सदासार (सदाचार) का प्रचार प्रतिदिन बढ़ रहा है। सब स्त्री और पुरुष बिना किसी भेदभाव के सामूहिक रूप से सामाजिक तथा राष्ट्रीय नियंत्रण में दत्तचित्त हो रहे हैं। वे लोग इस मूल-मंत्र को समझ गए हैं कि "पुरुष और स्त्री का जीवन पूर्ण स्वतंत्रता और पूर्ण सहकारिता के भावों से ओत-प्रोत है।" तात्पर्य यह कि "स्त्री-पुरुष फूल और पौधे की भाँति परस्पर सम्बद्ध हैं। वे परस्पर विचारों की स्वाधीनता की निर्मल वायु में प्रेम और समुन्नति की वर्षा और धूप में ही पनप सकते हैं।" अत: हमारी भारतीय ललनाओं का यह कर्तव्य है कि वे भी रूस की स्त्रियों की भाँति उन्नतिशील बनें, और जहरीले अन्ध-परम्परा के बन्धन से मुक्ति प्राप्त कर वास्तविकता और शिक्षा की ओर अप्रतिहत वेग से अग्रसर हों, इसी में समाज तथा देश का कल्याण है।

['सुधा' : मासिक, लखनऊ, जुलाई, 1935 (सम्पादकीय)। असंकलित]

✪✪✪

अनूप बरनवाल 'देशबन्धु'

अनूप बरनवाल का जन्म 15 जुलाई, 1973 को आजमगढ़, उत्तर प्रदेश के ठेकमाँ बाज़ार में हुआ। उन्होंने तिलकधारी महाविद्यालय, जौनपुर से बी.एस-सी. व एल-एल.बी. की पढ़ाई की और एल-एल.बी. में विश्वविद्यालय स्तर पर सर्वोच्च स्थान हासिल कर गोल्ड मेडल प्राप्त किया। वे 1998 से इलाहाबाद हाईकोर्ट में वकालत कर रहे हैं। विधिक पत्रिका 'वायस ऑफ़ लॉ एंड जस्टिस' के संस्थापक हैं। इलाहबाद हाईकोर्ट द्वारा निकाले जा रहे 'इंडियन लॉ रिपोर्ट' के सम्पादन समूह के सदस्य हैं। उन्होंने संवैधानिक महत्त्व की कई जनहित याचिकाएँ दाख़िल की हैं। सुप्रीम कोर्ट ने उनकी जनहित याचिका (2015) में चुनाव आयोग के चुनाव आयुक्तों की चयन-प्रक्रिया को निष्पक्ष एवं स्वतंत्र बनाने के लिए त्रिस्तरीय समिति के गठन का ऐतिहासिक निर्णय दिया। समान नागरिक संहिता को लागू करने के लिए 'मिशन अनुच्छेद 44 : एक राष्ट्र, एक सिविल क़ानून' के संयोजक हैं।

उनकी प्रमुख कृतियाँ हैं—'समान नागरिक संहिता : चुनौतियाँ और समाधान', 'एक देश-एक चुनाव : भारत में नवनैतिक सुधार की सम्भावनाएँ', 'भारतीय संविधान की निर्माण-यात्रा', 'भारतीय भाषा में हाई कोर्ट की वकालत : न्याय को भाषायी आज़ादी', 'निर्माण-पुरुष डॉ. अम्बेडकर की संविधान यात्रा', 'भारतीय सिविल संहिता का सिद्धान्त', 'तीन तलाक़ की मीमांसा'।

उन्हें उत्तर प्रदेश हिन्दी संस्थान द्वारा राजनीति शास्त्र विधा के लिए 'गणेश शंकर विद्यार्थी पुरस्कार' (2019) और कानून विधा के लिए 'आचार्य परशुराम चतुर्वेदी पुरस्कार' (2018) से सम्मानित किया गया।

सम्प्रति : anoop.deshbandhu@gmail.com

भारतीय भाषा में हाई कोर्ट की वकालत

न्याय को भाषायी-आजादी

अनूप बरनवाल 'देशबन्धु'

लोकभारती पेपरबैक्स

लोकभारती पेपरबैक्स में
पहला संस्करण : 2024

लोकभारती पेपरबैक्स : उत्कृष्ट साहित्य के लोकप्रिय संस्करण

लोकभारती प्रकाशन
पहली मंजिल, दरबारी बिल्डिंग, महात्मा गांधी मार्ग प्रयागराज-211 001
शाखाएँ : 1-बी, नेताजी सुभाष मार्ग, दरियागंज नई दिल्ली-110 002
अशोक राजपथ, साइंस कॉलेज के सामने पटना-800 006
1, अनमोल सोराबजी सन्तुक लेन, मरीन लाइंस मुम्बई-400 002
वेबसाइट : www.lokbhartiprakashan.com
ईमेल : info@lokbhartiprakashan.com

विकास कम्प्यूटर एंड प्रिंटर्स
ट्रॉनिका सिटी-201 102
द्वारा मुद्रित

मूल्य : ₹350

BHARATIYA BHASHA MEIN
HIGH COURT KI VAKALAT
by Anoop Baranwal 'Deshbandhu'

ISBN : 978-81-979896-6-7

भारत रत्न

पुरुषोत्तम दास टंडन

को समर्पित

न्यायमूर्ति पंकज मित्थल
न्यायाधीश
उच्चतम न्यायालय, भारत

सत्यमेव जयते

4, तुगलक रोड
नई दिल्ली—110011
फोन : 011-2379 3636

प्राक्कथन

'भारतीय भाषा में हाई कोर्ट की वकालत' पुस्तक के माध्यम से न्याय की भाषा, उच्च न्यायालय में हिन्दी का प्रयोग और हिन्दी भाषा में प्रमुख निर्णयों को बहुत सुन्दरता से समझाया गया है। समाज में न्याय बहुत ही महत्त्वपूर्ण भूमिका रखता है और न्याय प्रणाली को समझाने व उससे जुड़ी सामग्री को व्यापक रूप से उपलब्ध कराने व समझने के लिए भाषा की भूमिका अत्यन्त महत्त्वपूर्ण है। पिछले चालीस वर्षों से भारतीय न्यायपालिका से जुड़े रहने के कारण मैं न्याय क्षेत्र में भाषा के उपयोग के महत्त्व को समझता हूँ। मेरा स्वयं का मानना है कि निजभाषा के प्रयोग के बिना न्याय अधूरा है और इसलिए जब सम्भव होता है, स्वयं इसका प्रयोग करने का प्रयास भी करता हूँ।

भारत में सैकड़ों स्थानीय भाषाएँ होने के बावजूद, हिन्दी इन सभी भाषाओं की प्रमुख भाषा है। अत: हमारी न्याय प्रक्रिया में हिन्दी का प्रयोग अत्यन्त महत्त्वपूर्ण है। इसका तात्पर्य यह नहीं कि हम अन्य भाषाओं की अनदेखी कर दें। न्याय क्षेत्र में हिन्दी का प्रयोग एक प्रासंगिक कदम है ताकि हर व्यक्ति को उसकी भाषा में न्याय प्राप्त हो सके जो समान अधिकार और संवैधानिक मूल्यों को सुनिश्चित कर सके।

स्वतंत्रता के लगभग 75 वर्ष बाद भी देश में नागरिकों को उनकी अपनी भाषा में न्याय नहीं मिल रहा है। अत: उच्च न्यायालय और सर्वोच्च न्यायालय स्तर पर दिये गए अंग्रेजी निर्णयों को जैसा आम नागरिकों को समझा दिया जाता है, वह मान लेते हैं। परन्तु मूल रूप से उन निर्णयों को स्वयं पढ़ने व समझने से वह वंचित रह जाते हैं। स्वतंत्रता के पश्चात अंग्रेजी भाषा को 10 वर्ष के लिए ही प्रयोग में रखने की संविधान में व्यवस्था की गई थी। परन्तु आज तक न्याय की भाषा अंग्रेजी ही बनी हुई है, यह बड़ी ही विडम्बना है। हमारा लक्ष्य अपने नागरिकों को सरल,

सुलभ और जनसाधारण की भाषा में न्याय दिलवाना है। अत: स्वाभाविक रूप से हिन्दी व क्षेत्रीय भाषा का प्रयोग अति आवश्यक है। कृत्रिम बुद्धिमत्ता (Artificial Intelligence) द्वारा अंग्रेजी निर्णयों का हिन्दी व अन्य भाषाओं में अनुवाद किया जाना अपने-आप में एक सराहनीय कदम है, परन्तु वह पर्याप्त नहीं है।

श्री अनूप बरनवाल जो द्वारा पुस्तक में उच्च न्यायालय में वादों की तैयारी से जुड़ी महत्त्वपूर्ण जानकारी दी गई है, जो किसी भी वकील, न्यायाधीश व वादकार के लिए अत्यन्त हितकारी व लाभकारी है। यह पुस्तक हमें हिन्दी भाषा के प्रयोग, प्रमुख निर्णयों की व्याख्या और उनके महत्त्व को समझने और हिन्दी भाषा किस प्रकार से न्याय के क्षेत्र में एक महत्त्वपूर्ण भूमिका निभा सकती है, के बारे में बहुत कुछ बताती है। यदि हमारा उद्देश्य लोगों की वास्तविक सेवा करने का है, तो जनगण की भाषा हिन्दी में ही उन्हें न्याय प्रदान करना हमारा कर्तव्य बनता है, उसी से हमारी न्यायपालिका 'जनता का न्यायालय' बन सकती है।

मुझे विश्वास है कि बरनवाल जी की यह पुस्तक न्यायपालिका के सन्दर्भ में हिन्दी भाषा में जानकारी प्रदान करके भारतीय समाज को समृद्धि प्रदान करेगी। यह पुस्तक पाठकों को उच्च न्यायालय में हिन्दी भाषा में वकालत करने के लिए प्रेरित व प्रोत्साहित करेगी और सभी लोगों के लिए सूचनाप्रद और शिक्षाप्रद होगी।

—पंकज मित्थल

न्यायमूर्ति पंकज मित्थल
न्यायाधीश
उच्चतम न्यायालय, भारत

सत्यमेव जयते

4, तुगलक रोड
नई दिल्ली—110011
फोन : 011-2379 3636

शुभकामना सन्देश

श्री बरनवाल जी,

आपकी पुस्तक 'भारतीय भाषा में हाई कोर्ट की वकालत' को पढ़कर मुझे अत्यन्त प्रसन्नता हुई। यह पुस्तक न केवल एक महत्त्वपूर्ण विषय पर आपके गहन अध्ययन और शोध का परिणाम है, बल्कि इसमें भारतीय न्यायपालिका में न्याय की भाषा, उच्च न्यायालय में हिन्दी के प्रयोग और हिन्दी भाषा में प्रमुख निर्णयों के बारे में भी बहुत सुन्दरता से दर्शाया गया है, जो कि लोगों के लिए अत्यधिक सहायक होगी।

इस पुस्तक में आपने बड़ी सरलता से विशेष अपील, प्रथम अपील, द्वितीय अपील, जमानत प्रार्थना-पत्र आदि के बारे में हिन्दी में समझाने का प्रयास किया है, जो कि आपके उत्कृष्ट लेखन को दर्शाता है। आपके इस योगदान से विश्वास है कि भारतीय कानूनी प्रक्रिया को समझने में लोगों को मदद मिलेगी।

आपके इस अनूठे कार्य और उत्कृष्ट लेखन के लिए मैं आपको हृदय से शुभकामना देता हूँ।

धन्यवाद,

—पंकज मित्थल

क्रम

अलग-अलग मुकदमों के मसौदे

भूमिका

न्याय-व्यवस्था का भाषायी भारतीयकरण

महान कानूनविद एवं राजनीतिज्ञ पुरुषोत्तम दास टंडन ने संविधान सभा के समक्ष भाषा सम्बन्धी प्रावधान पर बहस के दौरान संकल्प व्यक्त किया था कि 'पाँच वर्ष बीतते-बीतते हिन्दी-राज्यों के उच्च न्यायालय पूरी तरह हिन्दी में काम करना आरम्भ कर देंगे।' पाँच वर्ष की यह अवधि बीते 70 वर्ष से अधिक हो गए, किन्तु आज भी हम इस लक्ष्य से बहुत दूर हैं। आजादी के 78 वर्ष बाद भी हम उच्च न्यायालयों में अंग्रेजी भाषा के महिमामंडन के अधीन अपना कर्मजीवन जीने के आदी-से हो गए हैं और इस तरह कि पता ही नहीं चलता है कि हम न्यायिक कार्यों को लेकर अपनी ही मातृभाषा/मातृभूमि-भाषा के प्रति हीनभावना भी रखने लगे हैं।

कानून का एक छात्र जब उच्च न्यायालय में वकालत करने के लिए आता है, तो आज भी उसे यही बताया जाता है कि बिना अंग्रेजी भाषा के वह वकालत नहीं कर सकता है। उसे अंग्रेजी में मुकदमा तैयार करना होगा, अंग्रेजी में ही बहस करनी होगी, अंग्रेजी में निर्णय पढ़ने को मिलेंगे, अंग्रेजी में ही पुस्तक एवं जर्नल भी पढ़ने को मिलेंगे, इत्यादि-इत्यादि। इस कारण वह न केवल अंग्रेजी भाषा में कानून की शिक्षा ग्रहण करने के लिए, बल्कि उच्च न्यायालय में आकर अंग्रेजी भाषा में ही मुकदमा तैयार करने और बहस करने के लिए मजबूर है।

वर्ष 1998 में जब लेखक इलाहाबाद उच्च न्यायालय में वकालत करने आया, तो यहाँ मिले अंग्रेजी माहौल के कारण उसे भी अंग्रेजी भाषा में मुकदमे लिखवाना और बहस करना आसान-सा लगने लगा। अपनी मातृभाषा में वकालत करना कैसा होता है, आसान होता है या कठिन, यह सब महसूस करने का अवसर ही नहीं मिला। कभी-कभार अपनी मातृभाषा हिन्दी में मुकदमा तैयार करने की इच्छा हुई, किन्तु मजाक का पात्र बन जाने के भय से हिचकिचाहट बनी रही। एक तरह

से अपनी मातृभाषा को लेकर हीनभावना का शिकार हो जाने की स्थिति थी। इस भाषायी हिचक एवं हीनता से बाहर निकलने का मनोबल पहली बार तब मिला, जब 14 फरवरी, 2022 को इलाहाबाद उच्च न्यायालय की एक पीठ के समक्ष एक मामले में बहस के दौरान माननीय न्यायाधीश ने लेखक को हिन्दी भाषा में मुकदमा दाखिल करने का सुझाव दिया। लेखक ने भी माननीय न्यायाधीश से इसके लिए प्रयास करने का वादा किया। उस पल एक झटके में किये गए इस वादे से लेखक ने स्वयं को नैतिक रूप से बँधा महसूस किया है और इसी नैतिक बाध्यता के अधीन हिन्दी भाषा में मुकदमा दाखिल करना आरम्भ किया।

अपनी मातृभाषा को लेकर उपजी भाषायी हीनता को समाप्त करने और हिन्दी भाषा में मुकदमा दाखिल करने का आत्मबल प्रधानमंत्री नरेन्द्र मोदी के विचार से भी मिला, जिसे उन्होंने राज्यों के मुख्यमंत्री और मुख्य न्यायाधीश के 11वें संयुक्त सम्मेलन[1] के उद्घाटन अवसर पर व्यक्त किया था। शास्त्रवचन 'न्यायमूलं सुराजं स्यात्' का उल्लेख करते हुए मोदी जी ने कहा—'किसी भी देश में सुराज का आधार न्याय होता है। इसलिए न्याय जनता से जुड़ा होना चाहिए, जनता की भाषा में होना चाहिए। जब तक न्याय के आधार को सामान्य जनता नहीं समझती, उसके लिए न्याय और राजकीय आदेश में कोई फर्क नहीं होता है। ...एक बड़ी आबादी के लिए न्यायिक प्रक्रिया से लेकर फैसलों तक को समझना मुश्किल होता है। हमें इस व्यवस्था को सरल और आम जनता के लिए ग्राह्य बनाने की जरूरत है। हमें कोर्ट में स्थानीय भाषाओं को प्रोत्साहन देने की जरूरत है। इससे देश के सामान्य नागरिकों का न्याय प्रणाली में भरोसा बढ़ेगा, वह उससे जुड़ा हुआ महसूस करेगा। ...सामाजिक न्याय के लिए न्यायपालिका के तराजू तक जाने की ही जरूरत नहीं होती है, सामाजिक न्याय के लिए भाषा भी बहुत बड़ा कारण बन सकती है।'

इस अवसर पर भारत के तत्कालीन मुख्य न्यायाधीश न्यायमूर्ति एन.वी. रमन्ना ने न्याय व्यवस्था के भारतीयकरण पर जोर देते हुए कहा, 'उच्च न्यायालयों के कामकाज में स्थानीय भाषाओं को शामिल करने के लिए कई प्रत्यावेदन आए हैं। इन माँगों पर विचार करने और तार्किक निर्णय लेने का अब समय आ गया है। संवैधानिक न्यायालयों के समक्ष वकालत एक व्यक्ति की बौद्धिकता और कानूनी समझ पर आधारित होनी चाहिए, न कि मात्र उसकी भाषायी प्रवीणता पर।'

---

1. 30 अप्रैल, 2022

9 मार्च, 2024 को भारत के मुख्य न्यायाधीश न्यायमूर्ति डी.वाई. चन्द्रचूड़ द्वारा व्यक्त किया गया विचार[1] भी इस पुस्तक को आत्मबल प्रदान करता है। स्थानीय भाषा में फैसला दिये जाने पर बल देते हुए न्यायमूर्ति चन्द्रचूड़ ने कहा कि 'यदि मैं दिल्ली में बैठकर कोई निर्णय वकील या जज के लिए दे रहा हूँ, तो वो कठिन भाषा में हो सकता है, किन्तु यदि आम आदमी के लिए निर्णय कर रहा हूँ, तो निश्चित रूप से यह सरल भाषा में होना चाहिए।'

भारतीय भाषा समिति[2] द्वारा आयोजित एक कार्यशाला[3] में श्री चम्मू कृष्ण शास्त्री, श्री अतुल कोठारी और देश भर के तमाम विधिवेत्ताओं की उपस्थिति में लेखक ने यह पुस्तक लिखने का वादा किया था। इस पुस्तक को लिखने के पूर्व लेखक पहले खुद भी हिन्दी में मुकदमों की तैयारी करने का और न्यायालय के समक्ष प्रस्तुत करने का अनुभव प्राप्त करना चाहता था। वर्ष 2022-24 के दौरान लेखक ने हिन्दी भाषा में कई मुकदमे दाखिल किये जिनसे प्राप्त अनुभव इस पुस्तक को लिखने में बहुत मददगार साबित हुए। पुस्तक 'भारतीय संविधान की निर्माण यात्रा' को अन्तिम स्वरूप देने की व्यस्तता के कारण इस पुस्तक में कुछ विलम्ब हुआ। फिर भी सक्रिय वकालत में रहते हुए इस पुस्तक का पूर्ण होना लेखक के लिए सन्तोष की बात है।

इस पुस्तक के पहले अध्याय में राष्ट्रभाषा के महत्त्व और हिन्दी को राष्ट्रभाषा के रूप में विकसित करने की आवश्यकता को विमर्श का विषय बनाया गया है। इसके दूसरे अध्याय में उच्च न्यायालय में हिन्दी भाषा में कामकाज से सम्बन्धित संवैधानिक एवं कानूनी प्रगति पर और हिन्दी भाषा के लिए किये गए कार्यों पर और तीसरे अध्याय में हिन्दी भाषा में मुकदमों का मसौदा तैयार करने के तरीके पर विस्तार से चर्चा की गई है। पुस्तक में इसका विशेष ध्यान दिया गया है कि एक नवागन्तुक विधिवक्ता को भी उच्च न्यायालय के मुकदमों के बारे में सम्पूर्ण जानकारी मिले। पुस्तक के अन्त में कुछ मुकदमों के मसौदे को परिशिष्ट के रूप में संलग्न किया गया है। ये मसौदे लेखक द्वारा इलाहाबाद उच्च न्यायालय के समक्ष हिन्दी भाषा में दाखिल मुकदमों पर आधारित हैं। इन्हें पढ़ने के बाद समझा जा सकता है कि हिन्दी में वकालत करना उतना ही आसान है, जितना अंग्रेजी में है।

---

1. महाराजा गंगा सिंह विश्वविद्यालय, बीकानेर के ऑडिटोरियम मे।
2. केन्द्र सरकार के शिक्षा मंत्रालय द्वारा संचालित।
3. दिल्ली : 14 अक्टूबर, 2022

हिन्दी, तमिल, तेलुगू, मलयालम, कन्नड़, बंगाली, असमिया, ओड़िया, मराठी, गुजराती, पंजाबी, कश्मीरी जैसी भारतीय भाषाओं में वकालत करना, माँ की तरह अपनी मातृभाषा एवं मातृभूमि-भाषा का सम्मान करना है। इसे लेकर किसी तरह की हीनभावना रखना अनुचित एवं अमान्य है। 25 वर्ष की वकालत में अन्तिम अठारह महीनों के दौरान हिन्दी भाषा में की गई वकालत से प्राप्त अनुभव के आधार पर लेखक कह सकता है कि उच्च न्यायालय के स्तर पर भी भारतीय भाषा में मुकदमों की तैयारी करना और वकालत करना आसान है। जनमानस को उनकी समझ योग्य भाषा में न्याय मिले और न्याय को भाषायी आजादी मिले, इस दिशा में ईमानदारी से कार्य करना हम सभी की समाज एवं राष्ट्र के प्रति जिम्मेदारी और संविधान के प्रति जवाबदेही है। इसके लिए हमें सामूहिक प्रयास करने और संकल्पित होने की आवश्यकता है। उच्च न्यायालय के स्तर पर भाषायी आजादी पाने का यह संकल्प, उच्चतम न्यायालय (सुप्रीम कोर्ट) को भी अंग्रेजी से मुक्त कराकर सम्पूर्ण न्याय-व्यवस्था का भाषायी भारतीयकरण करने, और भाषायी एकता एवं भाषायी साम्यता को स्थापित करने का मार्ग प्रशस्त करेगा, जिसके लिए हमारे संविधान-निर्माताओं ने सपना देखा था।

विश्वास है कि यह पुस्तक, देश के सभी उच्च न्यायालयों के न्यायिक कामकाज में भारतीय भाषाओं को स्थापित करने में सफल होगी और सम्पूर्ण न्याय-व्यवस्था का भाषायी भारतीयकरण करने, और न्याय को भाषायी आजादी दिलाने और इसे सुराजमूलक एवं सामाजिक न्याय के अनुकूल बनाने की सिद्धि प्राप्त करने हेतु संकल्पवान होने में मदद करेगी।

—अनूप 'देशबन्धु'

1

न्याय की भाषा

किसी देश के निर्माण में उसकी भाषा का बहुत महत्त्व है। यह न केवल देश की सांस्कृतिक एकता और भौगोलिक अखंडता की दृष्टि से, बल्कि अन्तिम व्यक्ति को विकास की धारा से जोड़ने की दृष्टि से भी महत्त्वपूर्ण होता है। इसके बावजूद कि भारत, भाषा के मामले में विश्व का सबसे समृद्धशाली देश रहा है, ब्रिटिश हुकूमत के दौरान अंग्रेजी जैसी एक गैर-भारतीय भाषा को सरकारी कार्यालयों, न्यायालयों, शिक्षण संस्थाओं की आधिकारिक भाषा के रूप में स्थापित एवं संरक्षित किया गया। इसके कारण एक तरफ जहाँ कुछ मुट्ठी भर लोगों ने पूरी व्यवस्था पर वर्चस्व बना लिया, वहीं बहुसंख्य भारतीय समाज अपनी अंग्रेजी-अनभिज्ञता के कारण इस व्यवस्था से दूर और नैसर्गिक विकास से वंचित हो गया।

ब्रिटिश हुकूमत से आजादी मिलने के बाद आज भी अंग्रेजी, भारत के लगभग सभी उच्च न्यायालयों में पूरे ठाट-बाट के साथ अपना वर्चस्व बनाए हुए है। इस स्थिति को बदलने की आवश्यकता है या नहीं, इस पर चर्चा करना आवश्यक है।

अंग्रेजी या लोक-भाषा

'न्याय लोक-भाषा में ही होना चाहिए', वैश्विक स्तर पर मान्य यह विचार किसी भी तरह के विवाद से परे है। किन्तु भारत में न्याय की भाषा को लेकर एक अलग विचार गढ़ने का प्रयास किया गया और आजादी के 78 वर्ष बाद आज भी, कुछ अपवादों को छोड़कर, यह अनवरत जारी है। यहाँ आज भी यह बहस प्रासंगिक बनी हुई है कि न्याय की धाराएँ 2-3 प्रतिशत लोगों की अंग्रेजी भाषा में व्यक्त होनी चाहिए या 97-98 प्रतिशत लोगों की लोक-भाषा में। यह तब भी है जब इतने सालों बाद आज भी अंग्रेजी लोक-भाषा का स्थान नहीं बना पाई है। लोक-भाषा नहीं होने

के बावजूद न्यायपालिका में अंग्रेजी का वर्चस्व होना इसकी सामन्ती प्रवृत्ति को दर्शाता है, जिसका उल्लेख करते हुए महान समाजवादी चिन्तक डॉ. राममनोहर लोहिया कहते हैं—

> 'अंग्रेजी हिन्दुस्तान को ज्यादा नुकसान इसलिए नहीं पहुँचा रही है कि वह विदेशी है, बल्कि इसलिए कि भारतीय प्रसंग में वह सामन्ती है। आबादी का सिर्फ एक प्रतिशत छोटा-सा हिस्सा ही अंग्रेजी में ऐसी योग्यता हासिल कर पाता है कि वह उसे सत्ता या स्वार्थ के लिए इस्तेमाल करता है। इस छोटे से हिस्से के हाथ में विशाल जन-समुदाय पर अधिकार और शोषण करने का हथियार है अंग्रेजी। ...दुनिया में सिर्फ हिन्दुस्तान ही एक ऐसा सभ्य देश है जिसके जीवन का पुराना ढर्रा खत्म नहीं होना चाहता, जो अपने लगभग सभी सरकारी और दूसरे सार्वजनिक काम आज भी उस भाषा में करता है, जिसे 99 प्रतिशत लोग समझते तक नहीं। वास्तव में, दुनिया में और कोई ऐसा सभ्य अथवा असभ्य देश नहीं है, जो ऐसा करता है। हिन्दुस्तान को छोड़कर, अपने सार्वजनिक कार्य के लिए किसी भी देश ने अंग्रेजी को अपनाया है, वह तभी जब कि उसकी भाषाएँ प्राय: समाप्त हो गई हों और चाहे जितनी मिश्रित रूप में ही क्यों न हो, अंग्रेजी उनके बोल-चाल की भाषा बन गई हो।'[1]

आजादी के 78 वर्ष बाद आज जब यह स्पष्ट हो गया है कि अंग्रेजी जैसी भाषा भारत में लोक-भाषा का स्थान नहीं ले पाई है, और इस कारण भारत के उच्चतर न्यायालयों से इसे हटाया जाना आवश्यक है, तो एक स्वाभाविक सवाल निकलकर आता है कि न्यायालयों के सन्दर्भ में कौन-सी भाषा अंग्रेजी का स्थान ले सकती है। इस दृष्टि से देश के लिए किसी एक लोक-भाषा को राष्ट्रभाषा घोषित करने का सवाल महत्त्वपूर्ण हो जाता है।

नर्मद नाम से प्रसिद्ध गुजराती भाषा के महान कवि एवं समाजसुधारक नर्मदाशंकर लालशंकर दवे ने सर्वप्रथम वर्ष 1880 में हिन्दी को भारत की राष्ट्रभाषा बनाने का विचार रखा। कुछ ही वर्ष बाद बिहार में हिन्दी को सरकारी स्तर पर प्रतिष्ठित करने की दिशा में एक महत्त्वपूर्ण घटना घटित हुई। वर्ष 1886 में बांग्ला भाषा के विद्वान साहित्यकार भूदेव मुखोपाध्याय ने बिहार का इंस्पेक्टर ऑफ स्कूल रहने के दौरान न्यायालयों में फारसी के स्थान पर हिन्दी का प्रयोग करने का आदेश दिया। भूदेव की ही पहल पर हिन्दी भाषा में कई पाठ्य-पुस्तकें भी तैयार की गईं। इसी तरह महामना मदन मोहन मालवीय के नेतृत्व में 'नागरी प्रचारिणी सभा' द्वारा चलाए गए

1. लोहिया के विचार : लोकभारती प्रकाशन; पृष्ठ सं. 135

आन्दोलन (1898-1900) ने पश्चिमोत्तर प्रान्त[1] के न्यायालयों और स्कूलों में हिन्दी भाषा के लिए द्वार खोले। नागरी प्रचारिणी सभा के ही काशी अधिवेशन (1905) में मराठी भाषी लोकमान्य बाल गंगाधर तिलक ने देवनागरी को सभी भारतीय भाषाओं की सम्पर्क लिपि और हिन्दी को राष्ट्रभाषा बनाने का आह्वान किया। महात्मा गांधी ने 1918 में 'दक्षिण भारत हिन्दी प्रचार सभा' की स्थापना कर हिन्दी के लिए दक्षिण भारत में प्रवेश का मार्ग प्रशस्त किया। हिन्दी के राष्ट्रव्यापी स्वरूप को और मजबूती देने के लिए कांग्रेस ने 1930 के अधिवेशन में प्रस्ताव पारित किया कि देश के सभी अन्तरप्रान्तीय कार्य राष्ट्रभाषा हिन्दी में किये जाएँ। महात्मा गांधी की ही पहल पर पूर्वोत्तर राज्यों में हिन्दी के प्रचार के लिए बाबा राघवदास और गोपीनाथ बारदोलोई के नेतृत्व में 1938 में 'असम हिन्दी प्रचार समिति'[2] की स्थापना हुई।

किसी भाषा के भारत जैसे देश की राष्ट्रभाषा होने के लिए उसमें किन विशेषताओं का होना आवश्यक है, इसका जवाब देते हुए महात्मा गांधी निम्न पाँच विशेषताएँ बताते हैं—

1. अमलदारों के लिए वह भाषा सरल होनी चाहिए।
2. उस भाषा के माध्यम से भारतवर्ष का आपसी धार्मिक, आर्थिक एवं राजनीतिक व्यवहार हो सकना चाहिए।
3. यह जरूरी है कि भारतवर्ष के बहुत-से लोग उस भाषा को बोलते हों।
4. राष्ट्र के लिए वह भाषा आसान होनी चाहिए।
5. उस भाषा का विचार करते समय किसी क्षणिक या अल्पस्थायी स्थिति पर जोर नहीं देना चाहिए।

उक्त पाँच विशेषताएँ बताने के बाद महात्मा गांधी निष्कर्ष निकालते हैं कि अंग्रेजी भाषा में इनमें से एक भी लक्षण नहीं है। सवाल-जवाब करते हुए गांधी जी आगे कहते हैं—'तो फिर किस भाषा में ये पाँच विशेषताएँ मिलती हैं। हमें यह कबूल कर ही लेना होगा कि हिन्दी भाषा में ये सभी विशेषताएँ मौजूद हैं।'

महात्मा गांधी का उक्त विचार इसलिए और भी महत्त्वपूर्ण हो जाता है, क्योंकि उनकी अपनी मातृभाषा हिन्दी नहीं, बल्कि गुजराती थी। इसलिए राष्ट्रभाषा के सवाल पर उनका विचार बिलकुल निष्पक्ष है। दूसरी भारतीय भाषाओं को राष्ट्रभाषा के रूप में विकसित किये जाने की क्या गुंजाइश हो सकती है, इसकी भी जाँच-पड़ताल करते हुए महात्मा गांधी कहते हैं कि ये पाँच विशेषताएँ धारण करने में हिन्दी की होड़ करनेवाली

1. ब्रिटिश भारत का प्रशासनिक क्षेत्र (वर्तमान क्षेत्र उत्तर प्रदेश, उत्तराखंड, मध्य प्रदेश, राजस्थान, हिमाचल प्रदेश, हरियाणा, दिल्ली)
2. बाद में इसका नाम 'असम राष्ट्रभाषा प्रचार समिति' कर दिया गया।

दूसरी कोई भाषा नहीं है। हिन्दी के बाद का स्थान बांग्ला को प्राप्त है। तिस पर भी बंगाली भाई बंगाल के बाहर तो हिन्दी का ही प्रयोग करते हैं। हिन्दी बोलनेवाला जहाँ जाता है, वहाँ हिन्दी का ही उपयोग करता है और इससे किसी को आश्चर्य नहीं होता। हिन्दी बोलनेवाले धर्म-प्रचारक और उर्दू के मौलवी सम्पूर्ण हिन्दुस्तान में अपना व्याख्यान हिन्दी में ही देते हैं और अनपढ़ जनता भी उसे समझ लेती है। अनपढ़ गुजराती भी उत्तर भारत में जाकर हिन्दी का थोड़ा-बहुत इस्तेमाल कर लेता है, जबकि उत्तर का भैया बम्बई के सेठ की दरबानगिरी करता हुआ भी गुजराती बोलने से इनकार करता है और सेठ भैया के साथ टूटी-फूटी हिन्दी में बोलना शुरू कर देता है। मैंने देखा है कि ठेठ द्रविड़ प्रान्तों में भी हिन्दी की ध्वनि सुनाई पड़ती है। यह कहना ठीक नहीं कि मद्रास में तो सब काम अंग्रेजी से चलता है। मैंने तो वहाँ भी अपना काम हिन्दी में किया है। सैकड़ों मद्रासी मुसाफिरों को मैंने दूसरे लोगों के साथ हिन्दी में बोलते सुना है। ...इस प्रकार राष्ट्रीय भाषा के नाते हिन्दी भाषा का निर्माण हो चुका है।[1]

हिन्दी की उपेक्षा और इसके स्थान पर अंग्रेजी का वर्चस्व होने के कारण आर्थिक असमानता एवं वर्गभेद गहरा होगा, और देश का अन्तिम व्यक्ति स्वराज के वास्तविक लाभ से वंचित रहेगा, इस दृष्टिकोण से भी हिन्दी को राष्ट्रभाषा बनाए जाने पर बल देते हुए गांधी जी कहते हैं—

> 'अगर स्वराज अंग्रेजी बोलनेवाले भारतीयों का, उन्हीं के लिए होनेवाला हो, तो निस्सन्देह अंग्रेजी ही राष्ट्रभाषा होगी। लेकिन अगर स्वराज करोड़ों भूखों मरनेवालों, करोड़ों निरक्षरों, निरक्षर बहनों और दलितों व अन्त्यजों का हो और इन सबके लिए हो, तो हिन्दी ही एकमात्र राष्ट्रभाषा हो सकती है।'

गैर-हिन्दी भारतीय भाषाओं के हिन्दी से किसी तरह के टकराव या अन्तर्विरोध को नकारते हुए गांधी जी आगे कहते हैं—

> 'लोग ऐसा समझते हैं कि हम प्रान्तीय भाषाओं को नष्ट करके हिन्दी को सारे भारतवर्ष की एकमात्र भाषा बनाना चाहते हैं। इस गलतफहमी से भ्रमित होकर वे हमारे प्रचार का विरोध करते हैं। मेरा खयाल है कि हमें इस बारे में अपनी नीति स्पष्ट करके ऐसी गलतफहमियाँ दूर करनी चाहिए। मैं हमेशा से यह मानता रहा हूँ कि हम किसी भी हालत में प्रान्तीय भाषाओं को मिटाना नहीं चाहते। हमारा मतलब तो सिर्फ यह है कि विभिन्न प्रान्तों के पारस्परिक सम्बन्ध के लिए हम हिन्दी भाषा सीखें। ऐसा कहने से हिन्दी के प्रति हमारा कोई पक्षपात प्रकट नहीं होता।

1. हिन्दी नवजीवन, 15-12-1927

हिन्दी को हम राष्ट्रभाषा मानते हैं। वह राष्ट्रीय होने के लायक है। वही भाषा राष्ट्र भाषा बन सकती है, जिसे अधिसंख्यक लोग जानते-बोलते हों और जो सीखने में सुगम हो। ऐसी भाषा हिन्दी ही है।'

अंग्रेजी के मुकाबले हिन्दी को सीखना कैसे आसान, लाभदायक और राष्ट्रहित में है, इस पर चर्चा करते हुए बापू जी लिखते हैं—

'अगर कोई साधारण बंगाली हिन्दुस्तानी सीखने में रोज तीन घंटे खर्च करे, तो सचमुच ही दो महीनों में उसे सीख लेगा और इसी रफ्तार से द्रविड़ को सीखने में छह महीने लगेंगे। कोई बंगाली या द्रविड़ इतने समय में अंग्रेजी सीख लेने की आशा नहीं कर सकता। ...मैं आशा करता हूँ कि अगले कांग्रेस में बंगाल और मद्रास के भाई हिन्दुस्तानी का कामचलाऊ ज्ञान प्राप्त करके आएँगे। जिस भाषा को जनता के ज्यादा-से-ज्यादा लोग समझते हैं, हमारी सबसे बड़ी सभा उस भाषा में अपना काम न करे, तो यह जनता के लिए प्रेरणा की बात नहीं हो सकती। मैं द्रविड़ भाइयों की कठिनाई को समझता हूँ लेकिन मातृभूमि के प्रति उनके प्रेम और उद्यम के सामने कोई चीज कठिन नहीं।'[1]

आजादी के आन्दोलन के दौरान महात्मा गांधी जी के नेतृत्व में हिन्दी को राष्ट्रभाषा के रूप में स्थापित करने को लेकर लगभग आम सहमति थी। ऐसा करना न केवल देश की एकता और अखंडता की दृष्टि से, बल्कि आम लोगों के विकास की दृष्टि से भी महत्त्वपूर्ण था। किन्तु संविधान निर्माण के समय नेतृत्व के स्तर पर इससे अलग विचार भी मौजूद था जो कहीं-न-कहीं मैकाले की भारत को सांस्कृतिक गुलाम बनाए रखनेवाली सोच को पोषित करता था। भारत देश की राजनीतिक आजादी के बदले इस देश की सांस्कृतिक गुलामी का जो सपना मैकाले ने देखा था, उसका सबसे बड़ा माध्यम कुछ और नहीं बल्कि भाषा थी और यह भाषा कोई और नहीं, बल्कि अंग्रेजी भाषा थी।

अनुच्छेद 370 के अलावा भाषा सम्बन्धी प्रारूप भाग XIV-क (नियमित भाग XVII) ऐसा भाग है, जिसे न तो मसौदा समिति के अध्यक्ष डॉ. बी.आर. आंबेडकर ने प्रस्तुत किया और न इस पर हुई आम बहस में उन्होंने भाग लिया। इस तथ्य के अलग-अलग मायने निकाले जा सकते हैं। इसे उनको प्रावधान से असहमति के रूप में भी देखा जा सकता है। संविधान के भाषा सम्बन्धी प्रावधानों को लेकर डॉ. आंबेडकर की सहमति या असहमति को समझने के लिए उनके भाषा सम्बन्धी विचारों को जानना आवश्यक है।

1. यंग इंडिया; 2-2-1921

भारत की एकता के लिए डॉ. बी.आर. आंबेडकर हिन्दी को राष्ट्रीय भाषा के रूप में स्वीकार करने के पक्षधर थे। विभिन्न प्रान्तों में अलग-अलग राजकीय भाषा से पैदा होनेवाली प्रान्तीय राष्ट्रीयता के खतरे से सावधान करते हुए डॉ. आंबेडकर कहते हैं कि 'भाषावार प्रान्तों को बनाने में कोई खतरा नहीं है। खतरा प्रत्येक प्रान्त को इनकी राजकीय भाषा के साथ भाषावार प्रान्त बनाने में है क्योंकि बाद वाली स्थिति हमें प्रान्तीय राष्ट्रीयता की ओर ले जाती है। प्रान्तीय भाषा को राजकीय भाषा के रूप में प्रयोग करने से प्रान्तीय संस्कृति पृथक, कठोर एवं मजबूत बनती है। इसे होने देने की अनुमति देना खतरनाक है। ऐसी अनुमति देना प्रान्तों को प्रत्येक स्वरूप में पृथक व स्वतंत्र देश होने देने की अनुमति देना है, जो एकीकृत भारत को बर्बाद करने के रास्ते को खोलेगा।[1]

हिन्दी की हिमायत करते हुए डॉ. बी.आर. आंबेडकर आगे कहते हैं कि एक भाषा लोगों को एकीकृत करती है जबकि दो भाषाएँ निश्चित रूप से लोगों को बाँटती हैं। यह एक निष्ठुर नियम है। संस्कृति भाषा से संरक्षित होती है। चूँकि भारतीय लोग एकीकृत होना चाहते हैं और एक साझी संस्कृति बनाना चाहते हैं, इसलिए यह सभी भारतीयों का दायित्व है कि वे हिन्दी को अपनी भाषा माने।[2] डॉ. आंबेडकर के ये विचार सिद्ध करते हैं कि वह भाषा के राष्ट्रीय बोध के पैरोकार थे। शायद इसी कारण उनकी भाषा सम्बन्धी प्रावधान को लेकर तत्कालीन नेतृत्व से असहमति रही होगी, जिसके कारण उन्होंने न तो इस महत्त्वपूर्ण प्रावधान को प्रस्तुत किया और न ही इस पर हुई आम बहस में भाग लिया। यदि उन्हें भाषा सम्बन्धी प्रारूप बनाने की आजादी रही होती, तो शायद न तो हिन्दी का दूसरी भारतीय भाषाओं के साथ किसी तरह का अन्तर्विरोध पैदा होता और न ही हिन्दी को राष्ट्रभाषा की प्रतिष्ठा पाने के लिए आज 78 वर्ष बाद भी इन्तजार करना पड़ता।

एशिया महाद्वीप में 48 देश हैं जिनमें से भारत के अलावा किसी भी देश के राजकाज की मुख्य भाषा अंग्रेजी नहीं है। ईरान में फारसी; कतर, कुवैत, ओमान, यू.ए.ई. एवं बहरीन में अरबी; तुर्किए में तुर्की; चीन एवं ताइवान में मंडारिन; जापान में जापानी; कोरिया में कोरियन; इजराइल में हिब्रू; इंडोनेशिया एवं मलेशिया में बहासा; श्रीलंका में सिंहली और उज्बेकिस्तान में उज्बेक भाषा मान्य है। इसी तरह यूरोप के 44 देशों में से केवल दो देशों—यूनाइटेड किंगडम और जिब्राल्टर की मुख्य भाषा अंग्रेजी है,

1. राइटिंग एंड स्पीच (1) 105
2. राइटिंग एंड स्पीच (1) 145

बाकी 42 देशों की भाषा अंग्रेजी नहीं है। डेनमार्क में डेनिश; स्वीडेन में स्वीडिश; रूस में रूसी; जर्मनी में जर्मन; पोलैंड में पोलिश; इटली में इटैलियन; फ्रांस में फ्रेंच; वेटिकन सिटी में लैटिन और स्पेन में मुख्य भाषा स्पेनिश है। ये देश अंग्रेजी के बिना अपनी मातृभूमि-भाषा अपनाकर ही विकसित देश की श्रेणी में हैं। अंग्रेजी के वैश्विक भाषा होने का जो झुनझुना भारत के लोगों को पकड़ाया गया और इसे न जानने पर अविकसित/अक्षम हो जाने का जो खौफ इन्हें दिखाया गया, ऐसा कभी इन देशों में नहीं हुआ। ये सभी देश अपनी भाषाओं के साथ अपनी संस्कृति को सुरक्षित रखते हुए विकास कर रहे हैं।

फ्रेंच, स्पेनिश, मंडारिन और अरबी जैसी भाषाओं से कई गुना धनी होने के बावजूद हिन्दी भाषा संयुक्त राष्ट्र संघ से मान्य नहीं हो सकी। इसका प्रमुख कारण तत्कालीन ब्रिटिश हुकूमत का इस भाषा के प्रति दुराग्रह था। 1977 में अटल बिहारी वाजपेयी द्वारा बतौर विदेश मंत्री जब संयुक्त राष्ट्र संघ में हिन्दी भाषा में भाषण दिया गया, तो पहली बार वैश्विक समुदाय हिन्दी भाषा से रू-ब-रू हुआ। तब पहली बार किसी भारतीय भाषा को संयुक्त राष्ट्र संघ में अपने गौरव का एहसास हुआ। किन्तु आज भी हिन्दी, संयुक्त राष्ट्र संघ में अपना वास्तविक हक नहीं प्राप्त कर सकी है। हाँ, एक सकारात्मक बदलाव जरूर देखने को मिला है। चीन, जापान जैसे देशों की तरह अब भारत भी संयुक्त राष्ट्र संघ जैसे तमाम वैश्विक मंचों पर और अन्तरराष्ट्रीय द्विपक्षीय वार्ता के दौरान अनुवादक के साथ हिन्दी भाषा मे अपनी बात रखने के रास्ते पर चल दिया है। जिसे स्वयं प्रधानमंत्री नरेन्द्र मोदी आगे बढ़ा रहे हैं। इस वैश्विक नीति के कारण ही हिन्दी को अन्तरराष्ट्रीय मान्यता मिली है। इस बदलाव के न केवल वैश्विक सन्दर्भ में, बल्कि घरेलू सन्दर्भ में भी बहुत खास मायने हैं। जब एक तमिल-भाषी या कन्नड़-भाषी या मलयालम-भाषी या मराठी-भाषी या उड़िया-भाषी या बांग्ला-भाषी या असमिया-भाषी, किसी अन्तरराष्ट्रीय मंच पर अपने गुजराती मातृभाषा वाले प्रधानमंत्री को हिन्दी भाषा में सहजता के साथ संवाद स्थापित करते हुए देखता है, तो इसका उसके दिलो-दिमाग पर प्रभाव पड़ता है तथा मात्र अंग्रेजी न जानने के कारण उसके मन में बैठ चुकी हीनभावना भी समाप्त होती है कि अपनी भारतीय भाषा में अन्तरराष्ट्रीय स्तर के बड़े काम नहीं किये जा सकते हैं।

रूसी, स्पेनिश, फ्रेंच, जर्मन की तरह अंग्रेजी को एक भाषा के रूप में सीखने में कोई बुराई नहीं है, किन्तु शिक्षा एवं अनुसन्धान के माध्यम के रूप में, न्यायालयी एवं संसदीय कार्यवाही के माध्यम के रूप में, शासन एवं प्रशासन के माध्यम के

रूप में, अंग्रेजी को बनाए रखना और इसे लगातार प्रतिष्ठित एवं मजबूत करना मान्य नहीं हो सकता है। किसी भाषा का विरोध नहीं है। सवाल दिन-प्रतिदिन के शैक्षणिक-कार्यालयी-न्यायालयी कार्यों के भाषायी माध्यम का है। एक विदेशी भाषा का स्वतंत्र राष्ट्र के राजकाज और शिक्षा की भाषा होना सांस्कृतिक दासता है, जो बहुसंख्य समुदाय को समानता के अवसर से वंचित और एक छोटे से समुदाय को वर्चस्व में बने रहने में मदद करता है। ऐसी भाषायी व्यवस्था के रहते स्वराज आधा-अधूरा है, तो सुराज असम्भव है।

आज भी 98-99 प्रतिशत भारतीयों की मातृभाषा कोई-न-कोई भारतीय भाषा है। इसमें लगभग 44 प्रतिशत लोगों की मातृभाषा हिन्दी है, जबकि मात्र 0.02 प्रतिशत लोगों की मातृभाषा अंग्रेजी है। मूल अंग्रेजी-भाषी लोगों की यह संख्या उन लोगों से भी कोसों पीछे है, जिनकी मातृभाषा बंगाली (8.3 प्रतिशत), मराठी (7.09 प्रतिशत), तेलुगू (6.93 प्रतिशत), तमिल (5.89 प्रतिशत), गुजराती (4.74 प्रतिशत), उर्दू (4.34 प्रतिशत), कन्नड़ (3.73 प्रतिशत), उड़िया (3.2 प्रतिशत), मलयालम (2.97 प्रतिशत), पंजाबी (2.83 प्रतिशत), असमिया (1.3 प्रतिशत) है।[1]

मातृभाषा यानी माता-पिता का अनुकरण करके सीखी जानेवाली वह भाषा, जिसके माध्यम से हम मातृभूमि के आचार-विचार एवं संस्कार को जानते-समझते हैं। मातृभाषा के बारे में रवीन्द्रनाथ टैगोर जी कहते हैं कि जिस तरह हमने माँ की गोद में जन्म लिया है, उसी तरह मातृभाषा की गोद में जन्म लिया है, ये दोनों माताएँ हमारे लिए सजीव और अपरिहार्य हैं। इनके बिना न आनन्द मिलता है, न विस्तार होता है और न ही हमारी योग्यताएँ प्रफुल्लित होती हैं। मातृभाषा के महत्त्व को रेखांकित करते हुए भारतेन्दु हरिश्चन्द लिखते हैं, 'निज भाषा उन्नति अहे, सब उन्नति को मूल। बिन निज भाषा ज्ञान के, मिटै न हिय को शूल।' व्यापक सन्दर्भ में हिन्दी को देश की सामान्य भाषा (राष्ट्रभाषा) के रूप में स्वीकार करते हुए महर्षि अरविन्द घोष सलाह देते हैं कि 'लोग अपनी-अपनी मातृभाषा की रक्षा करते हुए सामान्य भाषा के रूप में हिन्दी को ग्रहण करें।' बिहार राज्य के सभी विभागों में कामकाज के लिए हिन्दी भाषा को अनिवार्य करने की ऐतिहासिक नीति लागू करनेवाले पूर्व मुख्यमंत्री जननायक कर्पूरी ठाकुर मानते थे कि अपनी मातृभाषा को सरकारी कामकाज की भाषा बनाकर ही तरक्की की जा सकती है। इस नीति को उत्तर प्रदेश में लागू करनेवाले पूर्व मुख्यमंत्री मुलायम सिंह यादव ने संसद जैसे संस्थानों में अंग्रेजी पर पाबन्दी लगाने की वकालत की।

1. 2011 की जनगणना के अनुसार

यदि न्यायपालिका से न्याय मिलने का भरोसा जनमानस को है, तो इसका बहुत बड़ा आधार 'समझयोग्य न्याय' है। यह समझयोग्य न्याय लोक-भाषा में ही सम्भव है। एक आम व्यक्ति जब अंग्रेजी में निर्णय पाता है और जब वह इसे समझने में स्वयं असमर्थ रहता है या जब उसे ऐसे निर्णय को समझने के लिए किसी अंग्रेजी-ज्ञाता का सहारा लेना पड़ता है, तो उसे न्याय न समझ पाने के कारण उतनी ग्लानि नहीं होती है, जितनी कि अंग्रेजी की अज्ञानता के कारण होती है ऐसी ग्लानि कई अन्य समस्याओं को पैदा करती है। उनमें से एक, अंग्रेजी माध्यम की शोषक शैक्षणिक व्यवस्था का कायम रहना भी है। इसलिए न्यायपालिका जैसी संस्था में अंग्रेजी का वर्चस्व होने का अर्थ है कि आप बाकी जगहों पर कितना भी भाषायी-सुधार के प्रयास कर लें, उनका विफल होना निश्चित है।

न्यायालयी एवं संसदीय कार्यवाही के साथ-साथ शैक्षणिक एवं अनुसन्धानिक संस्थानों में, शासन-प्रशासन के दिन-प्रतिदिन के कामकाज में लोक-भाषा का अधिक-से-अधिक प्रयोग करके इसे स्थापित किया जा सकता है। ऐसा करने से संस्थागत तौर पर अंग्रेजी का वर्चस्व अपने-आप समाप्त हो जाएगा। आज तक ऐसा नहीं हो पाने के लिए कानूनी-अड़चन कम, अपनी मातृभाषा के प्रति उपजी हमारी हीनभावना ज्यादा जिम्मेदार है। इसलिए कानूनी-अड़चन को समाप्त करने का सवाल कम, स्वयं की हीनभावना को समाप्त करने का सवाल ज्यादा है।

'भारतम' के रूप में हिन्दी : भाषायी एकता की बुनियाद

भाषा पर हुई चर्चा के दौरान डॉ. श्यामा प्रसाद मुखर्जी ने संविधान सभा के समक्ष 13 सितम्बर, 1949 को एक बहुत महत्त्वपूर्ण विचार व्यक्त किया था। हिन्दी साहित्य सम्मेलन के प्रस्ताव की याद दिलाते हुए डॉ. मुखर्जी ने कहा, 'मैं इस संविधान सभा में हिन्दी भाषी प्रान्तों का प्रतिनिधित्व कर रहे लोगों को याद दिलाना चाहूँगा कि जब हम हिन्दी को स्वीकार कर रहे हैं तो इसके बदले अपने ऊपर बहुत बड़ी जिम्मेदारी ले रहे हैं। मैं सुनकर खुश हुआ था, जब कुछ सप्ताह पूर्व हिन्दी साहित्य सम्मेलन द्वारा एक बैठक में प्रस्ताव पारित किया गया कि इन सभी हिन्दी भाषी प्रान्तों में एक या एक से ज्यादा दूसरी भारतीय भाषाओं के अध्ययन की बाध्यकारी व्यवस्था होगी। इसे पवित्र प्रस्ताव न बने रहने दें। यह देखना पंडित गोविन्द बल्लभ पन्त, बाबू पुरुषोत्तम दास टंडन, बाबू श्रीकृष्ण सिन्हा और पंडित रविशंकर शुक्ल पर निर्भर है कि अगले कुछ महीनों में इस व्यवस्था को, यदि

आवश्यक हो तो कानून बनाकर, लागू कराएँ।'[1] अगले दिन श्रीमती जी. दुर्गाबाई ने भी डॉ. मुखर्जी के इस विचार का समर्थन करते हुए कहा कि 'हम हिन्दी साहित्य सम्मेलन के प्रस्ताव को लागू किये जाने की प्रतीक्षा करेंगे।'[2]

डॉ. श्यामा प्रसाद मुखर्जी एवं जी. दुर्गाबाई के उक्त विचारों को सेठ गोविन्द दास के विचार से जोड़कर समझना आवश्यक है, जिसमें उन्होंने संविधान सभा के समक्ष 5 नवम्बर, 1948 को पहली बार हिन्दी को राष्ट्रभाषा घोषित करने की माँग की थी।[3]

संविधान सभा के समक्ष व्यक्त किये गए उक्त विचारों का आजादी के लगभग 75 वर्ष बाद आज भी पूरा न हो पाना दुर्भाग्यपूर्ण है। जहाँ हिन्दी को व्यावहारिक रूप से राष्ट्रभाषा बनाने के लिए हिन्दी साहित्य सम्मेलन के प्रस्ताव के तहत द्वि-भारतीय भाषा नीति को लागू करना आवश्यक है, वहीं देश की भाषायी एकता के लिए हिन्दी को राष्ट्रभाषा के रूप में सैद्धान्तिक मान्यता देना भी आवश्यक है। द्वि-भारतीय भाषा नीति के अन्तर्गत किसी-न-किसी एक गैर-हिन्दी भारतीय भाषा को अलग-अलग हिन्दी राज्यों/राज्यक्षेत्रों की द्वितीय राजभाषा के रूप में, और हिन्दी भाषा को सभी गैर-हिन्दी भाषी राज्यों की द्वितीय राजभाषा के रूप में मान्य करना होगा। यथा—राजस्थान राज्य में उड़िया भाषा, उत्तर प्रदेश पूर्वी राज्य-क्षेत्र में तमिल भाषा, उत्तर प्रदेश मध्य राज्य-क्षेत्र में असमिया भाषा, उत्तर प्रदेश पश्चिमी राज्य-क्षेत्र में मराठी भाषा, मध्य प्रदेश पूर्वी राज्य-क्षेत्र में कश्मीरी भाषा, मध्य प्रदेश पश्चिमी राज्य-क्षेत्र में पंजाबी भाषा, हरियाणा राज्य में बोडो भाषा, छत्तीसगढ़ राज्य में मलयालम भाषा, बिहार उत्तर राज्य-क्षेत्र नें कन्नड़ भाषा, बिहार दक्षिण राज्य-क्षेत्र में तेलुगू भाषा, झारखंड राज्य में गुजराती भाषा, हिमाचल प्रदेश राज्य में मणिपुरी भाषा, उत्तराखंड राज्य में कोंकणी भाषा, और दिल्ली राज्य में बंगाली भाषा।

हिन्दी भाषी राज्यों में गैर-हिन्दी भारतीय भाषाओं को द्वितीय राजभाषा के रूप में मान्यता देने के समक्ष सबसे बड़ी बाधा संविधान के अनुच्छेद 345 का प्रावधान है। यह अनुच्छेद राज्य को केवल अपने यहाँ प्रयुक्त होनेवाली किसी भाषा या हिन्दी को राजकीय उद्देश्य के लिए अपनाने की अनुमति देता है। इसके अन्तर्गत गैर-हिन्दी भाषी राज्य तो 'हिन्दी भाषा' को अपना सकते हैं, किन्तु एक हिन्दी भाषी राज्य, जहाँ किसी दूसरी गैर-हिन्दी भारतीय भाषा का प्रयोग नहीं किया जा रहा है, चाहते हुए भी किसी गैर-हिन्दी भारतीय भाषा को अपने यहाँ द्वितीय राजभाषा के रूप में

1. भारतीय संविधान की निर्माग यात्रा; पृष्ठ सं. 418
2. भारतीय संविधान की निर्माण यात्रा; पृष्ठ सं. 418
3. भारतीय संविधान की निर्माण यात्रा; पृष्ठ सं. 410

मान्य नहीं कर सकता है। इस तरह के प्रावधान से गैर-हिन्दी राज्यों में गलत सन्देश जाता है। इस सांविधानिक विसंगति को दूर करने की आवश्यकता है। हिन्दी राज्यों द्वारा गैर-हिन्दी भारतीय भाषा को द्वितीय राजभाषा के रूप में स्वीकार करने से हिन्दी, अपना विकास भारत की मिश्रित संस्कृति की अभिव्यक्ति के माध्यम के रूप में कर सकेगी।

हिन्दी के भाषायी विकासक्रम के दौरान इस भाषा ने अपने साथ दूसरी भाषाओं के अनगिनत शब्द आत्मसात किये हैं। इनमें संस्कृत, पालि, प्राकृत, दक्खिनी, मैथिली, अवधी, राजस्थानी, पंजाबी, गढ़वाली, उर्दू, बंगाली इत्यादि के शब्द शामिल हैं, तो फारसी, अरबी, अंग्रेजी, फ्रेंच, पुर्तगाली, यूनानी इत्यादि के भी। यह हिन्दी भाषा का समावेशी रूप है, जो इसकी उदारता के साथ-साथ समाहार शक्ति को भी दर्शाता है। हिन्दी का भाषायी विकासक्रम एक और स्वरूप में आगे बढ़ रहा है। चूँकि हिन्दी गैर-हिन्दी राज्यों में भी अपना स्थान बना रही है। अत: यहाँ की क्षेत्रीय भाषा का प्रभाव हिन्दी पर पड़ना स्वाभाविक है। इस कारण एक राज्य के क्षेत्रीय भाषा के शब्दों से ओतप्रोत क्षेत्रीय हिन्दी का विकास होना भी संभव है; जैसे असमिया में असमियानिष्ठ हिन्दी, गुजरात में गुजरातीनिष्ठ हिन्दी, कर्नाटक में कन्नड़निष्ठ हिन्दी, इत्यादि। भाषायी विकास की ये सभी धाराएँ हिन्दी को सर्वमान्य एवं राष्ट्रव्यापी बनाती हैं। संविधान के अनुच्छेद 351 की भी मंशा यही है कि हिन्दी सम्पूर्ण देश की मिश्रित संस्कृति की अभिव्यक्ति का माध्यम बने। इस मंशा के अनुरूप हिन्दी का विकास 'भारतम' भाषा के रूप में होना अवश्यम्भावी है। 'हिन्दी' की बुनियाद पर विकसित होनेवाली राष्ट्रभाषा 'भारतम (ब+ह+अ+र+त+म)' में बंगाली, भोजपुरी, पंजाबी, बोडो, बुन्देली का 'ब' है तो हिन्दी, हो, हल्बी का 'ह' भी है; इसमें असमिया, अंगामी, अवधी, अहिराणी का 'अ' है तो उड़िया, कश्मीरी, कन्नड़, गुजराती, कोंकणी, संस्कृत, उर्दू, गारो, डोंगरी, कोकबरोक का 'र' है; इसमें तमिल, तेलुगू का 'त' है, तो मराठी, मलयालम, नागपुरी, मिजो, मैथिली, नगामीज, मिशिंग, मिकिर, मुंडारी जैसी मातृभूमि-भाषाओं का 'म' भी है। राष्ट्रभाषा 'भारतम', न केवल सम्पूर्ण देश की मिश्रित संस्कृति की अभिव्यक्ति का माध्यम होगी, बल्कि भारत के लिए भाषायी एकता की बुनियाद भी तैयार करेगी।

2

उच्च न्यायालय में हिन्दी

1. संवैधानिक एवं कानूनी प्रावधान

उच्च न्यायालय और सर्वोच्च न्यायालय में न्यायिक कार्य के सन्दर्भ में भाषायी व्यवस्था भारतीय संविधान के अनुच्छेद 348 से संचालित होती है। इस अनुच्छेद का खंड (1) कहता है कि सर्वोच्च न्यायालय और प्रत्येक उच्च न्यायालय की समस्त कार्यवाही अंग्रेजी में होगी। खंड (1) की यह व्यवस्था संसद द्वारा बनाए गए कानून के अधीन है। अनुच्छेद 348 का खंड (2) आगे कहता है कि किसी राज्य का राज्यपाल, राष्ट्रपति की सहमति से उच्च न्यायालय की कार्यवाही में हिन्दी या उस राज्य की राजभाषा के प्रयोग की अनुमति दे सकता है। किन्तु खंड (2) का परन्तुक कहता है कि इस खंड की कोई बात उच्च न्यायालय द्वारा पारित किये जानेवाले निर्णय या आदेश या डिक्री पर लागू नहीं होगी। इस परन्तुक का प्रभाव यह है कि उच्च न्यायालय द्वारा केवल अंग्रेजी में निर्णय पारित करने की व्यवस्था को राज्यपाल भी प्रभावित नहीं कर सकता है।

अनुच्छेद 344 का प्रावधान राष्ट्रपति को ऐसे राजभाषा आयोग की नियुक्ति की शक्ति प्रदान करता है, जो हिन्दी को बढ़ाने, अंग्रेजी पर अंकुश लगाने, अनुच्छेद 348 के उद्देश्य हेतु प्रयुक्त होनेवाली भाषा के सम्बन्ध में संस्तुति करे। इसका खंड (4) आयोग की संस्तुति का परीक्षण करने के लिए एक तीस सदस्यीय भाषा समिति के गठन की बात करता है। राजभाषा आयोग की संस्तुति को आगे बढ़ाते हुए 27 अप्रैल, 1960 को राष्ट्रपति द्वारा आदेश जारी किया गया।[1] इस आदेश के खंड (12) के प्रथम पैरा के अनुसार—राजभाषा आयोग ने संस्तुति की कि जहाँ

1. नोटिफिकेशन संख्या 2/8/60-ओ.एल.; राजभाषा विभाग वेबसाइट।

तक सुप्रीम कोर्ट की भाषा का सम्बन्ध है, व्यवस्था परिवर्तन का समय आने पर सुप्रीम कोर्ट की भाषा अन्ततः हिन्दी होनी चाहिए। समिति ने इस संस्तुति को स्वीकार किया है। इसी खंड का द्वितीय पैरा कहता है कि हाई कोर्ट की भाषा के सम्बन्ध में आयोग ने क्षेत्रीय एवं हिन्दी भाषा के पक्ष-विपक्ष पर विचार किया और संस्तुति की कि व्यवस्था परिवर्तन का समय आने पर सभी क्षेत्र के हाई कोर्ट के निर्णय, आदेश एवं डिक्री की भाषा हिन्दी होनी चाहिए, किन्तु समिति ने यह भी विचार दिया कि हाई कोर्ट के निर्णय या आदेश या डिक्री के उद्देश्य के लिए हिन्दी और राज्य की क्षेत्रीय भाषा के वैकल्पिक प्रयोग हेतु आवश्यक विधान लाने सम्बन्धी प्रावधान, राष्ट्रपति की पूर्व सहमति से बनाए जा सकेंगे।

2. राजभाषा कानून : संवैधानिक लक्ष्य के खिलाफ

राष्ट्रपति आदेश, 1960 का खंड (12) हिन्दी को न केवल हाई कोर्ट में, बल्कि सुप्रीम कोर्ट में भी कामकाज की भाषा बनाने की संस्तुति करता है। यह न्याय का भाषायी भारतीयकरण करने की दिशा में एक क्रान्तिकारी कदम था। जिस कालखंड में यह संस्तुति की गई थी, वह अंग्रेजी हुकूमत के साथ-साथ अंग्रेजी भाषा की गुलामी से मुक्त हो जाने का सबसे उपयुक्त समय था। तब भाषायी गुलामी के खिलाफ उठाया गया कोई भी कदम एक स्वाभाविक बदलाव होता और इसे राजनीतिक आजादी की प्राप्ति का एक स्वाभाविक परिणाम माना जाता। तब यदि हमारे नीति-निर्माताओं ने कठोर निर्णय ले लिया होता, तो आज इस देश की न्यायिक व्यवस्था का भाषायी परिदृश्य कुछ और होता। यह ज्यादा सहज और लोकोन्मुखी होता। किन्तु एक लचर नीति के तहत राजभाषा अधिनियम, 1963 बनाया गया। इस कानून की धारा 3, संघ एवं संसद के कामकाज के लिए अंग्रेजी को 15 वर्ष बाद भी जारी रखने की छूट देती हैं। इस तरह अनुच्छेद 343 के अन्तर्गत जो अंग्रेजी मात्र 15 वर्ष तक के लिए मान्य थी, उसे इस कानून के माध्यम से अनन्तिम समयावधि के लिए स्थायी बना दिया गया।

राजभाषा अधिनियम ने एक तरफ जहाँ सुप्रीम कोर्ट ने भाषायी सुधार को लेकर मौन साध लिया, वहीं हाई कोर्ट के कामकाज के लिए अंग्रेजी को जारी रखने की छूट दे दी। यह कानून, राज्यों के राज्यपाल को राष्ट्रपति की सहमति से हिन्दी या क्षेत्रीय भाषा अपनाने की छूट इस तरह देता है मानो हिन्दी, अंग्रेजी की मात्र पिछलग्गू

हो। यह प्रावधान संविधान के अनुच्छेद 344 की मंशा और राजभाषा आयोग की संस्तुति के खिलाफ है।

3. उच्च न्यायालयों में भाषा सम्बन्धी व्यवस्था

निर्णय लेखन के सम्बन्ध में अनुच्छेद 348 के खंड (2) के परन्तुक द्वारा लगाई गई बाधा को राजभाषा अधिनियम, 1963 के माध्यम से कुछ हद तक दूर करने का प्रयास किया गया। इस अधिनियम की धारा 7 का प्रावधान, किसी राज्य के राज्यपाल को उच्च न्यायालय के निर्णय या आदेश या डिक्री में हिन्दी या राज्य की राजभाषा का प्रयोग करने की अनुमति देने की शक्ति प्रदान करता है। राज्यपाल इस शक्ति का प्रयोग राष्ट्रपति की सहमति से अधिसूचना जारी करके कर सकता है। इसके साथ यह शर्त भी लगाई गई है कि यदि निर्णय हिन्दी या अन्य राजभाषा में पारित किया जा रहा है, तो इसके साथ इसका अंग्रेजी में अनुवादित संस्करण भी संलग्न किया जाएगा। धारा 8 एक अन्य शर्त यह भी लगाती है कि संघ सरकार, अधिसूचना जारी करके उक्त प्रावधान को लागू करने की तिथि घोषित करेगी। इस प्रावधान के अनुक्रम में संघ सरकार ने अधिसूचना दिनांक 26.02.1970 जारी करके 7 मार्च, 1970 को धारा 7 का प्रावधान लागू करने की तिथि घोषित की।

7 मार्च, 1970 को धारा 7 लागू होने के बाद अभी तक केवल चार राज्यों के उच्च न्यायालय में हिन्दी को वैकल्पिक भाषा के रूप में अपनाने की छूट दी जा सकी है। ये उच्च न्यायालय—इलाहाबाद उच्च न्यायालय, राजस्थान उच्च न्यायालय, मध्य प्रदेश उच्च न्यायालय और पटना उच्च न्यायालय हैं। यद्यपि इन उच्च न्यायालयों में हिन्दी को वैकल्पिक भाषा के रूप में अपनाने की छूट तो दी गई, किन्तु धारा 7 के कारण हिन्दी में लिखे जानेवाले निर्णयों के लिए अंग्रेजी-अनुवाद रखे जाने की अव्यावहारिक व्यवस्था भी लागू कर दी गई।

इलाहाबाद उच्च न्यायालय

इलाहाबाद उच्च न्यायालय में पहली बार हिन्दी में बहस करने की छूट उत्तर प्रदेश के राज्यपाल द्वारा 1961 में अनुच्छेद 348(2) के अन्तर्गत अधिसूचना (Notification) जारी करके दी गई। किन्तु हिन्दी में बहस करने की यह छूट केवल आपराधिक

मामलों के लिए सीमित थी। पाँच वर्ष बाद 1966 में दूसरी अधिसूचना जारी करके यह छूट सिविल मामलों के लिए भी प्रदान कर दी गई। इसके उपरान्त उत्तर प्रदेश के राज्यपाल द्वारा अधिसूचना दिनांक 05.09.1969 जारी करके इसके माध्यम से इलाहाबाद उच्च न्यायालय में दाखिल होनेवाले शपथ-पत्र और उसकी कार्यवाही में शामिल किये जानेवाले बयानों और दस्तावेजों में हिन्दी का प्रयोग करने की छूट दी गई। यह छूट दो शर्तों के अधीन प्रदान की गई—पहली, कोई भी खंडपीठ अंग्रेजी-अनुवाद दाखिल करने का निर्देश दे सकती है और दूसरी, यदि किसी निर्णय में हिन्दी के किसी अभिवचन या बयान या दस्तावेज को शामिल किया जा रहा है, तो उसके तुरन्त बाद इसके अंग्रेजी-अनुवाद का उल्लेख किया जाएगा।

राजभाषा अधिनियम, 1963 की धारा 7 लागू होने के उपरान्त उत्तर प्रदेश के राज्यपाल ने राष्ट्रपति की सहमति से अधिसूचना दिनांक 28.10.1970 जारी करके इलाहाबाद उच्च न्यायालय में कोई निर्णय या आदेश पारित करने या डिक्री बनाने में हिन्दी का प्रयोग करने की अनुमति इस शर्त के अधीन दे दी कि ऐसे निर्णय/आदेश/डिक्री के साथ इसका अंग्रेजी-अनुवाद संलग्न होना आवश्यक है।

राजस्थान उच्च न्यायालय

संविधान लागू होने के पूर्व 1949 में राजस्थान में उच्च न्यायालय अध्यादेश जारी हो गया था। इस अध्यादेश की धारा 47 के अनुसार उच्च न्यायालय की सभी कार्यवाही देवनागरी लिपि में लिखित हिन्दी में होगी, जो न्यायालय की भाषा होगी। इसके साथ एक परन्तुक जोड़ा गया था, जिसके अनुसार किसी मामले की सुनवाई कर रहे न्यायाधीश के हिन्दी भाषा से अनजान होने पर कार्यवाही अंग्रेजी में की जा सकेगी।

संविधान लागू होने के बाद 14 फरवरी, 1950 को राजस्थान सरकार द्वारा एक अधिसूचना जारी की गई। इस अधिसूचना के अनुसार, भारतीय संविधान के अनुच्छेद 348(2) के अनुक्रम में महामहिम राजप्रमुख, भारत के राष्ट्रपति की सहमति से, राजस्थान उच्च न्यायालय में हिन्दी भाषा का प्रयोग करने के लिए प्राधिकृत कर सकते हैं, जैसा इस खंड के अन्तर्गत अनुमन्य है।

7 मार्च, 1970 को राजभाषा अधिनियम, 1963 की धारा 7 के प्रावधान लागू होने के बाद राजस्थान के राज्यपाल ने राष्ट्रपति की सहमति से आदेश दिनांक 17.02.1971

निर्गत किया। इस आदेश के माध्यम से राजस्थान उच्च न्यायालय में निर्णय, डिक्री या आदेश पारित करने के लिए अंग्रेजी के अलावा हिन्दी का वैकल्पिक प्रयोग करने की अनुमति प्रदान की गई। यह अनुमति इस शर्त के साथ है कि हिन्दी में पारित ऐसे किसी निर्णय, डिक्री या आदेश के साथ इसका अंग्रेजी-अनुवाद संलग्न किया जाएगा।

मध्य प्रदेश उच्च न्यायालय

मध्य प्रदेश उच्च न्यायालय में हिन्दी का प्रयोग करने के सम्बन्ध में मध्य प्रदेश के राज्यपाल ने राष्ट्रपति की सहमति से अधिसूचना दिनांक 18.09.1971 जारी किया। मध्य प्रदेश उच्च न्यायालय में निर्णय, आदेश एवं डिक्री पारित करने के अलावा बाकी सभी कार्यवाही के लिए हिन्दी का प्रयोग करने की छूट निम्न शर्तों के अधीन प्रदान की गई—

1. उच्च न्यायालय की किसी पीठ की इच्छा होने पर, उसके द्वारा हिन्दी में दाखिल शपथ-पत्र, बयान या दस्तावेजों का अंग्रेजी-अनुवाद करने के लिए आदेश पारित किया जा सकता है।
2. किसी निर्णय में हिन्दी भाषा के अभिवचन या बयान या दस्तावेज का उल्लेख होने पर इसका अंग्रेजी-अनुवाद दाखिल किया जाएगा।

पटना उच्च न्यायालय

राजभाषा अधिनियम, 1963 की धारा 7 का प्रावधान लागू होने के लगभग दो वर्ष उपरान्त बिहार के राज्यपाल ने राष्ट्रपति की सहमति से पटना उच्च न्यायालय में हिन्दी का प्रयोग करने के सम्बन्ध में अधिसूचना दिनांक 09.05.1972 जारी की। तीन खंड वाली इस अधिसूचना के अनुसार पटना उच्च न्यायालय के समक्ष (1) दीवानी और फौजदारी मामलों में बहस हेतु (2) शपथ-पत्र सहित आवेदन प्रस्तुत करने हेतु और (3) कोई निर्णय या आदेश या डिक्री पारित करने हेतु हिन्दी भाषा को वैकल्पिक प्रयोग करने के लिए प्राधिकृत किया गया। खंड (2) हेतु आवेदन प्रस्तुत करने के लिए दो अपवाद भी शामिल किये गए—पहला यह कि भारतीय संविधान के अनुच्छेद 226 और 227 के अन्तर्गत प्रस्तुत किये जानेवाले आवेदनों के लिए अंग्रेजी का प्रयोग किया जाता रहेगा और दूसरा यह

कि टैक्स रेफरेंस से सम्बन्धित आवेदन भी केवल अंग्रेजी में प्रस्तुत किये जाते रहेंगे। खंड (3) के लिए एक अपवाद यह भी शामिल किया गया कि हिन्दी में निर्णय, डिक्री या आदेश पारित किये जाने की स्थिति में इसका अंग्रेजी-अनुवाद भी संलग्न किया जाएगा।

झारखंड उच्च न्यायालय

15.11.2000 के पूर्व तक झारखंड राज्य, बिहार राज्य का भाग हुआ करता था और पटना उच्च न्यायालय के न्यायिक क्षेत्राधिकार के अन्तर्गत आता था। अलग राज्य बनने के बाद यद्यपि इस राज्य में हिन्दी को राजभाषा के रूप में स्वीकार किया गया, किन्तु झारखंड उच्च न्यायालय में न्यायिक कार्य की भाषा के रूप में लागू नहीं किया जा सका। हिन्दी को झारखंड उच्च न्यायालय के न्यायिक कामकाज की भाषा के रूप में स्थापित करने के लिए झारखंड राज्य के तत्कालीन राज्यपाल श्री रमेश बैस द्वारा देश के राष्ट्रपति के नाम 16.12.2022 को पत्र लिखा गया। इस पत्र में श्री रमेश बैस ने लिखा है कि—झारखंड जैसे राज्य के उच्च न्यायालय में कानूनी प्रक्रियाओं का माध्यम अंग्रेजी होना न्याय को आम आदमी की समझ एवं पहुँच से दूर बनाता है। अनुच्छेद 348(2) का उल्लेख करते हुए बैस ने आगे लिखा कि चूँकि अब हिन्दी झारखंड की राजकीय भाषा है, इसलिए इसे उच्च न्यायालय की कार्यवाही की भाषा घोषित करना संविधान के प्रावधानों के अनुरूप होगा।

4. हिन्दी भाषा के प्रयोग के सम्बन्ध में प्रमुख निर्णय

राजभाषा अधिनियम, 1963 की धारा 7 का प्रावधान केवल न्यायालयों के निर्णय के सम्बन्ध में हिन्दी के वैकल्पिक प्रयोग की छूट देता है। यह छूट भी इस शर्त के अधीन है कि इन निर्णयों के साथ अंग्रेजी-अनुवाद संलग्न किया जाएगा। दूसरे अन्य महत्त्वपूर्ण विषयों, जैसे मुकदमों का दाखिला या न्यायालय के समक्ष बहस हिन्दी भाषा में हो सकेगी या नहीं, पर यह अधिनियम मौन है। यह एक कानूनी रिक्ति है जिससे उपजे भ्रम के निवारण के लिए सुप्रीम कोर्ट एवं हाई कोर्ट के समक्ष समय-समय पर मामले आते रहे हैं और इन पर निर्णय भी हुए हैं। इन महत्त्वपूर्ण निर्णयों की चर्चा करना आवश्यक है।

सुप्रीम कोर्ट एवं मध्य प्रदेश हाई कोर्ट के निर्णय

मध्य प्रदेश उच्च न्यायालय के समक्ष 1980 में एक चुनाव याचिका (देवीलाल का मामला[1]) हिन्दी भाषा में दाखिल की गई। इस याचिका को अंग्रेजी में न होने के आधार पर खारिज करने के लिए प्रार्थना-पत्र प्रस्तुत किया गया। उच्च न्यायालय ने आदेश दिनांक 21.02.1981 पारित करके इस प्रार्थना-पत्र को खारिज कर दिया। इसी तरह दो अन्य चुनाव याचिकाएँ (जयभानसिंह का मामला[2] और बदन सिंह रघुवंशी का मामला[3]) मध्य प्रदेश हाई कोर्ट की ग्वालियर पीठ के समक्ष हिन्दी भाषा में दाखिल की गई। इन याचिकाओं पर अंग्रेजी में नहीं दाखिल होने के आधार पर आपत्ति की गई। इन आपत्तियों को स्वीकार करते हुए उच्च न्यायालय ने चुनाव याचिका खारिज कर दी। बदन सिंह रघुवंशी मामले में देवीलाल के निर्णय को 'पेर इन्क्यूरियम' घोषित कर दिया गया। ऐसा ही विवाद-विषय मध्य प्रदेश उच्च न्यायालय की इन्दौर पीठ के समक्ष जगदीश रोकड़े के मामले[4] में भी उठा। इस मामले में उच्च न्यायालय ने उस आपत्ति को खारिज कर दिया, जिसके माध्यम से चुनाव याचिका को अंग्रेजी में न होने के आधार पर निरस्त करने की माँग की गई थी। उच्च न्यायालय के इस आदेश के खिलाफ यह मामला सुप्रीम कोर्ट पहुँचा।

अपने ऐतिहासिक निर्णय में सुप्रीम कोर्ट के न्यायमूर्ति ए.एस. आनन्द, न्यायमूर्ति आर.सी. लाहोटी और न्यायमूर्ति शिवराज वी. पाटिल की पीठ ने देवीलाल के निर्णय को मान्य करते हुए कहा कि हाई कोर्ट नियमावली के नियम (2) की व्याख्या इस तरह नहीं की जा सकती, जिससे अनुच्छेद 348(2) की संवैधानिक व्यवस्था अर्थहीन हो जाए। ...नियम (2) की इस तरह व्याख्या कि इसे संविधान के अनुच्छेद 348(2) पर प्राथमिकता मिलने लगे, जैसा जयभानसिंह मामले में किया गया है, गलत है।[5]

हिन्दी में याचिका दाखिल करनेवाले विधिवक्ताओं के नाम—

जयभान सिंह मामले में—श्री टी.सी. सिंघल;

बदन सिंह मामले में—श्री वी.एस. चौहान;

---

1. चुनाव याचिका संख्या 9/1980; देवीलाल श्रीराम खाडव बनाम किनकर नर्मदा प्रसाद।
2. चुनाव याचिका संख्या 4/1998; जयभानसिंह पवैया बनाम माधवराव सिंधिया : ए.आई.आर. 2000 मध्य प्रदेश 111
3. चुनाव याचिका संख्या 11/1999; बदन सिंह रघुवंशी बनाम बी. राजगोपाल नायडू : ए.आई. आर. 2000 मध्य प्रदेश 56
4. चुनाव याचिका संख्या 21/1999; जगदीश रोकड़े बनाम डॉ. विजय लक्ष्मी।
5. सिविल अपील संख्या 2720/2000; डॉ. विजय लक्ष्मी साधो बनाम जगदीश, निर्णय 05.01.2021

जगदीश रोकड़े मामले में—श्री सी. एल. यादव, श्री सुनील यादव, श्री राकेश जैन, श्री संजय शर्मा।

इलाहाबाद हाई कोर्ट के निर्णय

वर्ष 1976 में इलाहाबाद उच्च न्यायालय के समक्ष एक रिट याचिका[1] हिन्दी भाषा में दाखिल की गई। इस याचिका को दाखिल करनेवाले वकील श्री एस.एन. कक्कड़ ने अनुच्छेद 343, 345 एवं 348 और उत्तर प्रदेश राजभाषा अधिनियम, 1951 को आधार बनाकर बहस की कि इनका कानूनी प्रभाव हिन्दी को हाई कोर्ट सहित उत्तर प्रदेश के न्यायालयों की भाषा बनाना है। न्यायमूर्ति एम.एन. शुक्ला और न्यायमूर्ति जी. नाथ की खंडपीठ ने उत्तर प्रदेश के राज्यपाल द्वारा जारी अधिसूचना दिनांक 05.09.1969 का निर्वचन करते हुए निर्णय दिया कि इस अधिसूचना में प्रदत्त हिन्दी प्रयोग की छूट वाली व्यवस्था रिट याचिका, उत्तर शपथ-पत्र, प्रत्युत्तर शपथ-पत्र इत्यादि के सन्दर्भ में भी लागू होगी। यह भी निर्णय दिया कि उच्च न्यायालय का न्यायाधीश, किसी मामले की सुनवाई के दौरान याची या उसके विधिवक्ता को हिन्दी में बहस करने से, यदि वह ऐसा करना चाहता है, रोक नहीं सकता है। इसी तरह न्यायाधीश के लिए यह खुला है कि वह हिन्दी में निर्णय पारित करे, किन्तु इसके लिए बाध्य नहीं किया जा सकता है। केवल शर्त यह है कि हिन्दी में निर्णय दिये जाने की स्थिति में इसका अंग्रेजी-अनुवाद भी संलग्न किया जाए।

उक्त निर्णय के बाद इलाहाबाद उच्च न्यायालय में हिन्दी भाषा के प्रयोग को लेकर एक महत्त्वपूर्ण घटना तब घटित हुई, जब यहाँ की एक एकल पीठ[2] ने अपने अन्तरिम आदेश दिनांक 24.07.2012 के माध्यम से रजिस्ट्री को यह आदेश दे दिया कि वह हिन्दी भाषा में तैयार उत्तर शपथ-पत्र को तभी स्वीकार करे, जब इसके साथ इसका अंग्रेजी-अनुवाद भी संलग्न हो। इस आदेश का हवाला देते हुए इसी हाई कोर्ट के दो न्यायाधीशों की खंडपीठ, जिसमें न्यायमूर्ति अमिताव लाला और न्यायमूर्ति पी.के.एस. बघेल शामिल थे, ने एक अन्य मामले[3] में अन्तरिम

---

1. प्रबन्धक समिति का मामला : रिट याचिका संख्या 2639/1976; प्रबन्धक समिति बनाम जिला विद्यालय निरीक्षक : 1977 ए.आई.आर. इलाहाबाद 164
2. रिट याचिका संख्या 665/2007; रितेश कुमार त्रिगुनायत बनाम उत्तर प्रदेश राज्य।
3. रिट याचिका संख्या 51172/2012; अरुण कुमार सिंह बनाम उत्तर प्रदेश राज्य।

आदेश दिनांक 05.10.2012 पारित किया कि आदेश दिनांक 24.07.2012 प्रेरक प्रभाव वाला है, इसलिए यह व्यवस्था रिट याचिका, चाहे दीवानी हो या आपराधिक, के सम्बन्ध में भी लागू होगी।

हाई कोर्ट में भाषायी प्रयोग को लेकर उक्त दोनों आदेश गम्भीर प्रभाव वाले थे जिसे देखते हुए न्यायमूर्ति ए.पी. शाही ने श्रीमती राजेश्वरी के मामले[1] में विस्तार से सुनवाई की। संविधान के अनुच्छेद 348(2) और इलाहाबाद हाई कोर्ट नियमावली के अध्याय 4, 8, 14 एवं 15 से सम्बन्धित नियमों की विस्तृत व्याख्या तथा प्रबन्धक समिति के निर्णय का उल्लेख करते हुए न्यायमूर्ति ए.पी. शाही ने अपने निर्णय दिनांक 16.10.2012 में कहा कि आदेश दिनांक 05.10.2012 और 24.07.2012 पारित किए जाते समय सम्बन्धित पीठ को कानूनी पहलुओं की जानकारी नहीं दी गई। न्यायमूर्ति शाही ने निर्णय दिया कि याची को हिन्दी-संलग्नकों का अंग्रेजी-अनुवाद दाखिल करने के लिए बाध्य नहीं किया जा सकता है।

याचिका दाखिल/बहस करनेवाले विधिवक्ताओं के नाम—

प्रबन्धक समिति मामले में—श्री एस.एन. कक्कड़, श्री ए.सी. श्रीवास्तव, श्री जी.सी. द्विवेदी, श्री आर. द्विवेदी।

श्रीमती राजेश्वरी मामले में—श्री यशवन्त वर्मा (वतर्मान में न्यायाधीश), श्री वी.पी. श्रीवास्तव, श्री दयाशंकर मिश्रा।

राजस्थान हाई कोर्ट के निर्णय

राजस्थान उच्च न्यायालय अध्यादेश, 1949 की धारा 47 के अन्तर्गत यह व्यवस्था स्वीकार की गई थी कि उच्च न्यायालय की सभी कार्यवाही 'देवनागरी लिपि में लिखित हिन्दी भाषा' में की जाएगी। इस व्यवस्था को निर्णय, आदेश एवं डिक्री के सम्बन्ध में लागू करने और निर्णय, आदेश एवं डिक्री केवल हिन्दी भाषा में पारित करने की माँग नरेन्द्र कुमार के मामले[2] में की गई। भारतीय संविधान के अनुच्छेद 348(2) और राजभाषा अधिनियम को लागू करते हुए राजस्थान उच्च न्यायालय ने इस रिट याचिका को खारिज कर दिया और कहा कि निर्णय, डिक्री और आदेश

1. रिट याचिका संख्या 54488/2012; श्रीमती राजेश्वरी बनाम उत्तर प्रदेश राज्य।
2. रिट याचिका संख्या 2876/1987; नरेन्द्र कुमार बनाम राजस्थान हाई कोर्ट : ए.आई.आर. 1991 राजस्थान 33

हेतु अंग्रेजी के साथ हिन्दी का वैकल्पिक भाषा के रूप में प्रयोग भारतीय संविधान का उल्लंघन नहीं है, बल्कि राजभाषा अधिनियम के अनुसार है। हिन्दी भाषी उच्च न्यायालयों में हिन्दी भाषा के प्रयोग के सम्बन्ध में राजनीतिक इच्छाशक्ति की आवश्यकता पर बल देते हुए न्यायमूर्ति एम.बी. शर्मा एवं न्यायमूर्ति आई.एस. इसरानी की पीठ ने अपने निर्णय दिनांक 05.12.1989 में कहा—

> 'इससे इनकार नहीं किया जा सकता है कि उच्च न्यायालय में हिन्दी का प्रयोग करने के लिए समय-समय पर उठाए गए कदम ने बहुत योगदान किया है, किन्तु जब तक हिन्दी भाषी राज्यों में निर्णय, डिक्री या आदेश में हिन्दी का प्रयोग करने की स्वीकृति देने की राजनीतिक इच्छाशक्ति नहीं होगी और हिन्दी के सम्बन्ध में समुचित कानून नहीं बनेगा, यह भाषा के हिन्दी भाषी राज्यों में उच्च न्यायालय के उक्त उद्देश्य के लिए 'एकमात्र भाषा' नहीं बन पाएगी। यह कानून-निर्माताओं पर है कि वे अपने मस्तिष्क का प्रयोग करें और आवश्यक कदम उठाएँ, ताकि भारतीय संविधान की मंशा के अनुरूप, कम-से-कम हिन्दी भाषी राज्यों के उच्च न्यायालयों में हिन्दी अपना उचित स्थान प्राप्त कर सके। हम बिना हिचकिचाहट के कह सकते हैं कि हिन्दी में निर्णय पारित करने को लेकर हममें इच्छाशक्ति की कमी है और वस्तुत: उनमें ज्यादा है, जो हिन्दी जानते हैं और हिन्दी में निर्णय दे सकते हैं।'

हिन्दी में उक्त याचिका दाखिल करनेवाले विधिवक्ताओं के नाम—श्री जी.एल. आचार्य, श्री एन.एल. जैन, श्री ए.एस. चतुर्वेदी, श्री यू.के. चतुर्वेदी।

पटना हाई कोर्ट के निर्णय

बिहार सरकार द्वारा जारी अधिसूचना दिनांक 09.05.1972 के खंड (2) के प्रथम अपवाद में कहा गया है कि भारतीय संविधान के अनुच्छेद 226 और 227 के अन्तर्गत प्रस्तुत किए जानेवाले आवेदनों के लिए अंग्रेजी का प्रयोग किया जाता रहेगा। इसका प्रत्यक्ष दिखनेवाला प्रभाव यह है कि यद्यपि अन्य मामले हिन्दी और अंग्रेजी दोनों भाषाओं में दाखिल किए जा सकते हैं, किन्तु अनुच्छेद 226/227 के अन्तर्गत मामलों को केवल अंग्रेजी में ही दाखिल किया जा सकता है। सवाल पैदा होता है कि क्या यह वर्गीकरण तार्किकता पर आधारित है और यदि ऐसे वर्गीकरण

में कोई तार्किकता नहीं है, तो क्या यह भारतीय संविधान के अनुच्छेद 14 का उल्लंघन नहीं है? अनुच्छेद 226 के अन्तर्गत दाखिल होनेवाली रिट याचिकाएँ भी उसी तरह जन-सरोकार से जुड़ी होती हैं, जिस तरह अन्य मामले (प्रथम अपील, द्वितीय अपील या अवमानना) जुड़े होते हैं, इसलिए आम जनता को हिन्दी भाषा की जितनी आवश्यकता 'अन्य मामलों' के लिए होती है, उतनी ही आवश्यकता अनुच्छेद 226/227 के मामलों के लिए भी होनी चाहिए; अंग्रेजी में न होने के कारण जो समस्या, यदि कोई है, रिट याचिका में आ सकती है, वही समस्या प्रथम अपील या द्वितीय अपील जैसे 'अन्य मामलों' में भी आ सकती है।

स्वर्ण सिंह बग्गा (व्यक्तिगत) द्वारा पटना उच्च न्यायालय के समक्ष रिट याचिका[1] दायर कर यह माँग की गई कि उच्च न्यायालय की समस्त कार्यवाही, बहस एवं निर्णय-लेखन हिन्दी भाषा में किया जाए। यह याचिका हिन्दी में दाखिल की गई थी। इस याचिका को एकल पीठ ने अपने आदेश दिनांक 05.05.1995 और 15.05.1995 के माध्यम से खारिज कर दिया। इन आदेशों के खिलाफ दाखिल अपील[2] को दो न्यायाधीशों की खंडपीठ ने खारिज कर दिया।

इसी तरह हिन्दी भाषा में दाखिल एक रिट याचिका[3] को एकलपीठ ने अधिसूचना दिनांक 09.05.1972 के खंड (2) के पहले अपवाद का उल्लेख करते हुए खारिज कर दिया। इस आदेश के विरुद्ध अपील[4] दाखिल की गई। इस अपील में दो न्यायाधीशों की खंडपीठ ने एकल पीठ के आदेश को रद्द करते हुए निर्णय दिनांक 12.05.2010 पारित किया कि अधिसूचना दिनांक 09.05.1972, अनुच्छेद 226 और 227 के अन्तर्गत रिट याचिका को अंग्रेजी में भी दाखिल करने की अनुमति को अपवाद बनाती है। यह अधिसूचना, रिट याचिका सहित सभी प्रार्थना-पत्रों की प्रस्तुति के लिए हिन्दी को वैकल्पिक भाषा के रूप में प्रयोग करने की अनुमति देनेवाले मूल प्रावधान को भंग नहीं करती है।

---

1. सिविल रिट जुरिस्डिक्शन केस संख्या 2825/1995; स्वर्ण सिंह बग्गा बनाम एन.एन. सिंह, रजिस्ट्रार।
2. एल.पी.ए. संख्या 600/1995; स्वर्ण सिंह बग्गा बनाम एन.एन. सिंह, रजिस्ट्रार : आदेश दिनांक 21.07.1995
3. विनय कुमार सिंह बनाम बिहार स्टेट इलेक्ट्रिसिटी बोर्ड; निर्णय दिनांक 09.04.2003 : 2003(2) बी.एल.जे. 418
4. एल.पी.ए. संख्या 475/2003; विनय कुमार सिंह बनाम बिहार स्टेट इलेक्ट्रिसिटी बोर्ड : 2010(3) बी.एल.जे. 83

पटना उच्च न्यायालय में हिन्दी के प्रयोग को लेकर उठा उक्त विवाद एक बार पुनः पाँच वर्ष बाद कृष्णा यादव के मामले[1] में सामने आया। दो न्यायाधीशों की खंडपीठ ने विनय कुमार सिंह के निर्णय से असहमति व्यक्त करते हुए अपने आदेश दिनांक 01.05.2015 के माध्यम से यह मामला पूर्ण पीठ को सन्दर्भित कर दिया। कृष्णा यादव के इस मामले की सुनवाई न्यायमूर्ति ए.पी. शाही, न्यायमूर्ति आशुतोष कुमार और न्यायमूर्ति राजीव रंजन प्रसाद की पूर्ण पीठ ने की। 155 पृष्ठ में लिखे गए पूर्णपीठ के निर्णय दिनांक 30.04.2019 में तीन माननीय न्यायाधीशों ने अलग-अलग प्रभाव वाले अलग-अलग निर्णय पारित किये। न्यायमूर्ति ए.पी. शाही ने अधिसूचना दिनांक 09.05.1972 को वैध घोषित करते हुए विनय कुमार सिंह के निर्णय को अमान्य कर दिया और कहा कि जब तक वह अधिसूचना संशोधित न हो जाए, हिन्दी में रिट याचिका दायर तो की जा सकती है, किन्तु इसके साथ अंग्रेजी-अनुवाद संलग्न करना आवश्यक होगा। न्यायमूर्ति आशुतोष कुमार ने निर्णय दिया कि अनुच्छेद 226/227 के अन्तर्गत आवेदन हिन्दी भाषा में दाखिल किया जा सकता है, जबकि न्यायमूर्ति राजीव रंजन प्रसाद ने निर्णय दिया कि अनुच्छेद 226/227 के अन्तर्गत आवेदन केवल अंग्रेजी भाषा में ही दाखिल किया जा सकता है। तीन अलग-अलग निर्णय आ जाने के कारण न्यायमूर्ति आशुतोष कुमार और न्यायमूर्ति राजीव रंजन प्रसाद ने बाद में न्यायमूर्ति ए.पी. शाही के निर्णय से सहमति व्यक्त कर दी।

इस तरह पटना उच्च न्यायालय में अनुच्छेद 226/227 के अन्तर्गत आवेदन हिन्दी भाषा में तभी दाखिल किया जा सकता है, जब इसके साथ अंग्रेजी-अनुवाद भी संलग्न किया गया हो। यद्यपि तार्किक वर्गीकरण और अनुच्छेद 14 के उल्लंघन के आधार पर अधिसूचना दिनांक 09.05.1972 की संवैधानिकता का परीक्षण नहीं किया जा सका, किन्तु पूर्णपीठ का निर्णय, इस अधिसूचना के कारण भाषायी प्रयोग को लेकर उपजी कानूनी रिक्तता को भरने और पैदा हुई कठिनाई से उबारने के लिए निकाला गया एक न्यायिक समाधान है। यह न्यायिक समाधान पटना उच्च न्यायालय में हिन्दी भाषा के विकास के लिए महत्त्वपूर्ण तो है ही, साथ-ही-साथ हिन्दी भाषा के सारथियों के लिए राजनीतिक प्रयास करते रहने के लिए प्रेरणास्रोत भी है।

हिन्दी में याचिका दाखिल/बहस करनेवाले विधिवक्ताओं के नाम—

विनय कुमार सिंह मामले में—श्री मदन मोहन प्रसाद।

---

1. आपराधिक रिट जुरिस्डिक्शन केस संख्या 435/205; कृष्णा यादव बनाम बिहार राज्य

कृष्णा यादव मामले में—श्री इन्द्रदेव प्रसाद, श्री उमेश शर्मा, श्री नवीन कौशिक, श्री संजय कुमार, श्री सुबोध कुमार, श्री विनोद कुमार, श्री विश्वरंजन चौधरी, श्री सुनील कुमार सिंह, श्री राजेश कुमार, श्री अमित श्रीवास्तव, (सभी विधिवक्तागण) श्री हरपाल सिंह राणा, डॉ. अजीत कुमार पाठक, राजदेव प्रसाद वर्मा (सभी हस्तक्षेपकर्ता)

5. माननीय न्यायाधीशों के अमूल्य योगदान

इलाहाबाद उच्च न्यायालय में हिन्दी का प्रयोग करने के लिए किए गए प्रयास की चर्चा होने पर न्यायमूर्ति प्रेमशंकर गुप्त का नाम प्रमुखता से लिया जाता है। वर्ष 1977-1992 के पन्द्रह वर्षीय कार्यकाल के दौरान उन्होंने हिन्दी भाषा में लगभग चार हजार निर्णय दिए, जिसके लिए उनका नाम स्वर्णाक्षरों में अंकित है। न्यायमूर्ति बनवारी लाल यादव, न्यायमूर्ति गिरिधर मालवीय, न्यायमूर्ति आर.बी. मेहरोत्रा, न्यायमूर्ति ए.बी. श्रीवास्तव, न्यायमूर्ति रामसूरत सिंह, न्यायमूर्ति वी.के. चतुर्वेदी, न्यायमूर्ति एस.के. अग्रवाल, न्यायमूर्ति शम्भूनाथ श्रीवास्तव, न्यायमूर्ति यतीन्द्र सिंह, न्यायमूर्ति शशिकान्त गुप्त, न्यायमूर्ति अशोक कुमार ने भी हिन्दी में निर्णय देकर इलाहाबाद हाई कोर्ट में इस भाषा को जीवन्त बनाए रखने में प्रमुख भूमिका निभाई। न्यायमूर्ति यतीन्द्र सिंह तो बहुत आत्मविश्वास के साथ खुले न्यायालय में निर्णय लिखवाते थे।

हिन्दी भाषा में निर्णय देने की इस धारा को वर्तमान में न्यायमूर्ति सिद्धार्थ, न्यायमूर्ति सौरभ श्याम शमशेरी, न्यायमूर्ति शेखर कुमार यादव, न्यायमूर्ति डॉ. गौतम चौधरी, न्यायमूर्ति कृष्ण पहल, न्यायमूर्ति सुभाष विद्यार्थी, न्यायमूर्ति उमेश चन्द्र शर्मा, न्यायमूर्ति नलिन कुमार श्रीवास्तव आगे बढ़ा रहे हैं। न्यायमूर्ति डॉ. गौतम चौधरी ने हिन्दी भाषा में दस हजार से अधिक निर्णय देकर इतिहास रचा है। उनका यह प्रयास न्यायपालिका के भाषायी भारतोयकरण के लिए मील का पत्थर है। विशेष अपील के एक मामले में न्यायमूर्ति सौरभ श्याम शमशेरी ने अपना अलग सहमतिवाला निर्णय हिन्दी में दिया है, जबकि वरिष्ठ न्यायाधीश का निर्णय अंग्रेजी भाषा में है। अंग्रेजी भाषा में दाखिल मुकदमों का निर्णय हिन्दी भाषा में लिखवाने की कठिनाई को आसानी से समझा जा सकता है। यह प्रयास हिन्दी भाषा के प्रति समर्पण के बिना सम्भव नहीं है।

राजस्थान उच्च न्यायालय में न्यायमूर्ति महेन्द्र माहेश्वरी, न्यायमूर्ति उमाशंकर व्यास, न्यायमूर्ति शुभा मेहता भी हिन्दी भाषा में निर्णय लिखवाने के लिए प्रसिद्ध रहे हैं। अभी कुछ दिन पूर्व अक्टूबर, 2023 में न्यायमूर्ति डॉ अंशुमान ने हिन्दी भाषा में निर्णय देकर हिन्दी की धारा को पटना उच्च न्यायालय में भी आगे बढ़ाया है।

हिन्दी भाषा में निर्णय लिखवाने को लेकर एक न्यायाधीश के समक्ष तीन प्रमुख समस्याएँ आती हैं—हिन्दी में नाममात्र के मुकदमों का दाखिला, पूर्वनिर्णयों/नजीरों का हिन्दी के बजाए अंग्रेजी में होना और हिन्दी भाषा के स्टेनो का अभाव। यदि हिन्दी में निर्णय नहीं आ पा रहा है, तो इस भाषा में नजीर होने का तो सवाल ही नहीं है। मूल सवाल है कि हिन्दी में निर्णय लिखवाने की गतिशीलता को और इसमें रुचि रखनेवाले एक न्यायाधीश की निरन्तरता को कैसे बनाए रखा जाए। इसका सबसे प्रभावशाली समाधान है कि हिन्दी में अधिक-से-अधिक मुकदमे दाखिल हों। इससे न्यायाधीशगणों का झुकाव हिन्दी में निर्णय लिखवाने की तरफ बढ़ेगा, और तब हिन्दी में नजीर भी बनने लगेंगे और हिन्दी स्टेनो के अभाव का भी समाधान हो जाएगा। किन्तु इसके लिए आवश्यक है कि न्यायिक कार्यों के सन्दर्भ में हम सभी अपनी मातृभाषा/मातृभूमि-भाषा के प्रति हीनभावना को समाप्त करें।

इस सम्बन्ध में विधि साहित्य प्रकाशन द्वारा प्रकाशित किए जा रहे 'उच्चतम न्यायालय निर्णय पत्रिका', 'उच्च न्यायालय सिविल निर्णय पत्रिका' और 'उच्च न्यायालय दांडिक निर्णय पत्रिका' को और ज्यादा अद्यतन एवं उपयोगी बनाया जाना आवश्यक है। अभी भी ये पत्रिकाएँ दो वर्ष पीछे होकर प्रकाशित हो रही हैं। इधर सुप्रीम कोर्ट की पहल पर निर्णय हिन्दी सहित कई भारतीय भाषाओं में अनुवाद कर सुप्रीम कोर्ट एवं हाई कोर्ट की वेबसाइट्स पर डाले जा रहे हैं। इनका प्रयोग विधि साहित्य प्रकाशन द्वारा स्वयं को अद्यतन करने में किया जा सकता है। अद्यतन न होने के कारण इस संस्थान द्वारा किए जा रहे प्रयास सिर्फ खानापूर्ति बनकर रह जाते हैं। हिन्दी में प्रकाशित इन पत्रिकाओं का प्रयोग शायद ही वकीलों के चैम्बर में या न्यायालयी कार्यवाही में हो पाता है।[1]

1. श्री आनन्द चावला, विधिवक्ता जबलपुर से हुई वार्ता पर आधारित

6. श्रद्धेय विधिवक्ताओं के अविस्मरणीय प्रयास

अंग्रेजी की भाषायी गुलामी को तोड़ते हुए वर्ष 1976 में श्री एस.एन. कक्कड़ द्वारा इलाहाबाद उच्च न्यायालय से हिन्दी-प्रयोग का जो अलख जगाया गया, उसे आगे बढ़ाना और मूर्तरूप देना हम सभी की जिम्मेदारी है। श्री एन.सी. राजवंशी, श्री वी.पी. श्रीवास्तव, श्री धर्मपाल सिंह, श्री अशोक मेहता, श्री राधाकान्त ओझा, श्री अमरेन्द्र नाथ सिंह, श्री दिलीप कुमार, श्री दयाशंकर मिश्र, श्री प्रदीप कुमार, श्री प्रदीप वर्मा, श्री देश रतन चौधरी जैसे वरिष्ठ विधिवक्ताओं को हिन्दी भाषा में बहस करते हुए सुनना खुशी प्रदान करता है। श्री भोलानाथ यादव एवं डॉ. डी.के. तिवारी जहाँ विधि क्षेत्र की पुस्तकों का लेखन कर इलाहाबाद हाई कोर्ट में हिन्दी भाषा की धारा को आगे बढ़ा रहे हैं, वहीं श्री वीरेन्द्र सिंह पिछले कई वर्षों से हिन्दी में ही मुकदमे तैयार कर दाखिल कर रहे हैं। उनकी विरासत को आगे बढ़ाते हुए उनकी पुत्री साधना सिंह ने हिन्दी भाषा में लगभग डेढ़ सौ मुकदमे दाखिल किये हैं। इसी तरह श्री चन्द्रभान कुशवाहा, श्री सुधीर कुमार सिंह, श्री राकेश कुमार गुप्त, श्री नित्य प्रकाश तिवारी, श्री सुधीर कुमार, श्री सन्तोष कुमार मिश्र, श्री अशोक कुमार गुप्ता ने भी हिन्दी में मुकदमे दाखिल किये हैं। हिन्दी के लिए इन सभी का समर्पित योगदान, इलाहाबाद हाई कोर्ट के दूसरे विधिवक्ताओं के लिए प्रेरणास्रोत है।

पटना उच्च न्यायालय में श्री इन्द्रदेव प्रसाद हिन्दी भाषा के लिए लम्बे समय से लड़ाई लड़ रहे हैं। वह हिन्दी में ही मुकदमे दाखिल करते हैं और हिन्दी में ही बहस भी करते हैं। अभी हाल ही में उनके द्वारा हिन्दी में एक मामला दाखिल किया गया। इसका अंग्रेजी-अनुवाद दाखिल करने के सवाल पर उनके इस दृढ़ आग्रह कि अंग्रेजी-अनुवाद स्वयं उच्च न्यायालय के अनुवाद विभाग द्वारा करवाया जाना चाहिए, को न्यायमूर्ति पी.बी. बजंथरी ने स्वीकार कर लिया। श्री इन्द्रदेव प्रसाद के अलावा श्री मदन मोहन प्रसाद, श्री विश्वरंजन चौधरी, श्री सुनील कुमार सिंह जैसे विधिवक्ता पटना उच्च न्यायालय में हिन्दी भाषा की सेवा कर रहे हैं।

राजस्थान उच्च न्यायालय में 1987 में श्री जी.एल. आचार्य, श्री एन.एल. जैन, श्री ए.एस. चतुर्वेदी, श्री यू.के. चतुर्वेदी ने नरेन्द्र कुमार का मामला दाखिल करके हिन्दी के लिए लड़ाई जारी रखने के प्रवाह को आगे बढ़ाया। श्री वेदपाल शास्त्री जी पिछले कई दशकों से हिन्दी भाषा में ही मुकदमे दाखिल कर रहे हैं। उनकी विरासत को श्री शशि भूषण गुप्ता एवं श्री सूर्य प्रताप सिंह राजावत जैसे विधिवक्ता आगे बढ़ा रहे हैं।

मध्य प्रदेश उच्च न्यायालय में 1999-2000 के दौरान श्री टी.सी. सिंघल, श्री वी.एस. चौहान, श्री सी.एल. यादव, श्री सुनील यादव, श्री राकेश जैन और श्री संजय शर्मा ने हिन्दी भाषा में अलग-अलग चुनाव याचिकाएँ दाखिल करके हिन्दी की जो सेवा की है, वह अविस्मरणीय है। मध्य प्रदेश उच्च न्यायालय, जबलपुर के विधिवक्ता श्री आनन्द चावला पिछले 20 वर्षों से सिर्फ और सिर्फ हिन्दी भाषा में ही मुकदमे दाखिल कर रहे हैं और बहस भी कर रहे हैं।

पंजाब उच्च न्यायालय में पंजाबी एवं हिन्दी भाषा को वैकल्पिक भाषा के रूप में प्रयोग करने और अनुच्छेद 348 में संशोधन करने के लिए वहाँ के विधिवक्ता श्री नवीन कौशिक लगातार सक्रिय हैं और वह इसे लेकर विधायकों एवं सांसदों से हस्ताक्षर लेकर अभियान चला रहे हैं। उन्होंने पुस्तक 'भारत का संविधान और भारतीय भाषाएँ' भी लिखी है। दिल्ली के जिला न्यायालयों में हिन्दी का प्रयोग करने के सम्बन्ध में जारी अधिसूचना को लागू कराने के लिए श्री उमेश शर्मा जी ने दिल्ली उच्च न्यायालय में जनहित याचिका दायर की है।

उच्च न्यायालय एवं सर्वोच्च न्यायालय में भारतीय भाषाओं को स्थापित करने को लेकर श्री श्याम रुद्र पाठक के नेतृत्व में 'न्याय एवं विकास अभियान' ने 225 दिन दिल्ली में धरना-प्रदर्शन किया। इस दौरान 16 जुलाई, 2012 को उन्हें गिरफ्तार कर तिहाड़ जेल भेज दिया गया। सात दिन बाद 25 जुलाई को उन्हें रिहा किया गया। हिन्दी भाषा के विकास के लिए स्व. राजकरण सिंह और श्री पुष्पेन्द्र चौहान द्वारा स्थापित 'भारतीय भाषा संरक्षण आन्दोलन' का प्रयास अतुलनीय है। इस आन्दोलन ने धरना-प्रदर्शन एवं अनशनों के माध्यम से दिल्ली बार काउंसिल में पंजीकरण के पूर्व अंग्रेजी-परीक्षा की अनिवार्यता को और संघ लोक सेवा आयोग की परीक्षा से अंग्रेजी की अनिवार्यता को समाप्त करने के लिए लगातार प्रयास किया है।

मातृभाषा को न्यायालय के कामकाज की भाषा बनाने के लिए 'भारतीय भाषा अभियान' द्वारा सघन राष्ट्रव्यापी प्रयास किया जा रहा है। इस अभियान को वर्तमान में श्री जगदीप राय एवं श्री कामेश्वर मिश्र का नेतृत्व प्राप्त है। इसी तरह 'हिन्दी से न्याय' के माध्यम से श्री चन्द्रशेखर उपाध्याय भी न्यायालयों में हिन्दी को स्थापित करने हेतु आवश्यक कानूनी सुधार करने के लिए लगातार प्रयासरत हैं।

उक्त सभी व्यक्तिगत/सांगठनिक प्रयासों को आगे बढ़ाते हुए उच्च न्यायालय के स्तर पर भारतीय भाषा में मुकदमों के दाखिले को प्रोत्साहित करने की आवश्यकता

है। जिन उच्च न्यायालयों में हिन्दी में कामकाज करने की कानूनी छूट है, वहाँ पर आज भी हिन्दी भाषा में मुकदमों का दाखिला नाममात्र ही है। हिन्दी भाषा में मुकदमों के दाखिलों की संख्या बढ़ाकर ही हम इस कानूनी छूट को सार्थक सिद्ध कर सकते हैं और दूसरे उन उच्च न्यायालयों में, जहाँ भारतीय भाषा में कामकाज करने की कानूनी छूट नहीं है, कानूनी सुधार करने की आवश्यकता पर बल दे सकते हैं।

7. हिन्दी में वकालत के सुखद अनुभव

14 फरवरी, 2022 को इलाहाबाद उच्च न्यायालय की एक पीठ के समक्ष लेखक द्वारा किए गए वादे को निभाने की चुनौती अगले ही दिन आ गई, जब उसी मामले में आदेश-संशोधन हेतु प्रार्थना-पत्र दाखिल करना पड़ा। लेखक ने पहली बार अपनी मातृभाषा हिन्दी में प्रार्थना-पत्र दाखिल किया। इसके बाद हिन्दी में मुकदमे तैयार कर दाखिल करने का सिलसिला आरम्भ हो गया। सबसे अधिक चिन्ता इस बात को लेकर थी कि हिन्दी में दाखिल मुकदमों पर माननीय न्यायाधीशों की क्या प्रतिक्रिया होगी? क्या न्यायाधीशगण हिन्दी में दाखिल इन मामलों की सुनवाई सहजता के साथ करेंगे या फिर उनका कोई अलग विचार होगा? मध्य प्रदेश हाई कोर्ट के एक वायरल वीडियो से इस चिन्ता का बढ़ जाना स्वाभाविक था।

मध्य प्रदेश उच्च न्यायालय के समक्ष हिन्दी में दाखिल मुकदमे पर बहस के आरम्भ में पीठासीन न्यायाधीश महोदय ने विधिवक्ता से कहा, 'आप भी हिन्दी में बनाने लगे हैं चावला जी, राष्ट्रीय भाषा की आपको सेवा करनी है..।' बहस करने के दौरान विधिवक्ता से अंग्रेजी का कोई शब्द निकल जाने पर न्यायाधीश द्वारा बार-बार टोक दिया जाता है। जैसे रिजल्ट को रिजल्ट नहीं बल्कि परीक्षाफल कहने के लिए, एनेक्सर को एनेक्सर नहीं बल्कि परिशिष्ट कहने के लिए, पेज नम्बर को पेज नम्बर नहीं बल्कि पृष्ठ क्रमांक कहने के लिए न्यायाधीश द्वारा कई बार टोका जाता है। एक बार तो न्यायाधीश महोदय ने बहस कर रहे विधिवक्ता महोदय से यहाँ तक कह दिया कि 'यदि आप गलत बोलेंगे, तो पिटीशन फेंक दूँगा अभी।'

उक्त वीडियो देखने के बाद हिन्दी में मुकदमा दाखिला को हतोत्साहित करने का आभास होता है। बहुत सारे मुकदमे जो अंग्रेजी में दाखिल होते हैं, पर बहस

के दौरान यदा-कदा हिन्दी के शब्द निकल जाने पर कोई आपत्ति नहीं की जाती है। भले ही अंग्रेजी को लेकर हम सहज या मोह महसूस करते हों, किन्तु हिन्दी में कार्य करना हमारी समाज, राष्ट्र और संविधान के प्रति जिम्मेदारी है। सवाल उठता है कि हम मातृभूमि-भाषा हिन्दी को लेकर असहिष्णु कैसे हो सकते हैं? यह क्यों भुला दिया जाता है कि हम सुधार की दिशा में कम-से-कम एक कदम आगे तो बढ़ रहे हैं। समय के साथ हम शुद्ध हिन्दी में बहस भी करने लगेंगे, किन्तु शुद्ध हिन्दी में बहस न कर पाने और यदा-कदा अंग्रेजी के शब्द या वाक्य निकल जाने के कारण हिन्दी में वकालत को हतोत्साहित करना उचित नहीं है।

इलाहाबाद उच्च न्यायालय में लेखक ने सिविल एवं फौजदारी के कई मुकदमे हिन्दी भाषा में तैयार कर दाखिल किये। इन मामलों को लेकर पिछले एक वर्ष के दौरान लगभग पचीस से अधिक न्यायाधीशों के समक्ष बहस करने का अवसर मिला। सुखद है कि किसी भी न्यायाधीश महोदय के समक्ष शुद्ध हिन्दी में बहस करनेवाली बाध्यता जैसी कोई समस्या नहीं आई, हिन्दी-अंग्रेजी मिश्रित बहस करने का अवसर मिला। यह इलाहाबाद उच्च न्यायालय में यहाँ के माननीय न्यायाधीशों के हिन्दी के प्रति सकारात्मक भाव को दर्शाता है। समझने की आवश्यकता है कि रातोंरात बदलाव नहीं आ जाएगा।

8. हम विधिवक्ताओं की जिम्मेदारी

मुकदमों की तैयारी के दौरान अंग्रेजी के कारण हमारा भाषायी स्तर कभी-कभी कितना नीचे चला जाता है, इसे एक उदाहरण के माध्यम से समझा जा सकता है। एक बड़े चैम्बर में तैयार सहायक प्रोफेसर नियुक्ति सम्बन्धी एक रिट याचिका के आरम्भिक पैरा की शुरुआत कुछ इस तरह की गई थी— That the petitioners before this Hon'ble Court are selection of advertisement no. 42 of 2008, published by Commission...'। इसका अर्थ है कि 'इस माननीय न्यायालय के समक्ष याचीगण आयोग द्वारा प्रकाशित विज्ञापन संख्या 42 वर्ष 2008 के चयन हैं।' रिट याचिका लिखवाते समय वकील साहब का आशय ऐसा कुछ लिखवाने का कदापि नहीं रहा होगा। किन्तु न चाहते हुए भी ऐसी तमाम गलतियाँ हलफनामे पर सिर्फ इसलिए होती हैं, क्योंकि भाषायी अनभिज्ञता के कारण हम इन गलतियों से निकलनेवाले भाव से अनजान रहते हैं। यदि इसे अपनी मातृभाषा में लिखा जाता,

तो शायद ही ऐसी भाषायी गलती होती। ऐसी गलती होते रहने का कारण कुछ और नहीं, बल्कि अंग्रेजी की भाषायी गुलामी है।

आजादी के 78 वर्ष बाद आज भी, उच्च न्यायालय के स्तर पर अंग्रेजी की भाषायी गुलामी को नहीं तोड़ पाने और अपनी मातृभूमि-भाषा के प्रति हीनभावना को समाप्त नहीं कर पाने का कोई कारण नहीं दिखता है। उच्च न्यायालय के स्तर पर वकालत को अपनी मातृभाषा/मातृभूमि-भाषा में सुगम बनाने और न्यायिक कार्य को भाषायी गुलामी से मुक्त करने की जिम्मेदारी हम सभी विधिवक्ताओं की है। हमारी एक ईमानदार कोशिश देश भर के उच्च न्यायालयों को अंग्रेजी की भाषायी गुलामी से मुक्त कर सकती है, जिसके लिए पुरुषोत्तम दास टंडन जैसे हमारे संविधान निर्माताओं ने स्वप्न देखा था।

3

हाई कोर्ट के मुकदमों की तैयारी

1. सामान्य

उच्च न्यायालय में कोई भी याचिका या अपील या निगरानी या प्रार्थना-पत्र तैयार करने के लिए एक प्रारूप/मसौदा (फॉर्मेट) निर्धारित है। इसी निर्धारित प्रारूप में मामलों को तैयार कर दाखिल किया जाता है। एक मामले का मसौदा बनाने के लिए विधिवक्ता (एडवोकेट) को मुख्यत: मामले के तथ्य, कानूनी बिन्दु, आधार एवं प्रार्थना को तैयार करने के साथ यह तय करना होता है कि सम्बन्धित मामले को मजबूती से प्रस्तुत करने के लिए कौन-कौन से दस्तावेज दाखिल किये जाएँ और इन्हें कैसे मसौदे का हिस्सा बनाया जाए। अलग-अलग मामलों की तैयारी के लिए कुछ मूलभूत बातों को ध्यान में रखना आवश्यक है। जैसे मैंडेमस हेतु रिट याचिका दाखिल करने के लिए यह आवश्यक है कि पूर्व में सक्षम प्राधिकारी के समक्ष माँग की गई हो और इस माँग पर कोई कार्यवाही न हुई हो।

यद्यपि प्रत्येक मामले के मसौदे की तैयारी अलग-अलग तथ्यों के साथ अलग-अलग तरीके से की जाती है, किन्तु कुछ आधारभूत बातें, शब्दावली एवं वाक्य एक जैसे होते हैं। इन आधारभूत बातों, शब्दावली एवं वाक्यों का प्रयोग सामान्यतया हर मामले में किया जाता है। जैसे, किसी भी तरह की रिट याचिका का पहला पैरा याचिका के प्रथम याचिका होने और द्वितीय पैरा कैविएट से सम्बन्धित होते हैं; प्रथम अपील या द्वितीय अपील या विशेष अपील के मेमोरेंडम में 'आधार' लिखने का आरम्भ एक निर्धारित तरीके से किया जाता है; शपथ-पत्र का प्रथम पैरा शपथकर्ता के बारे में होता है, इत्यादि-इत्यादि। अंग्रेजी भाषा में तैयार होनेवाले मसौदों में ये सभी सामान्य बातें पूर्व-निर्धारित हैं। इन्हें बार-बार तैयार करने की आवश्यकता नहीं होती है। इसी तरह का प्रयोग हिन्दी या किसी भारतीय भाषा में किसी मामले

का मसौदा तैयार करने के लिए किया जा सकता है। एक बार तैयार होने के बाद हिन्दी भाषा में भी मुकदमों का मसौदा तैयार करना उसी तरह आसान हो जाएगा, जिस तरह अंग्रेजी भाषा में है।

एक और विषय न्यायिक कार्यवाही सम्बन्धी कुछ ऐसे प्रचलित शब्दों को लेकर है, जो अंग्रेजी या फारसी मूल के हैं; जैसे एफ.आई.आर. के लिए 'रिपोर्ट' शब्द है। 'एफ.आई.आर.' के पहले दो शब्दों—'फर्स्ट' और 'इन्फॉर्मेशन' के हिन्दी अनुवाद को लेकर कोई समस्या नहीं है, किन्तु 'रिपोर्ट' के लिए 'आख्या' या 'प्रतिवेदन' या 'विवरण' शब्द का प्रयोग बहुत उलझाऊ लगता है। इसलिए 'प्रथम सूचना रिपोर्ट' को लेकर आगे बढ़ लेने में समझदारी है। आमजन एफ. आई.आर. को चालू भाषा में 'रपट' कह देते हैं। रपट कहने पर वे इसका मतलब तुरन्त समझ जाते हैं। आजकल एफ.आई.आर. के लिए एक नया शब्द 'प्राथमिकी' गढ़ लिया गया है। ऐसे नये शब्दों का गढ़ा जाना अवश्यम्भावी है और भाषायी-विकास का हिस्सा है। ये नये शब्द भले ही अजीब लगें, किन्तु इनका प्रयोग करने से ये शब्द निखरेंगे और चमकेंगे भी। 'रपट' या 'रिपोर्ट' जैसे प्रचलित शब्दों को स्वीकार करना जहाँ आवश्यक है, वहीं 'प्राथमिकी' जैसे शब्दों का गढ़ा जाना भी अनिवार्य है। इस सम्बन्ध में डॉ. राममनोहर लोहिया का विचार प्रासंगिक एवं प्रेरक है। बाहरी प्रचलित शब्द को स्वीकार करने की वकालत[1] करने के साथ डॉ. लोहिया कहते हैं—'हिन्दुस्तानी में सात लाख के करीब शब्द हैं, जबकि अंग्रेजी में अढ़ाई लाख के आस-पास। ...संसार की सबसे धनी भाषा है, हिन्दी। लेकिन बर्तनों पर धरे-धरे काई जम गई है। यह बर्तन मँजने पर ही चमकेंगे। किसी रसायन-शास्त्र के अनुसन्धान में नहीं। जब काई जमे ऊबड़-खाबड़ शब्दों का इस्तेमाल विश्वविद्यालय, न्यायालय, विधायिकाओं वगैरह में होने लगेगा, तब यह चमकेंगे और उनके अर्थ जमेंगे।'[2]

1.1 मसौदा तैयारी में हिन्दी शब्दों को लेकर आ रही समस्या

फरवरी, 2022 में पहली बार हिन्दी भाषा में दाखिल किए जा रहे करेक्शन प्रार्थना-पत्र की तैयारी के दौरान लेखक के समक्ष पहली समस्या अंग्रेजी के कुछ प्रचलित शब्द/शब्दावली के लिए हिन्दी शब्द तलाशने को लेकर आई। जैसे, 'इन दि हाई

1. लोहिया के विचार : लोकभारती प्रकाशन; पृष्ठ सं. 149 एवं 177
2. तथैव; पृष्ठ सं. 177

कोर्ट ऑफ जूडिकेचर एट इलाहाबाद' या 'सिविल' या स्वयं 'करेक्शन एप्लीकेशन' को हिन्दी में क्या लिखा जाए?

'सिविल' एक बहुत ही सामान्य प्रयोग में आनेवाला अंग्रेजी शब्द है। इसके लिए 'दीवानी' शब्द का भी प्रयोग किया जाता है। अदालतों की चौखट तक आनेवाले मुकदमे सामान्यतया दो प्रकृति के होते हैं—एक फौजदारी और दूसरा दीवानी। मार-पीट एवं अपराध से सम्बन्धित मामले फौजदारी या आपराधिक प्रकृति के होते हैं, जबकि जमीन-जायदाद या अधिकार से उपजे विवाद सम्बन्धी मामले दीवानी या सिविल प्रकृति के होते हैं। सिविल मामलों के अन्तर्गत संविदा, सम्पत्ति, व्यक्ति, परिवार, अपकृत्य, कॉर्पोरेट, प्रशासन से उपजे विवाद सम्बन्धी मामले आते हैं। 'दीवानी' फारसी मूल का शब्द है। इसके लिए कभी-कभी हिन्दी शब्द 'नागरिक' या 'व्यवहार' का प्रयोग किया जाता है। 'नागरिक' को कहीं से भी 'सिविल' के भाववाला शब्द नहीं कहा जा सकता है। नागरिक संज्ञा है, तो सिविल विश्लेषण। 'व्यवहार' शब्द कुछ निकट हो सकता है, किन्तु यह भी इसका पूर्ण भाव नहीं देता है। अब जबकि 'सिविल' या 'दीवानी' जैसे शब्द प्रचलित और जान-पहचान के शब्द हैं, इनके लिए कोई दूसरा शब्द गढ़ने की आवश्यकता नहीं होनी चाहिए। ऐसे प्रचलित शब्दों को स्थान देकर ही हम हिन्दी को सर्वसमावेशी और सर्वस्वीकार्य बना सकते हैं।

1.2 हाई कोर्ट के शीर्षक-नाम : हिन्दी में क्या?

किसी न्यायालय में दाखिल होनेवाले एक मामले का आरम्भ उस न्यायालय के शीर्षक-नाम को सम्बोधित करते हुए किया जाता है। इलाहाबाद उच्च न्यायालय में दाखिल हो रहे किसी मामले के मसौदे में इस उच्च न्यायालय को इसके शीर्षक-नाम 'इन दि हाई कोर्ट ऑफ जूडिकेचर एट इलाहाबाद' से सम्बोधित किया जाता है।[1] इसी तरह पटना उच्च न्यायालय में शीर्षक-नाम 'इन दि हाई कोर्ट ऑफ जूडिकेचर एट पटना' मान्य है। जबकि झारखंड उच्च न्यायालय के लिए जूडिकेचर शब्द के बिना शीर्षक-नाम 'इन दि हाई कोर्ट ऑफ झारखंड एट रांची' का प्रयोग किया जाता है।[2] इसी तरह मध्य प्रदेश उच्च न्यायालय में भी शीर्षक-नाम 'इन दि हाई

1. इलाहाबाद उच्च न्यायालय नियम, 1952; अध्याय 9, नियम 1
2. झारखंड उच्च न्यायालय नियम, 2001; अध्याय 7, नियम 47

कोर्ट ऑफ मध्य प्रदेश, प्रिंसिपल सीट एट जबलपुर', 'इन दि हाई कोर्ट ऑफ मध्य प्रदेश, बेंच एट इन्दौर/ग्वालियर' मान्य है।[1] राजस्थान उच्च न्यायालय के लिए एट के स्थान पर फॉर शब्द वाला शीर्षक-नाम 'इन दि हाई कोर्ट ऑफ जूडिकेचर फॉर राजस्थान' का प्रयोग किया जाता है।[2]

उक्त सभी अलग-अलग शीर्षक-नाम अंग्रेजी भाषा में बनी नियमावली में स्वीकार किए गए हैं। हिन्दी में ऐसे किसी नियम के अभाव के कारण शीर्षक-नाम को लेकर अस्पष्टता है। पहली बार हिन्दी में मुकदमा तैयार करते समय उचित शीर्षक-नाम खोजना लेखक के समक्ष एक मुश्किल सवाल था। एक विधिवक्ता महोदय ने हिन्दी में दाखिल एक मामले में इलाहाबाद उच्च न्यायालय के लिए शीर्षक-नाम—'समक्ष सम्माननीय उच्च न्यायालय क्षेत्राधिकार, इलाहाबाद' का प्रयोग किया था। यहाँ 'जूडिकेचर' के लिए हिन्दी शब्द 'क्षेत्राधिकार' लिखा गया है। इसकी समीक्षा करना आवश्यक है। सामान्यतया हिन्दी शब्द 'क्षेत्राधिकार' का प्रयोग 'जूरिस्डिक्शन' के लिए किया जाता है। इसका भाव किसी मुकदमे के सन्दर्भ में किसी न्यायालय के अधिकार-क्षेत्र को लेकर है। जबकि शीर्षक-नाम में 'जूडिकेचर' शब्द का प्रयोग सामान्य भाव के साथ किया गया है न कि किसी मुकदमे के सन्दर्भ में उसके अधिकार-क्षेत्र को लेकर। कॉलिन्स डिक्शनरी और वेबस्टर डिक्शनरी में 'जूडिकेचर' का अर्थ 'एडमिनिस्ट्रेशन ऑफ जस्टिस अर्थात न्याय-प्रशासन' लिखा गया है। इसी तरह ऑक्सफोर्ड डिक्शनरी में इसका अर्थ 'एक देश में संगठित न्यायालयों की व्यवस्था' और कैम्ब्रिज डिक्शनरी में 'विधिक व्यवस्था और इसके द्वारा किया जा रहा कार्य' बताया गया है। इन भावार्थों को देखते हुए शीर्षक-नाम हेतु शब्द 'जूडिकेचर' के लिए हिन्दी में संक्षिप्त शब्द 'न्याय-प्रशासन' का प्रयोग करना ज्यादा उचित एवं सार्थक है। इस शब्द के साथ हिन्दी में शीर्षक-नाम 'माननीय उच्च न्यायालय, इलाहाबाद के न्याय-प्रशासन के समक्ष' का प्रयोग करना आरम्भ किया। इसी तरह दूसरे उच्च न्यायालयों के लिए निम्न शीर्षक-नाम का प्रयोग किया जा सकता है—

'माननीय उच्च न्यायालय, पटना के न्याय-प्रशासन के समक्ष'

'माननीय झारखंड उच्च न्यायालय, रांची के समक्ष'

'माननीय मध्य प्रदेश उच्च न्यायालय, प्रधान पीठ, जबलपुर के समक्ष'

---

1. मध्य प्रदेश उच्च न्यायालय नियम, 2008; अध्याय 9, नियम 2
2. राजस्थान उच्च न्यायालय नियम, 1952; अध्याय 9, नियम 125

'माननीय मध्य प्रदेश उच्च न्यायालय, खंडपीठ, इन्दौर/ग्वालियर के समक्ष'
'माननीय उच्च न्यायालय, राजस्थान के न्याय-प्रशासन के समक्ष'

1.3 शपथ-पत्र हेतु हिन्दी में प्रयुक्त होनेवाले शब्द एवं वाक्य

कुछ अपवादों के अलावा, लगभग सभी तरह की याचिकाओं एवं प्रार्थना-पत्रों के साथ शपथ-पत्र (Affidavit) भी दाखिल होता है। ऐसे शपथ-पत्र का प्रारूप (Format) पूर्व निर्धारित है। शपथ-पत्र संक्षिप्त स्वरूप में हो सकता है या विस्तृत स्वरूप में। जैसे इलाहाबाद उच्च न्यायालय में रिट याचिका के साथ संक्षिप्त शपथ-पत्र दाखिल होता है, जबकि जमानत प्रार्थना-पत्र के साथ विस्तृत शपथ-पत्र दाखिल होता है। रिट याचिका में सभी तथ्य एवं आधार इसी याचिका में लिखे जाते हैं, और इसके समर्थन में संक्षिप्त शपथ-पत्र दाखिल किया जाता है। जबकि जमानत प्रार्थना-पत्र में केवल आवश्यक प्रार्थना की जाती है और सभी तथ्य एवं आधार का उल्लेख इसके समर्थन में दाखिल होनेवाले शपथ-पत्र में किया जाता है।

पूर्व निर्धारित शपथ-पत्र के प्रारूप में कुछ शब्द/शब्दावली एवं वाक्य सामान्य प्रकृति के होते हैं। इनका एक बार हिन्दी अनुवाद करने के बाद समस्या न्यूनतम हो जाएगी। अंग्रेजी भाषा में तैयार शपथ-पत्र में एक शब्दावली 'कंटेंट्स ऑफ पैराग्राफ नम्बर...' का प्रयोग किया जाता है। शब्द 'पैरा' हिन्दी में भी प्रयोग किए जानेवाला एक प्रचलित शब्द है। यह कहा जा सकता है कि भले ही हिन्दी के लिए शब्द 'पैरा' एक प्रचलित शब्द हो, फिर भी इसके स्थान पर हिन्दी शब्द का ही प्रयोग किया जाना चाहिए। इस स्थिति में 'वाक्यखंड' या 'परिच्छेद' जैसे किसी अनजाने शब्द का प्रयोग आरम्भ करना होगा। हिन्दी भाषा को इतना कठोर बनाने की आवश्यकता नहीं है। यदि पैरा जैसे शब्द अपने अधिक प्रचलन के कारण हिन्दी शब्द की तरह स्वीकृत हो गए हैं, तो इनका प्रयोग बिना किसी हिचकिचाहट के किया जाना चाहिए। हाँ, कंटेंट्स जैसे शब्द, जो अभी भी हिन्दी भाषा के लिए अनजाने हैं, के लिए उपयुक्त हिन्दी शब्द खोजकर उसका प्रयोग किया जा सकता है। 'कंटेंट्स' के लिए हिन्दी में शब्द 'वस्तु' या 'विषय' या 'विषय-सूची' या 'अन्तर्वस्तु' हो सकते हैं। शपथ-पत्र के सन्दर्भ में 'कंटेंट्स' के लिए सबसे उपयुक्त एवं समभाव वाला शब्द 'अन्तर्वस्तु' है। इस तरह शपथ-पत्र में अंग्रेजी शब्दावली

'कंटेंट्स ऑफ पैराग्राफ नम्बर...' के लिए हिन्दी शब्दावली 'पैरा संख्या...के अन्तर्वस्तु' का प्रयोग करना आरम्भ किया।

1.4 भिन्न-भिन्न प्रार्थना-पत्र के लिए हिन्दी शब्द

हाई कोर्ट के समक्ष अलग-अलग उद्‌देश्य के लिए अलग-अलग नाम से प्रार्थना-पत्र दाखिल होते हैं। लेखक को जब पहली बार हिन्दी भाषा में करेक्शन प्रार्थना-पत्र दाखिल करना पड़ा, तो इसके लिए हिन्दी शब्द ढूँढ़ना एक चुनौती थी। करेक्शन एप्लीकेशन को यदि संशोधन प्रार्थना-पत्र लिखा जाता है, तो इसका अर्थ मॉडिफिकेशन एप्लीकेशन या अमेंडमेंट एप्लीकेशन के लिए भी निकाला जा सकता है। यदि करेक्शन एप्लीकेशन के लिए संशोधन प्रार्थना-पत्र लिखा जाता है, तो मॉडिफिकेशन एप्लीकेशन या अमेंडमेंट एप्लीकेशन के लिए हिन्दी में क्या लिखा जाएगा? अंग्रेजी में लिखे जानेवाले तीनों शब्द—करेक्शन या मॉडिफिकेशन या अमेंडमेंट—का अर्थ 'संशोधन' ही होता है, किन्तु अलग-अलग प्रार्थना-पत्र के रूप में ये तीनों शब्द अलग-अलग अर्थ देते हैं। इसी तरह यदि रिकॉल एप्लीकेशन के लिए वापसी प्रार्थना-पत्र लिखा जाता है, तो विदड्रॉ एप्लीकेशन के लिए क्या लिखा जाएगा? अंग्रेजी में लिखे जानेवाले दोनों शब्दों—रिकॉल और विदड्रॉ—का अर्थ 'वापसी' होता है, किन्तु अलग-अलग प्रार्थना-पत्र के रूप में ये दोनों शब्द अलग-अलग अर्थ देते हैं। ऐसे तमाम प्रार्थना-पत्रों जैसे करेक्शन एप्लीकेशन, मॉडिफिकेशन एप्लीकेशन, अमेंडमेंट एप्लीकेशन, रिकॉल एप्लीकेशन, विदड्रॉ एप्लीकेशन, रिव्यू एप्लीकेशन, रिस्टोरेशन एप्लीकेशन, लिस्टिंग एप्लीकेशन, इम्प्लीडमेंट एप्लीकेशन, सब्स्टीट्यूशन एप्लीकेशन, डिले कंडोनेशन एप्लीकेशन, कैविएट एप्लीकेशन के लिए हिन्दी में समभाव वाले उपयुक्त शब्द की तलाश करना आवश्यक है।

हिन्दी में दाखिल मछली पालन पट्टा सम्बन्धी एक मामले में गाँव सभा को पक्षकार बनाने के लिए लेखक को इम्प्लीडमेंट एप्लीकेशन दाखिल करनी पड़ गई। न्यायालयी भाषा में इम्प्लीडमेंट का तात्पर्य किसी व्यक्ति या संस्था को पक्षकार बनाने से होता है। इम्प्लीडमेंट एप्लीकेशन के लिए हिन्दी भाषा में उपयुक्त शब्दावली तलाशने के दौरान कई विकल्प जैसे—'पक्षकारिता प्रार्थना-पत्र' या 'पक्षकार-निर्माण प्रार्थना-पत्र' या 'पक्षकार-संयोजन प्रार्थना-पत्र' मस्तिष्क में आया। अन्ततः 'पक्षकार-संयोजन प्रार्थना-पत्र' का प्रयोग करके यह प्रार्थना-पत्र दाखिल किया।

अंग्रेजी में लिखे जानेवाले तीनों शब्द—करेक्शन या मॉडिफिकेशन या अमेंडमेंट—का अर्थ 'संशोधन' ही होता है, किन्तु अलग-अलग एप्लीकेशन के रूप में ये तीनों शब्द अलग-अलग अर्थ देते हैं। करेक्शन एप्लीकेशन और मॉडिफिकेशन एप्लीकेशन किसी आदेश या निर्णय में संशोधन के लिए दाखिल की जाती हैं। अन्तर यह है कि करेक्शन एप्लीकेशन जहाँ किसी निर्णय/आदेश में टंकण-त्रुटि को सुधारने के लिए दाखिल होती है, वहीं मॉडिफिकेशन एप्लीकेशन किसी आदेश में गुणवत्ता पर आधारित संशोधन करने के लिए दाखिल की जाती है। इसके अलावा अमेंडमेंट एप्लीकेशन किसी मुकदमे के अभिवचनों में संशोधन करने के लिए दाखिल की जाती है। अब इन तीनों प्रकार के संशोधन प्रार्थना-पत्रों को स्पष्ट करते हुए हिन्दी में उपयुक्त शब्द/शब्दावली तलाशने की आवश्यकता है। मॉडिफिकेशन एप्लीकेशन के लिए 'आदेश-सुधार प्रार्थना-पत्र' या 'सुधार प्रार्थना-पत्र' और करेक्शन एप्लीकेशन के लिए 'आदेश-संशोधन प्रार्थना-पत्र' का प्रयोग किया जा सकता है। जबकि अमेंडमेंट एप्लीकेशन के लिए 'अभिवचन-संशोधन प्रार्थना-पत्र' का प्रयोग किया जा सकता है।

रिव्यू एप्लीकेशन किसी निर्णय/आदेश की गुणवत्ता पर पुनर्विचार करने के लिए दाखिल की जाती है। इसके लिए हिन्दी शब्दावली 'पुनर्विचार प्रार्थना-पत्र' प्रचलित है। इसे लेकर कोई समस्या नहीं है। इसी तरह रेस्टोरेशन एप्लीकेशन, विधिवक्ता की अनुपस्थिति में किसी मामले को बिना उसकी गुणवत्ता पर चर्चा किये पारित निरस्त-आदेश के खिलाफ, उस मामले को पुनर्स्थापित करने के लिए दाखिल की जाती है। इसी प्रार्थना-पत्र के माध्यम से निरस्त करने के आदेश को वापस लेने के लिए भी प्रार्थना की जाती है। रिकॉल एप्लीकेशन, ऐसे एकपक्षीय आदेश को वापस लेने के लिए दाखिल की जाती है, जो भले ही विधिवक्ता की अनुपस्थिति में पारित किया गया है, किन्तु इसमें मामले की गुणवत्ता पर भी चर्चा की गई होती है। जहाँ रिकॉल एप्लीकेशन किसी एकपक्षीय आदेश को वापस लेने के लिए दाखिल की जाती है, वहीं विदड्रॉ एप्लीकेशन किसी मामले को वापस लेने के लिए दाखिल की जाती है।

जहाँ इम्प्लीडमेंट एप्लीकेशन नया पक्षकार जोड़ने के लिए दाखिल होती है, वहीं सब्स्टीट्यूशन एप्लीकेशन किसी पक्षकार की मृत्यु हो जाने पर उसके वारिस को पक्षकार के रूप में प्रतिस्थापित करने के लिए दाखिल की जाती है। सब्स्टीट्यूशन एप्लीकेशन के लिए 'पक्षकार-प्रतिस्थापन प्रार्थना-पत्र' का प्रयोग करना उचित है। कैविएट एप्लीकेशन नैसर्गिक न्याय के सिद्धान्त पर आधारित है। इस एप्लीकेशन को

दाखिल करने का उद्‌देश्य प्रार्थी के विरुद्ध कोई आदेश करने के पूर्व उसे सूचित करना और प्रतिवाद करने का अवसर देना है। इस भाव के साथ शब्द 'कैविएट' का हिन्दी में भी खुलकर प्रयोग किया जाता है। इसके लिए अलग हिन्दी शब्द जैसे, 'सुनवाई पूर्व सूचना प्रार्थना-पत्र' या 'प्रतिवाद हेतु सूचना प्रार्थना-पत्र' इत्यादि खोजा जा सकता है, किन्तु हिन्दी में 'कैविएट' शब्द इतना प्रचलित है कि इसके लिए किसी दूसरे नये अपरिचित शब्द को खोजने की आवश्यकता नहीं रह जाती है। उच्च न्यायालय में सर्वाधिक प्रयोग में आनेवाला प्रार्थना-पत्र 'लिस्टिंग एप्लीकेशन' है। इस प्रार्थना-पत्र के माध्यम से न्यायालय से किसी मामले को सूचीबद्ध करने हेतु आदेश करने की माँग की जाती है। इसके लिए 'सूचोकरण प्रार्थना-पत्र' शब्दावली को प्रचलन में लाया जा सकता है। यह न केवल संक्षिप्त है, बल्कि भाव एवं उद्‌देश्य को भी स्पष्ट करती है।

इस तरह अलग-अलग उद्‌देश्य हेतु दाखिल होले वाले प्रार्थना-पत्र एवं शपथ-पत्र के लिए निम्न हिन्दी-शब्दावली का प्रयोग किया जाना उचित है—

Correction Application	:	आदेश-संशोधन प्रार्थना-पत्र
Modification Application	:	आदेश-सुधार प्रार्थना-पत्र
Amendment Application	:	अभिवचन-संशोधन प्रार्थना-पत्र
Recall Application	:	आदेश-वापसी प्रार्थना-पत्र
Withdraw Application	:	याचिका-वापसी प्रार्थना-पत्र
Review Application	:	पुनर्विचार प्रार्थना-पत्र
Restoration Application	:	पुनर्स्थापन प्रार्थना-पत्र
Substitution Application	:	पक्षकार-प्रतिस्थापन प्रार्थना-पत्र
Impleadment Application	:	पक्षकार-संयोजन प्रार्थना-पत्र
Clarification Application	:	स्पष्टीकरण प्रार्थना-पत्र
Stay Extension Application	:	स्थगन विस्तार प्रार्थना-पत्र
Time Extension Application	:	अवधि विस्तार प्रार्थना-पत्र
Delay Condonation Application	:	विलम्ब माफी प्रार्थना-पत्र
Listing Application	:	सूचीकरण प्रार्थना-पत्र
Caveat Application	:	कैविएट प्रार्थना-पत्र
Counter Affidavit	:	उत्तर शपथ-पत्र
Rejoinder Affidavit	:	प्रत्युत्तर शपथ-पत्र
Supplementary Affidavit	:	पूरक शपथ-पत्र

2. रिट याचिका

2.1 रिट के बारे में

आंग्ल न्यायशास्त्र के अन्तर्गत विकसित 'रिट' एक परमाधिकार-शक्ति है, जिसका प्रयोग सम्राट द्वारा लोगों के अधिकार एवं आजादी को सुरक्षित करने के लिए किया जाता था। शक्ति पृथक्करण का सिद्धान्त मान्य होने के बाद रिट शक्ति का प्रयोग न्यायपालिका द्वारा किया जाने लगा। भारतीय संविधान के अनुच्छेद 32 और 226 में भी 'रिट' का उल्लेख किया गया है। अनुच्छेद 32 के अन्तर्गत सुप्रीम कोर्ट को और अनुच्छेद 226 के अन्तर्गत हाई कोर्ट को रिट जारी करने की शक्ति दी गई है। जहाँ सुप्रीम कोर्ट केवल मूल अधिकार को सुरक्षित करने के लिए रिट जारी कर सकता है, वहीं हाई कोर्ट मूल अधिकार और विधिक अधिकार दोनों को सुरक्षित करने के लिए रिट शक्ति का प्रयोग कर सकता है।

यद्यपि भारतीय संविधान में रिट का प्रयोग व्यापक सन्दर्भ में किया गया है, किन्तु इसके साथ पाँच विशिष्ट रिटों—हेबियस कॉर्पस, मैंडेमस, प्रोहिबिशन, सर्शियोररी और क्वो वारंटो का भी उल्लेख किया गया है। प्रारूप संविधान में इस तरह कुछ विशिष्ट रिटों का प्रयोग किए जाने का संविधान सभा में विरोध किया गया है। एच.वी. कामथ ने संशोधन प्रस्तुत कर एक नया प्रावधान प्रस्तावित किया, जिसमें किसी भी रिट का उल्लेख नहीं किया गया था।[1] प्रारूप प्रावधान में कुछ रिटों का उल्लेख करने का कारण स्पष्ट करते हुए डॉ. बी.आर. आंबेडकर ने कहा कि ये रिट बहुत पहले से ग्रेट ब्रिटेन में अस्तित्व में रही हैं। इनकी प्रकृति और इनके द्वारा प्रदान किया जानेवाला उपचार प्रत्येक विधिवक्ता को मालूम है, परिणामत: हमने सोचा कि जैसा कि एक व्यक्ति के लिए, यहाँ तक कि जो बहुत उपजाऊ कल्पनाशक्ति रखता है, कुछ नया खोजना असम्भव है, वहीं इन रिटों में, जो हजारों वर्षों से अस्तित्व में रही हैं एवं जो प्रत्येक अंग्रेज को उनकी आजादी की सुरक्षा के सन्दर्भ में पूर्ण सन्तुष्टि प्रदान किये हैं, सुधार करना शायद ही सम्भव हो। इसलिए हमने सोचा कि ऐसी कोई स्थिति, जो इन रिटों को रखनेवाले इंग्लिश विधिशास्त्र में मौजूद है और जो अचूक एवं पूर्णसिद्ध पाए हुए हैं, को संविधान में इनके नाम के साथ उल्लिखित करना चाहिए, और यह उल्लेख, सुप्रीम कोर्ट के

---

1. भारतीय संविधान की निर्माण यात्रा; पृष्ठ सं. 230

दूसरे तरीके से न्याय प्रदान करने के अधिकार को हानि पहुँचाए बिना किया गया है।[1] डॉ. बी.आर. आंबेडकर के सम्बोधन के बाद संविधान सभा ने एच.वी. कामथ के संशोधन को अस्वीकार कर दिया।

2.2 रिट का हिन्दी अनुवाद

अनुच्छेद 32 और 226 में प्रयुक्त 'रिट' शब्द के लिए हिन्दी भाषा में भी सामान्यतया इसी शब्द का प्रयोग प्रचलित है। कभी-कभी इसके लिए 'आज्ञा-पत्र' जैसे शब्द का प्रयोग किया जाता है। वस्तुत: 'रिट', परमाधिकार-शक्ति का प्रयोग कर जारी किया जानेवाला एक आदेश है। इसलिए इसके लिए सर्वाधिक उपयुक्त शब्द 'परमादेश' है। किन्तु समस्या यह है कि हिन्दी में 'परमादेश' शब्द का प्रयोग 'मैंडेमस' नाम की एक विशिष्ट रिट के लिए किया जाता है। 'परमादेश' शब्द का प्रयोग, 'रिट' शब्द के लिए सामूहिक भाव में किया जाना ज्यादा उचित है। यही शब्द रिट के भाव को सही मायने में स्पष्ट करता है। 'मैंडेमस' नाम की विशिष्ट रिट के लिए इसके भाव के अनुरूप कोई नया शब्द खोजा जाना उचित है।

हेबियस कॉर्पस, मैंडेमस, प्रोहिबिशन, सर्शियोररी और क्वो वारंटो नाम से स्थापित रिट के लिए हिन्दी में क्रमश: बन्दी-प्रत्यक्षीकरण, परमादेश, प्रतिषेध, उत्प्रेषण और अधिकार-पृच्छा का प्रयोग किया जाता है। इससे इनकार नहीं किया जा सकता है कि ये नये शब्द अलग-अलग विशिष्ट रिटों के लिए विकसित किए गए हैं। इस तरह का विकास करते समय हम मूल रिटों के भाव की उपेक्षा नहीं कर सकते हैं। इस दृष्टि से अलग-अलग रिटों के लिए हिन्दी शब्दों की उपयुक्तता की समीक्षा करना आवश्यक है।

1. **हेबियस कॉर्पस**— यह रिट, बिना किसी प्राधिकार के निरुद्ध किए गए व्यक्ति को न्यायालय के समक्ष प्रस्तुत करने और रिहा करने के लिए जारी की जाती है। शब्द 'बन्दी प्रत्यक्षीकरण' इसके भाव को पूर्णता के साथ प्रकट नहीं करता है। इसकी तुलना में शब्द 'बन्दी-मुक्ति परमादेश या बन्दी-मुक्तिआदेश' ज्यादा समभाव वाला उचित शब्द है।
2. **मैंडेमस**— इस रिट के माध्यम से किसी लोक-अधिकारी को उसके कानून-अधिरोपित कर्तव्य का निर्वहन करने के लिए या ऐसे कर्तव्य

1. भारतीय संविधान की निर्माण यात्रा; पृष्ठ सं. 231

को अवैध तरीके से न करने के लिए कहा जाता है। सामान्यतया इसके लिए शब्द 'परमादेश' का प्रयोग किया जाता है। जबकि सभी तरह के रिट, 'परमादेश' हैं, मैंडेमस जैसी विशिष्ट रिट के लिए दूसरा शब्द तलाशना उचित है। इसके लिए समभाव वाला शब्द 'कर्तव्य-निर्वहन परमादेश या कर्तव्य-निर्वहनादेश' ज्यादा सार्थक एवं उचित शब्द है।

3. **प्रोहिबिशन—** किसी अधीनस्थ न्यायालय या न्यायाधिकरण द्वारा क्षेत्राधिकार के बाहर या कानून के विरुद्ध चलाए जा रहे किसी मामले की कार्यवाही को रोकने के लिए यह रिट जारी की जाती है। इसके लिए प्रयोग किए जानेवाले शब्द 'प्रतिषेध' की तुलना में शब्द 'कार्यवाही-निषेध परमादेश या कार्यवाही-निषेधादेश' ज्यादा समभाव वाला उचित शब्द है।
4. **सर्शियोररी—** यह रिट, किसी अधीनस्थ न्यायालय या न्यायाधिकरण या अर्द्ध-न्यायिक प्राधिकारी द्वारा पारित निर्णय/आदेश के अवैध होने की दशा में इन्हें निरस्त करने के लिए जारी किया जाता है। इसके लिए प्रयोग किए जानेवाले शब्द 'उत्प्रेषण' की तुलना में शब्द 'निर्णय-निरस्त परमादेश या निर्णय-निरस्तादेश' ज्यादा स्पष्ट और समभाव वाला शब्द है।
5. **क्वो वारंटो—** यह रिट, किसी व्यक्ति द्वारा अनधिकार तरीके से कोई सार्वजनिक पद धारण करने के विरुद्ध जारी की जाती है। इसके लिए शब्द 'अधिकार पृच्छा' का प्रयोग किया जाता है। इसकी तुलना में शब्द 'अधिकार-पृच्छा परमादेश या अधिकार-पृच्छादेश' का प्रयोग करना क्वो वारंटो के भाव को ज्यादा पूर्ण बनाता है।

इस तरह रिट और विशिष्ट रिटों के लिए निम्न उपयुक्त हिन्दी शब्द निकलकर आते हैं—

रिट	:	परमादेश।
हेबियस कॉर्पस	:	बन्दी-मुक्ति परमादेश या बन्दी-मुक्तिआदेश।
मैंडेमस	:	कर्तव्य-निर्वहन परमादेश या कर्तव्य-निर्वहनादेश।
प्रोहिबिशन	:	कार्यवाही-निषेध परमादेश या कार्यवाही-निषेधादेश।
सर्शियोररी	:	निर्णय-निरस्त परमादेश या निर्णय-निरस्तादेश।
क्वो वारंटो	:	अधिकार-पृच्छा परमादेश या अधिकार-पृच्छादेश।

2.3 मूलभूत बातें

- कानून के दोनों क्षेत्र—सिविल और आपराधिक—के लिए अलग-अलग रिट याचिकाएँ दाखिल होती हैं—सिविल क्षेत्र के लिए सिविल प्रकीर्ण रिट याचिका और आपराधिक क्षेत्र के लिए आपराधिक प्रकीर्ण रिट याचिका।
- हेबियस कॉर्पस रिट (बन्दी-मुक्ति परमादेश) की माँग के साथ दाखिल होनेवाली रिट याचिका सामान्यतया 'आपराधिक प्रकीर्ण रिट याचिका' के रूप में और क्वो वारंटो रिट (अधिकार-पृच्छा परमादेश) की माँग के साथ दाखिल होनेवाली रिट याचिका सामान्यतया 'सिविल प्रकीर्ण रिट याचिका' के रूप में तैयार होती है।
- सामान्यतया सभी उच्च न्यायालय, अपनी-अपनी नियमावली में रिट याचिका सम्बन्धी प्रक्रिया को विनियमित करने के लिए प्रावधान बनाए हुए हैं। जैसे, इलाहाबाद हाई कोर्ट नियम, 1952 के अन्तर्गत रिट से सम्बन्धित दो अध्याय—हेबियस कॉर्पस रिट से सम्बन्धित अध्याय 21 और अन्य रिट से सम्बन्धित अध्याय 22 शामिल किए गए हैं। इसी तरह राजस्थान हाई कोर्ट नियम, 1952 के भाग 4 का अध्याय 21 हेबियस कॉर्पस रिट, अध्याय 22 अन्य रिट और अध्याय 22-क जनहित याचिका से सम्बन्धित है।

2.4 जनहित याचिका के प्रारूप के लिए विशेष पैरा

- बहुत से मामले ऐसे होते हैं, जिसमें याची का व्यक्तिगत हित नहीं होता है, बल्कि वे दूसरे निर्धन एवं अक्षम व्यक्ति के मूल अधिकार को लागू कराने से सम्बन्धित या जनहित से जुड़े हुए होते हैं। ऐसे मामलों में व्यक्तिगत हित न होने के आधार पर याची की अधिकारिता (Locus Standi) पर सवाल न उठाया जा सके, इसके लिए लोकहित वाद के सिद्धान्त का प्रतिपादन किया गया। यद्यपि इस सिद्धान्त की बुनियाद प्रतिनिधि वाद के रूप में न्यायमूर्ति कृष्णा अय्यर[1] ने 1981 में ही रख

1. अखिल भारतीय रेलवे शोषित कर्मचारी संघ बनाम भारत संघ; ए.आई.आर. 1981 सु.को. 298

दी थी, किन्तु इसको विस्तार देने एवं नियम के रूप में स्थापित करने का महती कार्य न्यायमूर्ति पी.एन. भगवती[1] ने 1982 में किया। लोकहित वाद के सिद्धान्त के अन्तर्गत कोई भी व्यक्ति, निजी हित न होने के बावजूद, किसी लोकहित के मामले को रिट याचिका के माध्यम से दाखिल कर सकता है।

- संविधान के अनुच्छेद 226 के अन्तर्गत दाखिल होनेवाली जनहित याचिका, चाहे सिविल प्रकृति की हो या अपराधिक प्रकृति की, का प्रारूप रिट याचिका जैसा ही होता है। सच्ची एवं उचित जनहित याचिका को प्रोत्साहित करने और असंगत विचार वाली जनहित याचिका को रोकने, और याची की साख को स्पष्ट करने के लिए सर्वोच्च न्यायालय ने सभी उच्च न्यायालयों को आवश्यक नियम बनाने का दिशा निर्देश दिया।[2] इस दिशा निर्देश के अनुपालन में लगभग सभी उच्च न्यायालयों द्वारा अपनी-अपनी नियमावली में जनहित याचिका दाखिला प्रक्रिया में आवश्यक बदलाव किए गए।
- इलाहाबाद उच्च न्यायालय में दाखिल होनेवाली जनहित याचिका के साथ निम्न पैरा को जोड़ना आवश्यक किया गया है—

  ‘यह कि इस याचिका के माध्यम से उठाए गए लोकहित सम्बन्धी वाद-विषय से याचिकाकर्ता का जुड़ाव रहा है; यह कि उसका मामले में कोई व्यक्तिगत या निजी हित नहीं है; यह कि इस याचिका में उठाए गए प्रश्न पर सुप्रीम कोर्ट या हाई कोर्ट का कोई प्रामाणिक निर्णय नहीं है; और यह कि इस याचिका के परिणाम से उसे या उसके किसी सहयोगी को कोई अनुचित लाभ नहीं होगा या किसी व्यक्ति, संस्था या राज्य को कोई अनुचित हानि नहीं होगी।’[3]

- मध्य प्रदेश उच्च न्यायालय में दाखिल होनेवाली जनहित याचिका को मध्य प्रदेश उच्च न्यायालय नियमावली, 2008 के प्रारूप संख्या 8 के

---

1. एस.पी. गुप्ता एवं अन्य बनाम राष्ट्रपति एवं अन्य; ए.आई.आर. 1982 सु.को. 149
2. उत्तरांचल राज्य बनाम बलवन्त सिंह चौफल व अन्य; (2010) 3 एस.सी.सी. 402
3. इलाहाबाद उच्च न्यायालय नियम, 1952; अध्याय 22, नियम 1(3-क)

अनुसार होना आवश्यक है।[1] इस जनहित याचिका में निम्न तथ्यों[2] का होना आवश्यक बनाया गया है—

1. याची की सामाजिक लोक हैसियत और उसके जन-सरोकार से सम्बन्धित पूर्व हैसियत,
2. जनहित याचिका दाखिल करने में आ रहे खर्च के लिए याची के अर्थ के स्रोत,
3. याचिका के तथ्यों की जानकारी का स्रोत,
4. वाद-कारण बनानेवाले तथ्य,
5. जन-सरोकार को पहुँच रही क्षति की प्रकृति,
6. वाद-कारण में याची का व्यक्तिगत हित, यदि कोई है।

जनहित याचिका में यह घोषणा करना भी आवश्यक है कि मामले में गहन शोध किया गया है और इससे जुड़ी सभी आवश्यक सामग्री को याचिका में शामिल किया गया है।[3]

- दिल्ली उच्च न्यायालय ने बलवन्त सिंह चौफल के निर्णय के अनुपालन में दिल्ली उच्च न्यायालय (जनहित याचिका) नियम, 2010 बनाया है। इस नियम के अनुसार दाखिल होनेवाली जनहित याचिका में निम्न पैरा का होना आवश्यक है—

पैरा 1. इसकी घोषणा कि रिट याची का याचिका में कोई व्यक्तिगत हित नहीं है और याचिका किसी तरह के स्वहित या किसी व्यक्ति/संस्था/निकाय के हित के लिए नहीं है और रिट याचिका दाखिल करने में जनहित के अलावा और कोई मंशा नहीं है।[4]

पैरा 2. रिट याचिका के तथ्यों की जानकारी के स्रोत की घोषणा।[5]

पैरा 3. व्यक्तियों के समूह की घोषणा, जिनके हित के लिए याचिका दाखिल की जा रही है और वे व्यक्ति खुद न्यायालय तक आने में कैसे अक्षम हैं।[6]

---

1. मध्य प्रदेश उच्च न्यायालय नियम, 2008; अध्याय 10, नियम 27
2. तथैव; अध्याय 13-क, नियम 14
3. तथैव; अध्याय 13-क, नियम 16
4. दिल्ली उच्च न्यायालय (जनहित याचिका) नियम, 2010; पैरा 9 (i)(ख)।
5. तथैव; पैरा 9 (i)(ग)।
6. तथैव; पैरा 9 (i)(घ)।

पैरा 4. रिट याचिका में माँगे जा रहे आदेश से प्रभावित होनेवाले व्यक्ति/संस्था/निकाय के बारे में घोषणा, जिन्हें विपक्षी के रूप में पक्षकार बनाया गया है और इस बात की घोषणा कि याची की जानकारी में ऐसे आदेश से प्रभावित होनेवाला कोई अन्य व्यक्ति/संस्था/निकाय नहीं है।[1]

पैरा 5. याची की योग्यता और पृष्ठभूमि के बारे में घोषणा, जो मामले के वाद-कारण को उठाए जाने के लिए उसे सक्षम बनाता है। यदि याची कोई संगठन है, तो उसके पदाधिकारियों के नाम एवं पता, और उसके क्रियाकलाप की प्रकृति। यह घोषणा करना भी आवश्यक है कि यदि न्यायालय द्वारा हर्जाना लगाया जा रहा है, तो याची के पास ऐसा हर्जाना जमा करने का साधन है।[2]

- राजस्थान उच्च न्यायालय में दाखिल होनेवाली जनहित याचिका में निम्न तथ्यों[3] का खुलासा किया जाना आवश्यक बनाया गया है—
  1. याची की सामाजिक लोक हैसियत और उसके जन-सरोकार से सम्बन्धित पूर्व हैसियत,
  2. याचिका दाखिल करने में आ रहे खर्च के लिए याची के अर्थ का स्रोत और इसके साथ पैन संख्या, यदि कोई है,
  3. सूचना का स्रोत, जिस पर याचिका में कही गई बातें आधारित हैं,
  4. वाद-कारण बनानेवाले तथ्य,
  5. जन-सरोकार को पहुँच रही या सम्भावित क्षति की प्रकृति,
  6. वाद-कारण में याची का व्यक्तिगत हित, यदि कोई है,
  7. क्या याची या याचीगण किसी न्यायालय या न्यायाधिकरण के समक्ष किसी दूसरे सिविल या राजस्व या आपराधिक मामले में किसी रूप में शामिल है। यदि शामिल है, तो उसके बारे में पूर्ण जानकारी।

जनहित याचिका में यह घोषणा करना भी आवश्यक है कि मामले में गहन शोध किया गया है और इससे जुड़ी सभी आवश्यक सामग्री को याचिका के साथ रखा गया है।[4]

---

1. दिल्ली उच्च न्यायालय (जनहित याचिका) नियम, 2010, पैरा 9 (i)(ङ)।
2. तथैव; पैरा 9 (i)(च)।
3. राजस्थान उच्च न्यायालय नियम, 1952; अध्याय 22-क, नियम 385-एफ।
4. तथैव; अध्याय 22-क, नियम 385-जी।

3. सिविल रिट याचिका

3.1 परिचय

- सिविल मामलों में मूल अधिकार या कानूनी अधिकार को सुरक्षित करने के लिए कोई व्यक्ति उच्च न्यायालय के समक्ष संविधान के अनुच्छेद 226 के अन्तर्गत सिविल रिट याचिका (परमादेश याचिका) दाखिल कर सकता है।
- सिविल रिट याचिका की सुनवाई आवश्यकतानुसार एकल पीठ के समक्ष या दो न्यायाधीशों की खंडपीठ के समक्ष हो सकती है।
- सामान्यतया सिविल मामले में न्यायिक या अर्द्धन्यायिक हैसियत का प्रयोग करते हुए पारित किसी निर्णय या आदेश, जिसके खिलाफ कोई अपील या निगरानी का वैकल्पिक उपचार नहीं रह गया है, के खिलाफ सर्शियोररी रिट हेतु याचिका की सुनवाई एकल पीठ के समक्ष की जाती है। जैसे, चकबन्दी सम्बन्धी मामले या राजस्व सम्बन्धी मामले या किरायेदारी सम्बन्धी मामले या स्टैम्प कमी सम्बन्धी मामले या एकल पीठ हेतु निर्धारित सेवा सम्बन्धी मामले।
- सामान्यतया मैंडेमस या कोई दिशा निर्देश जारी करने की माँग वाली रिट याचिका दो न्यायाधीशों की खंडपीठ के समक्ष प्रस्तुत होती है। इसके अलावा कुछ उच्चतर सेवा सम्बन्धी मामले या सैन्यबल न्यायाधिकरण से होकर आनेवाले मामले या मानवाधिकार सम्बन्धी मामले या स्थानीय इकाई या विकास प्राधिकरण सम्बन्धी मामले या खान एवं खनिज सम्बन्धी मामले दो न्यायाधीशों की खंडपीठ के समक्ष प्रस्तुत करने के लिए निर्धारित होते हैं।
- क्वो वारंटो—जब कोई व्यक्ति किसी सार्वजनिक पद पर अपने को अधिकारयुक्त बताते हुए उस पद के दूसरे व्यक्ति द्वारा अनधिकृत रूप से धारण करने का आरोप लगाकर इस रिट की माँग करता है तो ऐसी याचिका की सुनवाई एकल पीठ द्वारा की जाती है और जब किसी व्यक्ति पर सार्वजनिक पद को अनधिकार धारण करने का आरोप लगाते हुए जनहित में इस रिट की माँग की जाती है तो ऐसी याचिका की सुनवाई दो न्यायाधीशों की खंडपीठ के समक्ष होती है।

3.2 प्रारूप तैयार करने सम्बन्धी मूलभूत बातें

- सिविल रिट याचिका आवश्यकतानुसार एक या दो सेट के साथ दाखिल होता है।
- उच्च न्यायालय में दाखिल होनेवाली रिट याचिका में सामान्यतया चार मुख्य भाग—रिट पिटीशन (परमादेश याचिका), अन्तरिम आदेश/स्टे एप्लीकेशन (स्थगन प्रार्थना-पत्र), डेट्स एंड इवेंट्स (तिथिवार घटनाएँ), और एफीडेविट (शपथ-पत्र) होते हैं। इन सभी चार भागों एवं सभी संलग्नकों का उल्लेख एक इंडेक्स (अनुक्रमणिका) में क्रमवार करते हुए इस अनुक्रमणिका को तिथिवार घटनाएँ वाले भाग के पूर्व रखा जाता है। इस तरह रिट याचिका का सम्पूर्ण स्वरूप, सामान्यतया निम्न क्रम में तैयार होता है—

  अनुक्रमणिका,
  तिथिवार घटनाएँ,
  सिविल प्रकीर्ण स्थगन प्रार्थना-पत्र,
  सिविल प्रकीर्ण रिट याचिका,
  संख्यावार समस्त संलग्नक,
  शपथ-पत्र, और
  वकालतनामा।
- मामले के सम्पूर्ण तथ्य एवं कानूनी बिन्दु, आधार और प्रार्थना, रिट पिटीशन (परमादेश याचिका) में ही अलग-अलग शीर्षक के साथ लिखे जाते हैं। यदि याचिका के समर्थन में कोई दस्तावेज भी दाखिल करना है, तो इसे उपयुक्त पैरा में उल्लिखित करते हुए अलग-अलग संलग्नक के रूप में रिट याचिका के तुरन्त बाद क्रमवार संलग्न करते हैं।
- एक रिट याचिका (परमादेश याचिका) का प्रारूप तैयार करने के लिए विधिवक्ता को मामले के तथ्य, आधार, अन्तिम प्रार्थना और अन्तरिम प्रार्थना पर कार्य करना होता है। यदि 'तिथिवार घटनाएँ' तैयार कर ली जाएँ, तो प्रारूप तैयार करना आसान हो जाता है।
- सिविल रिट याचिका में सरकार या अधिकारी या विभाग को विपक्षी बनाए जाने की स्थिति में मुख्य स्थायी विधिवक्ता को याचिका का पूर्व-नोटिस देना आवश्यक है।

4. सिविल न्यायिक निरीक्षण याचिका (अन्तर्गत अनुच्छेद 227)

4.1 परिचय

- अनुच्छेद 227 के अन्तर्गत उच्च न्यायालय को अधीनस्थ न्यायालयों पर न्यायिक निरीक्षण करने की व्यापक शक्ति प्राप्त है। उच्च न्यायालय इस शक्ति का प्रयोग यह देखने के लिए करता है कि अधीनस्थ न्यायालय अपने प्राधिकार-क्षेत्र में रहकर कार्य कर रहा है या नहीं।
- सिविल मामलों के सन्दर्भ में दाखिल सिविल प्रकीर्ण न्यायिक निरीक्षण याचिका की सुनवाई एकल पीठ के समक्ष होती है।

4.2 प्रारूप तैयार करने सम्बन्धी मूलभूत बातें

- सिविल प्रकीर्ण न्यायिक निरीक्षण याचिका एक सेट के साथ दाखिल होती है।
- यह याचिका भी रिट याचिका की तरह तैयार होती है। मूल याचिका में मामले के समस्त तथ्य, कानूनी बिन्दु, आधार एवं अन्तिम प्रार्थना को शामिल करते हैं। अन्तरिम प्रार्थना के लिए अलग प्रार्थना-पत्र संलग्न होता है और शपथ-पत्र संक्षिप्त स्वरूप में तैयार किया जाता है।
- सिविल न्यायिक निरीक्षण याचिका (अन्तर्गत अनुच्छेद 227) का मसौदा तैयार करने के लिए विधिवक्ता को मामले के तथ्य, आधार, अन्तिम प्रार्थना और अन्तरिम प्रार्थना पर कार्य करना होता है। यदि 'तिथिवार घटनाएँ' तैयार कर ली जाएँ, तो प्रारूप तैयार करना आसान हो जाता है।
- उच्च न्यायालय के समक्ष दाखिल होनेवाली सिविल प्रकीर्ण न्यायिक निरीक्षण याचिका का सम्पूर्ण स्वरूप, सामान्यतया निम्न क्रम में तैयार होता है—

    अनुक्रमणिका,
    तिथिवार घटनाएँ,
    सिविल प्रकीर्ण स्थगन प्रार्थना-पत्र,
    सिविल न्यायिक निरीक्षण याचिका,
    संख्यावार समस्त संलग्नक,
    शपथ-पत्र, और
    वकालतनामा।

5. विशेष अपील

5.1 परिचय

- कुछ विशेष मामलों में हाई कोर्ट के एक न्यायाधीश की पीठ द्वारा पारित निर्णय एवं आदेश के खिलाफ विशेष अपील दाखिल की जाती है।
- विशेष अपील की सुनवाई दो न्यायाधीशों की खंडपीठ के समक्ष होती है।
- निम्न मामलों में एक न्यायाधीश की पीठ के निर्णय एवं आदेश के खिलाफ विशेष अपील नहीं दाखिल की जा सकती है—
  1. जब एकल पीठ द्वारा निर्णय, अपीलीय अधिकारिता का प्रयोग करके पारित किया गया हो;
  2. जब एकल पीठ द्वारा आदेश, निगरानी अधिकारिता या अधीक्षण शक्ति या आपराधिक अधिकारिता का प्रयोग करके पारित किया गया हो;
  3. जब एकल पीठ द्वारा निर्णय, अनुच्छेद 226 या 227 की अधिकारिता का प्रयोग करके किसी उत्तर प्रदेश राज्य कानून या केन्द्रीय कानून के अन्तर्गत प्रदत्त क्षेत्राधिकार का प्रयोग करके न्यायालय या न्यायाधिकरण या विधिक पंचाट के निर्णय, आदेश या अवॉर्ड के सम्बन्ध में पारित किया गया हो;
  4. जब एकल पीठ द्वारा निर्णय, अनुच्छेद 226 या 227 की अधिकारिता का प्रयोग करके किसी उत्तर प्रदेश राज्य कानून या केन्द्रीय कानून के अन्तर्गत अपीलीय या निगरानी क्षेत्राधिकार का प्रयोग करके शासन या अधिकारी या प्राधिकारी के निर्णय, आदेश या अवॉर्ड के सम्बन्ध में पारित किया गया हो।[1]
- विशेष अपील दाखिल करने की समय सीमा 30 दिन है।[2] यदि 30 दिन के बाद विशेष अपील दाखिल की जा रही है, तो इसके लिए सशपथ विलम्ब माफी प्रार्थना-पत्र दाखिल करना आवश्यक है।

---

1. इलाहाबाद उच्च न्यायालय नियम, 1952; अध्याय 8, नियम 5
2. तथैव; अध्याय 9, नियम 10 (i)

5.2 प्रारूप तैयार करने सम्बन्धी मूलभूत बातें

- विशेष अपील हमेशा दो सेट के साथ दाखिल होती है।
- विशेष अपील के मेमोरेंडम के साथ इस बात का 'प्राप्ति शपथ-पत्र' (Affidavit of Service) संलग्न होना चाहिए कि एकल पीठ के समक्ष उपस्थित सभी विपक्षी पक्षकारों के विधिवक्ता को नोटिस दे दिया गया है।[1] पंजीकृत लिपिक को दिया गया नोटिस पर्याप्त माना जाता है।[2]
- यदि एक ही पक्षकार की तरफ से दो से अधिक विधिवक्ता रहे हैं, तो नोटिस उनमें से सबसे जूनियर विधिवक्ता को दिया जाता है।[3]
- विशेष अपील के मेमोरेंडम के साथ ऐसे समस्त अभिवचन दाखिल होने चाहिए, जो एकल पीठ के समक्ष मौजूद थे।
- विशेष अपील के पक्षकार-रचना (Array of Parties) में यह स्पष्ट करना आवश्यक है कि अपीलकर्ता और प्रतिपक्षीगण की स्थिति रिट न्यायालय के समक्ष क्या थी, वे याची थे या विपक्षी।
- विशेष अपील का मसौदा तैयार करने के लिए विधिवक्ता को ज्यादा कार्य अपील के उन आधारों (Grounds of Appeal) को बनाने के लिए करना होता है, जिनके आधार पर वह एकलपीठ के निर्णय को चुनौती दे रहा है और कुछ कार्य अन्तरिम प्रार्थना के समर्थन में दाखिल होनेवाले शपथ-पत्र की अन्तर्वस्तु (कंटेंट) को बनाने के लिए करना होता है। इस शपथ-पत्र में सामान्यतया रिट के दौरान हुई समस्त कार्यवाही का उल्लेख किया जाता है।
- उच्च न्यायालय के समक्ष दाखिल होनेवाली विशेष अपील का सम्पूर्ण स्वरूप, सामान्यतया निम्न क्रम में तैयार होता है—

    अनुक्रमणिका,
    तिथिवार घटनाएँ,
    विशेष अपील का मेमोरेंडम,
    आलोच्य आदेश की प्रमाणित प्रति,
    विशेष अपील के समर्थन में प्राप्ति शपथ-पत्र,

1. इलाहाबाद उच्च न्यायालय नियम, 1952; अध्याय 9, नियम 10 (iv)
2. इलाहाबाद उच्च न्यायालय नियम, 1952; अध्याय 9, नियम 10 (x)
3. इलाहाबाद उच्च न्यायालय नियम, 1952; अध्याय 9, नियम 10 (viii)

विशेष अपील का 18-क नोटिस,

अन्तरिम आदेश प्रार्थना-पत्र,

अन्तरिम आदेश प्रार्थना-पत्र के समर्थन में शपथ-पत्र,

संख्यावार समस्त संलग्नक,

अन्तरिम आदेश प्रार्थना-पत्र के समर्थन में प्राप्ति शपथ-पत्र,

विशेष अपील का 18-क नोटिस, और

वकालतनामा।

6. द्वितीय अपील

6.1 परिचय

- सिविल प्रक्रिया संहिता की धारा 100 और आदेश 42 के अन्तर्गत अधीनस्थ न्यायालय द्वारा अपील में पारित निर्णय एवं डिक्री के खिलाफ हाई कोर्ट के समक्ष द्वितीय अपील दाखिल होती है।
- इस अपील की सुनवाई एक न्यायाधीश की पीठ के समक्ष होती है।
- द्वितीय अपील दाखिल करने की समय सीमा 90 दिन है।[1] यदि 90 दिन के बाद द्वितीय अपील दाखिल की जा रही है, तो इसके लिए सशपथ-पत्र विलम्ब माफी प्रार्थना-पत्र दाखिल करना आवश्यक है।
- द्वितीय अपील केवल विधि के सारवान प्रश्न (Substantial Question of Law) के आधार पर दाखिल होती है।[2]
- 25,000/-रुपये से कम मूल्य के धन-वसूली वाले मामले में द्वितीय अपील पोषणीय नहीं है।[3]

6.2 प्रारूप तैयार करने सम्बन्धी मूलभूत बातें

- द्वितीय अपील हमेशा एक सेट के साथ दाखिल होती है।
- द्वितीय अपील के मेमोरेंडम के साथ दोनों अधीनस्थ न्यायालयों के निर्णय एवं आदेश की प्रमाणित प्रति संलग्न की जाती है।

---

1. भारतीय परिसीमा अधिनियम की धारा 116
2. सिविल प्रक्रिया संहिता; धारा 100
3. सिविल प्रक्रिया संहिता; धारा 102

- द्वितीय अपीलकर्ता या तो दोनों अधीनस्थ न्यायालयों में असफल रहता है या प्रथम अपीलीय न्यायालय में असफल और विचारण न्यायालय में सफल रहता है। इन दोनों अलग-अलग स्थितियों में अपील का आरम्भ अलग-अलग तरीके से होता है।
- द्वितीय अपील के पक्षकार-रचना (Array of Parties) में यह स्पष्ट करना आवश्यक है कि अपीलकर्ता और प्रतिपक्षी की मूल वाद में क्या स्थिति रही है, वे वादी थे या प्रतिवादी।
- यदि द्वितीय अपील में कोई स्थगनादेश या अन्तरिम आदेश प्राप्त करने की आवश्यकता हैं, तो द्वितीय अपील के मेमोरेंडम के साथ 'सिविल प्रकीर्ण अन्तरिम प्रार्थना-पत्र' सशपथ-पत्र दाखिल किया जा सकता है। इसी शपथ-पत्र में अन्तरिम आदेश पारित करने हेतु आधारों का उल्लेख किया जाता है।
- द्वितीय अपील और अन्तरिम प्रार्थना-पत्र के समर्थन में यदि किसी तथ्य के उल्लेख की या कोई दस्तावेज लगाने की आवश्यकता है, तो उन्हें उक्त शपथ-पत्र के साथ उद्धरित किया जा सकता है।
- द्वितीय अपील का मसौदा तैयार करने के लिए विधिवक्ता को मुख्यत: तीन कार्य करने होते हैं—पहला और सबसे महत्त्वपूर्ण कार्य अधीनस्थ न्यायालय के दोनों निर्णयों के आधार पर 'विधि का सारवान प्रश्न' तैयार करना, दूसरा कार्य अपील का आधार तैयार करना और तीसरा कार्य अन्तरिम प्रार्थना के समर्थन में दाखिल होनेवाले शपथ-पत्र की अन्तर्वस्तु (कंटेंट) को तैयार करना।
- उच्च न्यायालय के समक्ष दाखिल होनेवाली द्वितीय अपील का सम्पूर्ण स्वरूप, सामान्यतया निम्न क्रम में तैयार होता है—

    अनुक्रमणिका,
    तिथिवार घटनाएँ,
    द्वितीय अपील का मेमोरेंडम,
    आलोच्य निर्णय एवं डिक्री की प्रमाणित प्रति, जिनके विरुद्ध अपील दाखिल की जा रही है
    अन्तरिम आदेश प्रार्थना-पत्र,
    अन्तरिम आदेश प्रार्थना-पत्र के समर्थन में शपथ-पत्र,

संख्यावार समस्त संलग्नक, और

वकालतनामा।

7. प्रथम अपील

7.1 परिचय

- जिला न्यायाधीश के न्यायालय द्वारा मूल क्षेत्राधिकार में पारित निर्णय एवं डिक्री के खिलाफ उच्च न्यायालय के समक्ष प्रथम अपील दाखिल की जाती है।[1]
- कुछ विशिष्ट कानूनों के अन्तर्गत भी उच्च न्यायालय के समक्ष प्रथम अपील दाखिल होती हैं; जैसे पारिवारिक न्यायालय अधिनियम, 1984 की धारा 19 के अन्तर्गत या वाणिज्यिक न्यायालय अधिनियम, 2015 की धारा 13 के अन्तर्गत।
- प्रथम अपील की सुनवाई एकल पीठ या दो न्यायाधीशों की खंडपीठ के समक्ष होती है।
- भारतीय परिसीमा अधिनियम की धारा- 116 के अन्तर्गत उच्च न्यायालय में प्रथम अपील दाखिल करने की समय सीमा 90 दिन है, जबकि पारिवारिक न्यायालय अधिनियम, 1984 की धारा 19 के अन्तर्गत यह समय सीमा 30 दिन है।
- यदि समय सीमा बीत जाने के बाद प्रथम अपील दाखिल की जा रही है, तो इसके लिए सशपथ-पत्र विलम्ब माफी प्रार्थना-पत्र दाखिल करना आवश्यक है।
- पक्षकारों की सहमति के आधार पर पारित निर्णय एवं डिक्री के विरुद्ध प्रथम अपील पोषणीय नहीं है।[2]

7.2 प्रारूप तैयार करने सम्बन्धी मूलभूत बातें

- प्रथम अपील आवश्यकतानुसार एक या दो सेट के साथ दाखिल होती है।

---

1. सिविल प्रक्रिया संहिता; धारा 96 और आदेश 41
2. सिविल प्रक्रिया संहिता; धारा 96 (3)

- प्रथम अपील के मेमोरेंडम के साथ अधीनस्थ न्यायालय के निर्णय एवं आदेश की प्रमाणित प्रति को संलग्न किया जाता है।
- प्रथम अपील के पक्षकार-रचना (Array of Parties) में यह स्पष्ट करना आवश्यक है कि अपीलकर्ता और प्रतिपक्षी की मूलवाद में क्या स्थिति रही है, वे वादी थे या प्रतिवादी।
- यदि प्रथम अपील में कोई स्थगनादेश या अन्तरिम आदेश प्राप्त करने की आवश्यकता है, तो प्रथम अपील के मेमोरेंडम के साथ 'सिविल प्रकीर्ण अन्तरिम प्रार्थना-पत्र' सशपथ-पत्र दाखिल किया जा सकता है। इसी शपथ-पत्र में अन्तरिम आदेश पारित करने हेतु आधारों का उल्लेख किया जाता है।
- प्रथम अपील और अन्तरिम प्रार्थना-पत्र के समर्थन में यदि किसी तथ्य के उल्लेख की या कोई दस्तावेज लगाने की आवश्यकता है, तो उन्हें उक्त शपथ-पत्र के साथ उद्धरित किया जा सकता है।
- प्रथम अपील का मसौदा तैयार करने के लिए विधिवक्ता को मुख्यत: दो बिन्दुओं पर कार्य करना होता है—पहला अपील के आधार की तैयारी, और दूसरा अन्तरिम प्रार्थना के समर्थन में दाखिल होने वाले शपथ-पत्र की अन्तर्वस्तु (कंटेंट) की तैयारी।
- उच्च न्यायालय के समक्ष दाखिल होनेवाली प्रथम अपील का सम्पूर्ण स्वरूप, सामान्यतया निम्न क्रम में तैयार होता है—

  अनुक्रमणिका,
  तिथिवार घटनाएँ,
  प्रथम अपील का मेमोरेंडम,
  आलोच्य निर्णय एवं डिक्री की प्रामाणिक प्रति, जिसके विरुद्ध अपील दाखिल की जा रही है,
  अन्तरिम आदेश प्रार्थना-पत्र,
  अन्तरिम आदेश प्रार्थना-पत्र के समर्थन में शपथ-पत्र,
  संख्यावार समस्त संलग्नक, और
  वकालतनामा।

8. प्रथम अपील विरुद्ध आदेश (एफ.ए.एफ.ओ.)

8.1 परिचय

- सिविल प्रक्रिया संहिता की धारा 104 और आदेश 43 के अन्तर्गत अधीनस्थ न्यायालय द्वारा पारित कुछ निश्चित आदेशों के खिलाफ उच्च न्यायालय के समक्ष प्रथम अपील विरुद्ध आदेश (एफ.ए.एफ.ओ.) दाखिल होती है।
- कुछ विशिष्ट कानूनों के अन्तर्गत भी उच्च न्यायालय के समक्ष प्रथम अपील विरुद्ध आदेश दाखिल होती हैं; जैसे वाणिज्यिक न्यायालय अधिनियम, 2015 की धारा 13 या मोटर व्हीकल अधिनियम, 1988 की धारा 173 या कर्मचारी प्रतिकर अधिनियम की धारा 30 के अन्तर्गत।
- प्रथम अपील विरुद्ध आदेश की सुनवाई एकल पीठ या दो न्यायाधीशों की खंडपीठ के समक्ष होती है।
- भारतीय परिसीमा अधिनियम की धारा- 116 या मोटर व्हीकल अधिनियम, 1988 की धारा 173 के अन्तर्गत उच्च न्यायालय में प्रथम अपील विरुद्ध आदेश दाखिल करने की समय सीमा 90 दिन है, जबकि वाणिज्यिक न्यायालय अधिनियम, 2015 की धारा 13 के अन्तर्गत यह समय सीमा 60 दिन है।
- यदि समय सीमा बीत जाने के बाद प्रथम अपील विरुद्ध आदेश दाखिल की जा रही है, तो इसके लिए सशपथ-पत्र विलम्ब माफी प्रार्थना-पत्र दाखिल किया जाना आवश्यक है।

8.2 प्रारूप तैयार करने सम्बन्धी मूलभूत बातें

- प्रथम अपील विरुद्ध आदेश आवश्यकतानुसार एक या दो सेट के साथ दाखिल होती है।
- प्रथम अपील विरुद्ध आदेश के मेमोरेंडम के साथ अधीनस्थ न्यायालय के आदेश की प्रमाणित प्रति संलग्न की जाती है।
- प्रथम अपील विरुद्ध आदेश के पक्षकार-रचना (Array of Parties) में यह स्पष्ट करना आवश्यक है कि अपीलकर्ता और प्रतिपक्षी की मूलवाद में क्या स्थिति रही है, वे वादी थे या प्रतिवादी

- यदि प्रथम अपील विरुद्ध आदेश में कोई स्थगनादेश या अन्तरिम आदेश प्राप्त करने की आवश्यकता है, तो इस अपील के मेमोरेंडम के साथ सिविल प्रकीर्ण अन्तरिम प्रार्थना-पत्र सशपथ-पत्र दाखिल किया जा सकता है। इसी शपथ-पत्र में अन्तरिम आदेश पारित करने हेतु आधारों का उल्लेख किया जाता है।
- प्रथम अपील विरुद्ध आदेश और अन्तरिम प्रार्थना-पत्र के समर्थन में यदि किसी तथ्य के उल्लेख की या कोई दस्तावेज लगाने की आवश्यकता है, तो उन्हें उक्त शपथ-पत्र के साथ उद्धरित किया जा सकता है।
- प्रथम अपील विरुद्ध आदेश का मसौदा तैयार करने के लिए विधिवक्ता को मुख्यत: दो बिन्दुओं पर कार्य करना होता है—पहला अपील के आधार की तैयारी, और दूसरा अन्तरिम प्रार्थना के समर्थन में दाखिल होने वाले शपथ-पत्र की अन्तर्वस्तु (कंटेंट) की तैयारी।
- उच्च न्यायालय के समक्ष दाखिल होनेवाली प्रथम अपील विरुद्ध आदेश का सम्पूर्ण स्वरूप, सामान्यतया निम्न क्रम में तैयार होता है—

  अनुक्रमणिका,
  तिथिवार घटनाएँ,
  प्रथम अपील विरुद्ध आदेश का मेमोरेंडम,
  आलोच्य आदेश की प्रमाणित प्रति,
  अन्तरिम आदेश प्रार्थना-पत्र,
  अन्तरिम आदेश प्रार्थना-पत्र के समर्थन में शपथ-पत्र,
  संख्यावार समस्त संलग्नक, और
  वकालतनामा।

9. सिविल निगरानी

9.1 परिचय

- किसी सिविल मुकदमे में अधीनस्थ न्यायालय द्वारा क्षेत्राधिकार सम्बन्धी गलती होने के खिलाफ उच्च न्यायालय के समक्ष सिविल निगरानी दाखिल

की जाती है। सामान्यतया सिविल निगरानी तभी दाखिल होती है, जब अधीनस्थ न्यायालय के निर्णय के विरुद्ध अपील दाखिल करने का कोई उपचार शेष नहीं होता है।

- सिविल प्रक्रिया संहिता की धारा 115 के अन्तर्गत उच्च न्यायालय को सिविल निगरानी की शक्ति दी गई है। प्रान्तीय स्मॉल कॉज कोर्ट अधिनियम, 1887 की धारा 25 के अन्तर्गत भी उच्च न्यायालय को निगरानी की शक्ति प्राप्त है।
- सिविल निगरानी की सुनवाई एकल पीठ के समक्ष होती है।
- सिविल निगरानी दाखिल करने की समय सीमा 90 दिन है।[1]
- यदि समय सीमा बीत जाने के बाद सिविल निगरानी दाखिल की जा रही है, तो इसके लिए सशपथ-पत्र विलम्ब माफी प्रार्थना-पत्र दाखिल करना आवश्यक है।

9.2 प्रारूप तैयार करने सम्बन्धी मूलभूत बातें

- सिविल निगरानी एक सेट के साथ दाखिल होती है।
- सिविल निगरानी के मेमोरेंडम के साथ अधीनस्थ न्यायालय के निर्णय एवं आदेश की प्रमाणित प्रति को संलग्न किया जाता है।
- सिविल निगरानी के पक्षकार-रचना (Array of Parties) में यह स्पष्ट करना आवश्यक है कि अपीलकर्ता और प्रतिपक्षी की मूलवाद में क्या स्थिति रही है, वे वादी थे या प्रतिवादी।
- यदि सिविल निगरानी में कोई स्थगनादेश या अन्तरिम आदेश प्राप्त करने की आवश्यकता है, तो सिविल निगरानी के मेमोरेंडम के साथ सिविल प्रकीर्ण अन्तरिम प्रार्थना-पत्र सशपथ-पत्र दाखिल किया जा सकता है। इसी शपथ-पत्र में अन्तरिम आदेश पारित करने हेतु आधारों का उल्लेख किया जाता है।
- सिविल निगरानी और अन्तरिम प्रार्थना-पत्र के समर्थन में यदि किसी तथ्य के उल्लेख की या कोई दस्तावेज लगाने की आवश्यकता है, तो उन्हें उक्त शपथ-पत्र के साथ उद्धरित किया जा सकता है।

---

1. भारतीय परिसीमा अधिनियम की धारा 131

- सिविल निगरानी का मसौदा तैयार करने के लिए विधिवक्ता को मुख्यत: दो बिन्दुओं पर कार्य करना होता है—पहला निगरानी के आधार की तैयारी, और दूसरा अन्तरिम प्रार्थना के समर्थन में दाखिल होने वाले शपथ-पत्र की अन्तर्वस्तु (कंटेंट) की तैयारी।
- उच्च न्यायालय के समक्ष दाखिल होनेवाली सिविल निगरानी का सम्पूर्ण स्वरूप, सामान्यतया निम्न क्रम में तैयार होता है—

  अनुक्रमणिका,
  तिथिवार घटनाएँ,
  सिविल निगरानी का मेमोरेंडम,
  आलोच्य निर्णय/आदेश की प्रमाणित प्रति,
  अन्तरिम आदेश प्रार्थना-पत्र,
  अन्तरिम आदेश प्रार्थना-पत्र के समर्थन में शपथ-पत्र,
  संख्यावार समस्त संलग्नक, और
  वकालतनामा।

10. चुनाव याचिका

10.1 परिचय

- जन प्रतिनिधित्व अधिनियम, 1951 की धारा 80 के अन्तर्गत संसद या राज्य विधायिका के सदस्य के चुनाव सम्बन्धी विवाद के लिए चुनाव याचिका सीधे उच्च न्यायालय में दाखिल होती है।
- चुनाव याचिका की सुनवाई एकल पीठ के समक्ष होती है।
- चुनाव में शामिल कोई प्रत्याशी या कोई निर्वाचक, चाहे उसने मतदान किया हो या नहीं, चुनाव याचिका दाखिल कर सकता है।
- चुनाव याचिका दाखिल करने की समय सीमा 45 दिन है, किन्तु यह याचिका निर्वाचित प्रत्याशी के चुनाव की तिथि से पहले नहीं दाखिल की जा सकती है।[1]

---

1. जन प्रतिनिधित्व अधिनियम, 1951; धारा 81

10.2 प्रारूप तैयार करने सम्बन्धी मूलभूत बातें

- चुनाव याचिका एक सेट के साथ दाखिल होती है।
- उच्च न्यायालय के समक्ष चुनाव याचिका, जन प्रतिनिधित्व अधिनियम, 1951 की धारा 100(1) या 101 में उल्लिखित आधारों में से किसी एक या अधिक आधार पर दाखिल की जा सकती है।[1]
- चुनाव याचिका के साथ इसकी उतनी प्रतियाँ संलग्न होनी चाहिए, जितनी याचिका में विपक्षी पक्षकार बनाए गए हैं। ये सभी प्रतियाँ प्रतिहस्ताक्षर के साथ इस बात के लिए प्रमाणित होनी चाहिए कि ये मूल याचिका की सत्य प्रतिलिपि है।[2]
- चुनाव याचिका, याची द्वारा हस्ताक्षरित और सी.पी.सी. में दिए गए तरीके के अनुसार प्रमाणित होनी चाहिए।[3] यदि याचिका में भ्रष्ट आचरण का आरोप लगाया गया है, तो ऐसे आरोप के समर्थन में शपथ-पत्र भी होना चाहिए।[4]
- यदि चुनाव याचिका में केवल निर्वाचित प्रत्याशी के चुनाव को अवैध घोषित करने की माँग की गई है, तो केवल निर्वाचित प्रत्याशी को विपक्षी बनाया जाना आवश्यक है और यदि ऐसी घोषणा की माँग के साथ स्वयं को निर्वाचित घोषित करने की भी माँग की गई है, तो सभी प्रत्याशियों को विपक्षी बनाया जाना आवश्यक है।[5]
- याचिका में ऐसे व्यक्ति को भी विपक्षी पक्षकार बनाना आवश्यक है, जिसके विरुद्ध भ्रष्ट आचरण करने का आरोप लगाया गया है।[6]
- चुनाव याचिका में सभी महत्त्वपूर्ण तथ्यों का संक्षिप्त कथन होना चाहिए।[7]

---

1. जन प्रतिनिधित्व अधिनियम, 1951; धारा 81(1)
2. तथैव; धारा 81(3)
3. तथैव; धारा 83(1)
4. तथैव; धारा 83(1) का परन्तुक
5. तथैव; धारा 82(क)
6. तथैव; धारा 82(ख)
7. तथैव; धारा 83(1)(क)

- एक चुनाव याचिका का मसौदा तैयार करने के लिए विधिवक्ता को ज्यादा कार्य उन आधारों[1] को तैयार करने के लिए करना होता है, जिनके आधार पर वह निर्वाचित प्रत्याशी का चुनाव रद्द करने की या अपने मुवक्किल को निर्वाचित घोषित करने की माँग कर रहा है।
- उच्च न्यायालय के समक्ष दाखिल होनेवाली चुनाव याचिका का सम्पूर्ण स्वरूप, सामान्यतया निम्न क्रम में तैयार होता है—

  अनुक्रमणिका,
  तिथिवार घटनाएँ,
  चुनाव याचिका,
  संख्यावार समस्त संलग्नक,
  चुनाव याचिका के समर्थन में शपथ-पत्र[2],
  भ्रष्ट आचरण के समर्थन में शपथ-पत्र,
  संलग्न दस्तावेजों की सूची,
  जमा प्रतिभूति के टेंडर की प्रति[3], और
  वकालतनामा।

11. वसीयतीय वाद

11.1 परिचय

- किसी सम्पत्ति को लेकर किसी व्यक्ति के पक्ष में हुई वसीयत का क्रियान्वयन कराने के लिए उच्च न्यायालय को प्रशासन-पत्र/प्रोबेट जारी करने की शक्ति प्राप्त है। इसके लिए भारतीय उत्तराधिकार अधिनियम, 1925 की धारा 278 के अन्तर्गत उच्च न्यायालय के समक्ष वसीयतीय वाद दाखिल किया जाता है।
- उच्च न्यायालय के समक्ष वसीयतीय वाद की समस्त न्यायिक कार्यवाही एवं सुनवाई नियमित वाद की तरह चलती है। इसके अन्तर्गत वसीयतकर्ता एवं गवाहों की गवाही और जिरह भी होती है।

---

1. जन प्रतिनिधित्व अधिनियम, 1951; धारा 100(1) एवं 101
2. सिविल प्रक्रिया संहिता के आदेश 6 नियम 15(4) के अनुसार।
3. जनप्रतिनिधि अधिनियम, 1951; धारा 117 के अन्तर्गत।

11.2 प्रारूप तैयार करने सम्बन्धी मूलभूत बातें

- वसीयतीय वाद एक सेट के साथ दाखिल होता है।
- इस वाद में उत्तर प्रदेश महाप्रशासक उच्च न्यायालय, इलाहाबाद को प्रथम प्रतिपक्षी बनाया जाता है।
- वसीयतीय वाद का शीर्षक निम्न होता है—

  'माननीय उच्च न्यायालय, ...के न्याय प्रशासन के समक्ष

  वसीयतीय एवं गैर-वसीयतीय क्षेत्राधिकार

  वसीयतीय मामला/वाद संख्या...वर्ष 20...

  मृतक...की सम्पत्ति के मामले में
- वसीयतीय वाद के साथ दाखिल होनेवाले शपथ-पत्र के साथ कुछ दस्तावेज जैसे, वसीयतनामा की मूल प्रति, वसीयतकर्ता का मृत्यु प्रमाण-पत्र, वसीयतकर्ता का पहचान-पत्र, प्रश्नगत सम्पत्ति का छायाचित्र, संलग्नक के रूप में दाखिल करना आवश्यक है।[2]
- वसीयतीय वाद में ही मामले के समस्त तथ्यों एवं संलग्नकों का उल्लेख किया जाता है।
- वसीयतीय वाद के साथ मूल्यांकन सम्बन्धी शपथ-पत्र और इस शपथ-पत्र के साथ सम्पत्ति की सूची भी दाखिल की जाती है। यह सूची, मूल्यांकन सम्बन्धी शपथ-पत्र का हिस्सा होती है।
- वसीयतीय वाद का मसौदा तैयार करने के लिए विधिवक्ता को ज्यादा कार्य, वसीयतीय वाद की अन्तर्वस्तु और मूल्यांकन सम्बन्धी शपथ-पत्र और सम्पत्ति की सूची बनाने के लिए करना होता है।
- उच्च न्यायालय के समक्ष दाखिल होनेवाले वसीयतीय वाद का सम्पूर्ण स्वरूप, सामान्यतया निम्न क्रम में तैयार होता है—

  अनुक्रमणिका,

  तिथिवार घटनाएँ,

  वसीयतीय वाद,

  वसीयतीय वाद के समर्थन में शपथ-पत्र,

---

1. इलाहाबाद उच्च न्यायालय नियम, 1952; अध्याय 30, पैरा 2
2. तथैव; अध्याय 30

संख्यावार समस्त संलग्नक,
वसीयतनामा के गवाहों द्वारा दिया गया शपथ-पत्र,
मूल्यांकन सम्बन्धी शपथ-पत्र,
सम्पत्ति की सूची, और
वकालतनामा।

12. स्थानान्तरण प्रार्थना-पत्र

12.1 परिचय

- एक जिला न्यायालय में विचाराधीन किसी एक मामले को दूसरे जिला न्यायालय के क्षेत्राधिकार में स्थानान्तरित कराने के लिए उच्च न्यायालय में स्थानान्तरण प्रार्थना-पत्र दाखिल किया जाता है।
- उच्च न्यायालय को सिविल मामले में सिविल प्रक्रिया संहिता की धारा 24 के अन्तर्गत और आपराधिक मामले में अपराध प्रक्रिया संहिता की धारा 407[1] के अन्तर्गत स्थानान्तरण की शक्ति प्राप्त है।
- स्थानान्तरण प्रार्थना-पत्र की सुनवाई सामान्यतया एकल पीठ के समक्ष होती है।

12.2 प्रारूप तैयार करने सम्बन्धी मूलभूत बातें

- स्थानान्तरण प्रार्थना-पत्र सामान्यतया एक सेट के साथ दाखिल होता है।
- सिविल मामलों के स्थानान्तरण के लिए 'सिविल प्रकीर्ण स्थानान्तरण प्रार्थना-पत्र' और आपराधिक मामलों के स्थानान्तरण के लिए 'आपराधिक प्रकीर्ण स्थानान्तरण प्रार्थना-पत्र' दाखिल होता है।
- सामान्यतया स्थानान्तरण प्रार्थना-पत्र में ही अन्तिम और अन्तरिम, दोनों प्रार्थना करते हैं। सम्बन्धित मामले को एक जिला न्यायालय के क्षेत्राधिकार से दूसरे जिला न्यायालय के क्षेत्राधिकार में स्थानान्तरण

1. भारतीय नागरिक सुरक्षा संहिता की धारा 447

करने हेतु अन्तिम प्रार्थना और उच्च न्यायालय के समक्ष मामले के विचाराधीन रहने तक अधीनस्थ न्यायालय में लम्बित मामले की अगली कार्यवाही रोकने के लिए अन्तरिम प्रार्थना करते हैं।

- स्थानान्तरण प्रार्थना-पत्र के समर्थन में दाखिल होनेवाले शपथ-पत्र में समस्त तथ्यों, कानूनी बिन्दुओं एवं आधारों को विस्तार से लिखते हैं।
- उक्त प्रार्थना-पत्र के समर्थन में दाखिल होनेवाले शपथ-पत्र में कुछ तथ्यों, जैसे समान वादहेतु के लिए इसके प्रथम प्रार्थना-पत्र होने और दूसरा कोई मामला नहीं दाखिल होने सम्बन्धी तथ्य, इत्यादि को पैरावार लिखना आवश्यक होता है।
- आपराधिक स्थानान्तरण प्रार्थना-पत्र होने की स्थिति में शपथ-पत्र में इस तथ्य का उल्लेख करना आवश्यक है कि मामले का विषय सी.बी.आई/भ्रष्टाचार निरोधक अधिनियम/ई.डी./एन.आर.एच.एम. घोटाला/जी.पी.एफ. घोटाला/एम.पी./एम.एल.ए. से सम्बन्धित है या नहीं।
- एक स्थानान्तरण प्रार्थना-पत्र का मसौदा तैयार करने के लिए विधिवक्ता को मामले के तथ्य, स्थानान्तरण का आधार, अन्तिम प्रार्थना और अन्तरिम प्रार्थना तैयार करनी होती है। यदि 'तिथिवार घटनाएँ' तैयार कर ली जाएँ, तो प्रारूप तैयार करना आसान हो जाता है।
- उच्च न्यायालय के समक्ष दाखिल होनेवाले स्थानान्तरण प्रार्थना-पत्र का सम्पूर्ण स्वरूप, सामान्यतया निम्न क्रम में तैयार होता है—

  अनुक्रमणिका,
  तिथिवार घटनाएँ,
  सिविल/आपराधिक प्रकीर्ण स्थानान्तरण प्रार्थना-पत्र,
  स्थानान्तरण प्रार्थना-पत्र के समर्थन में शपथ-पत्र,
  संख्यावार समस्त संलग्नक, और
  वकालतनामा।

13. आपराधिक रिट याचिका

13.1 परिचय

- आपराधिक मामलों में मूल अधिकार या कानूनी अधिकार को सुरक्षित करने के लिए कोई व्यक्ति उच्च न्यायालय के समक्ष संविधान के अनुच्छेद 226 के अन्तर्गत आपराधिक रिट याचिका (परमादेश याचिका) दाखिल कर सकता है।
- आपराधिक रिट याचिका की सुनवाई आवश्यकतानुसार एकल पीठ के समक्ष या दो न्यायाधीशों की खंडपीठ के समक्ष हो सकती है।
- प्रथम सूचना रिपोर्ट (FIR) को रद्द करने और इस एफ.आई.आर. से होनेवाली गिरफ्तारी पर रोक लगाने की माँग के लिए दाखिल आपराधिक रिट याचिका की सुनवाई सामान्यतया दो न्यायाधीशों की खंडपीठ के समक्ष होती है। इस प्रकार की याचिका तब दाखिल की जाती है, जब अग्रिम जमानत प्रार्थना-पत्र दाखिल करने जैसा कोई वैकल्पिक रास्ता न हो।
- किसी आपराधिक मामले में जिला न्यायालय से होकर आनेवाली आपराधिक रिट याचिका एकल पीठ के समक्ष प्रस्तुत होती है। इस प्रकार की याचिका तब दाखिल की जाती है, जब आपराधिक निगरानी या आपराधिक प्रार्थना-पत्र (अं/धारा 482 सी.आर.पी.सी.) या आपराधिक न्यायिक निरीक्षण याचिका (अन्तर्गत अनुच्छेद 227) दाखिल करने जैसा कोई वैकल्पिक रास्ता न हो।
- हेबियस कॉर्पस—जब अवैध बन्दी बनाने का आरोप किसी व्यक्ति विशेष पर लगाते हुए इस रिट की माँग की जाती है तो ऐसी याचिका की सुनवाई एकल पीठ के समक्ष होती है और जब अवैध बन्दी बनाने का आरोप राज्य या उसके किसी अंग पर होता है, तो ऐसी याचिका की सुनवाई दो न्यायाधीशों की खंडपीठ के समक्ष होती है।

13.2 प्रारूप तैयार करने सम्बन्धी मूलभूत बातें

- आपराधिक रिट याचिका आवश्यकतानुसार एक या दो सेट के साथ दाखिल होती है।

- हेबियस कॉर्पस रिट याचिका के समर्थन में दाखिल होनेवाले शपथ-पत्र में केवल व्यक्तिगत ज्ञान पर आधारित तथ्य शामिल किए जाते हैं।
- याचिका का पूर्व-नोटिस शासकीय विधिवक्ता को देना आवश्यक है।
- एक आपराधिक प्रकीर्ण रिट याचिका (परमादेश याचिका) का मसौदा तैयार करने के लिए विधिवक्ता को एफ.आई.आर. और केस डायरी का अध्ययन करके मामले के तथ्य, आधार, अन्तिम प्रार्थना और अन्तरिम प्रार्थना तैयार करनी होती है। यदि 'तिथिवार घटनाएँ' तैयार कर ली जाएँ, तो प्रारूप तैयार करना आसान हो जाता है।
- उच्च न्यायालय के समक्ष दाखिल होनेवाली आपराधिक रिट याचिका का सम्पूर्ण स्वरूप, सामान्यतया निम्न क्रम में तैयार होता है—

  अनुक्रमणिका,
  तिथिवार घटनाएँ,
  आपराधिक प्रकीर्ण स्थगन प्रार्थना-पत्र,
  आपराधिक प्रकीर्ण रिट याचिका,
  संख्यावार समस्त संलग्नक,
  शपथ-पत्र, और
  वकालतनामा।

14. अग्रिम जमानत प्रार्थना-पत्र

14.1 परिचय

- किसी आपराधिक मामले में गिरफ्तार होने की आशंका होने पर इससे बचने के लिए कोई व्यक्ति उच्च न्यायालय के समक्ष अग्रिम जमानत प्रार्थना-पत्र दाखिल कर सकता है। उच्च न्यायालय को यह शक्ति अपराध प्रक्रिया संहिता की धारा 438[1] के अन्तर्गत प्राप्त है।
- अग्रिम जमानत प्रार्थना-पत्र केवल गैर-जमानती अपराध के सम्बन्ध में दाखिल किया जा सकता है।

---

1. भारतीय नागरिक सुरक्षा संहिता की धारा 482

- उच्च न्यायालय में अग्रिम जमानत प्रार्थना-पत्र सामान्यतया तभी दाखिल होता है, जब सत्र न्यायाधीश के समक्ष अग्रिम जमानत प्रार्थना-पत्र दाखिल किया गया हो और यह निरस्त कर दिया गया हो। कुछ स्थितियों में अग्रिम जमानत प्रार्थना-पत्र सीधे उच्च न्यायालय में भी दाखिल किया जाता है।
- अग्रिम जमानत प्रार्थना-पत्र की सुनवाई सामान्यतया उच्च न्यायालय की एकल पीठ के समक्ष होती है।

14.2 प्रारूप तैयार करने सम्बन्धी मूलभूत बातें

- अग्रिम जमानत प्रार्थना-पत्र सामान्यतया एक सेट के साथ दाखिल होता है।
- अग्रिम जमानत प्रार्थना-पत्र के संक्षिप्त प्रारूप में ही अग्रिम जमानत की प्रार्थना करते हैं और इसके समर्थन में दाखिल होनेवाले शपथ-पत्र में इस प्रार्थना-पत्र के लिए आवश्यक सभी तथ्यों, आधारों एवं कानूनी बिन्दुओं को विस्तार से लिखते हैं।
- अग्रिम जमानत प्रार्थना-पत्र के समर्थन में दाखिल होनेवाले शपथ-पत्र में कुछ बातों को, जैसे अभियुक्त/प्रार्थी के आपराधिक इतिहास सम्बन्धी तथ्य, सम्बन्धित मामले में पुलिस द्वारा गिरफ्तार किए जाने की आशंका, अग्रिम जमानत प्रार्थना-पत्र के पहला या दूसरा या...होने सम्बन्धी तथ्य, मामले का विषय सी.बी.आई/भ्रष्टाचार निरोधक अधिनियम/ई.डी./एन.आर.एच.एम. घोटाला/जी.पी.एफ. घोटाला/एम.पी./एम.एल.ए. से सम्बन्धित होने या न होने सम्बन्धी तथ्य, अग्रिम जमानत दिये जाने पर इसका दुरुपयोग न करने और भारत न छोड़ने का वचन इत्यादि, पैरावार लिखना आवश्यक है।
- अग्रिम जमानत प्रार्थना-पत्र के साथ एफ.आई.आर. की प्रमाणित प्रति और सत्र न्यायालय के अग्रिम जमानत-निरस्तीकरण आदेश की प्रमाणित प्रति संलग्नक के रूप में दाखिल करना आवश्यक है।
- अग्रिम जमानत प्रार्थना-पत्र का मसौदा तैयार करने के लिए विधिवक्ता को एफ.आई.आर. और सम्बन्धित दस्तावेजों का सम्पूर्ण अध्ययन करके मामले के तथ्य एवं आधार तैयार करने होते हैं।

- उच्च न्यायालय के समक्ष दाखिल होनेवाले अग्रिम जमानत प्रार्थना-पत्र का सम्पूर्ण स्वरूप, सामान्यतया निम्न क्रम में तैयार होता है—

  अनुक्रमणिका,

  अग्रिम जमानत प्रार्थना-पत्र,

  अग्रिम जमानत प्रार्थना-पत्र के समर्थन में शपथ-पत्र,

  संख्यावार समस्त संलग्नक, और

  वकालतनामा।

15. जमानत प्रार्थना-पत्र

15.1 परिचय

- किसी आपराधिक मामले में, इसकी पुलिस जाँच या न्यायालयी परीक्षण के दौरान, जब तक दोषसिद्धि न हो जाए, जेल में निरुद्ध अभियुक्त को जमानत पर रिहा करना आपराधिक न्याय का एक स्थापित सिद्धान्त है। अपराध प्रक्रिया संहिता की धारा 439[1] के अन्तर्गत उच्च न्यायालय को किसी निरुद्ध व्यक्ति को जमानत पर रिहा करने की शक्ति प्राप्त है।
- उच्च न्यायालय में जमानत प्रार्थना-पत्र तभी दाखिल होता है, जब सत्र न्यायाधीश के समक्ष जमानत प्रार्थना-पत्र दाखिल किया गया हो और यह निरस्त कर दिया गया हो।
- जमानत प्रार्थना-पत्र की सुनवाई एकल पीठ के समक्ष होती है।

15.2 प्रारूप तैयार करने सम्बन्धी मूलभूत बातें

- जमानत प्रार्थना-पत्र एक सेट के साथ दाखिल होता है।
- जमानत प्रार्थना-पत्र के संक्षिप्त प्रारूप में ही जमानत की प्रार्थना करते हैं और इसके समर्थन में दाखिल होनेवाले शपथ-पत्र में इस प्रार्थना-पत्र के लिए आवश्यक सभी तथ्यों, आधारों एवं कानूनी बिन्दुओं को विस्तार से लिखते हैं।

---

1. भारतीय नागरिक सुरक्षा संहिता की धारा 483

- जमानत प्रार्थना-पत्र के मामले में याची/प्रार्थी के जेल में निरुद्ध होने के कारण उसके द्वारा वकालतनामा पर हस्ताक्षर नहीं किया जा सकता है, इसलिए इसके साथ वकालतनामा के स्थान पर 'पर्चा' दाखिल किया जाता है।
- जमानत प्रार्थना-पत्र के समर्थन में दाखिल होनेवाले शपथ-पत्र में कुछ बातों को, जैसे अभियुक्त/प्रार्थी के आपराधिक इतिहास सम्बन्धी तथ्य, जमानत प्रार्थना-पत्र के पहला या दूसरा या तीसरा...होने सम्बन्धी तथ्य, जमानत पर रिहा किए जाने पर इसका दुरुपयोग न करने का वचन इत्यादि, पैरावार लिखना आवश्यक है।
- जमानत प्रार्थना-पत्र के साथ एफ.आई.आर. की प्रमाणित प्रति और सत्र न्यायालय के जमानत-निरस्तीकरण आदेश की नि:शुल्क प्रति संलग्नक के रूप में दाखिल करना आवश्यक है।
- एक जमानत प्रार्थना-पत्र का मसौदा तैयार करने के लिए विधिवक्ता को मामले से सम्बन्धित केस डायरी का सम्पूर्ण अध्ययन करके इसके तथ्य और जमानत का आधार तैयार करना होता है।
- उच्च न्यायालय के समक्ष दाखिल होनेवाले जमानत प्रार्थना-पत्र का सम्पूर्ण स्वरूप, सामान्यतया निम्न क्रम में तैयार होता है—

  अनुक्रमणिका,
  जमानत प्रार्थना-पत्र,
  जमानत प्रार्थना-पत्र के समर्थन में शपथ-पत्र,
  संख्यावार समस्त संलग्नक, और
  पर्चा।

16. आपराधिक प्रार्थना-पत्र अं/धा 482

16.1 परिचय

- अपराध प्रक्रिया संहिता की धारा 482[1] के अन्तर्गत उच्च न्यायालय को अन्तर्निहित शक्ति प्रदान की गई है। उच्च न्यायालय द्वारा इस शक्ति का

1. भारतीय नागरिक सुरक्षा संहिता की धारा 528

प्रयोग, संहिता के अन्तर्गत किसी व्यवस्था को लागू करने या न्यायालयी प्रक्रिया का दुरुपयोग होने से रोकने या न्यायहित को सुरक्षित करने के लिए किया जा सकता है।

- यह आपराधिक प्रार्थना-पत्र, आरोप-पत्र या संज्ञान उपरान्त नोटिस, उन्मोचन प्रार्थना-पत्र (Discharge Application) पर आदेश, धारा 311[1] के प्रार्थना-पत्र पर आदेश, शिकायत-पत्र पर संज्ञान इत्यादि के खिलाफ दाखिल होते हैं।
- इस प्रार्थना-पत्र की सुनवाई एकल पीठ के समक्ष होती है।

16.2 प्रारूप तैयार करने सम्बन्धी मूलभूत बातें

- प्रार्थना-पत्र अं/धा 482 एक सेट के साथ दाखिल होता है।
- इस प्रार्थना-पत्र के संक्षिप्त प्रारूप में ही वांछित प्रार्थना करते हैं और इसके समर्थन में दाखिल होनेवाले शपथ-पत्र में आवश्यक सभी तथ्यों, आधारों एवं कानूनी बिन्दुओं को विस्तार से लिखते हैं।
- आपराधिक प्रार्थना-पत्र अं/धा 482 के समर्थन में दाखिल होनेवाले शपथ-पत्र में कुछ बातों, जैसे समान वादहेतु के लिए इसके प्रथम प्रार्थना-पत्र होने और दूसरा कोई मामला नहीं दाखिल होने सम्बन्धी तथ्य, मामले का विषय सी.बी.आई./भ्रष्टाचार निरोधक अधिनियम/ई.डी./एन.आर. एच.एम. घोटाला/जी.पी.एफ. घोटाला/एम.पी./एम.एल.ए. से सम्बन्धित मामला होने या न होने सम्बन्धी तथ्य, इत्यादि को पैरावार लिखना आवश्यक है।
- इस प्रार्थना-पत्र का मसौदा तैयार करने के लिए अधिवक्ता को मामले से सम्बन्धित एफ.आई.आर. या शिकायत-पत्र (इस्तगासा) का तथा पुलिस जाँच एवं न्यायालयी कार्यवाही से सम्बन्धित समस्त दस्तावेजों का अध्ययन करके, मामले के तथ्य एवं आधार तैयार करना होना है।
- उच्च न्यायालय के समक्ष दाखिल होनेवाले प्रार्थना-पत्र अं/धा 482 का सम्पूर्ण स्वरूप, सामान्यतया निम्न क्रम में तैयार होना है—

  अनुक्रमणिका,

  तिथिवार घटनाएँ,

---

1. भारतीय नागरिक सुरक्षा संहिता की धारा 348

आपराधिक प्रार्थना-पत्र अं/धा 482,
आपराधिक प्रार्थना-पत्र अं/धा 482 के समर्थन में शपथ-पत्र,
संख्यावार समस्त संलग्नक, और
वकालतनामा।

17. आपराधिक अपील

17.1 परिचय

- अपराध प्रक्रिया संहिता की धारा 374(2)[1] के अन्तर्गत सत्र न्यायाधीश द्वारा सजा के आदेश या किसी अन्य न्यायालय द्वारा 7 वर्ष से अधिक कारावास की सजा के आदेश के खिलाफ उच्च न्यायालय में आपराधिक अपील दाखिल की जा सकती है। कम सजा देने या दोषमुक्ति के खिलाफ भी उच्च न्यायालय के समक्ष धारा 372[2] या 378[3] के अन्तर्गत आपराधिक अपील दाखिल की जा सकती है।
- दूसरे कई विशिष्ट कानूनों, जैसे एस.सी. एवं एस.टी. अधिनियम, 1989 की धारा 14 (क)(2) के अन्तर्गत उच्च न्यायालय के समक्ष आपराधिक अपील दाखिल की जा सकती है।
- उच्च न्यायालय में आपराधिक अपील दाखिल करने की समय सीमा 60 दिन है।[4]
- आपराधिक अपील की सुनवाई आवश्यकतानुसार एकल पीठ या दो न्यायाधीशों की खंडपीठ के समक्ष होती है।

17.2 प्रारूप तैयार करने सम्बन्धी मूलभूत बातें

- आपराधिक अपील आवश्यकतानुसार एक या दो सेट के साथ दाखिल होती है।

---

1. भारतीय नागरिक सुरक्षा संहिता की धारा 415(2)
2. तथैव; धारा 413
3. तथैव; धारा 419
4. भारतीय परिसीमा अधिनियम की धारा 131

- आपराधिक अपील के मेमोरेंडम के साथ अधीनस्थ न्यायालय के निर्णय एवं आदेश की प्रमाणित/नि:शुल्क प्रति संलग्न की जाती है।
- आपराधिक अपील के मेमोरेंडम में अपील का आधार लिखा जाता है और सजा वाले आदेश को निरस्त करने के लिए अन्तिम प्रार्थना की जाती है।
- आपराधिक अपील के साथ एक अन्तरिम प्रार्थना-पत्र भी संलग्न किया जाता है, जिसमें अपील के विचाराधीन रहने के दौरान सजा वाले आदेश पर रोक लगाने और अपीलार्थी को जमानत पर रेहा करने के लिए अन्तरिम प्रार्थना भी की जाती है।
- अन्तरिम प्रार्थना-पत्र के समर्थन में दाखिल होनेवाले शपथ-पत्र में आवश्यक सभी तथ्यों, आधारों एवं कानूनी बिन्दुओं को विस्तार से लिखते हैं। यदि अपील में लिये गए आधार के समर्थन में कोई दस्तावेज दाखिल करने की आवश्यकता है, तो उसे इस शपथ-पत्र के साथ दाखिल किया जा सकता है।
- शपथ-पत्र में कुछ बातों को, जैसे समान वादहेतु के लिए इसके प्रथम अपील होने और दूसरा कोई मामला नहीं दाखिल होने सम्बन्धी तथ्य, अपील का विषय सी.बी.आई./भ्रष्टाचार निरोधक अधिनियम/ई.डी./एन.आर.एच.एम. घोटाला/जी.पी.एफ. घोटाला/एन.पी./एम.एल.ए. से सम्बन्धित होने या न होने सम्बन्धी तथ्य, जेल में निरुद्धता की अवधि इत्यादि को पैरावार लिखना आवश्यक है।
- एक आपराधिक अपील का मसौदा तैयार करने के लिए विधिवक्ता को दोषिसिद्धि आदेश एवं सम्पूर्ण गवाहों के बयान/जिरह का अध्ययन करके अपील का आधार तैयार करना होता है।
- उच्च न्यायालय के समक्ष दाखिल होनेवाली आपराधिक अपील का सम्पूर्ण स्वरूप, सामान्यतया निम्न क्रम में तैयार होता है—

  अनुक्रमणिका,

  आपराधिक अपील का मेमोरेंडम,

  आलोच्य निर्णय एवं आदेश की नि:शुल्क/प्रमाणित प्रति,

  आपराधिक प्रकीर्ण अन्तरिम प्रार्थना-पत्र,

अन्तरिम प्रार्थना-पत्र के समर्थन में शपथ-पत्र,
संख्यावार संलग्नक, और
पर्चा।

18. आपराधिक निगरानी

18.1 परिचय

- जब आपराधिक मामले में पारित किसी निर्णय के खिलाफ कानून के अन्तर्गत अपील का उपचार न दिया गया हो या अपील का उपचार, पारदर्शी न्याय को सुरक्षित करने के लिए पर्याप्त न हो, तो अपराध प्रक्रिया संहिता आपराधिक निगरानी का उपचार प्रदान करती है। संहिता की धारा 397[1] और 401[2] के अन्तर्गत उच्च न्यायालय को निगरानी की शक्ति प्राप्त है।
- दूसरे कई विशिष्ट कानूनों, जैसे किशोर न्याय अधिनियम, 2015 की धारा 102 के अन्तर्गत भी उच्च न्यायालय को आपराधिक निगरानी की शक्ति प्राप्त है।
- उच्च न्यायालय में आपराधिक निगरानी दाखिल करने की समय सीमा 90 दिन है।[3]
- आपराधिक निगरानी की सुनवाई एकल पीठ के समक्ष होती है।

18.2 प्रारूप तैयार करने सम्बन्धी मूलभूत बातें

- आपराधिक निगरानी एक सेट के साथ दाखिल होती है।
- आपराधिक निगरानी के मेमोरेंडम में ही निगरानी का आधार लिखकर वांछित अन्तिम एवं अन्तरिम प्रार्थना की माँग करते हैं।

---

1. भारतीय नागरिक सुरक्षा संहिता की धारा 438
2. तथैव; धारा 442
3. भारतीय परिसीमा अधिनियम की धारा 131

- आपराधिक निगरानी के समर्थन में दाखिल होनेवाले शपथ-पत्र में आवश्यक सभी तथ्यों, आधारों एवं कानूनी बिन्दुओं के विस्तार से लिखते हैं। इस शपथ-पत्र में कुछ बातों को; जैसे समान वादहेतु के लिए इसके प्रथम निगरानी होने और दूसरा कोई मामला नहीं दाखिल होने सम्बन्धी तथ्य, निगरानी का विषय सी.बी.आई/भ्रष्टाचार निरोधक अधिनियम/ई.डी./एन.आर.एच.एम. घोटाला/जी.पी.एफ. घोटाला/एम.पी./एम.एल.ए. से सम्बन्धित होने या न होने सम्बन्धी तथ्य, इत्यादि को पैरावार लिखना आवश्यक है।
- आपराधिक निगरानी का मसौदा तैयार करने के लिए विधिवक्ता को मुख्यत: दो बिन्दुओं पर कार्य करना होता है—पहला निगरानी के आधार की तैयारी, और दूसरा अन्तरिम प्रार्थना के समर्थन में दाखिल होने वाले शपथ-पत्र की अन्तर्वस्तु (कंटेंट) की तैयारी।
- उच्च न्यायालय के समक्ष दाखिल होनेवाली आपराधिक निगरानी का सम्पूर्ण स्वरूप, सामान्यतया निम्न क्रम में तैयार होता है—

  अनुक्रमणिका,
  तिथिवार घटनाएँ,
  आपराधिक निगरानी का मेमोरेंडम,
  आपराधिक जमानत प्रार्थना-पत्र (आवश्यकता होने पर)
  आपराधिक निगरानी/जमानत प्रार्थना-पत्र के समर्थन में शपथ-पत्र,
  संख्यावार समस्त संलग्नक, और
  वकालतनामा।

19. आपराधिक न्यायिक निरीक्षण याचिका (अन्तर्गत अनुच्छेद 227)

19.1 परिचय

- आपराधिक मामलों में उच्च न्यायालय को संविधान के अनुच्छेद 227 के अन्तर्गत अपने अधीनस्थ न्यायालयों पर न्यायिक निरीक्षण करने की व्यापक शक्ति प्राप्त है। उच्च न्यायालय इस शक्ति का प्रयोग यह देखने

के लिए करता है कि अधीनस्थ न्यायालय अपने प्राधिकार-क्षेत्र में रहकर कार्य कर रहा है या नहीं।

- आपराधिक मामलों के सन्दर्भ में दाखिल आपराधिक प्रकीर्ण न्यायिक निरीक्षण याचिका की सुनवाई एकल पीठ के समक्ष होती है।

19.2 प्रारूप तैयार करने सम्बन्धी मूलभूत बातें

- आपराधिक प्रकीर्ण न्यायिक निरीक्षण याचिका एक सेट के साथ दाखिल होती है।
- मूल याचिका में मामले के समस्त तथ्यों, कानूनी बिन्दुओं, आधारों एवं अन्तिम प्रार्थना को शामिल करते हैं। अन्तरिम प्रार्थना के लिए अलग प्रार्थना-पत्र संलग्न होता है और शपथ-पत्र संक्षिप्त स्वरूप में तैयार किया जाता है।
- इसका मसौदा तैयार करने के लिए विधिवक्ता को मामले के तथ्य, आधार, अन्तिम प्रार्थना और अन्तरिम प्रार्थना को तैयार करना होता है।
- उच्च न्यायालय के समक्ष दाखिल होनेवाली इस याचिका का सम्पूर्ण स्वरूप, सामान्यतया निम्न क्रम में तैयार होता है—

    अनुक्रमणिका,
    तिथिवार घटनाएँ,
    आपराधिक प्रकीर्ण स्थगन प्रार्थना-पत्र
    आपराधिक न्यायिक निरीक्षण याचिका,
    संख्यावार समस्त संलग्नक,
    शपथ-पत्र, और
    वकालतनामा।

20. अवमानना याचिका

20.1 परिचय

- संविधान के अनुच्छेद 215 के अन्तर्गत उच्च न्यायालय को अवमानना पर सजा देने की संवैधानिक शक्ति प्राप्त है।

- अवमानना, सिविल या आपराधिक प्रकृति की हो सकती है। न्यायालय के किसी निर्णय या आदेश का जान-बूझकर उल्लंघन करना सिविल अवमानना[1] और न्यायालय के प्राधिकार की निन्दा करना या उसके प्राधिकार को छोटा करना या न्यायिक कार्यवाही को बाधित करना या न्याय-प्रशासन में हस्तक्षेप करना आपराधिक अवमानना[2] है।
- सिविल अवमानना सम्बन्धी मामला अवमानना अधिनियम, 1971 की धारा 12 के अन्तर्गत और आपराधिक अवमानना सम्बन्धी मामला इस अधिनियम की धारा 15 के अन्तर्गत दाखिल होता है।
- सिविल अवमानना की सुनवाई सामान्यतया एकल पीठ के समक्ष[3] और आपराधिक अवमानना की सुनवाई कम-से-कम दो न्यायाधीशों की खंडपीठ के समक्ष[4] होती है।
- अवमानना याचिका, अवमानना होने की तिथि से एक वर्ष के उपरान्त दाखिल नहीं हो सकती है।[5]
- यदि एक ही व्यक्ति के विरुद्ध सिविल अवमानना और आपराधिक अवमानना करने का आरोप है, तो दोनों के लिए अलग-अलग याचिकाएँ दाखिल होंगी।[6]

20.2 प्रारूप तैयार करने सम्बन्धी मूलभूत बातें

- सिविल अवमानना एक सेट के साथ और आपराधिक अवमानना तीन सेट के साथ दाखिल होती है।
- सामान्यतया अवमानना याचिका संक्षिप्त स्वरूप में और इसके समर्थन में दाखिल होनेवाला शपथ-पत्र विस्तारित स्वरूप में तैयार किया जाता है।

---

1. अवमानना अधिनियम, 1971; धारा 2(ख)
2. अवमानना अधिनियम, 1971; धारा 2(ग)
3. इलाहाबाद उच्च न्यायालय नियम, 1952; अध्याय 35-ई, धारा 4(क)।
4. तथैव; अध्याय 35-ई, धारा 4(ख)।
5. अवमानना अधिनियम, 1971; धारा 20
6. इलाहाबाद उच्च न्यायालय नियम, 1952; अध्याय 35-ई, धारा 2 का परन्तुक।

- अवमानना याचिका में इस तथ्य का उल्लेख किया जाता है कि विपक्षी के खिलाफ इस याचिका के लिए वादहेतु कब उत्पन्न हुआ और अवमाननाकर्ता को दंडित करने के लिए अन्तिम प्रार्थना करते हैं। सिविल अवमानना के मामले में आदेश का अनुपालन करवाने की अन्तरिम प्रार्थना भी की जा सकती है।
- शपथ-पत्र में याचिका के लिए आवश्यक सभी तथ्यों एवं आधारों को विस्तार से लिखते हैं।
- एक अवमानना याचिका का मसौदा तैयार करने के लिए विधिवक्ता को, विशेषकर शपथ-पत्र तैयार करने के लिए कार्य करना होता है। शपथ-पत्र में उन तथ्यों को सामने लाया जाता है, जिनसे सिद्ध हो सके कि आरोपित व्यक्ति द्वारा अवमानना की गई है।
- सिविल अवमानना याचिका के समर्थन में दाखिल होनेवाले शपथ-पत्र के माध्यम से न्यायालय के निर्णय का जान-बूझकर उल्लंघन होना सिद्ध किया जाता है। इसके लिए तीन प्रमुख तथ्यों को दिखाना होता है—पहला यह कि आरोपित व्यक्ति को न्यायालय के निर्णय का अनुपालन करना था, दूसरा यह कि उसे न्यायालय के निर्णय की जानकारी थी और तीसरा यह कि न्यायालय के निर्णय का अनुपालन नहीं किया गया है।
- आपराधिक अवमानना याचिका के समर्थन में दाखिल होनेवाले शपथ-पत्र में उन तथ्यों को सामने लाना होता है, जिनसे सिद्ध हो सके कि न्यायालय के प्राधिकार की जान-बूझकर निन्दा की गई है या उसके प्राधिकार को छोटा किया गया है या उसकी न्यायिक कार्यवाही में बाधा पहुँचाई गई है या उसके न्याय-प्रशासन में हस्तक्षेप किया गया है।
- आपराधिक अवमानना याचिका के लिए महाधिवक्ता की लिखित सहमति आवश्यक है।[1]
- उच्च न्यायालय के समक्ष दाखिल होनेवाली अवमानना याचिका का सम्पूर्ण स्वरूप, सामान्यतया निम्न क्रम में तैयार होता है—

  अनुक्रमणिका,

  तिथिवार घटनाएँ,

---

1. अवमानना अधिनियम, 1971; धारा 15(1)(क)।

अवमानना याचिका,
अवमानना याचिका के समर्थन में शपथ-पत्र
संख्यावार समस्त संलग्नक, और
वकालतनामा।

21. अवमानना अपील

21.1 परिचय

- जब किसी अवमानना याचिका में एकल पीठ द्वारा आरोपित व्यक्ति के खिलाफ आरोप-पत्र तैयार करने या आरोप सिद्ध होने या दंडित करने का आदेश किया जाता है तो ऐसे आदेश के विरुद्ध अवमानना अपील दाखिल की जाती है।[1]
- अवमानना अपील दाखिल करने की समय सीमा 30 दिन है।[2]
- अवमानना अपील की सुनवाई, उच्च न्यायालय के दो न्यायाधीशों की खंडपीठ के समक्ष होती है।

21.2 प्रारूप तैयार करने सम्बन्धी मूलभूत बातें

- अवमानना अपील हमेशा दो सेट के साथ दाखिल होती है।
- अवमानना अपील का मसौदा तैयार करने के लिए विधिवक्ता को ज्यादा कार्य अपील के आधार (Grounds of Appeal) और अन्तरिम प्रार्थना-पत्र के समर्थन में दाखिल होनेवाले शपथ-पत्र को बनाने के लिए करना होता है। इस शपथ-पत्र में सामान्यतया एकल पीठ के समक्ष हुई समस्त कार्यवाही का उल्लेख किया जाता है।
- उच्च न्यायालय के समक्ष दाखिल होनेवाली अवमानना अपील का सम्पूर्ण स्वरूप, सामान्यतया निम्न क्रम में तैयार होता है—

1. अवमानना अधिनियम, 1971; धारा 19
2. अवमानना अधिनियम, 1971; धारा 19(4)(क)।

अनुक्रमणिका,
तिथिवार घटनाएँ,
अवमानना अपील का मेमोरेंडम
आलोच्य आदेश, जिसके विरुद्ध अपील दाखिल की जा रही है
अन्तरिम आदेश प्रार्थना-पत्र,
अन्तरिम आदेश प्रार्थना-पत्र के समर्थन में शपथ-पत्र,
संख्यावार समस्त संलग्नक, और
वकालतनामा।

आग्रह

भारत में हिन्दी के अलावा कई अन्य समृद्ध भाषाएँ हैं, जो अलग-अलग राज्यों में प्रयोग की जाती हैं। गैर-हिन्दी भाषी राज्यों के उच्च न्यायालय में सम्बन्धित क्षेत्रीय भाषा में कामकाज होना उतना ही महत्त्वपूर्ण है, जितना हिन्दी भाषी राज्यों के उच्च न्यायालय में हिन्दी भाषा में कामकाज होना महत्त्वपूर्ण है। अलग-अलग उच्च न्यायालयों में भारतीय भाषा को कामकाज की भाषा बनाने के लिए वहाँ के माननीय न्यायाधीशों और विधिवक्ताओं द्वारा महत्त्वपूर्ण भूमिका निभाई गई है। प्रेरणा के लिए इन प्रयासों को लोगों के बीच लाया जाना आवश्यक है। इस पुस्तक में ऐसे सभी प्रयासों को शामिल कर इसे और उपयोगी बनाया जा सकता है। इस पुस्तक के अन्य संस्करण, जैसे तमिल, तेलुगू, मलयालम, कन्नड़, बंगाली, असमिया, ओड़िया, मराठी, गुजराती, पंजाबी और कश्मीरी संस्करण भी तैयार करने का लक्ष्य है। इसके लिए आप सभी की सहभागिता अपेक्षित एवं प्रार्थनीय है।

इस पुस्तक के अन्त में अलग-अलग प्रकृति के कुछ मुकदमों के मसौदों को परिशिष्ट के रूप में दिया जा रहा है। परिशिष्टों की यह श्रृंखला पूर्ण नहीं है। इनके साथ और भी मसौदों को संलग्न करने की आवश्यकता हमेशा बनी रहेगी। यदि आपके पास भी ऐसा कोई हिन्दी भाषा में तैयार अलग तरह के मुकदमे का आदर्श मसौदा है, तो इस परिशिष्ट का हिस्सा बनकर पुस्तक के अद्यतन संस्करण में शामिल हो सकता है।

चूँकि हिन्दी भाषा में तैयार संलग्न मसौदों की कम्प्यूटरकृत फाइल (MSword file) नये वादकारों हेतु मुकदमे तैयार करने

के दृष्टिकोण से महत्त्वपूर्ण है, अत: इन मसौदों के मसौदे हिन्दी में फाइल को अद्यतन कर समय-समय पर वेबसाइट www.rashtriyaswaraj.org पर अपलोड किया जाता रहेगा। इसे ईमेल के माध्यम से भी प्राप्त किया जा सकेगा। किसी भी मामले के मसौदे को हिन्दी भाषा में तैयार करने के लिए भी लेखक से सहयोग प्राप्त किया जा सकता है।

अलग-अलग मुकदमों के मसौदे

परिशिष्ट-1

रिट/परमादेश याचिका का प्रारूप

(सेवा सम्बन्धी मामला)

माननीय उच्च न्यायालय, इलाहाबाद के न्याय-प्रशासन के समक्ष

सिविल प्रकीर्ण रिट याचिका संख्या...वर्ष 2023

(भारतीय संविधान के अनुच्छेद 226 के अन्तर्गत)

जिला—इलाहाबाद

1. एम. सिंह (M. Singh) पुत्र...
   पता—ग्राम, पोस्ट..., जिला—इलाहाबाद
2. आर. यती पुत्र..., पता—...

याचीगण

बनाम

1. उत्तर प्रदेश राज्य, उच्च शिक्षा मंत्रालय, लखनऊ,
   इसके सचिव के माध्यम से
2. ...

प्रतिपक्षीगण

सेवा में,

उपर्युक्त उल्लिखित न्यायालय के माननीय मुख्य न्यायाधीश एवं अन्य सहयोगी न्यायाधीशगण।

उपर्युक्त याचीगण के इस प्रार्थना-पत्र के माध्यम से निम्न कथन सविनम्र प्रस्तुत किया जाता है—

1. यह कि यह याचिका, याचीगण की तरफ से भारतीय संविधान के अनुच्छेद 226 के अन्तर्गत दाखिल उसी वादहेतु (Cause of Action) के लिए, जैसा

इस याचिका में विद्यमान है, प्रथम याचिका है और अभी तक इस हाई कोर्ट की इलाहाबाद प्रधानपीठ में या लखनऊ खंडपीठ में उसी वादहेतु के लिए अन्य कोई याचिका नहीं दाखिल की गई है।

2. यह कि याचीगण ने अभी तक प्रतिपक्षीगण की तरफ से रजिस्टर्ड पत्र के माध्यम से कोई कैविएट या नोटिस नहीं प्राप्त किया है।

3. यह कि मामले का आरम्भिक तथ्य यह है कि विपक्षी संख्या 2 द्वारा उ. प्र. उच्चतर शिक्षा सेवा आयोग अधिनियम, 1980 की धारा 12 में निर्धारित प्रक्रिया का पालन करते हुए सहायक आचार्य (Assistant Professor) के कुल 917 पद पर भर्ती के लिए विज्ञापन दिनांक 08.07.2022 जारी किया गया। इस विज्ञापन के पैरा 6 में अनिवार्य शैक्षणिक योग्यता वर्णित है। विपक्षी संख्या 2 द्वारा जारी विज्ञापन दिनांक 08.07.2022 की सत्यप्रति/फोटोप्रति इस याचिका के साथ संलग्नक संख्या 1 के रूप में दाखिल किया जा रहा है।

4. यह कि विज्ञापन दिनांक 08.07.2022 के अनुक्रम में आवेदन दाखिल करने की अन्तिम तिथि 10.08.2022 थी। इसके उपरान्त विज्ञापन दिनांक 06.08.2022 जारी करके अन्तिम तिथि को बढ़ाकर 25.08.2022 तथा विज्ञापन दिनांक 23.08.2022 जारी करके अन्तिम तिथि को दोबारा बढ़ाकर 31.08.2022 किया गया। विज्ञापन दिनांक 06.08.2022 एवं 23.08.2022 की सत्यप्रति/फोटोप्रति इस याचिका के साथ संलग्नक संख्या 2 के रूप में दाखिल की जा रही है।

5. यह कि विज्ञापन दिनांक 08.07.2022 के पैरा 10 के अन्तर्गत चयन का आधार लिखित परीक्षा और साक्षात्कार रखा गया है। लिखित परीक्षा के लिए 200 अंक एवं साक्षात्कार के लिए 30 अंक निर्धारित किये गए हैं। यह भी व्यवस्था दी गई है कि लिखित परीक्षा में उत्तीर्ण अभ्यर्थियों को साक्षात्कार के लिए बुलाया जाएगा।

6. यह कि उक्त विज्ञापन के पैरा 10 के अन्तर्गत यह भी व्यवस्था दी गई है कि लिखित परीक्षा का आयोजन प्रयागराज में किया जाएगा। लिखित परीक्षा/साक्षात्कार के सम्बन्ध में सूचना एस.एम.एस., ई-मेल, सामाचार-पत्र व वेबसाइट के माध्यम से यथासमय दी जाएगी।

7. यह कि याची संख्या 1 राष्ट्रीय पात्रता परीक्षा (नेट) एवं जे.आर.एफ. उत्तीर्ण है और वह विज्ञापन दिनांक 08.07.2022 के अन्तर्गत निर्धारित

योग्यता रखता है। याची संख्या 1 ने इतिहास विषय के लिए अन्य पिछड़ा वर्ग के अन्तर्गत अपना आवेदन 10.07.2022 को दाखिल किया। इसके लिए याची संख्या 1 ने निर्धारित शुल्क 2000/- रुपये की धनराशि भी जमा की है। उसकी आवेदन-पत्र संख्या 2200001467 है। याची संख्या 1 के नेट प्रमाण-पत्र और आवेदन-पत्र की सत्यप्रति/फोटोप्रति इस याचिका के साथ संलग्नक संख्या 3 के रूप में दाखिल की जा रही है।

8. यह कि याची संख्या 2 राष्ट्रीय पात्रता परीक्षा (नेट) उत्तीर्ण है और वह विज्ञापन दिनांक 08.07.2022 के अन्तर्गत निर्धारित योग्यता रखता है। याची संख्या 2 ने इतिहास विषय के लिए अन्य पिछड़ा वर्ग के अन्तर्गत अपना आवेदन 22.07.2022 को दाखिल किया। इसके लिए याची संख्या 2 ने निर्धारित शुल्क 2000/- रुपये की धनराशि भी जमा की है। उसकी आवेदन-पत्र संख्या 2200031178 है। याची संख्या 2 के नेट प्रमाण-पत्र और आवेदन-पत्र की सत्यप्रति/फोटोप्रति इस याचिका के साथ संलग्नक संख्या 4 के रूप में दाखिल की जा रही है।

9. यह कि याची संख्या 3 भी राष्ट्रीय पात्रता परीक्षा (नेट) उत्तीर्ण है और वह विज्ञापन दिनांक 08.07.2022 के अन्तर्गत निर्धारित योग्यता रखता है। याची संख्या 3 ने अर्थशास्त्र विषय के लिए सामान्य श्रेणी के अन्तर्गत अपना आवेदन 25.07.2022 को दाखिल किया। इसके लिए याची संख्या 3 ने निर्धारित शुल्क 2000/- रुपये की धनराशि भी जमा की है। उसकी आवेदन-पत्र संख्या 220004005[illegible] है। याची संख्या 3 के नेट प्रमाण-पत्र और आवेदन-पत्र की सत्यप्रति/फोटोप्रति इस याचिका के साथ संलग्नक संख्या 5 के रूप में दाखिल की जा रही है।

10. यह कि याची संख्या 4 भी राष्ट्रीय पात्रता परीक्षा (नेट) उत्तीर्ण है और वह विज्ञापन दिनांक 08.07.2022 के अन्तर्गत निर्धारित योग्यता रखता है। याची संख्या 4 ने इतिहास विषय के लिए सामान्य श्रेणी के अन्तर्गत अपना आवेदन 04.08.2022 को दाखिल किया। इसके लिए याची संख्या 4 ने निर्धारित शुल्क 2000/- रुपये की धनराशि भी जमा की है। उसकी आवेदन-पत्र संख्या 2200049497 है। याची संख्या 4 के नेट प्रमाण-पत्र

और आवेदन-पत्र की सत्यप्रति/फोटोप्रति इस याचिका के साथ संलग्नक संख्या 6 के रूप में दाखिल की जा रही है।

11. यह कि याचियों को यह अभिकथित करने के लिए बताया गया है कि विज्ञापन दिनांक 08.07.2022 के अनुक्रम में लगभग 90 हजार अभ्यर्थियों ने आवेदन दाखिल किए हुए हैं।

12. यह कि याचियों को उम्मीद थी कि उक्त विज्ञापन के अनुक्रम में यथाशीघ्र लिखित परीक्षा एवं साक्षात्कार कराया जाएगा और भर्ती प्रक्रिया पूरी की जाएगी। किन्तु दैनिक जागरण में 24.03.2023 को प्रकाशित समाचार-पत्र के माध्यम से पता चला है कि यह भर्ती प्रक्रिया मात्र एक सदस्य/अध्यक्ष की कमी के कारण रुकी हुई है। दैनिक जागरण में 24.03.2023 को प्रकाशित समाचार की सत्यप्रति/फोटोप्रति इस याचिका के साथ संलग्नक संख्या 7 के रूप में दाखिल की जा रही है।

13. यह कि याचीगण अभिकथित करते हैं कि 06.02.2023 को उत्तर प्रदेश उच्चतर शिक्षा सेवा आयोग के अध्यक्ष प्रो. ईश्वर सरन विश्वकर्मा और सदस्य डॉ. रजनी त्रिपाठी अपने-अपने पद से सेवानिवृत्त हो गए। इन दोनों पदों पर सेवानिवृत्ति के उपरान्त उत्तर प्रदेश उच्चतर शिक्षा सेवा आयोग में केवल दो सदस्य प्रो. राजनारायण और प्रो. विनोद कुमार सिंह कार्यरत रह गए हैं।

14. यह कि याचीगण को बताया गया है कि वर्तमान समय में केवल दो सदस्यों के कार्यरत रहने के कारण उ. प्र. उच्चतर शिक्षा सेवा आयोग की संरचना उ. प्र. उच्चतर शिक्षा सेवा आयोग अधिनियम, 1980 की धारा 4 के अन्तर्गत पूर्ण नहीं है और चूँकि उ. प्र. उच्चतर शिक्षा सेवा आयोग की संरचना पूर्ण नहीं है, इसलिए यह आयोग विज्ञापन दिनांक 08.07.2022 के अनुक्रम में लिखित परीक्षा एवं साक्षात्कार सम्पन्न कराने का कार्य नहीं कर पा रहा है।

15. यह कि मात्र इस आधार पर कि आयोग में मात्र दो सदस्य कार्यरत हैं, विज्ञापन दिनांक 08.07.2022 के अनुक्रम में चयन प्रक्रिया को रोक देना और लिखित परीक्षा न कराना अनुचित, मनमानापन एवं अवैधानिक है और उ. प्र. उच्चतर शिक्षा सेवा आयोग अधिनियम, 1980 और उ. प्र. उच्चतर शिक्षा सेवा आयोग (प्रक्रिया और कार्य संचालन) विनियमावली, 1983 के प्रावधानों के विरुद्ध है।

16. यह कि सहायक आचार्य के 907 रिक्त पदों की अधिसूचना हो जाने और भर्ती के लिए विज्ञापन दिनांक 08.07.2022 जारी हो जाने के बाद उ. प्र. उच्चतर शिक्षा सेवा आयोग अधिनियम 1980 की धारा 13(1) के अन्तर्गत बाध्यकारी है कि विपक्षीगण यथासम्भव शीघ्र लिखित परीक्षा एवं साक्षात्कार कराए।
17. यह कि प्रश्नगत सहायक आचार्य के 907 रिक्त पदों पर भर्ती प्रक्रिया को रोकने के लिए विपक्षीगण के पास कोई वैध और तार्किक कारण नहीं है।
18. यह कि याचीगण अभिकथित करते हैं कि भले ही आयोग की संरचना उ. प्र. उच्चतर शिक्षा सेवा आयोग अधिनियम 1980 की धारा 4 के अन्तर्गत पूर्ण न हो, किन्तु इसे भंग नहीं किया गया है और इसका कार्यालय कार्यरत है।
19. यह कि मात्र एक सदस्य/अध्यक्ष का पद रिक्त होने और इस पर नियुक्ति नहीं किए जाने के कारण सहायक आचार्य के 907 प्रश्नगत पदों की चयन एवं भर्ती प्रक्रिया को रोकना और याचीगण सहित 90 हजार अभ्यर्थियों के कॅरियर और सुनहरे भविष्य को अधर में रखना भारतीय संविधान के अनुच्छेद 21 का उल्लंघन है।
20. यह कि 907 सहायक आचार्य के प्रश्नगत पदों का विज्ञापन निकालकर विपक्षीगण ने स्वीकार किया है कि उत्तर प्रदेश राज्य में उच्चतर शिक्षा को निर्बाध जारी रखने के लिए इन पदों का भरा जाना आवश्यक है। किन्तु मात्र आयोग के एक सदस्य/अध्यक्ष पद पर नियुक्ति न किए जा सकने के कारण चयन एवं भर्ती प्रक्रिया को रोकना और सहायक आचार्य के पद पर नियुक्ति न किया जाना मनमानापन और भारतीय संविधान के अनुच्छेद 14 का उल्लंघन है।
21. यह कि सहायक आचार्य के प्रश्नगत 907 पदों की चयन एवं भर्ती प्रक्रिया को रोकना उच्चतर महाविद्यालयों के विद्यार्थियों के शिक्षा के अधिकार का अतिक्रमण है और भारतीय संविधान के अनुच्छेद 21 का उल्लंघन है।
22. यह कि विज्ञापन दिनांक 08.07.2022 के अनुक्रम में प्रश्नगत सहायक आचार्य पद पर नियुक्ति पाने के सापेक्ष याचिकाकर्ताओं ने 2000/- रुपये परीक्षा-शुल्क जमा करके परीक्षा में शामिल होने एवं नियुक्ति हेतु अपनी

योग्यता साबित करने की वैधानिक अपेक्षा (Legitimate Expectation) का अधिकार प्राप्त कर लिया है। याचियों को इस वैधानिक अपेक्षा के अधिकार से वंचित करना प्राकृतिक न्याय के सिद्धान्त के विरुद्ध है और भारतीय संविधान के अनुच्छेद 14 का उल्लंघन है।

23. यह कि आवश्यकता का सिद्धान्त (Doctrine of Necessity) लागू करके इस न्यायालय द्वारा यह दिशा निर्देश जारी करना न्यायहित में है कि या तो विपक्षी संख्या 2 अपने वर्तमान दो सदस्यों के साथ विज्ञापन दिनांक 08.07.2022 के अनुक्रम में लिखित परीक्षा और साक्षात्कार सम्पन्न कराए या आयोग का अध्यक्ष पद रिक्त होने के कारण कोई बाधा होने पर विपक्षी संख्या 1 अध्यक्ष पद पर यथाशीघ्र नियुक्ति करे, ताकि विपक्षी संख्या 2 विज्ञापन दिनांक 08.07.2022 के अनुक्रम में लिखित परीक्षा और साक्षात्कार सम्पन्न करा सके।

24. यह कि मामले के उक्त तथ्यों एवं परिस्थितियों को दृष्टिगत रखते हुए न्यायहित में आवश्यक है कि यह माननीय न्यायालय, विपक्षी संख्या 2 को विज्ञापन दिनांक 08.07.2022 के अनुक्रम में लिखित परीक्षा और साक्षात्कार की प्रक्रिया जारी रखने और एक निश्चित समय सीमा के अन्दर सम्पन्न करने हेतु निर्देशित करने के लिए अन्तरिम मैंडेमस जारी करने की कृपा करे।

25. यह कि भारतीय संविधान के अनुच्छेद 226 के अन्तर्गत इस माननीय न्यायालय के समक्ष प्रार्थना करने के सिवाय अन्य कोई समान, प्रभावशाली, योग्य, वैकल्पिक उपचार न होने के कारण याचीगण यह याचिका निम्न आधारों पर सविनम्र दाखिल कर रहे हैं :

आधार

(क) क्योंकि केवल इस आधार पर कि आयोग में मात्र दो सदस्य कार्यरत हैं, विज्ञापन दिनांक 08.07.2022 के अनुक्रम में चयन प्रक्रिया को रोक देना और लिखित परीक्षा न कराना अनुचित, मनमानापन एवं अवैधानिक है और उ. प्र. उच्चतर शिक्षा सेवा आयोग अधिनियम, 1980 और उ. प्र. उच्चतर शिक्षा सेवा आयोग (प्रक्रिया और कार्य संचालन) विनियमावली, 1983 के प्रावधानों के विरुद्ध है।

(ख) क्योंकि वर्तमान समय में केवल दो सदस्यों के कार्यरत रहने के कारण उ. प्र. उच्चतर शिक्षा सेवा आयोग की संरचना उ. प्र. उच्चतर शिक्षा सेवा आयोग अधिनियम, 1980 की धारा 4 के अन्तर्गत पूर्ण नहीं है और चूँकि उ. प्र. उच्चतर शिक्षा सेवा आयोग की संरचना पूर्ण नहीं है, इसलिए यह आयोग विज्ञापन दिनांक 08.07.2022 के अनुक्रम में लिखित परीक्षा एवं साक्षात्कार सम्पन्न कराने का कार्य नहीं कर पा रहा है।

(ग) क्योंकि सहायक आचार्य के 907 रिक्त पदों की अधिसूचना हो जाने और इस पर भर्ती के लिए विज्ञापन दिनांक 08.07.2022 जारी हो जाने के बाद उ. प्र. उच्चतर शिक्षा सेवा आयोग अधिनियम, 1980 की धारा 13(1) के अन्तर्गत बाध्यकारी है कि विपक्षीगण यथासम्भव शीघ्र लिखित परीक्षा एवं साक्षात्कार कराए।

(घ) क्योंकि प्रश्नगत सहायक आचार्य के 907 रिक्त पदों पर भर्ती प्रक्रिया को रोकने के लिए विपक्षीगण के पास कोई वैध और तार्किक कारण नहीं है।

(ङ) क्योंकि भले ही आयोग की संरचना उ. प्र. उच्चतर शिक्षा सेवा आयोग अधिनियम, 1980 की धारा 4 के अन्तर्गत पूर्ण न हो, किन्तु इसे भंग नहीं किया गया है और इसका कार्यालय कार्यरत है।

(च) क्योंकि मात्र एक सदस्य/अध्यक्ष का पद रिक्त होने और इस पर नियुक्ति नहीं किए जाने के कारण सहायक आचार्य के 907 प्रश्नगत पदों की चयन एवं भर्ती प्रक्रिया को रोकना और याचीगण सहित 90 हजार अभ्यर्थियों के कॅरियर और सुनहरे भविष्य को अधर में रखना भारतीय संविधान के अनुच्छेद 21 का उल्लंघन है।

(छ) क्योंकि 907 सहायक आचार्य के प्रश्नगत पदों का विज्ञापन निकालकर विपक्षीगण ने स्वीकार किया है कि उत्तर प्रदेश राज्य में उच्चतर शिक्षा को निर्बाध जारी रखने के लिए इन पदों का भरा जाना आवश्यक है। किन्तु मात्र आयोग के एक सदस्य/अध्यक्ष पद पर नियुक्ति न किए जा सकने के कारण चयन एवं भर्ती प्रक्रिया को रोकना और सहायक आचार्य के पदों पर नियुक्ति न किया जाना मनमानापन और भारतीय संविधान के अनुच्छेद 14 का उल्लंघन है।

(ज) क्योंकि सहायक आचार्य के प्रश्नगत 907 पदों की चयन एवं भर्ती प्रक्रिया को रोकना उच्चतर महाविद्यालयों के विद्यार्थियों के शिक्षा के

अधिकार का अतिक्रमण है और भारतीय संविधान के अनुच्छेद 21 का उल्लंघन है।

(झ) क्योंकि विज्ञापन दिनांक 08.07.2022 के अनुक्रम में प्रश्नगत सहायक आचार्य पद पर नियुक्ति पाने के सापेक्ष याचीगण ने 2000/- रुपये परीक्षा-शुल्क जमा करके परीक्षा में शामिल होने एवं नियुक्ति हेतु अपनी योग्यता साबित करने की वैधानिक अपेक्षा (Legitimate Expectation) का अधिकार प्राप्त कर लिया है। याचीगण को इस वैधानिक अपेक्षा के अधिकार से वंचित करना प्राकृतिक न्याय के सिद्धान्त के विरुद्ध है और भारतीय संविधान के अनुच्छेद 14 का उल्लंघन है।

(ञ) क्योंकि आवश्यकता का सिद्धान्त (Doctrine of Necessity) लागू करके इस न्यायालय द्वारा यह दिशा निर्देश जारी करना न्यायहित में है कि या तो विपक्षी संख्या 2 अपने वर्तमान दो सदस्यों के साथ विज्ञापन दिनांक 08.07.2022 के अनुक्रम में लिखित परीक्षा और साक्षात्कार सम्पन्न कराए या आयोग का अध्यक्ष पद रिक्त होने के कारण कोई बाधा होने पर विपक्षी संख्या 1 अध्यक्ष पद पर यथाशीघ्र नियुक्ति करे, ताकि विपक्षी संख्या 2 विज्ञापन दिनांक 08.07.2022 के अनुक्रम में लिखित परीक्षा और साक्षात्कार सम्पन्न करा सके।

<u>प्रार्थना</u>

अत: सविनम्र प्रार्थना की जाती है कि यह माननीय न्यायालय, निम्न रिट या आदेश या निर्देश जारी करने की कृपा करे :

(i) विपक्षी संख्या 2 को अपने वर्तमान दो सदस्यों के साथ विज्ञापन दिनांक 08.07.2022 के अनुक्रम में लिखित परीक्षा एवं साक्षात्कार सम्पन्न कराने के लिए मैंडेमस रिट या अन्य कोई यथोचित रिट या आदेश या निर्देश, या वैकल्पिक उपचार के रूप में आयोग का अध्यक्ष पद रिक्त होने के कारण कोई बाधा होने पर विपक्षी संख्या 1 को अध्यक्ष पद पर यथाशीघ्र नियुक्ति करने और लिखित परीक्षा एवं साक्षात्कार सम्पन्न कराने के लिए मैंडेमस रिट या अन्य कोई यथोचित रिट या आदेश या निर्देश;

(ii) विपक्षी संख्या 2 को विज्ञापन दिनांक [illegible].2022 के अनुक्रम में लिखित परीक्षा एवं साक्षात्कार की प्रक्रिया जारी रखने और एक निश्चित समय सीमा के अन्दर सम्पन्न कराने के लिए मैंडेमस रिट या अन्य कोई यथोचित रिट या आदेश या निर्देश;

(iii) अन्य कोई उपयुक्त रिट, आदेश या निर्देश, जैसा इस माननीय न्यायालय द्वारा मामले की परिस्थितियों में पारित किया जाना उचित समझा जाए; और

(iv) रिट याचिका के खर्च सहित क्षतिपूर्ति का भुगतान।

दिनांक...

अनूप बरनवाल

(Anoop Baranwal)

याची के विधिवक्ता
चैम्बर संख्या [illegible], उच्च न्यायालय, इलाहाबाद
ए.ओ.आर. संख्या - ए/ए...
बार काउंसिल इनरोल संख्या - यूपी...
मोबाइल संख्या-...

परिशिष्ट-2

रिट/परमादेश याचिका का प्रारूप

(सामान्य दिशा निर्देश हेतु मामला)

माननीय उच्च न्यायालय, इलाहाबाद के न्याय-प्रशासन के समक्ष

सिविल प्रकीर्ण रिट याचिका संख्या...वर्ष 2023

(भारतीय संविधान के अनुच्छेद 226 के अन्तर्गत)

जिला—आजमगढ़

1. एन. देवी (N. Devi) पुत्री...
   पता—ग्राम...पोस्ट..., जिला...

याची

बनाम

1. उत्तर प्रदेश राज्य, राजस्व मंत्रालय, लखनऊ,
   इसके सचिव के माध्यम से
2. ...

प्रतिपक्षीगण

सेवा में,

उपर्युक्त उल्लिखित न्यायालय के माननीय मुख्य न्यायाधीश एवं अन्य सहयोगी न्यायाधीशगण।

उपर्युक्त याचीगण के इस प्रार्थना-पत्र के माध्यम से निम्न कथन सविनम्र प्रस्तुत किया जाता है :

1. यह कि यह याचिका, याचीगण की तरफ से भारतीय संविधान के अनुच्छेद 226 के अन्तर्गत दाखिल उसी वादहेतु (Cause of Action) के लिए, जैसा इस याचिका में विद्यमान है, प्रथम याचिका है और अभी तक इस हाई

कोर्ट की इलाहाबाद प्रधानपीठ में या लखनऊ खंडपीठ में उसी वादहेतु के लिए अन्य कोई याचिका नहीं दाखिल की गई है।

2. यह कि याचीगण ने अभी तक प्रतिपक्षीगण की तरफ से रजिस्टर्ड पत्र के माध्यम से कोई कैविएट या नोटिस नहीं प्राप्त किया है।

3. यह कि प्रतिपक्षी संख्या 2 द्वारा तहसील—सगड़ी स्थित तालाबों/पोखरों/मीनाशय के दस वर्षीय मत्स्य पालन आवंटन के लिए विज्ञापन दिनांक 02.10.2022 जारी किया गया। प्रतिपक्षी संख्या 2 द्वारा जारी विज्ञापन दिनांक 02.10.2022 की सत्यप्रति/फोटोप्रति इस याचिका के साथ संलग्नक संख्या 1 के रूप में दाखिल की जा रही है।

4. यह कि उक्त विज्ञापन दिनांक 02.10.2022 के पैरा संख्या 6 में स्पष्ट रूप से यह व्यवस्था दी गई है कि बोली का क्रम मछुआ समुदाय एवं अनुसूचित जाति—अन्य पिछड़ा वर्ग व सामान्य जाति के बी.पी.एल. के मध्य श्रेणीवार वरीयता के क्रम में होगी।

5. यह कि विज्ञापन दिनांक 02.10.2022 के माध्यम से याची के ग्राम—धड़सन में गाटा संख्या 272 मि. स्थित प्रश्नगत पोखरी का भी मत्स्य पालन आवंटन किया जाना प्रस्तावित था और इसके लिए नीलामी की तिथि 10.11.2022 निर्धारित की गई।

6. यह कि याची, प्रश्नगत पोखरी के उक्त मत्स्य पालन आवंटन हेतु अर्ह है और वह इसके लिए इच्छुक रही है। इसलिए उसने विज्ञापन दिनांक 02.10.2022 के अनुक्रम में नीलामी की तिथि 10.11.2022 को तहसील सभागार में अपना आवेदन-पत्र, जाति प्रमाण-पत्र, आय प्रमाण-पत्र, निवास प्रमाण-पत्र एवं नोटरी शपथ-पत्र के साथ दाखिल किया, जिसे प्रतिपक्षी संख्या 2 के कार्यालय द्वारा प्राप्त भी किया गया। याची के सशपथ आवेदन-पत्र दिनांक 10.11.2022 की सत्यप्रति/फोटोप्रति इस याचिका के साथ संलग्नक संख्या 2 के रूप में दाखिल की जा रही है।

7. यह कि याची अनुसूचित जाति की है और उसने अपने आवेदन-पत्र दिनांक 10.11.2022 के माध्यम से अनुसूचित जाति की श्रेणी में उक्त नीलामी प्रक्रिया में भाग लेने का दावा किया।

8. यह कि प्रतिपक्षी संख्या 2 के कार्यालय द्वारा बताया गया कि नीलामी, अगले दिन यानी दिनांक 11.11.2022 को तहसील सगड़ी के सभागार

में की जाएगी। इसलिए याची दिनांक 11.11.2022 को निर्धारित समय पर तहसील सगड़ी के सभागार में नीलामी में भाग लेने के लिए उपस्थित हुई। याची के अलावा तीन अन्य व्यक्तियों ने गाटा संख्या 272 मि. स्थित पोखरी के लिए दावा किया। इन लोगों में से एक मनोज कुमार अनुसूचित जाति के हैं, दूसरे जगदीश यादव पिछड़ी जाति के हैं, और तीसरे अजय सिंह सामान्य श्रेणी के हैं।

9. यह कि 11.11.2022 को प्रतिपक्षी संख्या 4 द्वारा नीलामी आरम्भ की गई। नीलामी के दौरान याची ने भी 10,000/- रुपये की धनराशि जमा की और नीलामी प्रक्रिया में भाग लिया। किन्तु याची को जानकर आश्चर्य हुआ कि विज्ञापन दिनांक 02.10.2022 के पैरा संख्या 6 में वरीयता का जो क्रम निर्धारित किया गया है, उसका प्रतिपक्षी संख्या 4 द्वारा अनुपालन नहीं किया जा रहा है। याची ने इस पर आपत्ति की, किन्तु प्रतिपक्षी संख्या 4 द्वारा नहीं माना गया और नीलामी कराई गई। प्रतिपक्षी संख्या 4 द्वारा नहीं माने जाने पर याची ने उसी दिन उसी समय प्रतिपक्षी संख्या 3 के समक्ष लिखित आपत्ति की। याची की आपत्ति दिनांक 11.11.2022 की सत्यप्रति/फोटोप्रति इस याचिका के साथ संलग्नक संख्या 3 के रूप में दाखिल की जा रही है।

10. यह कि कोई विकल्प नहीं होने के कारण याची ने भी नीलामी में भाग लिया। किन्तु बीच में ही मनमाने तरीके से प्रतिपक्षी संख्या 4 द्वारा प्रतिपक्षी संख्या 5 के पक्ष में मात्र तीस हजार पाँच सौ रुपये (दस वर्ष के लिए तीन लाख पाँच हजार रुपये) पर नीलामी रोक दी गई और प्रतिपक्षी संख्या 5 के पक्ष में अन्तिम कर दिया गया, जबकि याची इससे ऊपर बोली लगाने के लिए तैयार थी। इसके विरुद्ध भी याची ने अगले दिन प्रतिपक्षी संख्या 2/3 के समक्ष प्रत्यावेदन दाखिल किया। याची के प्रत्यावेदन दिनांक 12.11.2022 की सत्यप्रति/फोटोप्रति इस याचिका के साथ संलग्नक संख्या 4 के रूप में दाखिल की जा रही है।

11. यह कि याची, ग्राम—धड़सन में गाटा संख्या 272 मि. स्थित पोखरी के उक्त मत्स्य पालन आवंटन हेतु हुई नीलामी में पैंतीस हजार रुपये (दस वर्ष के लिए तीन लाख पचास हजार रुपये) तक बोली लगाने के लिए तैयार थी और वह आज भी इतनी धनराशि पर प्रश्नगत आवंटन लेने के

लिए तैयार है। किन्तु उसकी इस बोली को मनमाने तरीके से अनसुना कर दिया गया। मात्र तीस हजार पाँच सौ रूपये पर नीलामी को रोककर राजस्व का नुकसान पहुँचाया जा रहा है।

12. यह कि प्रतिपक्षी संख्या 5 सामान्य श्रेणी में आते है और वह करीब 15-16 बीघे भूमि के मालिक और बड़े काश्तकार हैं। वह बी.पी.एल. श्रेणी में नहीं आते हैं।

13. यह कि इसके बाद ग्राम—धड़सन में गाटा संख्या 272 मि. स्थित पोखरी के मत्स्य पालन आवंटन हेतु 11.11.2022 को की गई नीलामी को रद्द करने और वरीयता-क्रम का पालन करते हुए पुनः नीलामी करवाने के लिए याची प्रतिपक्षी संख्या 2 एवं 3 के कार्यालय से लगातार सम्पर्क करती रही है और प्रत्यावेदन भी प्रस्तुत किया है। यह प्रत्यावेदन अभी भी विचाराधीन है और इस पर आज तक कोई कार्यवाही नहीं की गई है। याची के प्रत्यावेदन दिनांक 28.12.2022 एवं 06.02.2023 की सत्यप्रति/फोटोप्रति इस याचिका के साथ क्रमशः संलग्नक संख्या 5 एवं 6 के रूप में दाखिल की जा रही है।

14. यह कि याची द्वारा दाखिल आपत्तियाँ दिनांक 11.11.2022, 12.11.2022, 28.12.2022 एवं 06.02.2023 अभी भी प्रतिपक्षी संख्या 2 के समक्ष विचाराधीन हैं और कोई निर्णय नहीं लिया गया है और न ही प्रतिपक्षी संख्या 5 के पक्ष में अन्तिम की गई नीलामी को स्वीकृति प्रदान की गई है।

15-17. (आधार संख्या क, ङ एवं च को यहाँ तथ्य के रूप में लिखकर शपथ-पत्र का हिस्सा बनाया गया है।)

18. यह कि मामले के उक्त तथ्यों एवं परिस्थितियों को दृष्टिगत रखते हुए न्यायहित में आवश्यक है कि यह माननीय न्यायालय, प्रतिपक्षी संख्या 2 को याची की आपत्ति 11.11.2022 एवं 06.02.2023, जिसमें गाटा संख्या 272 मि. स्थित प्रश्नगत पोखरी के मत्स्य पालन आवंटन के सम्बन्ध में प्रतिपक्षी संख्या 5 के पक्ष में अवैध एवं मनमाने तरीके से की गई नीलामी को रद्द करने और पुनः नीलामी करने का मामला शामिल है, को एक निश्चित समय सीमा के अन्दर निर्णीत करने हेतु निर्देशित करने के लिए अन्तरिम आदेश जारी करने की कृपा करें।

19. यह कि भारतीय संविधान के अनुच्छेद 226 के अन्तर्गत इस माननीय न्यायालय के समक्ष प्रार्थना करने के सिवाय अन्य कोई समान, प्रभावशाली, योग्य, वैकल्पिक उपचार न होने के कारण याची यह याचिका निम्न आधारों पर सविनम्र दाखिल कर रही है :

आधार

(क) क्योंकि विज्ञापन दिनांक 02.10.2022 के पैरा संख्या 6 के अनुसार प्रतिपक्षी संख्या 2 एवं 4, ग्राम—धड़सन में गाटा संख्या 272 मि. स्थित प्रश्नगत पोखरी के मत्स्य पालन आवंटन की नीलामी निर्धारित वरीयता-क्रम के अनुसार कराने के लिए कानूनी रूप से बाध्य हैं, किन्तु ऐसा न किया जाना अवैध एवं मनमानापन है।

(ख) क्योंकि याची, ग्राम—धड़सन में गाटा संख्या 272 मि. स्थित प्रश्नगत पोखरी के उक्त मत्स्य पालन आवंटन हेतु हुई नीलामी में पैंतीस हजार रुपये (दस वर्ष के लिए तीन लाख पचास हजार रुपये) तक बोली लगाने के लिए तैयार थी और वह आज भी इतनी धनराशि पर प्रश्नगत आवंटन लेने के लिए तैयार है। किन्तु उसकी इस बोली को मनमाने तरीके से अनसुना कर दिया गया। और मात्र तीस हजार पाँच सौ रुपये पर नीलामी को रोककर राजस्व का नुकसान पहुँचाया जा रहा है।

(ग) क्योंकि गाटा संख्या 272 मि. स्थित पोखरी के मत्स्य पालन आवंटन हेतु 11.11.2022 को की गई नीलामी को रद्द करने और वरीयता-क्रम का पालन करते हुए पुनः नीलामी करवाने के लिए याची प्रतिपक्षी संख्या 2 एवं 3 के कार्यालय से लगातार सम्पर्क करती रही है और प्रत्यावेदन भी प्रस्तुत किया है। यह प्रत्यावेदन अभी भी विचाराधीन है और इस पर आज तक कोई कार्यवाही नहीं की गई है।

(घ) क्योंकि याची द्वारा दाखिल आपत्ति दिनांक 11.11.2022, 12.11.2022, 28.12.2022 एवं 06.02.2023 अभी भी प्रतिपक्षी संख्या 2 के समक्ष विचाराधीन है और कोई निर्णय नहीं लिया गया है और न ही प्रतिपक्षी संख्या 5 के पक्ष में अन्तिम की गई नीलामी को स्वीकृति प्रदान की गई है।

(ङ) क्योंकि एकपक्षीय तरीके से प्रतिपक्षी संख्या 5 के पक्ष में अन्तिम की गई मनमानी नीलामी को स्वीकृति प्रदान करने से राजस्व का बहुत नुकसान और याची के साथ घोर अन्याय होगा।

(च) क्योंकि याची की आपत्ति पर निर्णय लिये बिना प्रतिपक्षी संख्या 5 के पक्ष में मनमाने तरीके से की गई नीलामी को स्वीकृति प्रदान करना अवैध, विधिविरुद्ध एवं मनमानापन है और संविधान के अनुच्छेद 14 एवं 21 के अन्तर्गत प्रदत्त मूल अधिकार का उल्लंघन है।

प्रार्थना

अतः सविनम्र प्रार्थना की जाती है कि यह माननीय न्यायालय, निम्न रिट या आदेश या निर्देश जारी करने की कृपा करे :

(i) ग्राम—धड़सन में गाटा संख्या 272 मि. स्थित प्रश्नगत पोखरी के मत्स्य पालन आवंटन हेतु प्रतिपक्षी संख्या 5 के पक्ष में अवैध एवं मनमाने तरीके से की गई नीलामी को रद्द करने और पुनः नीलामी करने के लिए प्रतिपक्षी संख्या 2 को मैंडेमस रिट या अन्य कोई यथोचित रिट या आदेश या निर्देश;

(ii) याची की आपत्ति 11.11.2022 एवं 06.02.2023, जिसमें गाटा संख्या 272 मि. स्थित प्रश्नगत पोखरी के मत्स्य पालन आवंटन के सम्बन्ध में प्रतिपक्षी संख्या 5 के पक्ष में अवैध एवं मनमाने तरीके से की गई नीलामी को रद्द करने और पुनः नीलामी करने का मामला शामिल है, को एक निश्चित समय सीमा के अन्दर निर्णीत करने और तब तक प्रतिपक्षी संख्या 5 के पक्ष में कोई स्वीकृति आदेश न करने हेतु प्रतिपक्षी संख्या 2 को निर्देशित करने के लिए मैंडेमस रिट या अन्य कोई यथोचित रिट या आदेश या निर्देश;

(iii) अन्य कोई उपयुक्त रिट, आदेश या निर्देश, जैसा इस माननीय न्यायालय द्वारा मामले की परिस्थितियों में पारित किया जाना उचित समझा जाए; और

(iv) रिट याचिका के खर्च सहित क्षतिपूर्ति का भुगतान।

दिनांक...

अनूप बरनवाल
(Anoop Baranwal)
याची के विधिवक्ता

परिशिष्ट-3

न्यायिक निरीक्षण याचिका का प्रारूप

(सामान्य दिशा निर्देश हेतु मामला)

माननीय उच्च न्यायालय, इलाहाबाद के न्याय-प्रशासन के समक्ष

सिविल प्रकीर्ण न्यायिक निरीक्षण याचिका संख्या...वर्ष 2024

(भारतीय संविधान के अनुच्छेद 227 के अन्तर्गत)

जनपद—आजमगढ़

एम. कुमार (M. Kumar) पुत्र..., निवासी : ग्राम—सरायमोहन,
पोस्ट—ठेकमॉ, जिला—आजमगढ़, उत्तर प्रदेश

याची

<u>बनाम</u>

एस. यादव (S. Yadav) पुत्र..., निवासी : ग्राम—सरायमोहन,
पोस्ट—ठेकमॉ, जिला—आजमगढ़, उत्तर प्रदेश

प्रतिपक्षीगण

सेवा में,

उपर्युक्त उल्लिखित न्यायालय के मुख्य न्यायाधीश एवं अन्य सहयोगी न्यायाधीशगण।

उपर्युक्त याची के इस विनयवत प्रार्थना-पत्र के माध्यम से निम्न कथन ससम्मान प्रस्तुत किया जाता है :

1. यह कि यह न्यायिक निरीक्षण याचिका (अन्तर्गत अनुच्छेद 227, भारतीय संविधान), प्रार्थी की तरफ से दाखिल उसी वादहेतु (Cause of Action)

के लिए, जैसा इस प्रार्थना-पत्र में विद्यमान है, प्रथम याचिका है और अभी तक इस हाई कोर्ट की इलाहाबाद प्रधानपीठ में या लखनऊ खंडपीठ में उसी वादहेतु के लिए कोई अन्य याचिका (अन्तर्गत अनुच्छेद 227, भारतीय संविधान) नहीं दाखिल की गई है।

2. यह कि याची ने अभी तक प्रतिपक्षी की तरफ से या रजिस्टर्ड पत्र के माध्यम से कोई कैविएट या नोटिस नहीं प्राप्त किया है।

3. यह कि ग्राम...जिला—आजमगढ़, उत्तर प्रदेश स्थित प्रश्नगत सम्पत्ति का प्रार्थी अपने पूर्वजों के जमाने से कब्जे के साथ स्वामी रहा है। उसकी भूमि के कुछ हिस्से पर मन्दिर और धर्मशाला भी बना हुआ है, जो पूवर्जों के जमाने से पूजा-पाठ एवं बाहरी लोगों के रैन-बसेरा हेतु जगह देने इत्यादि के लिए प्रयोग किया जाता रहा है। प्रार्थी की भूमि पर स्थित मन्दिर का छायाचित्र इस शपथ-पत्र के साथ संलग्नक संख्या 1 के रूप में दाखिल किया जा रहा है।

4. यह कि याची ने प्रतिपक्षीगण को कुछ समय के लिए धर्मशाला रहने के लिए दी थी। किन्तु जब याची ने धर्मशाला खाली करने के लिए कहा, तो प्रतिपक्षीगण टाल-मटोल करने लगा और गलत नीयत से माननीय सिविल न्यायाधीश, अवर खंड हवेली, आजमगढ़ के समक्ष मूल वाद संख्या 2362/2019; एस. यादव व एक अन्य बनाम एम. बरनवाल व अन्य दाखिल कर दिया। मूल वाद संख्या 2362/2019 के वादपत्र (Plaint) की सत्यप्रति/फोटोप्रति इस शपथ-पत्र के साथ संलग्नक संख्या 2 के रूप में दाखिल की जा रही है।

5. यह कि उक्त मूल वाद की जानकारी होने के तुरन्त बाद याची/प्रतिवादी ने अपना लिखित कथन/जवाबदेही 22.09.2022 को दाखिल कर दी। मूल वाद संख्या 2362/2019 में दाखिल याची की जवाबदेही/लिखित कथन (Written Statement) की सत्यप्रति/फोटोप्रति इस शपथ-पत्र के साथ संलग्नक संख्या 3 के रूप में दाखिल की जा रही है।

6. यह कि यद्यपि याची ने 22.09.2022 को ही अपना लिखित कथन/जवाबदेही दाखिल कर दी, किन्तु प्रतिपक्षी संख्या 1 और 2 ने मामले में देरी करने की नीयत से अभी तक अपना प्रत्युत्तर/जवाब-उल-जवाब (Replication) नहीं दाखिल किया है।

7. यह कि मूल वाद संख्या 2362/2019; एस. यादव व एक अन्य बनाम एम. बरनवाल व अन्य के आदेश-पत्रक (Order-sheet) की सत्यप्रति और प्रमाणित प्रति इस शपथ-पत्र के साथ संलग्नक संख्या 4 के रूप में दाखिल की जा रही है।
8. यह कि प्रश्नगत सम्पत्ति मन्दिर और धर्मशाला के प्रयोगार्थ सम्पत्ति है, जिस पर प्रतिपक्षीगण ने अवैध तरीके से कब्जा कर लिया है और इसे हड़पने के लिए जालसाजी एवं फर्जी तरीके से बैनामा दस्तावेज भी तैयार कर लिये हैं। प्रतिपक्षीगण के अवैध कृत्य के विरुद्ध याची ने मूल वाद संख्या 2825 वर्ष 2022; एम. बरनवाल व अन्य बनाम एस. यादव व अन्य दाखिल किया है, जो माननीय सिविल न्यायाधीश, अवर खंड हवेली, आजमगढ़ के समक्ष विचाराधीन है।
9. यह कि उक्त मूल वाद संख्या 2362/2019 में अभी तक वादबिन्दुओं/विवाद्यकों (Issues) का निर्धारण नहीं किया जा सका है।
10. यह कि उक्त मूल वाद संख्या 2362/2019 को लम्बित रखकर प्रतिपक्षीगण अवैध तरीके से धर्मशाला की सम्पत्ति पर अवैध कब्जा बनाए रखना चाहते हैं। इसलिए उक्त मामले का त्वरित निस्तारण किया जाना न्यायहित में है।
11. यह कि मामले के उक्त कथित तथ्यों एवं परिस्थितियों को दृष्टिगत रखते हुए, न्यायहित में आवश्यक है कि यह माननीय न्यायालय, माननीय सिविल न्यायाधीश, अवर खंड हवेली, आजमगढ़ के समक्ष लम्बित मूल वाद संख्या 2362/2019; एस. यादव व एक अन्य बनाम एम. कुमार व अन्य को त्वरित करने और एक निश्चित समय सीमा, जैसा इस न्यायालय द्वारा उचित समझा जाए, के अन्दर निर्णीत करने हेतु निर्देशित करने की कृपा करे; और/या ऐसा अन्य एवं अग्रिम आदेश, जैसा इस माननीय न्यायालय द्वारा मामले की परिस्थितियों में पारित किया जाना उचित एवं उपयुक्त समझा जाए, पारित करने की कृपा करे।
12. यह कि भारतीय संविधान के अनुच्छेद 226 के अन्तर्गत इस माननीय न्यायालय के समक्ष आने के सिवाय अन्य कोई समान, प्रभावशाली, योग्य, वैकल्पिक उपचार न होने से पीड़ित होकर याचिकाकर्ता निम्न आधारों पर यह याचिका सविनम्र दाखिल कर रहा है :

आधार

(क) क्योंकि प्रश्नगत सम्पत्ति मन्दिर और धर्मशाला के प्रयोगार्थ सम्पत्ति है, जिस पर प्रतिपक्षीगण ने अवैध तरीके से कब्जा कर लिया है।

(ख) क्योंकि याची ने 22.09.2022 को हो अपना लिखित कथन/जवाबदेही दाखिल कर दी, किन्तु प्रतिपक्षी संख्या 1 और 2 ने मामले में देरी करने की नीयत से अभी तक अपना जवाब-उत्तरजवाब (Replication) नहीं दाखिल किया है।

(ग) क्योंकि उक्त मूल वाद संख्या 2362/2019 में अभी तक वादबिन्दुओं/विवाद्यकों (Issues) का निर्धारण नहीं किया जा सका है।

(घ) क्योंकि उक्त मूल वाद संख्या 2362/2019 को लम्बित रखकर प्रतिपक्षीगण अवैध तरीके से धर्मशाला की सम्पत्ति पर अवैध कब्जा बनाए रखना चाहते हैं। इसलिए उक्त मामले का त्वरित निस्तारण किया जाना न्यायहित में है।

प्रार्थना

अत: सविनम्र प्रार्थना की जाती है कि माननीय न्यायालय निम्न आदेश या निर्देश जारी करने की कृपा करे :

(i) माननीय सिविल न्यायाधीश, अवर खंड हवेली, आजमगढ़ के समक्ष लम्बित मूल वाद संख्या 2362/2019; एन. यादव व एक अन्य बनाम एम. बरनवाल व अन्य को त्वरित करने और एक निश्चित समय सीमा, जैसा इस न्यायालय द्वारा उचित समझा जाए, के अन्दर निर्णीत करने हेतु आदेश या निर्देश;

(ii) अन्य कोई उपयुक्त रिट, आदेश या निर्देश जैसा इस माननीय न्यायालय द्वारा मामले की परिस्थितियों में पारित किया जाना उचित समझा जाए; और

(iii) रिट याचिका के खर्च सहित क्षतिपूर्ति का भुगतान।

दिनांक...

अनूप बरनवाल

(Anoop Baranwal)

याची के विधिवक्ता

परिशिष्ट-4

अवमानना याचिका का प्रारूप

माननीय उच्च न्यायालय, इलाहाबाद के न्याय-प्रशासन के समक्ष

सिविल प्रकीर्ण अवमानना याचिका संख्या...वर्ष 2023

(न्यायालय अवमानना अधिनियम, 1971 की धारा 12 के अन्तर्गत)

जनपद—फतेहपुर

एस. कली (S. Kali) पत्नी...
निवासी—..., उत्तर प्रदेश-212601

याची

<u>बनाम</u>

...(अवमाननाकर्ता का नाम), जिला
बेसिक शिक्षा अधिकारी, फतेहपुर, उत्तर प्रदेश

प्रतिपक्षी

सेवा में,

उपर्युक्त उल्लिखित न्यायालय के माननीय मुख्य न्यायाधीश एवं अन्य सहयोगी न्यायाधीशगण।

उपर्युक्त याची के इस प्रार्थना-पत्र के माध्यम से निम्न कथन सविनम्र प्रस्तुत किया जाता है :

1. यह कि प्रतिपक्षी के विरुद्ध इस अवमानना याचिका हेतु वाद दाखिल करने का कारण दिनांक...को पैदा हुआ।
2. यह कि इस प्रार्थना-पत्र/याचिका के उद्देश्य हेतु याची संलग्न शपथ-पत्र में दिये गए तथ्य एवं कथनों पर विश्वास कर रही है और निम्न अनुतोष (relief) के लिए प्रार्थना कर रही है।

3. यह कि वर्तमान प्रार्थना-पत्र...को दाखिल किया जा रहा है, जो इस माननीय न्यायालय के समक्ष...को आने की सम्भावना है।

प्रार्थना

अत: सविनम्र प्रार्थना की जाती है कि यह माननीय न्यायालय, सिविल प्रकीर्ण रिट याचिका संख्या 21373 वर्ष 2022; सूरज कली बनाम उत्तर प्रदेश राज्य व अन्य में पारित निर्णय एवं आदेश दिनांक 02.01.2023 (संलग्नक संख्या 7) का जान-बूझकर उल्लंघन करने और इस न्यायालय की घोर अवमानना करने के लिए प्रतिपक्षी को समुचित रूप से दंडित करने की कृपा करे, और/या ऐसा अन्य एवं अग्रिम आदेश, जैसा इस माननीय न्यायालय द्वारा मामले की परिस्थितियों में पारित किया जाना उचित एवं उपयुक्त समझा जाए, पारित करने की कृपा करे।

× × × ×

माननीय उच्च न्यायालय, इलाहाबाद के न्याय-प्रशासन के समक्ष

शपथ-पत्र

अन्तर्गत

सिविल प्रकीर्ण अवमानना याचिका संख्या. .वर्ष 2023

(न्यायालय अवमानना अधिनियम, 1971 की धारा 12 के अन्तर्गत)

जनपद—फतेहपुर

एस. कली (S. Kali) पत्नी...
निवासी—..., उत्तर प्रदेश-212601

याची

बनाम

...(अवमाननाकर्ता का नाम),
जिला बेसिक शिक्षा अधिकारी, फतेहपुर, उत्तर प्रदेश

प्रतिपक्षी

शपथ-पत्र द्वारा. उम्र लगभग...वर्ष, पुत्र...,
निवासी—..., उत्तर प्रदेश
(धर्म—हिन्दू, व्यवसाय—श्रमिक कार्य)

(शपथकर्ता)

मैं, उपर्युक्त नामांकित शपथकर्ता, यहाँ सत्यनिष्ठापूर्वक सशपथ घोषणा एवं पुष्टि करता हूँ :

1. यह कि शपथकर्ता, याची का पुत्र है, तथा इस रूप में वह याची की तरफ से पैरवी कर रहा है और इस कारण वह मामले के निम्न सशपथ घोषित तथ्यों से भली-भाँति अवगत है।
2. यह कि यह याचिका, याची की तरफ से न्यायालय अवमानना अधिनियम, 1971 की धारा 12 के अन्तर्गत दाखिल उसी वादहेतु (Cause of Action) के लिए, जैसा इस याचिका में विद्यमान है, प्रथम अवमानना याचिका है और अभी तक इस हाई कोर्ट के इलाहाबाद प्रधानपीठ या लखनऊ खंडपीठ में उसी वादहेतु के लिए कोई अन्य अवमानना याचिका नहीं दाखिल की गई है।
3. यह कि याची ने अभी तक प्रतिपक्षीगण की तरफ से रजिस्टर्ड पत्र के माध्यम से कोई कैविएट या नोटिस नहीं प्राप्त किया है।
4. यह कि याची के पति स्व. श्री गंगाचरन की नियुक्ति 01.10.1974 को जूनियर हाई स्कूल शाह प्रथम, फतेहपुर में चपरासी के पद पर की गई थी और उन्हें इसी पद पर दिनांक 30.12.1995 को नियमित किया गया।
5. यह कि बिना किसी शिकायत एवं आरोप के लगातार 29 वर्ष कार्य करने के उपरान्त स्व. श्री गंगाचरन 31.12.2003 को सेवानिवृत्त हो गए।
6. यह कि 31.12.2003 को सेवानिवृत्त होने के उपरान्त याची के पति स्व. श्री गंगाचरन के जी.पी.एफ. का भुगतान 12.02.2004 को किया गया, किन्तु पेंशन एवं ग्रेच्युटी नहीं दी गई। इसके लिए स्व. श्री गंगाचरन ने प्रत्यावेदन दिनांक 17.05.2004 दाखिल किया, जिसकी सत्यप्रति/फोटोप्रति इस याचिका के साथ संलग्नक संख्या 1 के रूप में दाखिल की जा रही है।
7. यह कि याची के पति स्व. श्री गंगाचरन अपनी पेंशन इत्यादि प्राप्त करने के लिए लगातार प्रयास करते रहे, किन्तु कुछ ही समय बाद वे बीमार पड़ गए और 18.01.2008 को उनकी मृत्यु हो गई।
8. यह कि स्व. श्री गंगाचरन की मृत्यु के बाद याची असहाय हो गई। उसके बाद याची ने अपनी फैमिली पेंशन के लिए जिला बेसिक शिक्षा अधिकारी, फतेहपुर एवं खंड शिक्षा अधिकारी, ब्लॉक—बहुआ, फतेहपुर से मिलकर कई बार माँग की। किन्तु केवल आश्वासन दिया जाता रहा।

इस सम्बन्ध में याची द्वारा समय-समय पर प्रत्यावेदन भी दाखिल किए जाते रहे, किन्तु उन पर कोई कार्यवाही या निर्णय नहीं लिया गया। याची के प्रत्यावेदन दिनांक 11.03.2008 की सत्यप्रति/फोटोप्रति इस याचिका के साथ संलग्नक संख्या 2 के रूप में दाखिल की जा रही है।

9. यह कि याची ने जिला बेसिक शिक्षा अधिकारी, फतेहपुर एवं खंड शिक्षा अधिकारी, ब्लॉक—बहुआ, फतेहपुर के समक्ष सूचना अधिकार कानून के अन्तर्गत प्रार्थना-पत्र दिनांक 18.08.2018 भी दाखिल किया। याची के प्रार्थना-पत्र दिनांक 18.08.2018 की सत्यप्रति/फोटोप्रति इस याचिका के साथ संलग्नक संख्या 3 के रूप में दाखिल की जा रही है।

10. यह कि यद्यपि जिला बेसिक शिक्षा अधिकारी, फतेहपुर के स्तर से कोई सूचना नहीं दी गई किन्तु खंड शिक्षा अधिकारी, ब्लॉक—बहुआ, फतेहपुर द्वारा सूचना दिनांक 05.04.2019 प्रदान की गई। खंड शिक्षा अधिकारी, ब्लॉक—बहुआ, फतेहपुर द्वारा प्रदत्त सूचना दिनांक 05.04.2019 की सत्यप्रति/फोटोप्रति इस याचिका के साथ संलग्नक संख्या 4 के रूप में दाखिल की जा रही है।

11. यह कि सूचना दिनांक 05.04.2019 से स्पष्ट है कि नियमित सेवा-अवधि 10 वर्ष से कम होने के कारण याची के पति को पेंशन एवं ग्रेच्युटी को स्वीकृत नहीं किया गया है। इस सूचना से यह भी स्पष्ट है कि जिला बेसिक शिक्षा अधिकारी, फतेहपुर ने न तो याची के पति की पेंशन एवं ग्रेच्युटी के माँग सम्बन्धी विषय पर कोई निर्णय लिया है और न ही स्व. श्री गंगाचरन के प्रत्यावेदन दिनांक 17.05.2004 पर कोई निर्णय लिया है।

12. यह कि याची के पति 29 वर्ष लगातार सेवा करके सेवानिवृत्त हुए थे, और इस कारण वे पेंशन एवं ग्रेच्युटी पाने के हकदार थे, किन्तु इस सम्बन्ध में जिला बेसिक शिक्षा अधिकारी, फतेहपुर द्वारा कोई निर्णय न लेना अवैध, विधिविरुद्ध एवं स्थापित विधि के सिद्धान्त के प्रतिकूल है।

13. यह कि याची द्वारा जिला बेसिक शिक्षा अधिकारी, फतेहपुर के समक्ष लगातार प्रार्थना-पत्र दिया गया है, किन्तु आज तक उसको न तो उसके पति की पेंशन एवं ग्रेच्युटी की बकाया धनराशि का भुगतान किया गया है और न ही उसकी फैमिली पेंशन की बकाया धनराशि एवं वर्तमान फैमिली पेंशन ही दी जा रही है। याची के प्रत्यावेदन दिनांक 08.04.2018

एवं 10.10.2022 की सत्यप्रति/फोटोप्रति इस याचिका के साथ क्रमश: संलग्नक संख्या 5 एवं 6 के रूप में दाखिल की जा रही है।

14. यह कि बेसिक शिक्षा अधिकारी, फतेहपुर द्वारा कोई निर्णय न लिये जाने से पीड़ित होकर याची ने इस माननीय उच्च न्यायालय के समक्ष सिविल प्रकीर्ण रिट याचिका संख्या 21373 वर्ष 2022; सूरज कली बनाम उत्तर प्रदेश राज्य व अन्य दाखिल किया। इस रिट याचिका पर माननीय उच्च न्यायालय ने निर्णय एवं आदेश दिनांक 02.01.2023 पारित किया। माननीय उच्च न्यायालय द्वारा पारित निर्णय एवं आदेश दिनांक 02.01.2023 की फोटोप्रति/सत्यप्रति इस याचिका के साथ संलग्नक संख्या 7 के रूप में दाखिल की जा रही है।

15. यह कि याची ने माननीय उच्च न्यायालय के निर्णय एवं आदेश दिनांक 02.01.2023 की प्रमाणित प्रति, प्रतिपक्षी के समक्ष प्रत्यावेदन दिनांक 09.01.2023 के साथ रजिस्टर्ड डाक के माध्यम से दिनांक 11.01.2023 को भेज दिया। याची के प्रत्यावेदन दिनांक 09.01.2023 और डाक-रसीद की फोटोप्रति/सत्यप्रति इस याचिका के साथ संलग्नक संख्या 8 के रूप में दाखिल की जा रही है।

16. यह कि तत्पश्चात प्रतिपक्षी ने पत्र दिनांक 16.02.2023 भेजकर याची को 23.02.2023 को अपरान्ह 2.00 बजे सुनवाई हेतु बुलाया। प्रतिपक्षी के पत्र दिनांक 16.02.2023 की फोटोप्रति/सत्यप्रति इस याचिका के साथ संलग्नक संख्या 9 के रूप में दाखिल की जा रही है।

17. यह कि याची, 23.02.2023 को अपरान्ह 2.00 बजे सुनवाई हेतु प्रतिपक्षी के कार्यालय में प्रार्थना-पत्र के साथ उपस्थित हुई। किन्तु उस दिन कार्यालय में प्रतिपक्षी के उपस्थित न होने के कारण सुनवाई नहीं हो सकी। तत्पश्चात याची ने अपना प्रार्थना-पत्र दिनांक 23.02.2023 रजिस्टर्ड डाक के माध्यम से भेजकर प्रतिपक्षी के समक्ष प्रस्तुत किया। याची के प्रत्यावेदन दिनांक 23.02.2023 और पोस्टल रसीद की सत्यप्रति/फोटोप्रति इस याचिका के साथ संलग्नक संख्या 10 के रूप में दाखिल की जा रही है।

18. यह कि माननीय उच्च न्यायालय के निर्णय एवं आदेश दिनांक 02.01.2023 के अनुपालन में याची का प्रार्थना-पत्र दिनांक 10.10.2022 अभी तक निर्णीत नहीं किया गया है।

19. यह कि याची के पति स्व. श्री गंगाचरन की ग्रेच्युटी एवं पेंशन के तथा याची के फैमिली पेंशन के भुगतान सम्बन्धी मामले को प्रतिपक्षी द्वारा अनिर्णीत रखा जाना जान-बूझकर एवं आशयपूर्ण है।

20. यह कि याची के बकाया पेंशन, ग्रेच्युटी एवं फैमिली पेंशन के भुगतान से सम्बन्धित प्रार्थना-पत्र दिनांक 10.10.2022 पर अभी तक निर्णय न लेकर प्रतिपक्षी ने निर्णय एवं आदेश दिनांक 02.01.2023 का उल्लंघन किया है और माननीय उच्च न्यायालय की जान-बूझकर अवमानना की है।

21. यह कि मामले के उक्त तथ्यों एवं परिस्थितियों से यह स्पष्ट है कि प्रतिपक्षी ने इस माननीय उच्च न्यायालय द्वारा सिविल प्रकीर्ण रिट याचिका संख्या 21373 वर्ष 2022; सूरज कलो बनाम उत्तर प्रदेश राज्य व अन्य में पारित निर्णय एवं आदेश दिनांक 02.01.2023 (संलग्नक संख्या 7) का जान-बूझकर और आशयपूर्वक उल्लंघन किया है और ऐसा करके इस माननीय न्यायालय की घोर अवमानना की है जिसके लिए अवमाननाकर्ता/प्रतिपक्षी इस माननीय न्यायालय द्वारा दंडित किए जाने के पात्र हैं।

मैं, उपर्युक्त नामांकित शपथकर्ता, यहाँ सशपथ बयान करता हूँ कि इस शपथ-पत्र के पैरा संख्या 1, 2, 3, 17(अंश) एवं 19 के अन्तर्वस्तु मेरी निजी जानकारी में सत्य हैं; और संलग्न रिट याचिका के पैरा संख्या 6, 8(अंश), 9, 10, 11, 13(अंश), 14, 15, 16 एवं 17(अंश) के अन्तर्वस्तु रिकॉर्ड पर आधारित हैं; और संलग्न रिट याचिका के पैरा संख्या 4, 5, 7, 8(अंश), 12, 13(अंश) एवं 18 के अन्तर्वस्तु सूचना पर आधारित हैं; और संलग्न रिट याचिका के पैरा संख्या 20 एवं 21 के अन्तर्वस्तु कानूनी परामर्श पर आधारित हैं, जिन्हें मैं सत्य मानता हूँ और इसका कोई भाग न तो असत्य है और न ही छिपाया गया है।

ईश्वर मेरी सहायता करे।

अँगूठा निशान **(शपथकर्ता)**

मैं,...पंजीकृत लिपिक, हाई कोर्ट इलाहाबाद, यहाँ यह घोषणा करता हूँ कि शपथ देनेवाला शपथकर्ता, जो स्वयं को शपथकर्ता बता रहा है, वही व्यक्ति है। मैं शपथकर्ता को उसके द्वारा मेरे समक्ष उपलब्ध कराए गए अभिलेख को देखकर जानता हूँ।

(...)

आज दिनांक दिसम्बर, 2022 को पूर्वाह्न/अपराह्न...बजे शपथकर्ता द्वारा, जिसकी पहचान उपरोक्त व्यक्ति द्वारा की गई, सत्यनिष्ठा से मेरे समक्ष घोषणा की गई।

मैंने शपथकर्ता को इस शपथ-पत्र के अन्तर्वस्तु को पढ़ाया और समझाया है, और शपथकर्ता का परीक्षण करके सन्तुष्ट हूँ कि उसने इस शपथ-पत्र के अन्तर्वस्तु को भली-भाँति समझ लिया है।

(शपथ आयुक्त)

परिशिष्ट-5

द्वितीय अपील का प्रारूप

माननीय उच्च न्यायालय, इलाहाबाद के न्याय-प्रशासन के समक्ष

द्वितीय अपील संख्या...वर्ष 2018

(अन्तर्गत धारा 100, सिविल प्रक्रिया संहिता)

जनपद—आजमगढ़

1. के. राय () पुत्र श्री..., पता—...
2. ...

अपीलकर्तागण-प्रतिवादी

बनाम

1. एल. राय () पुत्र श्री..., पता—...
2. ...

प्रतिपक्षीगण-वादी

सिविल अपील संख्या 116 वर्ष 2016; लालचन्द्र बनाम कृष्णदेव राय व अन्य में जिला न्यायाधीश, आजमगढ़ द्वारा पारित निर्णय एवं आदेश दिनांक 18/09/2017 और डिक्री दिनांक 21/09/2017, जिसके माध्यम से मूल वाद संख्या 88 वर्ष 1997; लालचन्द्र बनाम कृष्णदेव राय व अन्य में सिविल न्यायाधीश द्वारा स्थायी निषेधाज्ञा हेतु पारित निर्णय एवं आदेश दिनांक 01/[illegible]/2016 को निरस्त कर दिया गया है, के विरुद्ध द्वितीय अपील।

वाद का मूल्यांकन रुपया.../- था।

अपील का मूल्यांकन रुपया.../- है।

जमा किया गया न्यायालय शुल्क रुपया.../- है।

(जैसा अधीनस्थ न्यायालय में जमा किया गया)

इस अपील के माध्यम से सिविल अपील संख्या 116 वर्ष 2016; लालचन्द्र बनाम कृष्णदेव राय व अन्य के मामले में जिला न्यायाधीश, आजमगढ़ द्वारा पारित निर्णय एवं आदेश दिनांक 18.09.2017 और डिक्री दिनांक 21.09.2017 को निरस्त करने, एवं मूल वाद संख्या 88 वर्ष 1997; लालचन्द्र बनाम कृष्णदेव राय व अन्य के मामले में सिविल न्यायाधीश द्वारा पारित निर्णय एवं आदेश दिनांक 01.10.2016 को पुष्ट करते हुए इस अपील को क्षतिपूर्ति सहित स्वीकार करने का अनुतोष (relief) माँगा जा रहा है।

अपीलकर्ता, निर्णय एवं आदेश दिनांक 18.09.2017 तथा डिक्री दिनांक 21.09.2017 के विरुद्ध निम्न आधार पर आपत्ति करते हैं :

प्रार्थना

1. क्योंकि विद्वान विचारण न्यायालय ने मौखिक एवं दस्तावेजी साक्ष्यों की गुण-दोष के आधार पर विवेचना करके तथ्यात्मक निष्कर्ष दिया है, और विद्वान प्रथम अपीलीय न्यायालय बिना यह तय किए कि विचारण न्यायालय ने किन विचारयोग्य गवाहों के साक्ष्य पर विचार नहीं किया है, इस निष्कर्ष को निरस्त नहीं कर सकता है।
2. क्योंकि विचारण न्यायालय द्वारा मामले के रिकॉर्ड पर उपलब्ध साक्ष्यों के आधार पर बँटवारे का होना सिद्ध पाया गया है और इसके लिए पर्याप्त कारण भी दिया गया है, किन्तु विद्वान प्रथम अपीलीय न्यायालय ने विचारण न्यायालय के निर्णय एवं आदेश को पलटते समय इन साक्ष्यों एवं कारणों पर विचार न करके बहुत बड़ी कानूनी गलती की है।
3. क्योंकि रिकॉर्ड पर उपलब्ध महत्त्वपूर्ण साक्ष्यों पर विचार न करने के कारण विद्वान प्रथम अपीलीय न्यायालय का आलोच्य निर्णय एवं आदेश स्पष्टतया विकारग्रस्त (perverse) है।

4. क्योंकि पी. डब्ल्यू.-1 और पी. डब्ल्यू.-2 के साक्ष्य पर विचार न करने के कारण विद्वान प्रथम अपीलीय न्यायालय का आलोच्य निर्णय एवं डिक्री स्पष्टतया अवैध एवं विधिविरुद्ध है।
5. क्योंकि पी. डब्ल्यू.-1, पी. डब्ल्यू.-2 और पी. डब्ल्यू.-3 के मौखिक साक्ष्य से पारिवारिक बँटवारा सिद्ध है, इसलिए मात्र कमीशन की रिपोर्ट और प्रश्नगत सम्पत्ति में माप की कुछ कमी के आधार पर बँटवारे के न होने का अनुमान लगाकर प्रथम अपीलीय न्यायालय ने गम्भीर त्रुटि की है।
6. क्योंकि विद्वान प्रथम अपीलीय न्यायालय द्वारा निकाला गया निष्कर्ष अतार्किक है, और रिकॉर्ड पर मौजूद साक्ष्यों की गलत व्याख्या पर आधारित है।
7. क्योंकि विद्वान विचारण न्यायालय ने पी. डब्ल्यू.-1, पी. डब्ल्यू.-2 और पी. डब्ल्यू.-3 के मौखिक साक्ष्य और मूल वाद संख्या 524 वर्ष 1997 के मामले में पूर्व-दाखिल जवाबदेही के आधार पर पारिवारिक बँटवारा का सिद्ध होना पाया है और इस सम्बन्ध में तथ्यात्मक निष्कर्ष (Finding of Facts) भी दिया है। इस तथ्यात्मक निष्कर्ष की अनदेखी करके प्रथम अपीलीय न्यायालय ने गम्भीर त्रुटि की है।
8. क्योंकि प्रथम अपीलीय न्यायालय ने प्रतिवादी-अपीलकर्ता पर सिद्ध करने का भार (Burden of Proof) डालकर गम्भीर त्रुटि की है।
9. क्योंकि वादी द्वारा स्वयं को साक्षी के रूप में उपस्थित नहीं किया जाना और इस कारण प्रतिवादी को प्रति-परीक्षा का अवसर देने से वंचित करना न्यायहित के विरुद्ध है।
10. क्योंकि रिकॉर्ड पर उपलब्ध साक्ष्यों से सिद्ध है कि पारिवारिक बँटवारे के आधार पर आम सहमति से प्रश्नगत दुकान का निर्माण कराया गया, इसलिए प्रथम अपीलीय न्यायालय, पारिवारिक बँटवारे की प्रकृति पर विचार किए बिना इस दुकान को ध्वस्त करने का आदेश नहीं कर सकता है।
11. क्योंकि आलोच्य निर्णय एवं आदेश दिनांक 12.09.2017 अस्वीकरणीय साक्ष्य (Inadmissible Evidence) पर आधारित है।

विधि के सारवान प्रश्न

मामले में निम्न 'विधि के सारवान प्रश्न' (Substantial Question of Law) पैदा होते हैं :

1. क्या प्रथम अपीलीय न्यायालय के आलोच्य निर्णय एवं आदेश दिनांक 18.09.2017 को बनाए रखा जा सकता है, जिसे उसने विचारण न्यायालय के उस निष्कर्ष को पलटे बिना पारित किया है, जो मामले के रिकॉर्ड पर उपलब्ध साक्ष्यों का सम्यक परीक्षण एवं विचारण करने के उपरान्त दिया गया है?
2. क्या पारिवारिक बँटवारे की प्रकृति पर विचार किए बिना, अपीलीय न्यायालय इस बँटवारे के आधार पर आम सहमति से बनी प्रश्नगत दुकान को ध्वस्त करने का आदेश कर सकता है?
3. क्या मात्र कमीशन की रिपोर्ट और प्रश्नगत सम्पत्ति में माप की कुछ कमी के आधार पर प्रथम अपीलीय न्यायालय द्वारा बँटवारे के न होने का अनुमान लगाकर गम्भीर त्रुटि नहीं की गई है, विशेषकर तब जबकि पी. डब्ल्यू.-1, पी. डब्ल्यू.-2 और पी. डब्ल्यू.-3 के मौखिक साक्ष्य से पारिवारिक बँटवारे का होना सिद्ध है?
4. क्या प्रथम अपीलीय न्यायालय द्वारा पारित आलोच्य निर्णय एवं आदेश दिनांक 18.09.2017, शंका एवं अनुमान (Surmises and Conjectures) पर आधारित नहीं हैं?
5. क्या प्रथम अपीलीय न्यायालय द्वारा पारित आलोच्य निर्णय एवं आदेश दिनांक 18.09.2017, सुसंगत साक्ष्यों के गैर-विचारण (Non-consideration of Relevant Evidence) के कारण दूषित नहीं है?
6. क्या रिकॉर्ड पर उपलब्ध महत्त्वपूर्ण साक्ष्यों पर विचार न करने के कारण विद्वान प्रथम अपीलीय न्यायालय द्वारा पारित आलोच्य निर्णय एवं आदेश दिनांक 18.09.2017 स्पष्टतया विकारग्रस्त (Perverse) नहीं है?
7. क्या वादी द्वारा स्वयं साक्षी के रूप में उपस्थित होकर साक्ष्य नहीं देना और इस कारण प्रतिवादी को प्रति-परीक्षा का अवसर देने से वंचित करना न्यायहित के विरुद्ध नहीं है?

8. क्या प्रथम अपीलीय न्यायालय ने प्रतिवादी-अपीलकर्ता पर सिद्ध करने का भार (Burden of Proof) डालकर गम्भीर त्रुटि नहीं की है?
9. क्या आलोच्य निर्णय एवं आदेश दिनांक 18.09.2017 अस्वीकृत साक्ष्य (Inadmissible Evidence) पर आधारित नहीं है?

दिनांक...

अनूप बरनवाल
(Anoop Baranwal)
अपीलकर्ता के विधिवक्ता

परिशिष्ट-6

जमानत प्रार्थना-पत्र का प्रारूप

मुकदमा अपराध संख्या...वर्ष...
अं/धा 302, 201, 34 भा.द.सं.
थाना—अजीतमल, जनपद—औरैया

माननीय इलाहाबाद उच्च न्यायालय के न्याय-प्रशासन के समक्ष

प्रथम आपराधिक जमानत प्रार्थना-पत्र संख्या...वर्ष 2023

(अन्तर्गत धारा 439 अपराध प्रक्रिया संहिता)

जनपद—औरैया

1. एक्स. सिंह (X. Singh) पुत्र..., निवासी—...
2. वाई. सिंह (Y. Singh) पुत्र..., निवासी—...

प्रार्थीगण

(प्रार्थीगण 12.12.2022 से जेल में निरुद्ध)

बनाम

उत्तर प्रदेश राज्य, गृह मंत्रालय,
इसके सचिव के माध्यम से

प्रतिपक्षी

सेवा में,

उपर्युक्त उल्लिखित न्यायालय के माननीय मुख्य न्यायाधीश एवं अन्य सहयोगी न्यायाधीशगण।

उपर्युक्त याचीगण के इस प्रार्थना-पत्र के माध्यम से निम्न कथन सविनम्र प्रस्तुत किया जाता है :

1. यह कि इस प्रार्थना-पत्र के उद्देश्य हेतु सम्पूर्ण तथ्य, संलग्न शपथ-पत्र में विस्तार से दिया गया है, जो इस प्रार्थना-पत्र का एक हिस्सा है।

प्रार्थना

अतः सविनम्र प्रार्थना की जाती है कि यह माननीय न्यायालय, मुकदमा अपराध संख्या...वर्ष 2022 अन्तर्गत धारा 302, 201, 34 भा.द.स. थाना—अजीतमल, जनपद—औरैया में प्रार्थी संख्या 1 और 2 को जमानत पर रिहा करने की कृपा करे और/या ऐसा अन्य एवं अग्रिम आदेश, जैसा इस माननीय न्यायालय द्वारा मामले की परिस्थितियों में पारित किया जाना उचित एवं उपयुक्त समझा जाए, पारित करने की कृपा करे।

दिनांक...

अनूप बरनवाल
(Anoop Baranwal)
याची के विधिवक्ता

× × × ×

मुकदमा अपराध संख्या...वर्ष...
अं/धा 302, 201, 34 भा.द.सं.
थाना—अजीतमल, जनपद—औरैया

माननीय इलाहाबाद उच्च न्यायालय के न्याय-प्रशासन के समक्ष

शपथ-पत्र

अन्तर्गत

प्रथम आपराधिक जमानत प्रार्थना-पत्र संख्या...वर्ष 2023

(अन्तर्गत धारा 439 अपराध प्रक्रिया संहिता)

जनपद—औरैया

1. एक्स. सिंह (X. Singh) पुत्र..., निवासी—...
2. वाई. सिंह (Y. Singh) पुत्र..., निवासी—...

प्रार्थीगण

(प्रार्थीगण 12.1[illegible].2022 से जेल में निरुद्ध)

बनाम

उत्तर प्रदेश राज्य, गृह मंत्रालय, इसके सचिव के माध्यम से

प्रतिपक्षी

शपथ-पत्र द्वारा के. सिंह उम्र...वर्ष, पुत्र...,
निवासी—...
(धर्म—हिन्दू, व्यवसाय—व्यवसाय)

(शपथकर्ता)

मैं, उपर्युक्त नामांकित शपथकर्ता, यहाँ सत्यनिष्ठापूर्वक सशपथ घोषणा एवं पुष्टि करता हूँ :

1. यह कि शपथकर्ता, प्रार्थी संख्या 1 का पुत्र और प्रार्थी संख्या 2 का सगा छोटा भाई है, तथा इस रूप में वह प्रार्थीगण की तरफ से पैरवी कर रहा है और इस कारण वह मामले के निम्न सशपथ घोषित तथ्यों से भली-भाँति अवगत है।
2. यह कि प्रार्थीगण की तरफ से यह आपराधिक जमानत प्रार्थना-पत्र धारा 439, अपराध प्रक्रिया संहिता के अन्तर्गत दाखिल उसी वादहेतु (Cause of Action) के लिए, जैसा इस प्रार्थना-पत्र में विद्यमान है, प्रथम जमानत प्रार्थना-पत्र है और अभी तक इस हाई कोर्ट की इलाहाबाद प्रधानपीठ में या लखनऊ खंडपीठ में इस वादहेतु के लिए उसने अन्य कोई आपराधिक जमानत प्रार्थना-पत्र नहीं दाखिल किया है।
3. यह कि प्रार्थी संख्या 1 दिनांक 12.12.2022 से और प्रार्थी संख्या 2 दिनांक 01.10.2022 से मुकदमा अपराध संख्या 0465 वर्ष 2022 अं/धा 302, 201, 34 भा.द.सं. थाना—अजीतमल, जनपद—औरैया के मामले में जेल में निरुद्ध है।
4. यह कि शिकायतकर्ता जेड सिंह द्वारा प्रार्थीगण के विरुद्ध प्रथम सूचना रिपोर्ट दिनांक 28.09.2022 दाखिल कर उन्हें मुकदमा अपराध संख्या...वर्ष 2022 अं/धा 302, 201, 34 भा.द.सं. थाना—अजीतमल, जनपद—औरैया में अभियोजित किया गया है। इस प्रथम सूचना रिपोर्ट में 25.09.2022 को तथाकथित आपराधिक घटना के घटित होने का आरोप लगाया गया है। प्रथम सूचना रिपोर्ट दिनांक 28.09.2022 की प्रमाणित प्रति/सत्यप्रति इस शपथ-पत्र के साथ संलग्नक संख्या 1 के रूप में दाखिल की जा रही है।
5. यह कि अभियोजन पक्ष के अनुसार शिकायतकर्ता जेड सिंह द्वारा 28.09.2022 को पुलिस अधीक्षक औरैया के समक्ष एक शिकायत-

पत्र दाखिल किया गया, जिसके आधार पर प्रथम सूचना रिपोर्ट दिनांक 28.09.2022 दर्ज किया गया। शिकायतकर्ता जेड सिंह द्वारा इस शिकायत-पत्र के साथ एक पेनड्राइव भी लगाया जाना बताया गया है। शिकायत-पत्र दिनांक 28.09.2022 की सत्यप्रति इस शपथ-पत्र के साथ संलग्नक संख्या 2 के रूप में दाखिल की जा रही है।

6. यह कि अभियोजन पक्ष के अनुसार प्रथम सूचना रिपोर्ट दाखिल करने की तिथि यानी 28.09.2022 को ही जाँच अधिकारी ने शिकायतकर्ता जेड सिंह पुत्र वीरपाल सिंह और एक गवाह शिव कुमार पुत्र राज सिंह का बयान अं/धा 161 अप.प्र.सं. रिकॉर्ड किया। शिकायतकर्ता जेड सिंह और गवाह शिव कुमार के बयान अं/धा 161 अप.प्र.सं. की सत्यप्रति/फोटोप्रति इस शपथ-पत्र के साथ क्रमशः संलग्नक संख्या 3 और 4 के रूप में दाखिल की जा रही हैं।

7. यह कि जाँच अधिकारी द्वारा 28.09.2022 को तैयार किए गए प्रकरण दैनिकी संख्या सीडी 2 के क्रम संख्या 1 के विवरण के अनुसार खुद शिकायतकर्ता ने अपनी भाभी एम. देवी के साथ आकर एक महिला का शव जमुना नदी में होने की बात बताया। प्रकरण दैनिकी संख्या सीडी 2 के क्रम संख्या 1 के विवरण की सत्यप्रति/फोटोप्रति इस शपथ-पत्र के साथ संलग्नक संख्या 5 के रूप में दाखिल की जा रही है।

8. यह कि अभियोजन पक्ष के अनुसार जाँच अधिकारी ने 29.09.2022 को शिकायतकर्ता जेड सिंह पुत्र वीरपाल सिंह और गवाह एम. देवी पत्नी अवधेश सिंह का बयान अं/धा 161 अप.प्र.सं. रिकॉर्ड किया। शिकायतकर्ता जेड सिंह और गवाह एम. देवी के बयान अं/धा 161 अप.प्र.सं. की सत्यप्रति/फोटोप्रति इस शपथ-पत्र के साथ क्रमशः संलग्नक संख्या 6 और 7 के रूप में दाखिल की जा रही है।

9. यह कि अभियोजन पक्ष के अनुसार जाँच अधिकारी द्वारा घटनास्थल निरीक्षण और नक्शा नजरी तैयार किया गया, जिसकी सत्यप्रति/फोटोप्रति इस शपथ-पत्र के साथ संलग्नक संख्या 8 के रूप में दाखिल की जा रही है।

10. यह कि शिकायतकर्ता के अनुसार उसे मृतका हिर्देश कुमारी को मारे जाने की बात 25.09.2022 को ही पता चल गई थी, किन्तु उसके द्वारा तीन

दिन बाद यानी दिनांक 28.09.2022 को प्रथम सूचना रिपोर्ट लिखाई गई। इस देरी का कोई स्पष्टीकरण नहीं है।

11. यह कि शिकायतकर्ता जेड सिंह द्वारा प्रथम सूचना रिपोर्ट दिनांक 28.09.2022 में एक पत्र का उल्लेख किया गया है। इस पत्र में लिखनेवाले व्यक्ति का नाम और तिथि का कोई उल्लेख नहीं है। यह पत्र जेड सिंह को कैसे प्राप्त हुआ और कब प्राप्त हुआ, इसका भी उल्लेख नहीं है और न ही विवेचना अधिकारी ने विवेचना के दौरान इसकी जाँच की है। अदिनांकित पत्र की सत्यप्रति/फोटोप्रति इस शपथ-पत्र के साथ संलग्नक संख्या 9 के रूप में दाखिल की जा रही है।
12. यह कि विवेचना अधिकारी के स्तर से जेड सिंह द्वारा प्रस्तुत उक्त अदिनांकित पत्र को हैंडराइटिंग मिलान/जाँच हेतु हैंडराइटिंग विशेषज्ञ के पास कभी नहीं भेजा गया।
13. यह कि शिकायतकर्ता जेड सिंह द्वारा प्रथम सूचना रिपोर्ट दिनांक 28.09.2022 में एक वीडियो का भी उल्लेख किया गया है। यह वीडियो एक तथाकथित पेनड्राइव के माध्यम से प्रस्तुत किया गया है। जेड सिंह के शिकायत-पत्र दिनांक 28.09.2022 से भी स्पष्ट है कि यह पेनड्राइव जेड सिंह ने प्रस्तुत की है। पेनड्राइव के सम्बन्ध में विवेचना अधिकारी द्वारा प्रकरण दैनिकी संख्या सीडी 3 के क्रम संख्या 6 का विवरण तैयार किया गया है, जिसकी सत्यप्रति/फोटोप्रति इस शपथ-पत्र के साथ संलग्नक संख्या 10 के रूप में दाखिल की जा रही है।
14. यह कि प्रकरण दैनिकी संख्या सीडी 3 के क्रम संख्या 6 में उल्लिखित पेनड्राइव का वीडियो 35 सेकंड का है। पेनड्राइव के वीडियो की फोटो और इस वीडियो के साथ लिखे हुए मैटर की सत्यप्रति इस शपथ-पत्र के साथ संलग्नक संख्या 11 के रूप में दाखिल की जा रही है।
15. यह कि उक्त पेनड्राइव के वीडियो में केवल एक लड़की का हाथ दिख रहा है और पीछे से आवाज आ रही है। इस वीडियो में प्रार्थी की पुत्री हिर्देश का या किसी लड़की का चेहरा नहीं दिख रहा है। एक लड़की का हाथ दिख रहा है और इसमें किसी चेहरे के मुख से आवाज नहीं निकल रही है।
16. यह कि जेड सिंह ने वीडियो रिकॉर्डिंग के बारे में यह स्पष्ट नहीं किया है कि यह किस माध्यम से या किस फोन नम्बर से भेजा गया है और

किस फोन नम्बर पर यह वीडियो प्राप्त हुआ है। विवेचनाधिकारी ने भी पूरी जाँच के दौरान इस दृष्टिकोण से जाँच नहीं की है। सम्पूर्ण विवेचना के दौरान जाँच अधिकारी वीडियो भेजने या प्राप्त होने से सम्बन्धित फोन नम्बर या माध्यम का खुलासा नहीं कर पाया है।

17. यह कि उक्त वीडियो कब का है, इसका भी उल्लेख न तो प्रथम सूचना रिपोर्ट दिनांक 28.09.2022 में स्पष्ट है और न ही विवेचना अधिकारी ने इसकी जाँच की है।

18. यह कि उक्त वीडियो को देखने और सुनने से स्पष्ट है कि यह मूल और नैसर्गिक नहीं है, बल्कि किसी व्यक्ति द्वारा सम्पादित किया गया है। इसके बावजूद विवेचना अधिकारी के स्तर से इस वीडियो की सचाई जानने हेतु फोरेंसिक जाँच के लिए नहीं भेजा गया और न इसकी कोई जाँच करवाई गई है।

19. यह कि प्रथम सूचना रिपोर्ट दिनांक 28.09.2022 में उल्लिखित तथाकथित पत्र और वीडियो से साबित है कि शिकायतकर्ता जेड सिंह, जो मृतका का पति है, ने पूरे योजनाबद्ध तरीके से प्रार्थीगण को स्थानीय पुलिस से मिलकर फँसाया है, ताकि वह अपने आपराधिक दायित्व से मुक्त हो जाए। मामले का झूठा एवं मनगढ़न्त होना और अभियोजन पक्ष का जेड सिंह के साथ दुरभिसन्धि होना भी साबित है

20. यह कि शिकायतकर्ता के अनुसार प्रार्थीगण ने मृतका हिर्देश कुमारी की शिकायतकर्ता से मुलाकात कराना बन्द कर दिया था और हिर्देश कुमारी की दूसरी शादी के लिए प्रार्थीगण द्वारा दबाव भी बनाया जा रहा था, किन्तु शिकायतकर्ता ने इस सम्बन्ध में कभी कोई शिकायत या प्रथम सूचना रिपोर्ट नहीं दाखिल की है।

21. यह कि हिर्देश कुमारी की शिकायतकर्ता से मुलाकात बन्द कराने या हिर्देश कुमारी पर दूसरी शादी के लिए दबाव बनाने के सम्बन्ध में शिकायतकर्ता द्वारा प्रार्थीगण पर लगाया गया आरोप झूठा और मनगढ़न्त है। हिर्देश कुमारी 01.09.2021 को ही शिकायतकर्ता के साथ चली गई थी और उसके बाद से कभी वापस नहीं आई। ऐसा लगता है कि शिकायतकर्ता ने प्रार्थी संख्या 1 की पुत्री के साथ कोई अपराध करने के उपरान्त योजनाबद्ध तरीके से और स्थानीय पुलिस के साथ साँठ-गाँठ करके प्रार्थीगण को फँसा दिया है।

22. यह कि शिकायतकर्ता जेड सिंह क्षेत्र का एक प्रभावशाली व्यक्ति है और वह प्रथम सूचना रिपोर्ट दर्ज किए जाते समय और वर्तमान में जिला जालौन में भारतीय जनता पार्टी का मंडल अध्यक्ष है। अपने इस राजनीतिक प्रभाव के कारण शिकायतकर्ता जेड सिंह ने प्रार्थीगण को झूठा फँसा दिया है।
23. यह कि शिकायतकर्ता जेड सिंह आपराधिक पृष्ठभूमि का व्यक्ति है और उसके विरुद्ध जिला—जालौन के कालपी कोतवाली में शिकायत-पत्र और प्रथम सूचना रिपोर्ट दाखिल है। प्रार्थीगण ने जेड सिंह के विरुद्ध कालपी कोतवाली में दर्ज शिकायत-पत्र और प्रथम सूचना रिपोर्ट की प्रति प्राप्त करने की कोशिश की, किन्तु प्राप्त नहीं हो सकी।
24. यह कि पुलिस ने 01.10.2022 को प्रार्थी संख्या 2 वाई सिंह उर्फ सीपू को गिरफ्तार कर लिया। विवेचना अधिकारी ने वाई सिंह का बयान अं/धा 161 अप.प्र.सं. रिकॉर्ड होना बताया है। यह बयान बिलकुल झूठ और मनगढ़न्त है। वाई सिंह उर्फ सीपू द्वारा कभी तथाकथित अपराध स्वीकार करने की बात नहीं कही गई है। वाई सिंह उर्फ सीपू के तथाकथित बयान अं/धा 161 अप.प्र.सं. की सत्यप्रति/फोटोप्रति इस शपथ-पत्र के साथ संलग्नक संख्या 12 के रूप में दाखिल की जा रही है।
25. यह कि शिकायतकर्ता जेड सिंह ने ही, प्रार्थी संख्या 1 की पुत्री हिर्देश के विरुद्ध अपराध किया है और अपने अपराध को छिपाने के लिए बहुत ही योजनाबद्ध तरीके से प्रार्थीगण को फँसा दिया है। लगाए गए आरोप की जानकारी होने के बाद प्रार्थी संख्या 1 ने पुलिस अधीक्षक के समक्ष प्रार्थना-पत्र दिनांक 02.10.2022 प्रस्तुत किया और जेड सिंह के विरुद्ध प्रथम सूचना रिपोर्ट दर्ज कर मामले की सी.बी.आई जाँच के लिए निवेदन किया, किन्तु जेड सिंह के प्रभाव के कारण प्रार्थी संख्या 1 के प्रार्थना-पत्र पर कार्यवाही नहीं की गई। प्रार्थी संख्या 1 के प्रार्थना-पत्र दिनांक 02.10.2022 की सत्यप्रति/फोटोप्रति इस शपथ-पत्र के साथ संलग्नक संख्या 13 के रूप में दाखिल की जा रही है।
26. यह कि अभियोजन पक्ष ने दिनांक 09.10.2022 को प्रकरण दैनिकी संख्या सीडी 5 के क्रम संख्या 3 पर मृतका का पंचायतनामा रिपोर्ट तैयार करना बताया है। मृतका के पंचायतनामा रिपोर्ट की सत्यप्रति/

फोटोप्रति इस शपथ-पत्र के साथ संलग्नक संख्या 14 के रूप में दाखिल की जा रही है।

27. यह कि पंचायतनामा रिपोर्ट से स्पष्ट है कि पंचायतनामा के दौरान कभी भी शिकायतकर्ता जेड सिंह या उसकी भाभी एम. देवी उपस्थित नहीं रहे और न ही पंचायतनामा करनेवाले किसी अधिकारी ने यह कहा है कि पाए गए शव को कभी जेड सिंह या उसकी भाभी एम. देवी को दिखाया गया। इस कारण जेड सिंह द्वारा अज्ञात शव को देखने और पहचानने की बात झूठी एवं मनगढ़न्त है।

28. यह कि अभियोजन पक्ष के अनुसार, जाँच अधिकारी ने शिकायतकर्ता के भाई गवाह...सिंह का बयान अं/धा 161 अप.प्र.सं. रिकॉर्ड किया। गवाह...सिंह के बयान अं/धा 161 अप.प्र.सं. की सत्यप्रति/फोटोप्रति इस शपथ-पत्र के साथ क्रमशः संलग्नक संख्या 15 के रूप में दाखिल की जा रही है।

29. यह कि प्रार्थीगण को या उनके परिवार के किसी भी सदस्य को जूहीखां ग्राम के पास जमुना नदी के किनारे पाए गए शव को कभी नहीं दिखाया गया और न ही उनसे पहचान करवाई गई।

30. यह कि अभियोजन पक्ष के अनुसार, पाई गई मृतका का पोस्टमार्टम रिपोर्ट दिनांक 29.09.2022 तैयार किया गया। अभियोजन पक्ष और पोस्टमार्टम रिपोर्ट के मध्य कई अन्तर्विरोध हैं। मृतका की पोस्टमार्टम रिपोर्ट दिनांक 29.09.2022 की सत्यप्रति/फोटोप्रति इस शपथ-पत्र के साथ संलग्नक संख्या 16 के रूप में दाखिल की जा रही है।

31. यह कि पोस्टमार्टम रिपोर्ट दिनांक 29.09.2022 से स्पष्ट है कि मृतका के शरीर पर कोई बाह्य या आंतरिक चोट नहीं है, जो अभियोजन पक्ष से अन्तर्विरोधी है।

32. यह कि प्रार्थी सं. 1 की पुत्री हिर्देश कुमारी की लम्बाई 173 सेमी. और उम्र 22 वर्ष है और उसके चेहरे पर एक तरफ दो काले तिल भी हैं, जबकि पोस्टमोर्टम रिपोर्ट में मृतका की लम्बाई 165 सेमी. और उम्र 24 वर्ष दिखाई गई है और चेहरे पर कोई काला तिल भी नहीं है। इसलिए मृतका का हिर्देश कुमारी होना पूरी तरह सन्देहास्पद है। इसकी गम्भीरता और निष्पक्षता से जाँच करवाना न्यायहित में है। हिर्देश कुमारी के

फोटो की प्रति इस शपथ-पत्र के साथ संलग्नक संख्या 17 के रूप में दाखिल की जा रही है।

33. यह कि लगाए गए आरोप की जानकारी होने के बाद प्रार्थी संख्या 1 को किसी तरह प्रश्नगत एफ.आई.आर., वीडियो, पत्र की प्रति प्राप्त हुई। इसके तुरन्त बाद उसने पुलिस अधीक्षक के समक्ष प्रार्थना-पत्र दिनांक 07.12.2022 प्रस्तुत किया और शिकायतकर्ता जेड सिंह के विरुद्ध प्रथम सूचना रिपोर्ट दर्ज कर मामले की सी.बी.आई जाँच के लिए निवेदन किया। प्रार्थी संख्या 1 एक्स. सिंह द्वारा जेड सिंह के विरुद्ध 156 (3) अप.प्र.सं. के अन्तर्गत प्रार्थना-पत्र दाखिल करने की तैयारी की जा रही थी, ताकि उसकी पुत्री हिर्देश कुमारी का पता लगाया जा सके और उसे न्याय दिलाया जा सके, किन्तु दिनांक 12.12.2022 को स्थानीय पुलिस ने प्रार्थी संख्या 1 को गिरफ्तार कर लिया। प्रार्थी संख्या 1 के प्रार्थना-पत्र दिनांक 07.12.2022 की सत्यप्रति/फोटोप्रति इस शपथ-पत्र के साथ संलग्नक संख्या 18 के रूप में दाखिल की जा रही है।

34. यह कि जाँच अधिकारी ने एक्स. सिंह, प्रार्थी संख्या 1 का बयान अं/धा 161 अप.प्र.सं. रिकॉर्ड होना बताया है। प्रार्थी संख्या 1 ने तथाकथित अपराध स्वीकार करने की बात कभी नहीं कही है। यह बयान बिलकुल झूठ और मनगढ़न्त है। एक्स. सिंह के तथाकथित बयान अं/धा 161 अप.प्र.सं. की सत्यप्रति/फोटोप्रति इस शपथ-पत्र के साथ संलग्नक संख्या 19 के रूप में दाखिल की जा रही है।

35. यह कि शिकायतकर्ता जेड सिंह, जो मृतका हिर्देश का पति है, ने अपने अपराध को छिपाने के लिए साजिशन प्रार्थीगण एवं घर के सभी लोगों को फँसाया है। के. सिंह के विरुद्ध आरोप के सम्बन्ध में विवेचनाधिकारी ने विवेचना के दौरान प्रकरण दैनिकी सं. सीडी 19 के क्रम संख्या 7 और प्रकरण दैनिकी सं. सीडी 20 के क्रम संख्या 3 पर विवरण तैयार किया है, जिनकी सत्यप्रति/फोटोप्रति इस शपथ-पत्र के साथ सामूहिक रूप से संलग्नक संख्या 20 के रूप में दाखिल की जा रही है।

36. यह कि के. सिंह ने कभी प्रार्थी संख्या 1 और 2 के खिलाफ उनके द्वारा तथाकथित अपराध में शामिल होने की स्वीकृति को लेकर बयान नहीं

दिया है। विवेचना अधिकारी द्वारा कुछ गवाहों के माध्यम से दिखाया गया ऐसा बयान झूठा और मनगढ़न्त है।

37. यह कि अभियोजन पक्ष के अनुसार मृतका का विसरा सुरक्षित किया गया, किन्तु 18.12.2022 तक कोई रिपोर्ट नहीं प्राप्त हुई। पता चला है कि अभी तक कोई विसरा रिपोर्ट नहीं आई है। इस सम्बन्ध में विवेचनाधिकारी द्वारा प्रकरण दैनिकी सं. सीडी 21 के क्रम संख्या 2 का विवरण तैयार किया गया है, जिसकी सत्यप्रति/फोटोप्रति इस शपथ-पत्र के साथ संलग्नक संख्या 21 के रूप में दाखिल की जा रही है।

38. यह कि विवेचना अधिकारी ने प्रकरण दैनिकी सं. सीडी 21 के क्रम संख्या 3 पर अंकित विवरण में के. सिंह पुत्र यशवीर सिंह, श्रीमती श्वेता देवी पत्नी श्यामवीर, श्रीमती विनामा देवी पत्नी लल्लन सिंह, की नामजदगी को गलत सिद्ध पाया है और इनके पक्ष में अन्तिम रिपोर्ट दाखिल कर दी है, जबकि प्रार्थी संख्या 1 और 2 के विरुद्ध अवैध तरीके से आरोप-पत्र दाखिल किया है। प्रकरण दैनिकी सं. सीडी 21 के क्रम संख्या 3 के विवरण की सत्यप्रति/फोटोप्रति इस शपथ-पत्र के साथ संलग्नक संख्या 22 के रूप में दाखिल की जा रही है।

39. यह कि शिकायतकर्ता जेड सिंह ने प्रार्थी की पुत्री हिर्देश कुमारी के साथ आर्य समाज के माध्यम से 04.09.2021 को विवाह करना और ले जाना, स्वीकार किया। इसके बाद जेड सिंह ने हिर्देश कुमारी को कब-कब, कहाँ-कहाँ रखा है, और यदि उसे कोई ले गया, तो कब ले गया और कहाँ से ले गया, इसको स्पष्ट करने की जिम्मेदारी जेड सिंह की है। इस दृष्टि से विवेचना अधिकारी ने भी कोई पूछताछ या जाँच नहीं की है।

40. यह कि शिकायतकर्ता जेड सिंह के अनुसार उसकी हिर्देश कुमारी से मोबाइल फोन के माध्यम से बातचीत और वीडियो रिकॉर्डिंग का आदान-प्रदान होता रहा है। हिर्देश कुमारी के मोबाइल नम्बर की जानकारी लेकर और उसका टावर लोकेशन या सी.डी.आर. निकालकर जाँच करना न्यायहित में है। किन्तु इस दृष्टि से भी विवेचना अधिकारी द्वारा कोई जाँच नहीं की गई।

41. यह कि प्रार्थी की पुत्री हिर्देश कुमारी, शिकायतकर्ता जेड सिंह के साथ 01.09.2021 को ही चली गई थी और उसके बाद से वह कभी प्रार्थीगण

के पास नहीं आई है। प्रथम सूचना रिपोर्ट दिनांक 28.09.2022 में प्रार्थीगण द्वारा विवाह के दो महीने बाद हिर्देश कुमारी को वापस लाने की बात कहा जाना बिलकुल झूठ और मनगढ़न्त है। 01.09.2021 के बाद प्रार्थीगण न तो हिर्देश कुमारी को वापस लाए और न ही हिर्देश कुमारी स्वयं प्रार्थीगण के पास कभी वापस आई है।

42. यह कि प्रार्थी संख्या 1 और 2 की तरफ से उक्त मामले में न्यायालय सत्र न्यायाधीश, औरैया के समक्ष जमानत प्रार्थना-पत्र दाखिल किया गया, जिसे अवैध रूप से आलोच्य आदेश दिनांकित 14.02.2023 पारित कर खारिज कर दिया गया। प्रार्थी संख्या 1 और 2 के मामले में न्यायालय सत्र न्यायाधीश, औरैया द्वारा पारित आलोच्य आदेश दिनांक 14.02.2023 की निःशुल्क प्रति सह सत्यप्रति इस शपथ-पत्र के साथ क्रमशः संलग्नक संख्या 23 और 24 के रूप में दाखिल की जा रही है।

43. यह कि त्रुटि के कारण आलोच्य आदेश दिनांक 14.02.2023 के पृष्ठ संख्या 1 के पैरा 3 की लाइन संख्या 5 में 'सूचना दिनांक 02.09.2022' लिख गया है। यहाँ 'सूचना दिनांक 02.09.2021' होना चाहिए।

44. यह कि उक्त जमानत के मामले में न्यायालय सत्र न्यायाधीश, औरैया के समक्ष प्रार्थीगण के गाँव के निवासी और निष्पक्ष गवाह अनिल कुमार पुत्र नरेश कुमार, दुर्गेश पुत्र वीरेन्द्र सिंह और राधाकृष्ण पुत्र भगवत ने शपथ-पत्र दिनांक 19.01.2023 दाखिल कर स्वीकार किया कि हिर्देश कुमारी शादी के बाद से कभी प्रार्थी के पास नहीं आई। शपथ-पत्र दिनांक 19.01.2023 की सत्यप्रति/फोटोप्रति इस शपथ-पत्र के साथ संलग्नक संख्या 25 के रूप में दाखिल की जा रही है।

45. यह कि प्रार्थीगण अबोध, निर्दोष एवं बेगुनाह हैं। उनके विरुद्ध लगाया गया आरोप झूठा है और शिकायतकर्ता जेड सिंह द्वारा साजिश करके खुद को बचाने के लिए प्रार्थीगण को झूठा फँसाया गया है।

46. यह कि मामले में सभी गवाह शिकायतकर्ता जेड सिंह के सगे-सम्बन्धी हैं। किसी निष्पक्ष गवाह का बयान नहीं लिया गया है।

47. यह कि धारा 302, 201, 34 भा.द.सं. के अन्तर्गत प्रार्थीगण के विरुद्ध कोई अपराध नहीं बनता है।

48. यह कि प्रार्थीगण कानूनपालक एवं शान्तिप्रिय नागरिक हैं और उनका पूर्व इतिहास साफ-सुथरा है और उनके विरुद्ध इस आपराधिक मामले के अलावा अन्य कोई पूर्व आपराधिक इतिहास नहीं है।

49. यह कि यह वचन (Undertaking) दिया जाता है कि माननीय न्यायालय द्वारा जमानत दिये जाने पर प्रार्थीगण इस जमानत का दुरुपयोग नहीं करेंगे और वे जाँच एवं विचारण के दौरान पूर्ण सहयोग करेंगे।

50. यह कि मामले के उक्त तथ्यों एवं परिस्थितियों को दृष्टिगत रखते हुए न्यायहित में आवश्यक है कि यह माननीय न्यायालय, मुकदमा अपराध संख्या 0465 वर्ष 2022 अं/धा 302, 201, 34 भा.द.सं. थाना—अजीतमल, जनपद—औरैया में प्रार्थीगण को जमानत पर रिहा करने की कृपा करे और/या ऐसा अन्य एवं अग्रिम आदेश, जैसा इस माननीय न्यायालय द्वारा मामले की परिस्थितियों में पारित किया जाना उचित एवं उपयुक्त समझा जाए, पारित करने की कृपा करें।

मैं, उपर्युक्त नामांकित शपथकर्ता, यहाँ सशपथ बयान करता हूँ कि इस शपथ-पत्र के पैरा संख्या 1, 2, 3, 10, 15, 16(अंश), 18(अंश) 19, 21, 22(अंश), 23(अंश), 24(अंश), 32(अंश), 33(अंश), 35(अंश), 36, 41(अंश), 43, 45, 46, 48, एवं 49 के अन्तर्वस्तु मेरी निजी जानकारी में सत्य हैं; पैरा संख्या 4, 5, 6, 7, 8, 9, 11(अंश), 13, 14, 17(अंश), 20(अंश), 24(अंश), 25, 26, 27, 28, 30, 31, 32(अंश), 33(अंश), 34(अंश), 35(अंश), 37(अंश), 38, 39(अंश), 40(अंश), 42 एवं 44 के अन्तर्वस्तु रिकॉर्ड पर आधारित हैं; पैरा संख्या 11(अंश), 12, 16(अंश), 17(अंश), 18(अंश), 20(अंश), 22(अंश), 23(अंश), 29, 34(अंश), 37(अंश), 39(अंश), 40(अंश), एवं 41(अंश) के अन्तर्वस्तु सूचना पर आधारित हैं; और पैरा संख्या 47 एवं 50 के अन्तर्वस्तु कानूनी परामर्श पर आधारित हैं, जिन्हें मैं सत्य मानता हूँ और इसका कोई भाग न तो असत्य है और न ही छिपाया गया है।

ईश्वर मेरी सहायता करे।

अँगूठा निशान **(शपथकर्ता)**

मैं,...पंजीकृत लिपिक, हाई कोर्ट इलाहाबाद, यहाँ यह घोषणा करता हूँ कि शपथ देनेवाला शपथकर्ता, जो स्वयं को शपथकर्ता बता रहा है, वही व्यक्ति है। मैं शपथकर्ता को उसके द्वारा मेरे समक्ष उपलब्ध कराए गए अभिलेख को देखकर जानता हूँ।

(...)

आज दिनांक...मार्च, 2023 को पूर्वाह्न/अपराह्न...बजे शपथकर्ता द्वारा, जिसकी पहचान उपर्युक्त व्यक्ति द्वारा की गई, सत्यनिष्ठा से मेरे समक्ष घोषणा की गई।

मैंने शपथकर्ता को इस शपथ-पत्र के अन्तर्वस्तु को पढ़ाया और समझाया है, और शपथकर्ता का परीक्षण करके सन्तुष्ट हूँ कि उसने इस शपथ-पत्र के अन्तर्वस्तु को भली-भाँति समझ लिया है।

(शपथ आयुक्त)

परिशिष्ट-7

प्रार्थना-पत्र अं/धा 482 का प्रारूप

माननीय उच्च न्यायालय, इलाहाबाद के न्याय-प्रशासन के समक्ष

आपराधिक प्रकीर्ण प्रार्थना-पत्र संख्या... वर्ष 2022

(अन्तर्गत धारा 482 अपराध प्रक्रिया संहिता)

जनपद—हापुड़

1. एक्स. सागर () पुत्र...
   पता—...

प्रार्थी

बनाम

1. उत्तर प्रदेश राज्य, गृह मंत्रालय, लखनऊ,
   इसके सचिव के माध्यम से
2. थानाध्यक्ष, थाना—बाबूगढ़, जिला—हापुड़
3. वाई. पुत्री...पत्नी...
   वर्तमान निवास—...

प्रतिपक्षीगण

सेवा में,

उपर्युक्त उल्लिखित न्यायालय के माननीय मुख्य न्यायाधीश एवं अन्य सहयोगी न्यायाधीशगण।

उपर्युक्त याचीगण के इस प्रार्थना-पत्र के माध्यम से निम्न कथन सविनम्र प्रस्तुत किया जाता है :

1. यह कि इस प्रार्थना-पत्र के उद्देश्य हेतु सम्पूर्ण तथ्य, संलग्न शपथ-पत्र में विस्तार से दिया गया है, जो इस प्रार्थना-पत्र का एक हिस्सा है।

प्रार्थना

अत: सविनम्र प्रार्थना की जाती है कि यह माननीय न्यायालय, मुकदमा अपराध संख्या..., वर्ष..., अं/धा 323, 504, 506, 498-क भ.द.सं. तथा 3/4 दहेज उन्मूलन अधिनियम, थाना—बाबूगढ़, जनपद—हापुड़ में प्रार्थीगण के विरुद्ध दाखिल आलोच्य आरोप-पत्र दिनांक 06.07.2022 को निरस्त करने की कृपा करे।

पुन: सविनम्र प्रार्थना की जाती है कि यह माननीय न्यायालय, मुकदमा अपराध संख्या...वर्ष 2022 अं/धा 323, 504, 506, 498-क भ.द.सं. तथा 3/4 दहेज उन्मूलन अधिनियम, थाना—बाबूगढ़, जनपद—हापुड़ में प्रार्थीगण के विरुद्ध दाखिल आलोच्य आरोप-पत्र दिनांक 06/07/2022 के प्रभाव एवं क्रियान्वयन को तथा न्यायिक मजिस्ट्रेट, प्रथम, हापुड़ के समक्ष विचाराधीन आपराधिक वाद संख्या 16035 वर्ष 2022 की कार्यवाही को रोकने की कृपा करे और/या ऐसा अन्य एवं अग्रिम आदेश, जैसा इस माननीय न्यायालय द्वारा मामले की परिस्थितियों में पारित किया जाना उचित एवं उपयुक्त समझा जाए, पारित करने की कृपा करे।

दिनांक...

अनूप बरनवाल
(Anoop Baranwal)
याची के विधिवक्ता

× × × ×

मुकदमा अपराध संख्या...वर्ष 2022
अं/धा 323, 504, 506, 498-क भा.द.सं.
तथा 3/4 दहेज उन्मूलन अधिनियम,
थाना—बाबूगढ़, जनपद—हापुड़

माननीय उच्च न्यायालय, इलाहाबाद के न्याय-प्रशासन के समक्ष

शपथ-पत्र

अन्तर्गत

आपराधिक प्रकीर्ण प्रार्थना-पत्र संख्या 2022

(अन्तर्गत धारा 482 अपराध प्रक्रिया संहिता)

जनपद—हापुड़

1. एक्स. सागर (X. Sagar) पुत्र..., पता—...

प्रार्थी

बनाम

1. उत्तर प्रदेश राज्य, गृह मंत्रालय, लखनऊ, इसके सचिव के माध्यम से
2. थानाध्यक्ष, थाना—बाबूगढ़, जिला—हापुड़
3. वाई. पुत्री..., पत्नी..., वर्तमान निवास—...

प्रतिपक्षीगण

शपथ-पत्र द्वारा..., उम्र—... वर्ष, पुत्र...,
पता—..., जिला—हापुड़।
(धर्म—हिन्दू, व्यवसाय—शिक्षक)

(शपथकर्ता)

मैं, उपरोक्त नामांकित शपथकर्ता, यहाँ सत्यनिष्ठापूर्वक सशपथ घोषणा एवं पुष्टि करता हूँ :

1. यह कि शपथकर्ता प्रार्थी संख्या 1 है और वह प्रार्थी संख्या 2 व 3 के पुत्र के रूप में उनकी तरफ से पैरवी कर रहा है और इस कारण वह मामले के निम्न सशपथ घोषित तथ्यों से भली-भाँति अवगत है।
2. यह कि यह प्रार्थना-पत्र, प्रार्थीगण की तरफ से धारा 482 अपराध प्रक्रिया संहिता के अन्तर्गत दाखिल उसी वादहेतु (Cause of Action) के लिए, जैसा इस प्रार्थना-पत्र में विद्यमान है, प्रथम प्रार्थना-पत्र है और अभी तक इस हाई कोर्ट के इलाहाबाद प्रधान पीठ में या लखनऊ खंडपीठ में उसी वादहेतु के लिए कोई प्रार्थना-पत्र अं/धा 482 अप.प्र.सं. या आपराधिक निगरानी या आपराधिक रिट याचिका नहीं दाखिल किया है।
3. यह कि प्रार्थीगण ने अभी तक प्रतिपक्षीगण की तरफ से रजिस्टर्ड पत्र के माध्यम से कोई कैविएट या नोटिस नहीं प्राप्त किया है।
4. यह कि प्रार्थीगण द्वारा यह प्रार्थना-पत्र अं/धा 482 अप.प्र.सं., मुकदमा अपराध संख्या...वर्ष 2022 अं/धा 323, 504, 506, 498-क भा.द.सं. तथा 3/4 दहेज उन्मूलन अधिनियम, थाना—बाबूगढ़, जनपद—हापुड़ में उनके विरुद्ध दाखिल आलोच्य आरोप-पत्र दिनांक 06.07.2022 तथा न्यायिक मजिस्ट्रेट, प्रथम, हापुड़ के समक्ष विचाराधीन आपराधिक वाद संख्या 16035 वर्ष 2022 की कार्यवाई के खिलाफ दाखिल किया जा रहा है।

5. यह कि इस प्रार्थना-पत्र का आरम्भिक तथ्य यह है कि प्रार्थी संख्या 1 और प्रतिपक्षी संख्या 3 के मध्य 30.11.2017 को हिन्दू संस्कार एवं परम्परा के अनुसार विवाह सम्पन्न हुआ। विवाह उपरान्त प्रार्थी संख्या 1 हर तरीके से प्रतिपक्षी संख्या 3 की देखभाल करता रहा है और उसे हरसम्भव खुश रखने का प्रयास किया है। प्रार्थी संख्या 1 ने प्रतिपक्षी संख्या 3 को उसके प्रोफेशनल कोर्स की पढ़ाई-लिखाई के लिए प्रोत्साहित एवं सहयोग किया और उसके नाम से बीमा पॉलिसी भी कराई। फिर भी प्रतिपक्षी संख्या 3 द्वारा प्रार्थी संख्या 1 पर अपने माता-पिता से अलग होने का दबाव बनाना आरम्भ कर दिया गया। किन्तु ज्येष्ठ पुत्र होने के कारण प्रार्थी संख्या 1 ने अपने माता-पिता से अलग होने के प्रतिपक्षी संख्या 3 के गलत दबाव को मानने से इनकार कर दिया।
6. यह कि 07.07.2020 को प्रतिपक्षी संख्या 3 का भाई देवेन्द्र, जो पुलिस विभाग में कोतवाली बुढ़ाना, मुजफ्फरनगर में मुख्य आरक्षी (तत्समय आरक्षी) है, प्रार्थी के घर आया और प्रार्थी को झूठे केस में फँसाने की धमकी देने लगा। इसके उपरान्त 09.07.2020 को प्रतिपक्षी संख्या 3 स्वेच्छा से प्रार्थी का घर छोड़कर मायके चली गई। पुनः 06.09.2020 को प्रतिपक्षी संख्या 3 का भाई देवेन्द्र एवं अन्य परिजन प्रार्थी के घर आए और प्रार्थी के घरवालों को भद्दी-भद्दी गालियाँ देते हुए मार-पीट करने लगे। इस घटना में प्रार्थी संख्या 1 की बहन सीमा के शरीर पर चोटें भी आईं। इस अपराध के खिलाफ प्रार्थी संख्या 1 ने प्रथम सूचना रिपोर्ट दिनांक 12.11.2021; अन्तर्गत धारा 147, 452, 323, 504, 506, 427 थाना—हापुड़ नगर, जिला—हापुड़ दाखिल की। पुलिस आरक्षी देवेन्द्र के प्रभाव के कारण उक्त रिपोर्ट समय पर नहीं दर्ज की गई। प्रथम सूचना रिपोर्ट दिनांक 12.11.2021 एवं सीमा की चोट रिपोर्ट की सत्यप्रति/फोटोप्रति इस शपथ-पत्र के साथ क्रमशः संलग्नक संख्या 1 एवं 2 के रूप में दाखिल की जा रही है।
7. यह कि यह अभिकथित किया जाता है कि 07.07.2020 को देवेन्द्र द्वारा कारित किए गए उक्त आपराधिक घटना की कॉल रिकॉर्डिंग तथा 09.07.2020 को प्रतिपक्षी संख्या 3 द्वारा प्रार्थी का घर स्वेच्छा से छोड़ने सम्बन्धी घटना की सी.सी. टीवी फुटेज/वीडियो क्लिप प्रार्थी संख्या 1 के पास उपलब्ध है।

8. यह कि प्रार्थी संख्या 1 के उक्त प्रथम सूचना रिपोर्ट के प्रतिरोध (Counter Blast) में तथा प्रार्थी और उसके परिवार पर दबाव बनाने की नीयत से प्रतिपक्षी संख्या 3 ने न्यायिक मजिस्ट्रेट, हापुड़ के न्यायालय में 03.03.2022 को 156 (3) के अन्तर्गत प्रार्थना-पत्र दाखिल किया, जिसमें झूठी कहानी गढ़ते हुए प्रार्थी संख्या 1 के परिवार के सभी सदस्यों, जिसमें प्रार्थी संख्या 2 (पिता), प्रार्थी संख्या 3 (माता), छोटा भाई नामत: (Namely) शिवम, दो विवाहित बहनें नामत: राशि एवं सीमा और एक अविवाहित बहन नामत: मोनिका हैं, को फँसा दिया गया। प्रतिपक्षी संख्या 3 के प्रार्थना-पत्र दिनांक 03.03.2022 अन्तर्गत धारा 156 (3) अप.प्र.सं. की सत्यप्रति/फोटोप्रति इस शपथ-पत्र के साथ संलग्नक संख्या 3 के रूप में दाखिल की जा रही है।

9. यह कि प्रतिपक्षी संख्या 3 द्वारा दाखिल उक्त प्रार्थना-पत्र दिनांक 03.03.2022 को देखने से यह बिलकुल स्पष्ट है कि प्रतिपक्षी संख्या 3 ने तथाकथित आरोप की सूचना पुलिस अधीक्षक, हापुड़ के समक्ष लिखित रूप से और पोस्ट के माध्यम से नहीं भेजा है, जो किया जाना अप.प्र.सं. की धारा 154 (3) के अन्तर्गत बाध्यकारी एवं अनिवार्य है। न तो प्रतिपक्षी संख्या 3 द्वारा धारा 154 (3) के अनुपालन में पुलिस अधीक्षक, हापुड़ के समक्ष तथाकथित आरोप की लिखित में कोई सूचना भेजी गई और न ही प्रतिपक्षी संख्या 3 के पास इससे सम्बन्धित पोस्टल रसीद मौजूद है।

10. यह कि अपने प्रार्थना-पत्र दिनांक 03.03.2022 में प्रतिपक्षी संख्या 3 ने इस स्तर पर जाकर झूठा आरोप लगाया है कि प्रार्थी संख्या 1 के छोटे भाई नामत: शिवम ने उसके साथ बलात्कार किया है और प्रार्थी संख्या 1 ने उसके साथ अप्राकृतिक यौन सम्बन्ध बनाने का प्रयास किया है।

11. यह कि न्यायिक मजिस्ट्रेट, हापुड़ के न्यायालय ने अवैधानिक तरीके से आदेश दिनांक 28.03.2022 पारित कर यह निर्देश दिया कि प्रतिपक्षी संख्या 2, प्रार्थी के खिलाफ प्रथम सूचना रिपोर्ट दर्ज करे। न्यायिक मजिस्ट्रेट प्रथम, हापुड़ के आदेश दिनांकित 28.03.2022 की सत्यप्रति/फोटोप्रति इस शपथ-पत्र के साथ संलग्नक संख्या 4 के रूप में दाखिल की जा रही है।

12. यह कि आदेश दिनांक 28.03.2022 को देखने से यह बिलकुल स्पष्ट है कि न्यायिक मजिस्ट्रेट प्रथम, हापुड़ के न्यायालय ने न तो प्रतिपक्षी संख्या 2 के कार्यालय से और न ही पुलिस अधीक्षक, हापुड़ के कार्यालय से कोई रिपोर्ट मँगाई है।

13. यह कि न्यायिक मजिस्ट्रेट प्रथम, हापुड़ के आदेश दिनांक 28.03.2022 के अनुपालन में प्रतिपक्षी संख्या 2 ने प्रथम सूचना रिपोर्ट दिनांक 03.04.2022; जिसका अपराध मुकदमा संख्या.../2022 अन्तर्गत धारा 323, 504, 506, 498-क, 354, 376, 511 भा.द.सं., एवं 3/4 दहेज प्रतिषेध अधिनियम, थाना—बाबूगढ़, जिला—हापुड़ है, दर्ज किया। प्रतिपक्षी संख्या 3 की प्रथम सूचना रिपोर्ट दिनांक 03.04.2022 की सत्यप्रति/फोटोप्रति इस शपथ-पत्र के साथ संलग्नक संख्या 5 के रूप में दाखिल की जा रही है।

14. यह कि बैंक कॉलोनी, चमरी रोड में आरोपित तथाकथित घटना दिनांक 07.07.2020 और कचहरी की तथाकथित घटना दिनांक 25.11.2021 से सम्बन्धित मामले, जैसा प्रतिपक्षी संख्या 3 के प्रार्थना-पत्र दिनांक 03.03.2022 अं/धा 156 (3) अप.प्र.सं. में झूठा आरोपित है, थाना हापुड़ नगर के क्षेत्राधिकार में आते हैं, न कि थाना बाबूगढ़ के क्षेत्राधिकार में। इस कारण प्रतिपक्षी संख्या 3 का प्रथम सूचना रिपोर्ट दिनांक 03.04.2022 थाना—बाबूगढ़ में दर्ज किया जाना अवैध, विधिविरुद्ध एवं क्षेत्राधिकार के बाहर है और इस कारण इससे उत्पन्न आपराधिक कार्यवाही इस आधार पर भी खारिज किए जाने योग्य है।

15. यह कि प्रार्थीगण को यह अभिकथित करने के लिए बताया गया है कि प्रतिपक्षी संख्या 3 द्वारा तथाकथित घटना दिनांक 25.11.2021 से सम्बन्धित चोट रिपोर्ट या चिकित्सा रिपोर्ट का कोई अभिलेख न तो एफ.आई.आर. दिनांक 03.04.2022 दर्ज होने के पूर्व न्यायिक मजिस्ट्रेट प्रथम, हापुड़ के समक्ष दाखिल किया गया है और न ही एफ.आई.आर. दिनांकित 03.04.2022 दर्ज होने के बाद विवेचना के दौरान विवेचना अधिकारी के समक्ष दाखिल किया गया है।

16. यह कि प्रार्थीगण को यह अभिकथित करने के लिए बताया गया है कि उक्त अपराध मुकदमा संख्या...वर्ष 2022 में विवेचना अधिकारी ने विवेचना पूर्ण कर केस डायरी तैयार कर दी है। अपराध

मुकदमा संख्या...वर्ष 2022 की सम्पूर्ण केस डायरी की फोटोप्रति इस शपथ-पत्र के साथ संलग्नक संख्या 6 के रूप में दाखिल की जा रही है।

17. यह कि विवेचना अधिकारी ने उक्त अपराध मुकदमा संख्या...वर्ष 2022 में विवेचना पूर्ण कर प्रार्थी संख्या 1, 2 व 3 के विरुद्ध आलोच्य आरोप-पत्र दिनांक 06.07.2022 दाखिल किया है। विवेचना अधिकारी ने शिवम, शशि, सीमा एवं मोनिका के विरुद्ध आरोप को झूठा एवं असिद्ध पाया है और उनके पक्ष में अन्तिम रिपोर्ट लगाई है। प्रार्थी संख्या 1, 2 व 3 के विरुद्ध दाखिल आलोच्य आरोप-पत्र दिनांक 06.07.2022 की फोटोप्रति इस शपथ-पत्र के साथ संलग्नक संख्या 7 के रूप में दाखिल की जा रही है।

18. यह कि यह अभिकथित किया जाता है कि प्रार्थी संख्या 1 ने विवेचना की कार्यवाही के दौरान घटना दिनांक 07.07.2020 की कॉल रिकॉर्डिंग एवं घटना दिनांक 09.07.2020 की सी.सी.टीवी रिकॉर्डिंग की सी.डी. प्रस्तुत की, जिससे यह सिद्ध होता है कि प्रतिपक्षी संख्या 3 ने स्वेच्छा से प्रार्थी के घर को छोड़ा है। किन्तु विवेचना अधिकारी मामले के इस पहलू पर विचार करने में असफल रहा है और असंवैधानिक तरीके से इस तथ्य को अपराध मुकदमा संख्या...वर्ष 2022 की उक्त केस डायरी में स्थान नहीं दिया है।

19. यह कि यह भी अभिकथित किया जाता है कि प्रार्थी संख्या 1 ने विवेचना की कार्यवाही के दौरान प्रतिपक्षी संख्या 3 के उस बयान को प्रस्तुत किया, जिसे उसने प्रार्थी के प्रार्थना-पत्र दिनांक 14.09.2022 से आरम्भ हुई कार्यवाही में महिला थाना हापुड़ नगर के समक्ष दिया था। अपने इस बयान में प्रतिपक्षी संख्या 3 ने प्रार्थीगण के विरुद्ध दहेज की माँग करने का कोई आरोप नहीं लगाया है। प्रार्थी संख्या 1 ने विवेचना की कार्यवाही के दौरान विवेचना अधिकारी का ध्यान प्रतिपक्षी संख्या 3 के इस बयान की ओर आकर्षित कराया, किन्तु विवेचना अधिकारी मामले के इस पहलू पर विचार करने में असफल रहा है और असंवैधानिक तरीके से इस तथ्य को अपराध मुकदमा संख्या...वर्ष 2022 की उक्त केस डायरी में स्थान नहीं दिया है। प्रार्थी के प्रार्थना-पत्र दिनांक 14.09.2022 और प्रतिपक्षी

संख्या 3 के बयान की फोटोप्रति इस शपथ-पत्र के साथ संयुक्तत: संलग्नक संख्या 8 के रूप में दाखिल की जा रही है।

20. यह कि यह भी अभिकथित किया जाता है कि प्रार्थीगण ने हमेशा प्रतिपक्षी संख्या 3 को उच्च शिक्षा एवं समव्यावसायिक शिक्षा लेने के लिए प्रेरित एवं सहयोग किया है और इसके लिए बहुत धन भी खर्च किया है। ये तथ्य सिद्ध करता है कि उनके विरुद्ध दहेज की माँग करने का आरोप बिलकुल झूठा एवं मनगढ़न्त है। प्रतिपक्षी संख्या 3 की उच्च शिक्षा एवं समव्यावसायिक शिक्षा के लिए इतना खर्च करनेवाला प्रार्थी संख्या 1 दहेज की माँग नहीं कर सकता है। प्रार्थी संख्या 1 ने विवेचना की कार्यवाही के दौरान विवेचना अधिकारी के समक्ष प्रतिपक्षी संख्या 3 के शैक्षणिक प्रमाण-पत्र को प्रस्तुत किया, किन्तु विवेचना अधिकारी मामले के इस पहलू पर विचार करने में असफल रहा है और अवैधानिक तरीके से इस तथ्य को अपराध मुकदमा संख्या...वर्ष 2022 की उक्त केस डायरी में स्थान नहीं दिया है। प्रतिपक्षी संख्या 3 के शैक्षणिक प्रमाण-पत्र की फोटोप्रति इस शपथ-पत्र के साथ संलग्नक संख्या 9 के रूप में दाखिल की जा रही है।

21. यह कि यह भी अभिकथित किया जाता है कि प्रार्थीगण द्वारा अपना धन खर्च करके प्रतिपक्षी संख्या 3 का एल.आई.सी. से बीमा भी कराया गया है। यह तथ्य यह सिद्ध करता है कि दहेज की माँग करने का आरोप बिलकुल झूठा एवं मनगढ़न्त है। अपनी पत्नी पर उसके बीमा के लिए इतना खर्च करनेवाला प्रार्थी संख्या 1, दहेज की माँग नहीं कर सकता है। प्रार्थी संख्या 1 ने विवेचना की कार्यवाही के दौरान विवेचना अधिकारी के समक्ष प्रतिपक्षी संख्या 3 के बीमा बॉन्ड को प्रस्तुत किया, किन्तु विवेचना अधिकारी मामले के इस पहलू पर विचार करने में असफल रहा है और अवैधानिक तरीके से इस तथ्य को अपराध मुकदमा संख्या...वर्ष 2022 की उक्त केस डायरी में स्थान नहीं दिया है। प्रतिपक्षी संख्या 3 के बीमा बॉन्ड की फोटोप्रति इस शपथ-पत्र के साथ संलग्नक संख्या 10 के रूप में दाखिल की जा रही है।

22. यह कि यह भी अभिकथित किया जाता है कि जब तक प्रतिपक्षी संख्या 3 प्रार्थी के साथ रही है, प्रार्थी ने हमेशा उसके स्वास्थ्य का गम्भीरतापूर्वक

ध्यान रखा है। प्रार्थी संख्या 1 ने प्रतिपक्षी सं. 3 के क्षयरोग के इलाज के लिए पूरे सामर्थ्य के साथ प्रयास किया और ठीक कराया। प्रार्थी संख्या 1 की देख-रेख में हुए प्रतिपक्षी संख्या 3 के चिकित्सीय इलाज से सम्बन्धित अभिलेख की फोटोप्रति इस शपथ-पत्र के साथ संलग्नक संख्या 11 के रूप में दाखिल की जा रही है।

23. यह कि प्रार्थीगण को यह अभिकथित करने के लिए बताया गया है कि माननीय न्यायिक मजिस्ट्रेट प्रथम, हापुड़ के न्यायालय द्वारा आलोच्य आरोप-पत्र दिनांक 06.07.2022 पर 29.08.2022 का संज्ञान लिया गया। तत्पश्चात यह मामला, आपराधिक वाद संख्या ....वर्ष 2022 के रूप में पंजीकृत होकर माननीय न्यायिक मजिस्ट्रेट प्रथम, हापुड़ के न्यायालय के समक्ष विचाराधीन है।

24. यह कि यह भी अभिकथित किया जाता है कि प्रार्थीगण द्वारा विवाद के शान्तिपूर्ण निपटारे के लिए हमेशा प्रयास किया जाता रहा है, किन्तु प्रतिपक्षी संख्या 3 ने विवाद के निपटारे को लेकर हमेशा नकारात्मक भाव बनाए रखा है। प्रार्थीगण विवाद के शान्तिपूर्ण निपटारे के लिए अभी भी आशान्वित हैं।

25. यह कि प्रार्थी संख्या 2, 65 वर्ष आयु का वृद्ध व्यक्ति है और प्रार्थी संख्या 3, 60 वर्ष आयु की महिला है तथा इन दोनों लोगों को प्रार्थी संख्या 1 के साथ प्रश्नगत मामले में झूठा फँसाया गया है।

26. यह कि अभियोजन की सम्पूर्ण कार्यवाही पूरी तरीके से प्रतिपक्षी संख्या 3 के प्रार्थना-पत्र दिनांक 03.03.2022, अं/धा 156 (3) अप.प्र.सं., पर आधारित है, जो स्वयं पोषणीय नहीं है क्योंकि यह प्रार्थना-पत्र अप.प्र.सं. की धारा 154 (3) के बाध्यकारी प्रावधान का अनुपालन किए बिना दाखिल किया गया है। धारा 154 (3) यह व्यवस्था करती है कि तथाकथित आरोप की सूचना पुलिस अधीक्षक, हापुड़ को लिखित में और पोस्ट के माध्यम से भेजा जाएगी, जिसका अनुपालन वर्तमान मामले में नहीं किया गया है।

27. यह कि प्रतिपक्षी संख्या 3 का प्रार्थना-पत्र दिनांक 03.03.2022, अं/धा 156 (3) अप.प्र.सं., दो वर्ष बाद दाखिल किया गया है और इतना ज्यादा देरी करके प्रार्थना-पत्र दाखिल करने का कोई सन्तोषजनक स्पष्टीकरण नहीं दिया गया है।

28. यह कि आलोच्य आरोप-पत्र दिनांक 06.07.2022 तथा न्यायिक मजिस्ट्रेट, प्रथम, हापुड़ के समक्ष विचाराधीन आपराधिक वाद संख्या...वर्ष 2022 की कार्यवाही के आधार पर प्रार्थीगण के विरुद्ध प्रश्नगत अभियोजन, विधिक प्रक्रिया का दुरुपयोग (Abuse of Process of Law) है, जो प्रार्थीगण के खिलाफ अन्याय कारित कर रहा है।
29. यह कि प्रार्थीगण के विरुद्ध धारा 323, 504, 506, 498-क, भा.द.सं. तथा धारा 3/4, दहेज उन्मूलन अधिनियम के अन्तर्गत अपराध कारित करने का कोई मामला नहीं बनता है।
30. यह कि प्रार्थीगण के विरुद्ध दाखिल आलोच्य आरोप-पत्र दिनांक 06.07.2022 तथा न्यायिक मजिस्ट्रेट, प्रथम, हापुड़ के समक्ष विचाराधीन आपराधिक वाद संख्या...वर्ष 2022 की कार्यवाही अवैध, विधिविरुद्ध और गैर-क्षेत्राधिकार है।
31. यह कि मामले के उक्त तथ्यों एवं परिस्थितियों को दृष्टिगत रखते हुए, न्यायहित में आवश्यक है कि यह माननीय न्यायालय, प्रार्थीगण के विरुद्ध दाखिल आलोच्य आरोप-पत्र दिनांक 06.07.2022 तथा न्यायिक मजिस्ट्रेट, प्रथम, हापुड़ के समक्ष विचाराधीन आपराधिक वाद संख्या...वर्ष 2022 की कार्यवाही को निरस्त करने की कृपा करे; यह भी सविनम्र प्रार्थना है कि यह माननीय न्यायालय इस मामले के विचाराधीन रहने के दौरान, मुकदमा अपराध संख्या...वर्ष 2022 अं/धा 323, 504, 506, 498-क भा.द.सं. तथा 3/4 दहेज उन्मूलन अधिनियम; थाना—बाबूगढ़, जनपद—हापुड़ में प्रार्थीगण के विरुद्ध दाखिल आलोच्य आरोप-पत्र दिनांक 06.07.2022 के प्रभाव एवं क्रियान्वयन को तथा न्यायिक मजिस्ट्रेट प्रथम, हापुड़ के समक्ष विचाराधीन आपराधिक वाद संख्या...वर्ष 2022 की कार्यवाही को रोकने की कृपा करे और/या ऐसा अन्य एवं अग्रिम आदेश, जैसा इस माननीय न्यायालय द्वारा मामले की परिस्थितियों में पारित किया जाना उचित एवं उपयुक्त समझा जाए, पारित करने की कृपा करे।

मैं, उपर्युक्त नामांकित शपथकर्ता, यहाँ सशपथ बयान करता हूँ कि इस शपथ-पत्र के पैरा संख्या 1, 2, 3, 4, 5, 6(अंश), 7, 10, 14(अंश), 15, 18, 19(अंश), 20(अंश), 21(अंश), 22(अंश), 24, 25, 27 एवं 29 के अन्तर्वस्तु मेरी निजी

जानकारी में सत्य हैं; पैरा संख्या 6(अंश), 8, 9(अंश), 11, 12, 13, 16, 17, 19(अंश), 20(अंश), 21(अंश), एवं 22(अंश) के अन्तर्वस्तु रिकॉर्ड पर आधारित हैं; पैरा संख्या 15 एवं 23 के अन्तर्वस्तु सूचना पर आधारित हैं; और पैरा संख्या 9(अंश), 14(अंश), 26, 28, 30 एवं 31 के अन्तर्वस्तु कानूनी परामर्श पर आधारित हैं, जिन्हें मैं सत्य मानता हूँ और इसका कोई भाग न तो असत्य है और न ही छिपाया गया है।

ईश्वर मेरी सहायता करे!

अँगूठा निशान **(शपथकर्ता)**

मैं,...पंजीकृत लिपिक, हाई कोर्ट इलाहाबाद, यहाँ यह घोषणा करता हूँ कि शपथ देनेवाला शपथकर्ता, जो स्वयं को शपथकर्ता बता रहा है, वही व्यक्ति है। मैं शपथकर्ता को उसके द्वारा मेरे समक्ष उपलब्ध करवाए गए अभिलेख को देखकर जानता हूँ।

(...)

आज दिनांक...अक्टूबर, 2022 को पूर्वाह्न/अपराह्न में शपथकर्ता द्वारा, जिसकी पहचान उपरोक्त व्यक्ति द्वारा की गई, सत्यनिष्ठा से मेरे समक्ष घोषणा की गई।

मैंने शपथकर्ता को इस शपथ-पत्र के अन्तर्वस्तु को पढ़ाया और समझाया है, और शपथकर्ता का परीक्षण करके सन्तुष्ट हूँ कि उन्होंने इस शपथ-पत्र के अन्तर्वस्तु को भली-भाँति समझ लिया है।

(शपथ आयुक्त)

परिशिष्ट-8

आपराधिक अपील का प्रारूप

सत्र परीक्षण संख्या...वर्ष...में जिला एवं सत्र न्यायाधीश, वाराणसी द्वारा पारित निर्णय एवं आदेश दिनांक...के विरुद्ध

माननीय उच्च न्यायालय, इलाहाबाद के न्याय-प्रशासन के समक्ष

आपराधिक अपील संख्या...वर्ष 2023

(अन्तर्गत धारा 374(2) अपराध प्रक्रिया संहिता)

जनपद—वाराणसी

एक्स. (X) पुत्र श्री..., पता—...

...अपीलकर्ता

(09/06/20...से निरुद्ध)

बनाम

1. उत्तर प्रदेश राज्य, गृह मंत्रालय, लखनऊ, इसके सचिव के माध्यम से

...प्रतिपक्षी

सत्र परीक्षण संख्या...वर्ष...में जिला एवं सत्र न्यायाधीश, वाराणसी द्वारा पारित निर्णय एवं आदेश दिनांक..., जिसके माध्यम से अपीलकर्ता को धारा 498-ए भा.द.सं. के अन्तर्गत एक वर्ष का सश्रम कारावास एवं रुपये 500/- का हर्जाना और धारा 304-बी भा.द.सं. के अन्तर्गत सश्रम आजीवन कारावास की सजा दी गई है, के विरुद्ध यह आपराधिक अपील निम्न आधारों पर सविनम्र दाखिल की जा रही है :

आधार

1. क्योंकि मृत्युकालीन कथन, जिस पर विश्वास करके अधीनस्थ विचारण न्यायालय द्वारा आलोच्य निर्णय एवं आदेश दिनांक 27.08.2008 पारित किया गया है, सन्देहास्पद है और इसमें कही गई बातें मृतका के ही दूसरे मृत्युकालीन कथन से अन्तर्विरोधी हैं।
2. क्योंकि तथाकथित मृत्युकालीन कथन के समय मृतका 95 प्रतिशत जली हुई थी और वह किसी तरह का कथन करने की स्थिति में नहीं थी। चिकित्सक के किसी मेडिकल रिपोर्ट एवं प्रमाण-पत्र के अभाव में ऐसे मृत्युकालीन कथन पर विचारण न्यायालय ने विश्वास करके गलती की है।
3. क्योंकि अपीलकर्ता का मृतका से दूर का सम्बन्ध है, इसलिए दहेज की माँग सम्बन्धी आरोप निराधार एवं बेबुनियाद है। विचारण न्यायालय के समक्ष दहेज की माँग करने सम्बन्धी आरोप की पुष्टि नहीं हुई है।
4. क्योंकि विद्वान विचारण न्यायालय द्वारा पारित आलोच्य निर्णय एवं आदेश दिनांक 27.08.2008 अवैध और विधिविरुद्ध है और मामले के तथ्यों पर आधारित नहीं है।
5. क्योंकि विचारण न्यायालय ने गलत तरीके से अभियोजन (Prosecution) के साक्ष्य पर विश्वास किया है।
6. क्योंकि विचारण न्यायालय अवैध तरीके से बचाव पक्ष (Defence) के साक्ष्य पर सम्यक विचार करने में असफल रहा है।
7. क्योंकि अभियोजन द्वारा प्रस्तुत साक्ष्य, निष्पक्ष साक्ष्य नहीं हैं और इन पर विश्वास करके विचारण न्यायालय ने त्रुटि की है।
8. क्योंकि पोस्टमार्टम रिपोर्ट एवं पंचनामा अभियोजन पक्ष का समर्थन नहीं करते हैं।
9. क्योंकि विद्वान विचारण न्यायालय द्वारा पारित आलोच्य निर्णय एवं आदेश दिनांक 27.08.2008 शंका एवं अनुमान (Surmises and Conjunctures) पर आधारित है।
10. क्योंकि अपीलकर्ता एक 70 वर्ष का वृद्ध व्यक्ति है और उसे जमानत पर रिहा करना न्यायहित में है।

11. क्योंकि अपीलकर्ता मामले के विचारण के दौरान जमानत पर था और उसने इसका कभी दुरुपयोग नहीं किया है।
12. क्योंकि विचारण न्यायालय द्वारा दी गई सजा बहुत ज्यादा है।

प्रार्थना

अत: सविनम्र प्रार्थना की जाती है कि यह माननीय न्यायालय, उपरोक्त आपराधिक अपील को स्वीकार करने और सत्र परीक्षण संख्या...वर्ष...में जिला एवं सत्र न्यायाधीश, वाराणसी द्वारा पारित आलोच्य निर्णय एवं आदेश दिनांक...को निरस्त करने की कृपा करे।

पुन: सविनम्र प्रार्थना की जाती है कि यह माननीय न्यायालय, उपरोक्त अपील के विचाराधीन रहने तक आलोच्य निर्णय एवं आदेश दिनांक...को निलम्बित करने और अपीलकर्ता को जमानत पर रिहा करने की कृपा करे।

दिनांक...

अनूप बरनवाल
(Anoop Baranwal)
अपीलकर्ता के विधिवक्ता

परिशिष्ट-9

आपराधिक निगरानी का प्रारूप

मुकदमा अपराध संख्या...वर्ष 2022
अं/धा 376-एबी, 377 भा.द.सं.
तथा 5/7 पॉक्सो अधिनियम,
थाना—गीडा, जनपद—गोरखपुर

माननीय उच्च न्यायालय, इलाहाबाद के न्याय-प्रशासन के समक्ष

आपराधिक निगरानी संख्या...वर्ष 2022

[अं/धा 102, किशोर न्याय (बच्चों की देखरेख एवं संरक्षण) अधिनियम, 2015]

जनपद—गोरखपुर

XXX जुवेनाइल (XXX Juvenile) अवयस्क पुत्र श्री...जरिये पिता/नैसर्गिक संरक्षक..., पता—...

...निगरानीकर्ता
(09/06/2022 से निरुद्ध)

<u>बनाम</u>

1. उत्तर प्रदेश राज्य, गृह मंत्रालय, लखनऊ,
इसके सचिव के माध्यम से
2. किशोर न्याय बोर्ड, गोरखपुर
3. श्री...पुत्र...पता—...,
थाना—गीडा, जिला—गोरखपुर...

प्रतिपक्षीगण

प्रधान मजिस्ट्रेट, किशोर न्याय बोर्ड, गोरखपुर द्वारा पारित आलोच्य आदेश दिनांक 02.09.2022 तथा अपर जिला एवं विशेष सत्र न्यायाधीश पॉक्सो एक्ट-प्रथम, गोरखपुर द्वारा पारित आलोच्य आदेश दिनांक 20.09.2022, जिसके माध्यम से निगरानीकर्ता/किशोर नामतः...(किशोर का नाम) का जमानत प्रार्थना-पत्र खारिज किया गया है, के विरुद्ध यह प्रथम आपराधिक निगरानी है।

यह आपराधिक निगरानी निम्न आधारों पर सविनम्र दाखिल की जा रही है :

आधार

1. क्योंकि दोनों विद्वान अवर न्यायालय, आलोच्य आदेश दिनांक 02.09.2022 तथा 20.09.2022 पारित करते समय किशोर न्याय अधिनियम, 2015 की धारा 12 के बाध्यकारी प्रावधान को ठीक तरीके से समझने में विफल रहे हैं, जैसा कि इसके खंड (1) में प्रयुक्त शब्द shall से स्पष्ट है कि विधायिका का आशय किशोर को जमानत देने का रहा है बावजूद इसके कि कारित अपराध की प्रकृति एवं गम्भीरता जो भी हो।
2. क्योंकि दोनों विद्वान अवर न्यायालयों ने कानून के इस स्थापित सिद्धान्त कि किशोर को जमानत देने से मना करने के लिए अपराध की गम्भीरता (Gravity of Offence) विचारार्थ प्रासंगिक विषय नहीं होना चाहिए, का पालन न करके स्पष्ट गलती की है।
3. क्योंकि विद्वान अवर अपीलीय न्यायालय द्वारा जमानत देने से मना करने के लिए गीडा थाने की जिस रिपोर्ट पर विश्वास किया है, वह कोई तार्किक रिपोर्ट न होकर मात्र हाँ/नहीं में दिया गया जवाब है और बिना किसी साक्ष्य से समर्थित है। गीडा थाने की ऐसी रिपोर्ट पर विश्वास करके अवर अपीलीय न्यायालय द्वारा जमानत देने से मना करना न्यायहित के विरुद्ध है।
4. क्योंकि आलोच्य आदेश दिनांक 02.09.2022 तथा 20.09.2022 पारित करते समय दोनों विद्वान अवर न्यायालय, विधि सह परिवीक्षा अधिकारी गोरखपुर की सामाजिक जाँच रिपोर्ट दिनांक 12.08.2022 को सम्पूर्णता के साथ देखने में विफल रहे हैं, जिसमें स्पष्ट रूप से यह पाया गया है कि 'जाँच के दौरान किशोर के परिजनों की कोई भी आपराधिक पृष्ठभूमि

प्रकाश में नहीं आई है। किशोर राजकीय सम्प्रेक्षण गृह में आवासित है। आवासन अवधि के दौरान किशोर द्वारा कोई विशेष आचरण प्रकाश में नहीं आया है। किशोर से बातचीत की गई। बातचीत के दौरान किशोर का व्यवहार सामान्य दिखा।'

5. क्योंकि प्रथम सूचना रिपोर्ट दिनांक 09.06.2022 तथा गवाहों एवं पीड़िता के बयान के मध्य घटना के होने के समय को लेकर अन्तर्विरोध (Contradiction) स्पष्ट है। प्रथम सूचना रिपोर्ट में जहाँ कहा गया है कि निगरानीकर्ता ने पीड़िता को अपने घर बुलाया, वहीं बयानों में कहा गया है कि पीड़िता स्वयं निगरानीकर्ता के घर पेंसिल व रबड़ लेने के लिए गई। निगरानीकर्ता को घटना में शामिल करने के लिए लगाए गए आरोप में व्याप्त अन्तर्विरोध आरोप को झूठा एवं मनगढ़न्त साबित करता है। मामले के इस महत्त्वपूर्ण पहलू पर दोनों विद्वान अवर न्यायालय ध्यान देने व विचार करने में विफल रहे हैं।
6. क्योंकि तथाकथित घटना की पीड़िता...के मेडिको-लीगल परीक्षण रिपोर्ट दिनांक 09.06.2022 और पैथालॉजिस्ट द्वारा तैयार स्मीयर्स परीक्षण रिपोर्ट दिनांक 10.06.2022 के अवलोकन से स्पष्ट है कि ये अभियोजन पक्ष का समर्थन नहीं करते हैं। मेडिकल रिपोर्ट तथा अभियोजन पक्ष के मध्य मौजूद अन्तर्विरोध, आरोप को झूठा एवं मनगढ़न्त साबित करता है। मामले के इस महत्त्वपूर्ण पहलू पर दोनों विद्वान अवर न्यायालय ध्यान देने व विचार करने में विफल रहे हैं।
7. क्योंकि आलोच्य आदेश दिनांक 02.09.2022 और 20.09.2022 को पारित करते समय दोनों विद्वान अवर न्यायालयों ने निगरानीकर्ता के 13 वर्षीय किशोर होने और माता-पिता के संरक्षण के अभाव के कारण उसके कोमल मन पर पड़नेवाले विपरीत प्रभाव को ध्यान में न रखकर स्पष्ट विधिक गलती (Manifest Error of Law) की है।
8. क्योंकि दोनों विद्वान अवर न्यायालयों ने आलोच्य आदेश पारित करते समय इस तथ्य को नजरअन्दाज किया है कि निगरानीकर्ता कक्षा 4 का होनहार विद्यार्थी रहा है और उसने लगभग 90 प्रतिशत अंक प्राप्त किए हैं और उसे निरुद्ध करना उसके शैक्षणिक कैरियर के लिए हानिकारक है, जो न्यायहित में नहीं है।

9. क्योंकि दोनों विद्वान अवर न्यायालयों ने आलोच्य आदेश पारित करते समय निगरानीकर्ता के पिता अमरजीत निषाद द्वारा दिए गए वचन (Undertaking) कि वह अपने प्रतिपाल्य सूरज को आपराधिक गतिविधियों में संलिप्त नहीं होने देगा और वह उसके मानसिक व शैक्षिक स्तर के विकास हेतु सतत प्रयत्नशील रहेगा, पर विचार न करके कानूनी गलती की है।

10. क्योंकि दोनों विद्वान अवर न्यायालयों द्वारा जमानत देने से मना करना निराधार आशंका (Unfounded Apprehension) व अनुमान पर आधारित है।

11. क्योंकि दोनों विद्वान अवर न्यायालयों द्वारा पारित आलोच्य आदेश दिनांक 02.09.2022 और 20.09.2022 अवैध, विधिविरुद्ध, त्रुटिपूर्ण, गैर-तार्किक एवं स्थापित विधिक सिद्धान्तों के विरुद्ध है और निरस्त करने योग्य है।

प्रार्थना

अत: सविनम्र प्रार्थना की जाती है कि यह माननीय न्यायालय, मुकदमा अपराध संख्या..., वर्ष..., अं/धा 376-एबी, 377 भा.द.सं. तथा 5/7 पॉक्सो अधिनियम, थाना—गीडा, जनपद—गोरखपुर में प्रधान मजिस्ट्रेट, किशोर न्याय बोर्ड, गोरखपुर द्वारा पारित आलोच्य आदेश दिनांक 02.09.2022 तथा आपराधिक अपील संख्या.../2022 में अपर जिला एवं विशेष सत्र न्यायाधीश पॉक्सो एक्ट-प्रथम, गोरखपुर द्वारा पारित आलोच्य आदेश दिनांक 20.09.2022 को निरस्त करने की कृपा करे और/या ऐसा अन्य एवं अग्रिम आदेश, जैसा इस माननीय न्यायालय द्वारा मामले की परिस्थितियों में पारित किया जाना उचित एवं उपयुक्त समझा जाए, पारित करने की कृपा करे।

दिनांक...

अनूप बरनवाल
(Anoop Baranwal)
निगरानीकर्ता के विधिवक्ता

× × × ×

मुकदमा अपराध संख्या...वर्ष 2022
अं/धा 376-एबी, 377 भा.द.सं.
तथा 5/7 पॉक्सो अधिनियम,
थाना—गीडा, जनपद—गोरखपुर

माननीय उच्च न्यायालय, इलाहाबाद के न्याय-प्रशासन के समक्ष

आपराधिक जमानत प्रार्थना-पत्र संख्या 2022

अन्तर्गत

आपराधिक निगरानी संख्या 2022

[अन्तर्गत धारा 102, किशोर न्याय (बच्चों की देखरेख एवं संरक्षण)]
अधिनियम, 2015

जनपद—गोरखपुर

XXX जुवेनाइल (XXX Juvenile) अवयस्क पुत्र श्री...जरिये पिता/नैसर्गिक संरक्षक..., पता—... ...निगरानीकर्ता

(09/06/2022 से निरुद्ध)

बनाम

1. उत्तर प्रदेश राज्य, गृह मंत्रालय, लखनऊ,
   इसके सचिव के माध्यम से
2. किशोर न्याय बोर्ड, गोरखपुर
3. श्री...पुत्र..., पता—...,
   थाना—गीडा, जिला—गोरखपुर...

प्रतिपक्षीगण

सेवा में,

उपर्युक्त उल्लिखित न्यायालय के माननीय मुख्य न्यायाधीश एवं अन्य सहयोगी न्यायाधीशगण।

उपर्युक्त याचीगण के इस प्रार्थना-पत्र के माध्यम से निम्न कथन सविनम्र प्रस्तुत किया जाता है :

1. यह कि इस प्रार्थना-पत्र के उद्देश्य हेतु सम्पूर्ण तथ्य, संलग्न शपथ-पत्र में विस्तार से दिया गया है, जो इस प्रार्थना-पत्र का एक हिस्सा है।

प्रार्थना

अत: सविनम्र प्रार्थना की जाती है कि यह माननीय न्यायालय, मुकदमा अपराध संख्या...वर्ष 2022 अं/धा 376-एबी, 377 भा.द.वि. तथा 5/7 पॉक्सो अधिनियम, थाना—गीडा, जनपद—गोरखपुर में निगरानीकर्ता/किशोर को जमानत पर रिहा करने

की कृपा करे और/या ऐसा अन्य एवं अग्रिम आदेश, जैसा इस माननीय न्यायालय द्वारा मामले की परिस्थितियों में पारित किया जाना उचित एवं उपयुक्त समझा जाए, पारित करने की कृपा करे।

दिनांक...

अनूप बरनवाल
(Anoop Baranwal)
निगरानीकर्ता के विधिवक्ता

× × × ×

मुकदमा अपराध संख्या...वर्ष 2022
अं/धा 376-एबी, 377 भा.द.सं.
तथा 5/7 पॉक्सो अधिनियम,
थाना—गीडा, जनपद—गोरखपुर

माननीय उच्च न्यायालय, इलाहाबाद के न्याय-प्रशासन के समक्ष

शपथ-पत्र

अन्तर्गत

आपराधिक जमानत प्रार्थना-पत्र संख्या 2022

अन्तर्गत

आपराधिक निगरानी संख्या 2022

[अन्तर्गत धारा 102, किशोर न्याय (बच्चों की देख-रेख एवं संरक्षण)]
अधिनियम, 2015

जनपद—गोरखपुर

XXX जुवेनाइल (XXX Juvenile) अवयस्क पुत्र श्री...जरिये पिता/नैसर्गिक संरक्षक..., पता—... ...निगरानीकर्ता

(09/06/2022 से निरुद्ध)

बनाम

उत्तर प्रदेश राज्य, व अन्य दो ...प्रतिपक्षीगण

शपथ-पत्र द्वारा..., उम्र—... वर्ष, पुत्र...,
पता—..., जिला—गोरखपुर
(धर्म—हिन्दू, व्यवसाय—श्रमिक)

(शपथकर्ता)

मैं, उपरोक्त नामांकित शपथकर्ता, यहाँ सत्यनिष्ठापूर्वक सशपथ घोषणा एवं पुष्टि करता हूँ :

1. यह कि शपथकर्ता, अवयस्क निगरानीकर्ता का पिता और नैसर्गिक संरक्षक है, तथा इस रूप में वह निगरानीकर्ता की तरफ से पैरवी कर रहा है और इस कारण वह मामले के निम्न सशपथ घोषित तथ्यों से भली-भाँति अवगत है।
2. यह कि यह निगरानी, प्रार्थीगण की तरफ से धारा 102, किशोर न्याय (बच्चों की देख-रेख एवं संरक्षण) अधिनियम, 2015 के अन्तर्गत दाखिल उसी वादहेतु (Cause of Action) के लिए, जैसा इस निगरानी में विद्यमान है, प्रथम आपराधिक निगरानी है और अभी तक इस हाई कोर्ट के इलाहाबाद प्रधानपीठ में या लखनऊ खंडपीठ में इस वादहेतु के लिए उसने अन्य कोई आपराधिक निगरानी या प्रार्थना-पत्र अं/धा 482 अप.प्र.सं. या आपराधिक रिट याचिका नहीं दाखिल किया है।
3. यह कि निगरानीकर्ता ने अभी तक प्रतिपक्षीगण की तरफ से रजिस्टर्ड पत्र के माध्यम से कोई कैविएट या नोटिस नहीं प्राप्त किया है।
4. यह कि शिकायतकर्ता श्री मक्खन निषाद द्वारा निगरानीकर्ता के विरुद्ध प्रथम सूचना रिपोर्ट दिनांकित 09.06.2022 दाखिल कर उसे मुकदमा अपराध संख्या 184 वर्ष 2022 अं/धा 377-एबी, 377 भा.द.सं. तथा 5/7 पॉक्सो अधिनियम, थाना—गीडा, जनपद—गोरखपुर में अभियोजित किया गया है। इस प्रथम सूचना रिपोर्ट में 08.06.2022 को तथाकथित आपराधिक घटना घटित होने का आरोप लगाया गया है। प्रथम सूचना रिपोर्ट दिनकित 09.06.2022 की सत्यप्रति फोटोप्रति इस शपथ-पत्र के साथ संलग्नक संख्या 1 के रूप में दाखिल की जा रही है।
5. यह कि तथाकथित घटना की पीड़िता...का मेडिको-लीगल परीक्षण रिपोर्ट 09.06.2022 को सायं 9.30 किया जाना बताया गया है। इसके साथ पैथालॉजिस्ट द्वारा भी वैजाइनल स्मीयर्स एवं एनल स्मीयर्स की परीक्षण रिपोर्ट दिनांक 10.06.22 तैयार की गई है। इन दोनों रिपोर्टों के अवलोकन से स्पष्ट है कि ये अभियोजन पक्ष का समर्थन नहीं करती हैं और लगाए गए आरोप को झूठ साबित करती हैं। मेडिको-लीगल परीक्षण रिपोर्ट दिनांक 09.06.2022 एवं पैथालॉजिस्ट के परीक्षण रिपोर्ट दिनांक 10.06.22 की

सत्यप्रति/फोटोप्रति इस शपथ-पत्र के साथ संलग्नक संख्या 2 के रूप में दाखिल की जा रही है।

6. यह कि यह अभिकथित करने के लिए बताया गया है कि जाँच अधिकारी ने जाँच के दौरान शिकायतकर्ता श्री मक्खन निषाद का बयान अं/धा 161 अप.प्र.सं. रिकॉर्ड किया। शिकायतकर्ता श्री मक्खन निषाद के बयान अं/धा 161 अप.प्र.सं. की सत्यप्रति/फोटोप्रति इस शपथ-पत्र के साथ संलग्नक संख्या 3 के रूप में दाखिल की जा रही है।

7. यह कि यह भी अभिकथित करने के लिए बताया गया है कि जाँच अधिकारी ने जाँच के दौरान गवाह—श्रीमती...एवं श्रीमती...का बयान अं/धा 161 अप.प्र.सं. रिकॉर्ड किया। गवाह श्रीमती सुशीला एवं श्रीमती पचुई उर्फ भानुमति के बयान अं/धा 161 अप.प्र.सं. की सत्यप्रति/फोटोप्रति इस शपथ-पत्र के साथ क्रमशः संलग्नक संख्या 4 एवं 5 के रूप में दाखिल की जा रही है।

8. यह कि यह भी अभिकथित करने के लिए बताया गया है कि तथाकथित घटना की पीड़िता...का बयान अं/धा 164 अप.प्र.सं. 10.06.2022 को रिकॉर्ड किया गया। पीड़िता...का बयान अं/धा 164 अप.प्र.सं. की सत्यप्रति/फोटोप्रति इस शपथ-पत्र के साथ संलग्नक संख्या 6 के रूप में दाखिल की जा रही है।

9. यह कि प्रथम सूचना रिपोर्ट दिनांकित 09.06.2022 तथा गवाहों एवं पीड़िता के बयान के मध्य घटना होने के तरीके को लेकर अन्तर्विरोध (Contradiction) स्पष्ट है। प्रथम सूचना रिपोर्ट में जहाँ कहा गया है कि निगरानीकर्ता ने पीड़िता को अपने घर बुलाया, वहीं बयानों में कहा गया है कि पीड़िता स्वयं निगरानीकर्ता के घर पेंसिल व रबड़ लेने के लिए गई। निगरानीकर्ता को घटना में शामिल करने के लिए लगाए गए आरोप में व्याप्त यह अन्तर्विरोध, आरोप को झूठा एवं मनगढ़न्त साबित करता है।

10. यह कि तथाकथित घटना के समय निगरानीकर्ता की उम्र मात्र 12 वर्ष, 3 माह, 18 दिन थी। किशोर न्याय बोर्ड, गोरखपुर ने किशोर न्याय (बच्चों की देख-रेख एवं संरक्षण) अधिनियम, 2015 के अन्तर्गत आदेश दिनांक 06.08.2022 पारित करके निगरानीकर्ता को उक्त मामले के सम्बन्ध में 'विधि का उल्लंघन करनेवाला बालक' घोषित किया है।

किशोर न्याय बोर्ड, गोरखपुर के आदेश दिनांक 06.08.2022 की सत्यप्रति/फोटोप्रति इस शपथ-पत्र के साथ संलग्नक संख्या 7 के रूप में दाखिल की जा रही है।

11. यह कि यह अभिकथित करने के लिए बताया गया है कि किशोर न्याय बोर्ड, गोरखपुर के आदेश दिनांक 06.08.2022 को किसी उच्चतर न्यायालय के समक्ष चुनौती नहीं दी गई है और इस तरह आदेश दिनांक 06.08.2022 ने अन्तिम स्वरूप ग्रहण कर लिया है।

12. यह कि निगरानीकर्ता की तरफ से उक्त मामले में प्रधान मजिस्ट्रेट, किशोर न्याय बोर्ड, गोरखपुर के समक्ष जमानत प्रार्थना-पत्र दिनांक 10.08.2022 सशपथ-पत्र दाखिल किया गया। निगरानीकर्ता के सशपथ जमानत प्रार्थना-पत्र दिनांकित 10.08.2022 की सत्यप्रति/फोटोप्रति इस शपथ-पत्र के साथ संलग्नक संख्या 8 के रूप में दाखिल की जा रही है।

13. यह कि अपने सशपथ जमानत प्रार्थना-पत्र दिनांक 10.08.2022 में निगरानीकर्ता के पिता/शपथकर्ता ने यह वचन (Undertaking) दिया है कि वह अपने प्रतिपाल्य सूरज को आपराधिक गतिविधियों में संलिप्त नहीं होने देगा और वह उसके मानसिक व शैक्षिक स्तर के विकास हेतु सतत प्रयत्नशील रहेगा। शपथकर्ता आज भी अपने इस वचन (Undertaking) पर कायम है।

14. यह कि उक्त मामले में किशोर न्याय बोर्ड, गोरखपुर ने विधि सह परिवीक्षा अधिकारी, गोरखपुर और थाना—गीडा, जनपद—गोरखपुर से आख्या प्रस्तुत करने के लिए पत्र दिनांकित 10.08.2022 जारी किया, जिसकी सत्यप्रति/फोटोप्रति इस शपथ-पत्र के साथ संलग्नक संख्या 9 के रूप में दाखिल की जा रही है।

15. यह कि उक्त मामले में विधि सह परिवीक्षा अधिकारी, गोरखपुर ने सामाजिक जाँच रिपोर्ट दिनांक 12.08.2022 तैयार कर दाखिल की है। विधि सह परिवीक्षा अधिकारी, गोरखपुर की सामाजिक जाँच रिपोर्ट दिनांक 12.08.2022 की सत्यप्रति/फोटोप्रति इस शपथ-पत्र के साथ संलग्नक संख्या 10 के रूप में दाखिल की जा रही है।

16. यह कि उक्त मामले में थाना—गीडा, जनपद—गोरखपुर ने भी रिपोर्ट (अदिनांकित) दाखिल की। थाना—गीडा, जनपद—गोरखपुर की रिपोर्ट

की सत्यप्रति/फोटोप्रति इस शपथ-पत्र के साथ संलग्नक संख्या 11 के रूप में दाखिल की जा रही है।

17. यह कि प्रधान मजिस्ट्रेट, किशोर न्याय बोर्ड, गोरखपुर ने निगरानीकर्ता के जमानत प्रार्थना-पत्र को अवैध रूप से आलोच्य आदेश दिनांक 02.09.2022 पारित कर खारिज कर दिया। प्रधान मजिस्ट्रेट, किशोर न्याय बोर्ड, गोरखपुर द्वारा पारित आलोच्य आदेश दिनांक 02.09.2022 की प्रमाणित प्रति/सत्यप्रति को संलग्न निगरानी-मेमो के साथ दाखिल किया गया है।

18. यह कि प्रधान मजिस्ट्रेट, किशोर न्याय बोर्ड, गोरखपुर के आलोच्य आदेश दिनांक 02.09.2022 से पीड़ित होकर निगरानीकर्ता ने अपर जिला एवं विशेष सत्र न्यायाधीश पॉक्सो एक्ट-प्रथम, गोरखपुर के समक्ष आपराधिक अपील संख्या 123/2022 दाखिल की। अवर अपीलीय न्यायालय ने इस आपराधिक अपील को आलोच्य आदेश दिनांक 20.09.2022 पारित करके खारिज कर दिया। अपर जिला एवं विशेष सत्र न्यायाधीश पॉक्सो एक्ट-प्रथम, गोरखपुर द्वारा पारित आलोच्य आदेश दिनांक 20.09.2022 की प्रमाणित प्रति/सत्यप्रति को संलग्न निगरानी-मेमो के साथ दाखिल किया गया है।

19. यह कि निगरानीकर्ता कक्षा 4 का होनहार विद्यार्थी रहा है और उसने लगभग 90 प्रतिशत अंक प्राप्त किये हैं। कोरोना अवधि के बाद उसने पुनः पढ़ाई आरम्भ कर दी थी और आगे अपनी पढ़ाई जारी रखना चाहता है। इसलिए निगरानीकर्ता को जमानत देने से मना किया जाना और उसे निरुद्ध रखना उसके शैक्षणिक कॅरियर के लिए हानिकारक है, जो न्यायहित में नहीं है। निगरानीकर्ता के कक्षा 4 के अंकपत्र की फोटोप्रति इस शपथ-पत्र के साथ संलग्नक संख्या 12 के रूप में दाखिल की जा रही है।

20-28. (निगरानी के आधारों को यहाँ तथ्य के रूप में लिखकर शपथ-पत्र का हिस्सा बनाया गया है।)

29. यह कि निगरानीकर्ता के विरुद्ध लगाया गया आरोप झूठा है और गाँव के पार्टीबन्दी के कारण लगाया गया है।

30. यह कि निगरानीकर्ता के विरुद्ध इस आपराधिक मामले के अलावा अन्य कोई आपराधिक इतिहास नहीं है।

31. यह कि यह वचन (Undertaking) दिया जाता है कि निगरानीकर्ता, माननीय न्यायालय द्वारा जमानत दिये जाने पर, इस जमानत का दुरुपयोग नहीं करेगा और वह जाँच एवं विचारण के दौरान पूर्ण सहयोग करेगा।

32. यह कि मामले के उक्त तथ्यों एवं परिस्थितियों को दृष्टिगत रखते हुए, न्यायहित में आवश्यक है कि यह माननीय न्यायालय, मुकदमा अपराध संख्या...वर्ष 2022 अं/धा 376-एबी, 377 भा.द.सं. तथा 5/7 पॉक्सो अधिनियम, थाना—गीडा, जनपद—गोरखपुर में प्रधान मजिस्ट्रेट, किशोर न्याय बोर्ड, गोरखपुर द्वारा पारित आलोच्य आदेश दिनांक 02.09.2022 तथा आपराधिक अपील संख्या 123/2022 में अपर जिला एवं विशेष सत्र न्यायाधीश पॉक्सो एक्ट-प्रथम, गोरखपुर द्वारा पारित आलोच्य आदेश दिनांक 20.0_.2022 को निरस्त करने और निगरानीकर्ता/किशोर को जमानत पर रिहा करने की कृपा करे और/या ऐसा अन्य एवं अग्रिम आदेश, जैसा इस माननीय न्यायालय द्वारा मामले की परिस्थितियों में पारित किया जाना उचित एवं उपयुक्त समझा जाए, पारित करने की कृपा करे।

मैं, उपरोक्त नामांकित शपथकर्ता, यहाँ सशपथ बयान करता हूँ कि इस शपथ-पत्र के पैरा संख्या 1, 2, 3, 13(अंश), 19(अंश), 24, 25, 26, 29, 30 एवं 31 के अन्तर्वस्तु मेरी निजी जानकारी में सत्य हैं; पैरा संख्या 4, 5, 6, 7, 8, 9, 10, 12, 13(अंश), 14, 15, 16, 17, 18, 19(अंश) एवं 23(अंश) के अन्तर्वस्तु रिकॉर्ड पर आधारित हैं; पैरा संख्या 11 के अन्तर्वस्तु सूचना पर आधारित हैं; और पैरा संख्या 20, 21, 22, 23(अंश), 27, 28 एवं 32 के अन्तर्वस्तु कानूनी परामर्श पर आधारित हैं, जिन्हें मैं सत्य मानता हूँ और इसका कोई भाग न तो असत्य है और न ही छिपाया गया है।

ईश्वर मेरी सहायता करे।

अँगूठा निशान **(शपथकर्ता)**

मैं,...पंजीकृत लिपिक, हाई कोर्ट इलाहाबाद, यहाँ यह घोषणा करता हूँ कि शपथ देनेवाला शपथकर्ता, जो स्वयं को शपथकर्ता बता रहा है, वही व्यक्ति है। मैं शपथकर्ता को उसके द्वारा मेरे समक्ष उपलब्ध कराए गए अभिलेख को देखकर जानता हूँ।

(...)

आज दिनांक...अक्टूबर, 2022 को पूर्वाह्न/अपराह्न...बजे शपथकर्ता द्वारा, जिसकी पहचान उपरोक्त व्यक्ति द्वारा की गई, सत्यनिष्ठा से मेरे समक्ष घोषणा की गई।

मैंने शपथकर्ता को इस शपथ-पत्र के अन्तर्वस्तु को पढ़ाया और समझाया है, और शपथकर्ता का परीक्षण करके सन्तुष्ट हूँ कि उसने इस शपथ-पत्र के अन्तर्वस्तु को भली-भाँति समझ लिया है।

(शपथ आयुक्त)

परिशिष्ट-10

स्थानान्तरण प्रार्थना-पत्र का प्रारूप

माननीय उच्च न्यायालय, इलाहाबाद के न्याय-प्रशासन के समक्ष

सिविल प्रकीर्ण स्थानान्तरण प्रार्थना-पत्र संख्या....वर्ष 2023

(अन्तर्गत धारा 24 सिविल प्रक्रिया संहिता)

जनपद—गोरखपुर

एक्स. गुप्ता (X. Gupta) पत्नी वाई. गोयल,
पुत्री...गुप्ता, पता—..., लखीमपुर

प्रार्थिनी/प्रतिवादी

बनाम

वाई. गोयल (Y. Goyal) पुत्र...,
पता—..., गोरखपुर

प्रतिपक्षी/वादी

सेवा में,

उपर्युक्त उल्लिखित न्यायालय के माननीय मुख्य न्यायाधीश एवं अन्य सहयोगी न्यायाधीशगण।

उपर्युक्त याची के इस प्रार्थना-पत्र के माध्यम से निम्न कथन सविनम्र प्रस्तुत किया जाता है :

1. यह कि इस स्थानान्तरण प्रार्थना-पत्र के उद्देश्य हेतु सम्पूर्ण तथ्य, संलग्न शपथ-पत्र में विस्तार से दिया गया है, जो इस प्रार्थना-पत्र का एक हिस्सा है।

प्रार्थना

अत: सविनम्र प्रार्थना की जाती है कि यह माननीय न्यायालय, सिविल न्यायाधीश (सीनियर डिवीजन), गोरखपुर के समक्ष लम्बित मूल वाद संख्या.../2018; वाई. गोयल बनाम एक्स. गुप्ता को गोरखपुर स्थित जनपद न्यायालय से लखीमपुर खीरी स्थित जनपद न्यायालय में स्थानान्तरित करने की कृपा करे।

पुन: सविनम्र प्रार्थना की जाती है कि यह माननीय न्यायालय, इस प्रार्थना-पत्र के विचाराधीन रहने तक माननीय सिविल न्यायाधीश (सीनियर डिवीजन), गोरखपुर के समक्ष लम्बित मूल वाद संख्या.../2018; वाई. गोयल बनाम एक्स. गुप्ता की कार्यवाही को रोकने की कृपा करे और/या ऐसा अन्य एवं अग्रिम आदेश, जैसा इस माननीय न्यायालय द्वारा मामले की परिस्थितियों में पारित किया जाना उचित एवं उपयुक्त समझा जाए, पारित करने की कृपा करे।

दिनांक...

अनूप बरनवाल
(Anoop Baranwal)
याची के विधिवक्ता

× × × ×

माननीय उच्च न्यायालय, इलाहाबाद के न्याय-प्रशासन के समक्ष

शपथ-पत्र

अन्तर्गत

सिविल प्रकीर्ण स्थानान्तरण प्रार्थना-पत्र संख्या 2023

(अन्तर्गत धारा 24 सिविल प्रक्रिया संहिता)

जनपद—गोरखपुर

एक्स. गुप्ता (X. Gupta) पत्नी वाई गोयल,
पुत्री...गुप्ता, पता—..., लखीमपुर

प्रार्थिनी/प्रतिवादी

बनाम

वाई. गोयल (Y. Goyal) पुत्र...,
पता—..., गोरखपुर

प्रतिपक्षी/वादी

शपथ-पत्र द्वारा...उम्र- ... वर्ष, पुत्र..., पता—...,
लखीमपुर शहर, लखीमपुर—262701
(धर्म—हिन्दू, व्यवसाय—सेवा)

(शपथकर्ता)

मैं, उपरोक्त नामांकित शपथकर्ता, यहाँ सत्यनिष्ठापूर्वक पुष्ट एवं सशपथ घोषणा करता हूँ :

1. यह कि शपथकर्ता प्रार्थिनी का सगा भाई है और वह उसकी तरफ से पैरवी कर रहा है और इस कारण वह मामले के निम्न सशपथ घोषित तथ्यों से भली-भाँति अवगत है।
2. यह कि यह प्रार्थना-पत्र, प्रार्थिनी की तरफ से धारा 24 सिविल प्रक्रिया संहिता के अन्तर्गत दाखिल उसी वादहेतु (Cause of Action) के लिए, जैसा इस प्रार्थना-पत्र में विद्यमान है, प्रथम प्रार्थना-पत्र है और अभी तक इस हाई कोर्ट की इलाहाबाद प्रधानपीठ में या लखनऊ खंडपीठ में उसी वादहेतु के लिए कोई अन्य प्रार्थना-पत्र अन्/धा 24 सि.प्र.सं. नहीं दाखिल किया है।
3. यह कि प्रार्थिनी ने अभी तक प्रतिपक्षी की तरफ से रजिस्टर्ड पत्र के माध्यम से कोई कैविएट या नोटिस नहीं प्राप्त किया है।
4. यह कि इस प्रार्थना-पत्र का आरम्भिक तथ्य यह है कि प्रार्थिनी और प्रतिपक्षी के मध्य 13.12.2000 को हिन्दू संस्कार एवं परम्परा के अनुसार विवाह सम्पन्न हुआ। उनके मध्य एक पुत्र.. 1..03.2007 को पैदा हुआ, जो प्रार्थिनी के साथ रह रहा है।
5. यह कि प्रार्थिनी और प्रतिपक्षी अपना खुशहाली भरा वैवाहिक जीवन व्यतीत कर रहे थे, किन्तु इसी दौरान दुर्भाग्य का पल तब आया जब प्रतिपक्षी का उसके ही अस्पताल नामतः...में काम कर रही जेड गुप्ता नाम की एक महिला के साथ अवैध सम्बन्ध विकसित हो गया।
6. यह कि प्रतिपक्षी और जेड गुप्ता के मध्य अवैध सम्बन्ध की जानकारी प्रार्थिनी को पहली बार जून, 2013 में हुई। प्रार्थिनी द्वारा इस अवैध सम्बन्ध का विरोध करने पर प्रतिपक्षी उसे शारीरिक एवं मानसिक रूप से प्रताड़ित करने लगा।

7. यह कि प्रार्थिनी को अपने से अलग करने और जेड गुप्ता के साथ आजादीपूर्वक रहने की बदनीयत एवं दुराशय से प्रतिपक्षी ने झूठे एवं मनगढ़न्त आरोप लगाते हुए एक प्रार्थना-पत्र अन्तर्गत धारा 156(3) अप.प्र. सं. 09.12.2013 को दाखिल किया। यह प्रार्थना-पत्र, प्रकीर्ण प्रार्थना संख्या.../2013 के रूप में दर्ज हुआ। प्रतिपक्षी के प्रार्थना-पत्र दिनांक 09.12.2013 की सत्यप्रति/फोटोप्रति इस शपथ-पत्र के साथ संलग्नक संख्या 1 के रूप में दाखिल की जा रही है।
8. यह कि उक्त प्रकीर्ण प्रार्थना संख्या.../2013 के मामले में माननीय न्यायिक मजिस्ट्रेट, गोरखपुर के न्यायालय ने आदेश दिनांक 16.05.2014 एवं 29.10.2014 पारित किया। माननीय न्यायिक मजिस्ट्रेट, गोरखपुर के न्यायालय के आदेश दिनांक 16.05.2014 एवं 29.10.2014 की सत्यप्रति/फोटोप्रति इस शपथ-पत्र के साथ संलग्नक संख्या 2 के रूप में दाखिल की जा रही है।
9. यह कि प्रकीर्ण प्रार्थना संख्या.../2013 का मामला माननीय न्यायिक मजिस्ट्रेट, गोरखपुर के न्यायालय के समक्ष आज भी विचाराधीन है। प्रकीर्ण प्रार्थना संख्या.../2013 के आदेश-पत्रक (Order-Sheet) की सत्यप्रति/फोटोप्रति इस शपथ-पत्र के साथ संलग्नक संख्या 3 के रूप में दाखिल की जा रही है।
10. यह कि यह अभिकथित किया जाता है कि प्रार्थिनी को प्रकीर्ण प्रार्थना संख्या.../2013 के मामले की जानकारी पहली बार जून, 2023 में हुई।
11. यह कि प्रतिपक्षी द्वारा प्रार्थिनी के विरुद्ध किए गए अपराध एवं प्रताड़ना के खिलाफ प्रार्थिनी द्वारा प्रथम सूचना रिपोर्ट दिनांक 23.01.2018, जिसका मुकदमा अपराध संख्या.../2018 अन्तर्गत धारा 498-क, 497, 323, 504, 506, एवं 120-क भा.द.सं., थाना—गुलरिहा, जिला—गोरखपुर है, दाखिल करना पड़ा। प्रार्थिनी के प्रथम सूचना रिपोर्ट दिनांक 23.01.2018 की सत्यप्रति/फोटोप्रति इस शपथ-पत्र के साथ संलग्नक संख्या 4 के रूप में दाखिल की जा रही है।
12. यह कि उक्त प्रथम सूचना रिपोर्ट दिनांक 23.01.2018 से उपजे आपराधिक मामले में जाँच अधिकारी ने सम्यक जाँचोपरान्त आरोप-पत्र (Charge

Sheet) दाखिल किया। इस आरोप-पत्र से उपजे आपराधिक मामला संख्या.../2019 में अपर मुख्य न्यायिक मजिस्ट्रेट, द्वितीय, गोरखपुर के न्यायालय ने प्रतिपक्षी के विरुद्ध संज्ञान लेते हुए समन आदेश दिनांक 13.07.2019 पारित किया। प्रतिपक्षी के विरुद्ध पारित समन आदेश दिनांक 13.07.2019 की सत्यप्रति/फोटोप्रति इस शपथ-पत्र के साथ संलग्नक संख्या 5 के रूप में दाखिल की जा रही है।

13. यह कि प्रतिपक्षी द्वारा दोबारा किए गए अपराध के खिलाफ प्रार्थिनी ने प्रथम सूचना रिपोर्ट दिनांक 23.03.2018 जिसका अपराध मुकदमा संख्या.../2018 अन्तर्गत धारा 323, 504 भा.द.सं., थाना—कैंट, जिला—गोरखपुर है, दाखिल किया। प्रार्थिनी के प्रथम सूचना रिपोर्ट दिनांक 23.03.2018 की सत्यप्रति/फोटोप्रति इस शपथ-पत्र के साथ संलग्नक संख्या 6 के रूप में दाखिल की जा रही है।

14. यह कि उक्त प्रथम सूचना रिपोर्ट दिनांक 23.03.2018 से उपजे आपराधिक मामले में जाँच अधिकारी ने, प्रतिपक्षी के प्रभाव में आकर गलत एवं अवैध तरीके से अन्तिम रिपोर्ट दिनांक 20.05.2021 दाखिल कर दी। इस अन्तिम रिपोर्ट से उपजे आपराधिक मामला संख्या 1177/2021 में कई तिथियाँ 21.06.2021, 27.08.2021, 15.11.2021, 08.02.2022, 25.07.2022, 12.09.2022, 07.12.2022, 13.02.2023, 18.05.2023, और 16.09.2023 निर्धारित हुईं। यह मामला अभी भी विचाराधीन है।

15. यह कि प्रतिपक्षी द्वारा की गई घरेलू हिंसा के विरुद्ध प्रार्थिनी ने माननीय अपर मुख्य न्यायिक मजिस्ट्रेट, लखीमपुर के न्यायालय के समक्ष शिकायत प्रार्थना-पत्र संख्या.../2020 अन्तर्गत धारा 12, घरेलू हिंसा अधिनियम, 2005 दाखिल किया। प्रार्थिनी के शिकायत प्रार्थना-पत्र संख्या.../2020 की सत्यप्रति/फोटोप्रति इस शपथ-पत्र के साथ संलग्नक संख्या 7 के रूप में दाखिल की जा रही है।

16. यह कि शिकायत प्रार्थना-पत्र संख्या.../2020 अन्तर्गत धारा 12, घरेलू हिंसा अधिनियम, 2005 के मामले में प्रतिपक्षी ने हाजिर होकर अपना उत्तरपत्र दिनांक 03.02.2023 दाखिल किया। प्रतिपक्षी के उत्तरपत्र दिनांक 03.02.2023 की सत्यप्रति/फोटोप्रति इस शपथ-पत्र के साथ संलग्नक संख्या 8 के रूप में दाखिल की जा रही है।

17. यह कि प्रार्थिनी की शिकायत प्रार्थना-पत्र संख्या.../2020 अन्तर्गत धारा 12, घरेलू हिंसा अधिनियम, 2005, अपर मुख्य न्यायिक मजिस्ट्रेट, लखीमपुर के न्यायालय के समक्ष विचाराधीन है।
18. यह कि प्रतिपक्षी ने मनगढ़न्त एवं बेबुनियाद तथ्यों के आधार पर माननीय सिविल न्यायाधीश (सीनियर डिवीजन), गोरखपुर के समक्ष मूल वाद संख्या.../2018; वाई. गोयल बनाम एक्स. गुप्ता दाखिल किया। मूल वाद संख्या.../2018 के अर्जीदावा की सत्यप्रति/फोटोप्रति इस शपथ-पत्र के साथ संलग्नक संख्या 9 के रूप में दाखिल की जा रही है।
19. यह कि उक्त मूल वाद में वशारतपुर, गोरखपुर स्थित विवादित भूमि और गौतम बिहार आवासीय योजना, गोरखपुर स्थित भूमि प्रार्थिनी ने विवाह के दौरान अपने माता-पिता द्वारा दिए गए और स्वयं के अर्जित धन से अपने नाम खरीदी थी। प्रतिपक्षी ने बदनीयत से इन दोनों सम्पत्ति के विरुद्ध प्रतिषेध आदेश जारी करने की माँग करते हुए उक्त मूल वाद दाखिल किया है।
20. यह कि मूल वाद संख्या.../2018 का उक्त मामला माननीय सिविल न्यायाधीश (सीनियर डिवीजन), गोरखपुर के समक्ष विचाराधीन है। मूल वाद संख्या.../2018 के आदेश-पत्रक (Order Sheet) की सत्यप्रति/फोटोप्रति इस शपथ-पत्र के साथ संलग्नक संख्या 10 के रूप में दाखिल की जा रही है।
21. यह कि प्रतिपक्षी के जेड गुप्ता के साथ विकसित हुए सम्बन्ध और प्रतिपक्षी द्वारा प्रार्थिनी के विरुद्ध किए गए आपराधिक कृत्य को देखते हुए प्रार्थिनी के समक्ष उससे विवाह-विच्छेद कर लेने के अलावा कोई विकल्प नहीं रह गया। अतः प्रार्थिनी ने माननीय प्रधान न्यायाधीश, पारिवारिक न्यायालय, लखीमपुर खीरी के समक्ष विवाह-विच्छेद याचिका संख्या.../2018 अन्तर्गत धारा 13 हिन्दू विवाह अधिनियम, 1955 दाखिल की। विवाह-विच्छेद याचिका संख्या.../2018 के अर्जीदावा की सत्यप्रति/फोटोप्रति इस शपथ-पत्र के साथ संलग्नक संख्या 11 के रूप में दाखिल की जा रही है।
22. यह कि विवाह-विच्छेद याचिका संख्या.../2018 के मामले में प्रतिपक्षी ने हाजिर होकर अपना उत्तरपत्र दाखिल किया। विवाह-विच्छेद

याचिका संख्या.../2018 में प्रतिपक्षी द्वारा दाखिल उत्तरपत्र की सत्यप्रति/फोटोप्रति इस शपथ-पत्र के साथ संलग्नक संख्या 12 के रूप में दाखिल की जा रही है।

23. यह कि विवाह-विच्छेद याचिका संख्या.../2018 का उक्त मामला माननीय प्रधान न्यायाधीश, पारिवारिक न्यायालय, लखीमपुर खीरी के समक्ष विचाराधीन है। विवाह-विच्छेद याचिका संख्या.../2018 के आदेश-पत्रक की सत्यप्रति/फोटोप्रति इस शपथ-पत्र के साथ संलग्नक संख्या 13 के रूप में दाखिल की जा रही है।

24. यह कि प्रार्थिनी के एफ.आई.आर. के प्रतिरोध (Counter Blast) में प्रतिपक्षी ने फर्जी और मनगढ़न्त आरोप लगाते हुए प्रार्थिनी और 3 अज्ञात लोगों के विरुद्ध प्रथम सूचना रिपोर्ट दिनांक 24.10.2018, दाखिल की, जिसका अपराध मुकदमा संख्या.../2013 अन्तर्गत धारा 406, 506, 419, 420 एवं 471 भा.द.सं., थाना—गुलरिहा, जिला—गोरखपुर है। प्रतिपक्षी के प्रथम सूचना रिपोर्ट दिनांक 24.10.2018 की सत्यप्रति/फोटोप्रति इस शपथ-पत्र के साथ संलग्नक संख्या 14 के रूप में दाखिल की जा रही है।

25. यह कि उक्त प्रथम सूचना रिपोर्ट दिनांक 24.10.2018 से उपजे आपराधिक मामले में जाँच अधिकारी ने सम्यक जाँचोपरान्त आरोप को प्रथमदृष्टया गलत एवं झूठा पाया और अन्तिम रिपोर्ट दाखिल की। इस अन्तिम रिपोर्ट से उपजे एफ.आई.आर. संख्या.../2020 का मामला अपर मुख्य न्यायिक मजिस्ट्रेट, द्वितीय, गोरखपुर के न्यायालय के समक्ष विचाराधीन है। एफ.आई.आर. संख्या.../2020 के आदेश-पत्रक (Order Sheet) की सत्यप्रति/फोटोप्रति इस शपथ-पत्र के साथ संलग्नक संख्या 15 के रूप में दाखिल की जा रही है।

26. यह कि मूल वाद संख्या.../2018 की मार्च, 2023 में जानकारी होने के तुरन्त बाद प्रार्थिनी ने अपने विधिवक्ता से सम्पर्क किया। परामर्श के उपरान्त प्रार्थिनी ने इस वाद में सि.प्रा.सं. के आदेश 7 नियम 11 के अन्तर्गत एक प्रकीर्ण प्रार्थना-पत्र 26-ग दिनांक 20.04.2023 दाखिल किया, जिसकी सत्यप्रति/फोटोप्रति इस शपथ-पत्र के साथ संलग्नक संख्या 16 के रूप में दाखिल की जा रही है।

27. यह कि प्रार्थिनी को जानकर आश्चर्य हुआ कि माननीय सिविल न्यायाधीश (सीनियर डिवीजन), गोरखपुर ने आदेश दिनांक 03.07.2023 पारित करके प्रकीर्ण प्रार्थना-पत्र 26-ग दिनांक 20.04.2023 को खारिज कर दिया। सिविल न्यायाधीश (सीनियर डिवीजन), गोरखपुर के आदेश दिनांक 03.07.2023 की सत्यप्रति/फोटोप्रति इस शपथ-पत्र के साथ संलग्नक संख्या 17 के रूप में दाखिल की जा रही है।

28. यह कि प्रतिपक्षी द्वारा त्यागे जाने के बाद प्रार्थिनी, वर्ष 2013 से लखीमपुर स्थित अपने मायके में रह रही है।

29. यह कि प्रार्थिनी के मायके में उसकी 70 वर्षीय वृद्ध माता और 16 वर्षीय पुत्र रहते हैं। उसके पिता श्री...गुप्ता की मृत्यु नवम्बर, 2019 में हो गई थी और उसका एकमात्र भाई...(शपथकर्ता)...के जनपद न्यायालय में लिपिक पद पर कार्यरत है। प्रार्थिनी के साथ कोई वयस्क पुरुष-सदस्य नहीं रहते हैं।

30. यह कि गोरखपुर और लखीमपुर खीरी के मध्य दूरी लगभग 350 किलोमीटर है और इन दोनों शहर के बीच कोई सीधी ट्रेन भी नहीं है। लखीमपुर खीरी से गोरखपुर आने-जाने में कम-से-कम दो रात और दो दिन का समय लगता है और इस कारण से प्रार्थिनी के लिए गोरखपुर जाकर मूल वाद संख्या.../2018 के मामले की पैरवी करना बहुत कठिन और असुरक्षित है।

31. यह कि प्रार्थिनी स्कोलियोसिस (Scoliosis) अर्थात रीढ़ के एक ओर टेढ़ेपन की बीमारी से पीड़ित है और डॉक्टर ने उसे लम्बी दूरी की यात्रा न करने का परामर्श दिया है। इस कारण भी प्रार्थिनी के लिए मूल वाद संख्या.../2018 के मामले की पैरवी करने के लिए गोरखपुर आना-जाना बहुत कठिन है। प्रार्थिनी के इलाज-पत्रक की सत्यप्रति/फोटोप्रति इस शपथ-पत्र के साथ संलग्नक संख्या 18 के रूप में दाखिल की जा रही है।

32. यह कि प्रार्थिनी की उम्र लगभग 40 वर्ष है। इस कारण उसके लिए अकेले 350 किलोमीटर की दूरी पर स्थित गोरखपुर आना-जाना उसकी सुरक्षा की दृष्टि से ठीक नहीं है।

33. यह कि प्रतिपक्षी द्वारा प्रार्थिनी या उसके पुत्र 16 वर्षीय...को उनके भरण-पोषण या पठन-पाठन के लिए आज तक कोई खर्च नहीं दिया गया

है और इसके विपरीत प्रतिपक्षी प्रार्थिनी और उसके पुत्र को मुकदमों के जरिए मानसिक, शारीरिक और आर्थिक रूप से परेशान और प्रताड़ित करता रहा है।

34. यह कि प्रार्थिनी आर्थिक रूप से निर्बल एवं लाचार है। इस कारण उसके द्वारा गोरखपुर जाकर मूल वाद संख्या.../2018 के मामले की पैरवी करना और साक्ष्य-सबूत प्रस्तुत करना सम्भव नहीं है।

35. यह कि मामले के उक्त तथ्यों एवं परिस्थितियों को दृष्टिगत रखते हुए, न्यायहित में आवश्यक है कि यह माननीय न्यायालय, सिविल न्यायाधीश (सीनियर डिवीजन), गोरखपुर के समक्ष लम्बित मूल वाद संख्या.../2018; वाई. गोयल बनाम एक्स. गुप्ता को गोरखपुर स्थित जनपद न्यायालय से लखीमपुर खीरी स्थित जनपद न्यायालय की सक्षम पीठ के समक्ष स्थानान्तरित करने की कृपा करे।

माननीय न्यायालय से यह भी सविनम्र प्रार्थना है कि वह इस प्रार्थना-पत्र के विचाराधीन रहने तक माननीय सिविल न्यायाधीश (सीनियर डिवीजन), गोरखपुर के समक्ष लम्बित मूल वाद संख्या.../2018; वाई. गोयल बनाम एक्स. गुप्ता की कार्यवाही को रोकने की कृपा करे और/या ऐसा अन्य एवं अग्रिम आदेश, जैसा इस माननीय न्यायालय द्वारा मामले की परिस्थितियों में पारित किया जाना उचित एवं उपयुक्त समझा जाए, पारित करने की कृपा करे।

मैं, उपरोक्त नामांकित शपथकर्ता, यहाँ सशपथ बयान करता हूँ कि इस शपथ-पत्र के पैरा संख्या...के अन्तर्वस्तु मेरी निजी जानकारी में सत्य हैं; पैरा संख्या...के अन्तर्वस्तु रिकॉर्ड पर आधारित हैं; पैरा संख्या... के अन्तर्वस्तु सूचना पर आधारित हैं; और पैरा संख्या...के अन्तर्वस्तु कानूनी सलाह पर आधारित हैं, जिन्हें मैं सत्य मानता हूँ और इसका कोई भाग न तो असत्य है और न ही छिपाया गया है।

ईश्वर मेरी सहायता करे।

अँगूठा निशान **(शपथकर्ता)**

मैं,...पंजीकृत लिपिक, हाई कोर्ट इलाहाबाद, यहाँ यह घोषणा करता हूँ कि शपथ देनेवाला शपथकर्ता, जो स्वयं को शपथकर्ता बता रहा है, वही व्यक्ति

है। मैं शपथकर्ता को उसके द्वारा मेरे समक्ष उपलब्ध कराए गए अभिलेख को देखकर जानता हूँ।

(...)

आज दिनांक...जुलाई, 2023 को पूर्वाह्न/अपराह्न...बजे शपथकर्ता द्वारा, जिसकी पहचान उपर्युक्त व्यक्ति द्वारा की गई, सत्यनिष्ठा से मेरे समक्ष घोषणा की गई।

मैंने शपथकर्ता को इस शपथ-पत्र के अन्तर्वस्तु को पढ़ाया और समझाया है, और शपथकर्ता का परीक्षण करके सन्तुष्ट हूँ कि उसने इस शपथ-पत्र के अन्तर्वस्तु को भली-भाँति समझ लिया है।

(शपथ आयुक्त)

परिशिष्ट-11

अनुक्रमणिका (Index) का प्रारूप

माननीय उच्च न्यायालय, इलाहाबाद के न्याय-प्रशासन के समक्ष

अनुक्रमणिका

अन्तर्गत

सिविल/आपराधिक प्रकीर्ण रिट याचिका संख्या.. वर्ष 2023

(भारतीय संविधान के अनुच्छेद 226 के अन्तर्गत)

जिला—इलाहाबाद

एक्स. सिंह (X. Singh) और 3 अन्य याचीगण

<u>बनाम</u>

उत्तर प्रदेश राज्य और 2 अन्य विपक्षीगण

क्रम सं.	विवरण	दिनांक	संल. सं.	पृष्ठ सं.
1.	तिथिवार घटनाएँ			
2.	सिविल/आपराधिक प्रकीर्ण अन्तरिम प्रार्थना-पत्र			
3.	सिविल/आपराधिक प्रकीर्ण रिट याचिका			
4.	...की सत्यप्रति		1	
...	...		...	
...	याचिका के समर्थन में शपथ-पत्र			
...	वकालतनामा			

दिनांक...

अनूप बरनवाल

(Anoop Baranwal)

याची के विधिवक्ता

परिशिष्ट-12

तिथिवार घटनाओं (Date and Events) का प्रारूप

माननीय उच्च न्यायालय, इलाहाबाद के न्याय-प्रशासन के समक्ष

तिथि एवं घटनाएँ

अन्तर्गत

सिविल/आपराधिक प्रकीर्ण रिट याचिका संख्या...वर्ष 2023

(भारतीय संविधान के अनुच्छेद 226 के अन्तर्गत)

जिला—इलाहाबाद

एक्स. सिंह (X. Singh) और 3 अन्य — याचीगण

बनाम

उत्तर प्रदेश राज्य और 2 अन्य — विपक्षीगण

तिथि	**घटनाएँ**
08/07/2022	विपक्षी संख्या 2 द्वारा उ. प्र. उच्चतर शिक्षा सेवा आयोग अधिनियम, 1980 की धारा 12 में निर्धारित प्रक्रिया का पालन करते हुए सहायक आचार्य (Assistant Professor) के कुल 917 पद पर भर्ती के लिए विज्ञापन जारी किया गया।
...	...
...	इस कारण वर्तमान याचिका दाखिल की जा रही है।

दिनांक...

अनूप बरनवाल
(Anoop Baranwal)
याची के विधिवक्ता

परिशिष्ट-13

किसी मामले में दाखिल होने वाले 'अन्तरिम प्रार्थना-पत्र' का प्रारूप

माननीय उच्च न्यायालय, इलाहाबाद के न्याय-प्रशासन के समक्ष

सिविल/आपराधिक प्रकीर्ण अन्तरिम प्रार्थना-पत्र संख्या...वर्ष 2023

अन्तर्गत

सिविल/आपराधिक प्रकीर्ण रिट याचिका संख्या...वर्ष 2023

(भारतीय संविधान के अनुच्छेद 226 के अन्तर्गत)

जिला—इलाहाबाद

1. एक्स. सिंह (X. Singh), पुत्र..., पता—...
2. ...

याचीगण

<u>बनाम</u>

1. उत्तर प्रदेश राज्य, उच्च शिक्षा मंत्रालय, लखनऊ, इसके सचिव के माध्यम से
2. ...

प्रतिपक्षीगण

सेवा में,

उपर्युक्त उल्लिखित न्यायालय के माननीय मुख्य न्यायाधीश एवं अन्य सहयोगी न्यायाधीशगण।

उपर्युक्त याचीगण के इस प्रार्थना-पत्र के माध्यम से निम्न कथन सविनम्र प्रस्तुत किया जाता है :

1. यह कि इस प्रार्थना-पत्र के उद्‌देश्य हेतु सम्पूर्ण कथ्य, संलग्न रिट याचिका एवं इसके समर्थन में दाखिल शपथ-पत्र में विस्तार से दिया गया है, जो इस प्रार्थना-पत्र का एक हिस्सा है।

प्रार्थना

अतः सविनम्र प्रार्थना की जाती है कि यह माननीय न्यायालय, उपर्युक्त याचिका के विचाराधीन रहने तक विपक्षी संख्या 2 द्वारा पारित आदेश दिनांक...के प्रभाव को रोकने और मौके पर यथास्थिति बनाए रखने हेतु अन्तरिम आदेश जारी करने की कृपा करे, और/या ऐसा अन्य एवं अग्रिम आदेश, जैसा इस माननीय न्यायालय द्वारा मामले की परिस्थितियों में पारित किया जाना उचित एवं उपयुक्त समझा जाए, पारित करने की कृपा करे।

या

अतः सविनम्र प्रार्थना की जाती है कि यह माननीय न्यायालय, उपर्युक्त याचिका के विचाराधीन रहने तक विपक्षी संख्या 3 को मुकदमा अपराध संख्या...वर्ष 2022 अं/धा..., ...अधिनियम; थाना—बाबूगढ़, जनपद—हापुड़ में याची को गिरफ्तार न करने और उसके विरुद्ध कोई उत्पीड़न की कार्यवाही न करने का निर्देश देने की कृपा करे, और/या ऐसा अन्य एवं अग्रिम आदेश, जैसा इस माननीय न्यायालय द्वारा मामले की परिस्थितियों में पारित किया जाना उचित एवं उपयुक्त समझा जाए, पारित करने की कृपा करे।

दिनांक...

अनूप बरनवाल

(Anoop Baranwal)

याची के विधिवक्ता

परिशिष्ट-14

किसी मामले में दाखिल होने वाले 'प्रार्थना-पत्र' का प्रारूप

माननीय उच्च न्यायालय, इलाहाबाद के न्याय-प्रशासन के समक्ष

सिविल प्रकीर्ण पक्षकार-संयोजन प्रार्थना-पत्र संख्या...वर्ष 2023

(Civil Misc. Impleadment Application No. of 2023)
(इलाहाबाद हाई कोर्ट नियम, 1952 के अध्याय 22, नियम 5-क के अन्तर्गत)

अन्तर्गत

सिविल प्रकीर्ण रिट याचिका संख्या...वर्ष 2023
(भारतीय संविधान के अनुच्छेद 226 के अन्तर्गत)

जनपद—आजमगढ़

एक्स. देवी (X. Devi) पत्नी...,
निवासी—..., जिला—आजमगढ़, उत्तर प्रदेश-276135

याची

बनाम

1. उत्तर प्रदेश राज्य, गृह मंत्रालय, लखनऊ, इसके सचिव के माध्यम से,
2. ...

प्रतिपक्षीगण

सेवा में,

उपर्युक्त उल्लिखित न्यायालय के माननीय मुख्य न्यायाधीश एवं अन्य सहयोगी न्यायाधीशगण।

उपर्युक्त याची के इस प्रार्थना-पत्र के माध्यम से निम्न कथन सविनम्र प्रस्तुत किया जाता है :

1. यह कि इस प्रार्थना-पत्र के उद्देश्य हेतु सम्पूर्ण तथ्य, संलग्न शपथ-पत्र में विस्तार से दिया गया है, जो इस प्रार्थना-पत्र का एक हिस्सा है।
2. यह कि वर्तमान प्रार्थना-पत्र...को दाखिल किया जा रहा है, जो इस माननीय न्यायालय के समक्ष...को आने की सम्भावना है।

प्रार्थना

अत: सविनम्र प्रार्थना की जाती है कि यह माननीय न्यायालय, उक्त रिट याचिका में 'ग्राम सभा—धरसन, पोस्ट—कंधरापुर, जिला—आजमगढ़, उत्तर प्रदेश, इसके ग्राम प्रधान के माध्यम से' को प्रतिपक्षी संख्या 6 के रूप में जोड़ने की अनुमति प्रदान करने की कृपा करे, और/या ऐसा अन्य एवं अग्रिम आदेश, जैसा इस माननीय न्यायालय द्वारा मामले की परिस्थितियों में पारित किया जाना उचित एवं उपयुक्त समझा जाए, पारित करने की कृपा करे।

दिनांक

अनूप बरनवाल
(Anoop Baranwal)
याची के विधिवक्ता

× × × ×

माननीय उच्च न्यायालय, इलाहाबाद के न्याय-प्रशासन के समक्ष

शपथ-पत्र

अन्तर्गत

सिविल प्रकीर्ण पक्षकार-संयोजन प्रार्थना-पत्र संख्या...वर्ष 2023

(Civil Misc. Impleadment Application No. of 2023)

(इलाहाबाद हाई कोर्ट नियम, 1952 के अध्याय 22, नियम 5-क के अन्तर्गत)

अन्तर्गत

सिविल प्रकीर्ण रिट याचिका संख्या...वर्ष 2023

(भारतीय संविधान के अनुच्छेद 226 के अन्तर्गत)

जनपद—आजमगढ़

एक्स. देवी (X. Devi), पत्नी...,
निवासी—..., जिला—आजमगढ़, उत्तर प्रदेश-276135

याची

बनाम

1. उत्तर प्रदेश राज्य, गृह मंत्रालय, लखनऊ, इसके सचिव के माध्यम से,
2. ...

प्रतिपक्षीगण

शपथ-पत्र द्वारा...उम्र लगभग ...वर्ष पुत्र..., निवासी—...,
जिला—आजमगढ़, उत्तर प्रदेश-276135
(धर्म—हिन्दू, व्यवसाय—व्यवसाय)

(शपथकर्ता)

मैं, उपरोक्त नामांकित शपथकर्ता, यहाँ सत्यनिष्ठापूर्वक सशपथ घोषणा एवं पुष्टि करता हूँ :

1. यह कि शपथकर्ता याची का पति है और वह उसकी तरफ से पैरवी कर रहा है और इस कारण वह मामले के निम्न सशपथ घोषित तथ्यों से भली-भाँति अवगत है।
2. यह कि उक्त रिट याचिका में 'ग्राम सभा—धरसन, पोस्ट—कंधरापुर, जिला—आजमगढ़, उत्तर प्रदेश, इसके ग्राम प्रधान के माध्यम से' भी एक उचित एवं आवश्यक पक्षकार है।
3. यह कि भूलवश 'ग्राम सभा—धरसन, पोस्ट—कंधरापुर, जिला—आजमगढ़, उत्तर प्रदेश, इसके ग्राम प्रधान के माध्यम से' को उक्त रिट याचिका में प्रतिपक्षी के रूप में पक्षकार नहीं बनाया जा सका है।
4. यह कि मामले के उक्त तथ्यों एवं परिस्थितियों को दृष्टिगत रखते हुए न्यायहित में आवश्यक है कि उक्त रिट याचिका में 'ग्राम सभा—धरसन, पोस्ट—कंधरापुर, जिला—आजमगढ़, उत्तर प्रदेश, इसके ग्राम प्रधान के माध्यम से' को प्रतिपक्षी संख्या 6 के रूप में जोड़ने की अनुमति प्रार्थिनी/याची को प्रदान करने की कृपा करे, अन्यथा प्रार्थिनी को अपूरणीय क्षति कारित होगा।

मैं, उपरोक्त नामांकित शपथकर्ता, यहाँ सशपथ बयान करता हूँ कि इस शपथ-पत्र के पैरा संख्या 1 के अन्तर्वस्तु मेरे निजी जानकारी में सत्य है; और पैरा संख्या... के अन्तर्वस्तु रिकॉर्ड पर आधारित हैं; और पैरा संख्या 2 एवं 4 के अन्तर्वस्तु

कानूनी परामर्श पर आधारित हैं; और पैरा संख्या 3 के अन्तर्वस्तु सूचना पर आधारित हैं, जिन्हें मैं सत्य मानता हूँ और इसका कोई भाग न तो असत्य है और न ही छिपाया गया है।

ईश्वर मेरी सहायता करे।

अँगूठा निशान **(शपथकर्ता)**

मैं,...पंजीकृत लिपिक, हाई कोर्ट इलाहाबाद, यहाँ यह घोषणा करता हूँ कि शपथ देनेवाला शपथकर्ता, जो स्वयं को शपथकर्ता बता रहा है, वही व्यक्ति है। मैं शपथकर्ता को उसके द्वारा मेरे समक्ष उपलब्ध कराए गए अभिलेख को देखकर जानता हूँ।

(...)

आज दिनांक...फरवरी, 2023 को पूर्वाह्न/अपराह्न...बजे शपथकर्ता द्वारा, जिसकी पहचान उपरोक्त व्यक्ति द्वारा की गई, सत्यनिष्ठा से मेरे समक्ष घोषणा की गई।

मैंने शपथकर्ता को इस शपथ-पत्र के अन्तर्वस्तु को पढ़ाया और समझाया है, और शपथकर्ता का परीक्षण करके सन्तुष्ट हूँ कि उसने इस शपथ-पत्र के अन्तर्वस्तु को भली-भाँति समझ लिया है।

(शपथ आयुक्त)

परिशिष्ट-15

अलग-अलग प्रार्थना-पत्र (Application) हेतु 'प्रार्थना (Prayer) का प्रारूप

1. आदेश-संशोधन (Correction) प्रार्थना-पत्र हेतु प्रार्थना

अतः सविनम्र प्रार्थना की जाती है कि यह माननीय न्यायालय, इस प्रार्थना-पत्र को स्वीकार करने और आदेश दिनांक...में संशोधन, जैसा उपरोक्त पैरा संख्या...में वर्णित है, करने की कृपा करे, और/या ऐसा अन्य एवं अग्रिम आदेश, जैसा इस माननीय न्यायालय द्वारा मामले की परिस्थितियों में पारित किया जाना उचित एवं उपयुक्त समझा जाए, पारित करने की कृपा करे।

2. पुनर्स्थापन (Restoration) प्रार्थना-पत्र हेतु प्रार्थना

अतः सविनम्र प्रार्थना की जाती है कि यह माननीय न्यायालय, इस प्रार्थना-पत्र को स्वीकार करने और माननीय न्यायमूर्ति...द्वारा पारित निर्णय एवं आदेश दिनांक...को वापस लेते हुए रिट याचिका/द्वितीय अपील/प्रथम अपील...को इसके मूल संख्या पर पुनर्स्थापित करने की कृपा करे, और/या ऐसा अन्य एवं अग्रिम आदेश, जैसा इस माननीय न्यायालय द्वारा मामले की परिस्थितियों में पारित किया जाना उचित एवं उपयुक्त समझा जाए, पारित करने की कृपा करे।

3. पक्षकार-प्रतिस्थापन (Substitution) प्रार्थना-पत्र हेतु प्रार्थना

अतः सविनम्र प्रार्थना की जाती है कि यह माननीय न्यायालय, इस प्रार्थना-पत्र को स्वीकार करने और पक्षकार-रचना (Array of Parties) से प्रतिपक्षी संख्या 2 का

नाम निकालकर उनके स्थान पर संलग्न शपथ-पत्र के पैरा 3 में वर्णित व्यक्तियों का नाम वारिस एवं कानूनी प्रतिनिधि के रूप में प्रतिस्थापित करने की कृपा करे, और/या ऐसा अन्य एवं अग्रिम आदेश, जैसा इस माननीय न्यायालय द्वारा मामले की परिस्थितियों में पारित किया जाना उचित एवं उपयुक्त समझा जाए, पारित करने की कृपा करे।

4. स्थगन विस्तार (Stay Extension) प्रार्थना-पत्र हेतु प्रार्थना

अतः सविनम्र प्रार्थना की जाती है कि यह माननीय न्यायालय, इस प्रार्थना-पत्र को स्वीकार करने और उक्त मामले में पारित स्थगन आदेश दिनांक...को विस्तारित करने की कृपा करे, और/या ऐसा अन्य एवं अग्रिम आदेश, जैसा इस माननीय न्यायालय द्वारा मामले की परिस्थितियों में पारित किया जाना उचित एवं उपयुक्त समझा जाए, पारित करने की कृपा करे।

5. विलम्ब माफी (Delay Condonation) प्रार्थना-पत्र हेतु प्रार्थना

अतः सविनम्र प्रार्थना की जाती है कि यह माननीय न्यायालय, संलग्न...प्रार्थना-पत्र को दाखिल करने में हुए विलम्ब को माफ करने की कृपा करे, और/या ऐसा अन्य एवं अग्रिम आदेश, जैसा इस माननीय न्यायालय द्वारा मामले की परिस्थितियों में पारित किया जाना उचित एवं उपयुक्त समझा जाए, पारित करने की कृपा करे।

6. सूचीकरण (Listing) प्रार्थना-पत्र हेतु प्रार्थना

अतः सविनम्र प्रार्थना की जाती है कि यह माननीय न्यायालय, उक्त मामले को यथाशीघ्र किसी निश्चित तिथि पर सूचीबद्ध करने के लिए सम्बन्धित कार्यालय को निर्देशित करने की कृपा करे, और/या ऐसा अन्य एवं अग्रिम आदेश, जैसा इस माननीय न्यायालय द्वारा मामले की परिस्थितियों में पारित किया जाना उचित एवं उपयुक्त समझा जाए, पारित करने की कृपा करे।

परिशिष्ट-16

शपथ-पत्र (Affidavit) का प्रारूप

माननीय उच्च न्यायालय, इलाहाबाद के न्याय-प्रशासन के समक्ष

शपथ-पत्र

अन्तर्गत

सिविल प्रकीर्ण रिट याचिका संख्या...वर्ष 2023

(भारतीय संविधान के अनुच्छेद 226 के अन्तर्गत)

जिला—इलाहाबाद

एक्स. सिंह (X. Singh) और 3 अन्य

याचीगण

बनाम

उत्तर प्रदेश राज्य और 2 अन्य

विपक्षीगण

शपथ-पत्र द्वारा...उम्र लगभग...वर्ष

पुत्र...पता—...

(धर्म—हिन्दू, व्यवसाय—विद्यार्थी)

(शपथकर्ता)

मैं, उपरोक्त नामांकित शपथकर्ता, यहाँ सत्यनिष्ठापूर्वक सशपथ घोषणा एवं पुष्टि करता हूँ :

1. यह कि शपथकर्ता उक्त रिट याचिका में याची संख्या 1 है और वह याची संख्या 2, 3 एवं 4 की तरफ से पैरवी कर रहा है और इस कारण वह मामले के निम्न सशपथ घोषित तथ्यों से भली-भाँति अवगत है।

2. यह कि मामले के सम्पूर्ण तथ्य एवं परिस्थितियाँ संलग्न रिट याचिका में विस्तार से दी गई हैं, जिसे इस शपथ-पत्र के समर्थन में पढ़ने की कृपा की जाए।

मैं, उपरोक्त नामांकित शपथकर्ता, यहाँ सशपथ बयान करता हूँ कि इस शपथ-पत्र के पैरा संख्या 1 एवं 2 और संलग्न रिट याचिका के पैरा संख्या 1, 2, 11(अंश), 16, 19(अंश) एवं 20 के अन्तर्वस्तु मेरी निजी जानकारी में सत्य हैं; और संलग्न रिट याचिका के पैरा संख्या 3, 4, 5, 6, 7, 8, 9 एवं 11(अंश) के अन्तर्वस्तु रिकॉर्ड पर आधारित हैं; और संलग्न रिट याचिका के पैरा संख्या 10, 12, 13 एवं 17 के अन्तर्वस्तु सूचना पर आधारित हैं; और संलग्न रिट याचिका के पैरा संख्या 14, 15, 18, 19(अंश), 20, 21, 23 एवं 24 के अन्तर्वस्तु कानूनी परामर्श पर आधारित हैं, जिन्हें मैं सत्य मानता हूँ और इसका कोई भाग न तो असत्य है और न ही छिपाया गया है।

ईश्वर मेरी सहायता करे।

अँगूठा निशान **(शपथकर्ता)**

मैं,...पंजीकृत लिपिक, हाई कोर्ट इलाहाबाद, यहाँ यह घोषणा करता हूँ कि शपथ देनेवाला शपथकर्ता, जो स्वयं को शपथकर्ता बता रहा है, वही व्यक्ति है। मैं शपथकर्ता को उसके द्वारा मेरे समक्ष उपलब्ध कराए गए अभिलेख को देखकर जानता हूँ।

(...)

आज दिनांक...अप्रैल, 2023 को पूर्वाह्न/अपराह्न...बजे शपथकर्ता द्वारा, जिसकी पहचान उपरोक्त व्यक्ति द्वारा की गई, सत्यनिष्ठा से मेरे समक्ष घोषणा की गई।

मैंने शपथकर्ता को इस शपथ-पत्र के अन्तर्वस्तु को पढ़ाया और समझाया है, और शपथकर्ता का परीक्षण करके सन्तुष्ट हूँ कि उसने इस शपथ-पत्र के अन्तर्वस्तु को भली-भाँति समझ लिया है।

(शपथ आयुक्त)

परिशिष्ट-17

'उत्तर शपथ-पत्र (Counter Affidavit)' का प्रारूप

माननीय उच्च न्यायालय, इलाहाबाद के न्याय-प्रशासन के समक्ष

उत्तर शपथ-पत्र

अन्तर्गत

आपराधिक प्रकीर्ण जमानत प्रार्थना-पत्र संख्या...वर्ष 2020

(अन्तर्गत धारा 439 अपराध प्रक्रिया संहिता)

जनपद—आजमगढ़

एस. उपाध्याय, पुत्र..., निवासी ग्राम—...
थाना—अहरौला, जिला—आजमगढ़

प्रार्थी

बनाम

उत्तर प्रदेश राज्य

प्रतिपक्षी

शपथ-पत्र द्वारा...उम्र-43 वर्ष, पुत्र..., पता—...,
नगर पंचायत..., जिला—आजमगढ़।
(धर्म—हिन्दू, व्यवसाय—व्यवसाय)

(शपथकर्ता)

मैं, उपर्युक्त नामांकित शपथकर्ता, यहाँ सत्यनिष्ठापूर्वक सशपथ घोषणा एवं पुष्टि करता हूँ :

1. यह कि शपथकर्ता उक्त मामले में शिकायतकर्ता है और इस कारण वह मामले के निम्न सशपथ घोषित तथ्यों से भली-भाँति अवगत है।

2. यह कि चतुर्थ जमानत प्रार्थना-पत्र के समर्थन में दाखिल शपथ-पत्र का पैरावार उत्तर निम्न है।
3. यह कि शपथ-पत्र के पैरा संख्या 1 व 2 के अन्तर्वस्तु, औपचारिक होने के कारण इसका उत्तर देने की आवश्यकता नहीं है।
4. यह कि शपथ-पत्र के पैरा संख्या 3 के अन्तर्वस्तु के उत्तर में कहना है कि प्रार्थी ने अपनी कोचिंग संस्था का नाजायज लाभ उठाते हुए जघन्य अपराध किया है, जिसके लिए वह कारावास में है।
5. यह कि शपथ-पत्र के पैरा संख्या 4, 5 व 6 के अन्तर्वस्तु अभिलेख के विषय हैं, जिन्हें इनके माध्यम से सत्यापित किया जा सकता है।
6. यह कि शपथ-पत्र के पैरा संख्या 7, 8, 9, 10, 11, 12, 13, 14, एवं 15 के अन्तर्वस्तु अभिलेख के विषय हैं, जिन्हें इनके माध्यम से सत्यापित किया जा सकता है। इनके उत्तर में यह कहना है कि प्रार्थी/अभियुक्त ने अपनी कोचिंग संस्था का नाजायज लाभ उठाते हुए जघन्य अपराध किया है, जिसके विरुद्ध शिकायतकर्ता द्वारा प्रथम सूचना रिपोर्ट दिनांक 22.12.2016 दाखिल की गई और जाँचोपरान्त जाँच अधिकारी ने आरोप-पत्र दाखिल किया है। घटना के समय पीड़िता कक्षा 8 की छात्रा थी और उसकी उम्र 14 वर्ष थी। पीड़िता के जूनियर हाई स्कूल एवं हाई स्कूल के अंकपत्र की सत्यप्रति/फोटोप्रति इस शपथ-पत्र के साथ संलग्नक संख्या 1 के रूप में दाखिल की जा रही है।
7. यह कि शपथ-पत्र के पैरा संख्या 16 के अन्तर्वस्तु के उत्तर में निम्न कथन किया जाता है—
   (क) यह कि पी.डब्ल्यू.-1 (शिकायतकर्ता) और पी.डब्ल्यू.-2 की मुख्य परीक्षा एवं प्रतिपरीक्षा 13.12.2017 से 20.09.2018 की अवधि के दौरान हुई। इस दौरान अभियुक्त की ओर से आजमगढ़ के दो विधिवक्तागण श्री...यादव और...यादव उपस्थित हुए। ये दोनों माननीय अधिवक्तागण आजमगढ़ में अपराध क्षेत्र के प्रसिद्ध विधिवक्ता हैं। सभी अभियुक्तों की ओर से श्री...यादव ने पी.डब्ल्यू.-1 की प्रतिपरीक्षा (Cross Examination) की।
   (ख) यह कि इसके उपरान्त पी.डब्ल्यू.-3 (पीड़िता) की मुख्य परीक्षा एवं प्रतिपरीक्षा 15.11.2018 से आरम्भ हुई और क्रमशः 15.11.2018,

23.11.2018, 27.11.2018 एवं 30.11.2018 को हुई। प्रतिपरीक्षा के लिए अगली तिथि 07.12.2018 निश्चित की गई। इस दिन भी पी.डब्ल्यू.-3 (पीड़िता) उपस्थित हुई। किन्तु अभियुक्त के दो विधिवक्ताओं में से एक विधिवक्ता श्री...यादव ने प्रतिपरीक्षा को टालने का प्रार्थना-पत्र दे दिया, जिसे माननीय परीक्षण न्यायालय ने अपने आदेश दिनांक 07.12.2018 द्वारा खारिज कर दिया। प्रार्थी/अभियुक्त की ओर से श्री...यादव, विधिवक्ता के माध्यम से दाखिल प्रार्थना-पत्र दिनांक 07.12.2018 एवं परीक्षण न्यायालय के आदेश दिनांक 07.12.2018 की सत्यप्रति/फोटोप्रति इस शपथ-पत्र के साथ क्रमशः संलग्नक संख्या 2 एवं 3 के रूप में दाखिल की जा रही है।

(ग) यह कि अभियुक्त/प्रार्थी के विधिवक्ता श्री...यादव द्वारा कोई चिकित्सा प्रमाण-पत्र नहीं दाखिल किया गया। परीक्षण न्यायालय का आदेश दिनांक 07.12.2018 सम्यक एवं न्यायोचित आदेश है, जिसे अभियुक्त/प्रार्थी द्वारा भी कभी चुनौती नहीं दी गई।

(घ) यह कि श्री..., विधिवक्ता की अनुपस्थिति में अभियुक्त/प्रार्थी के दूसरे अधिवक्ता श्री...द्वारा प्रतिपरीक्षा की जा सकती थी, किन्तु ऐसा न करके केवल पीड़िता को परेशान एवं उत्पीड़ित करने का प्रयास किया गया।

(च) यह कि माननीय परीक्षण न्यायालय के आदेश के अनुपालन में पी.डब्ल्यू.-3 (पीड़िता) की पुनः प्रतिपरीक्षा क्रमशः 14.02.2019 एवं 05.04.2019 को हुई। इस बात की जानकारी अभियुक्त/प्रार्थी को और उनके अधिवक्तागण को थी, किन्तु उनके द्वारा पुनः प्रतिपरीक्षा के लिए, यदि कोई छूटा था, कोई प्रार्थना-पत्र नहीं दिया गया।

(छ) यह कि तत्पश्चात जाँच अधिकारी एवं चिकित्सा अधिकारी/पी.डब्ल्यू.-4, पी.डब्ल्यू.-5 और पी.डब्ल्यू.-6 की मुख्य परीक्षा एवं प्रतिपरीक्षा 18.07.2019 से 06.01.2020 की अवधि के दौरान हुई।

(ज) यह कि अभियोजन पक्ष की ओर से सभी गवाहों का साक्ष्य पूर्ण हो गया।

(झ) यह कि पीड़िता को परेशान एवं उत्पीड़ित करने की नीयत से प्रार्थी/अभियुक्त की ओर से सी.आर.पी.सी. की धारा 311 के अन्तर्गत प्रार्थना-पत्र दिनांक 06.11.2020 दाखिल किया गया, जिसे आलोच्य आदेश दिनांक 01.11.2021 द्वारा स्वीकार कर लिया गया। प्रार्थी/अभियुक्त की ओर से दाखिल प्रार्थना-पत्र दिनांक 06.11.2020 एवं परीक्षण न्यायालय के आलोच्य आदेश दिनांक 01.11.2021 की सत्यप्रति/फोटोप्रति इस शपथ-पत्र के साथ क्रमशः संलग्नक संख्या 4 एवं 5 के रूप में दाखिल की जा रही है।

8. यह कि शपथ-पत्र के पैरा संख्या 17, 18, 19, 20, 21 एवं 22 के अन्तर्वस्तु गलत, एवं आधारहीन हैं अतः इन्हें अस्वीकार किया जाता है। प्रार्थी/अभियुक्त, इस चतुर्थ जमानत-पत्र के लिए कोई नया आधार बता पाने में असफल रहा है।
9. यह कि शपथ-पत्र के पैरा संख्या 23 के अन्तर्वस्तु ऑर्डरशीट से सम्बन्धित हैं और अभिलेख के विषय हैं, जिन्हें इनके माध्यम से सत्यापित किया जा सकता है।
10. यह कि शपथ-पत्र के पैरा संख्या 24, 25, 26, 27, 28, 29, 30 एवं 31 के अन्तर्वस्तु गलत, एवं आधारहीन हैं और इन्हें जिस तरह कहा गया है, वह अस्वीकरणीय हैं। प्रार्थी/अभियुक्त, इस चतुर्थ जमानत-पत्र के लिए कोई नया आधार बता पाने में असफल रहा है।
11. यह कि शपथ-पत्र के पैरा संख्या 32 के समर्थन में कोई साक्ष्य नहीं दाखिल किया गया है।
12. यह कि शपथ-पत्र के पैरा संख्या 33, 34, 35, 36, 37, 38, 39, 40 एवं 41 के अन्तर्वस्तु गलत, एवं आधारहीन हैं और इन्हें जिस तरह कहा गया है, वह अस्वीकरणीय हैं। प्रार्थी/अभियुक्त, इस चतुर्थ जमानत-पत्र के लिए कोई नया आधार बता पाने में असफल रहा है। अतः अभियुक्त/प्रार्थी की ओर से दाखिल वर्तमान चतुर्थ जमानत प्रार्थना-पत्र अर्थदंड के साथ खारिज होने योग्य है।

मैं, उपरोक्त नामांकित शपथकर्ता, यहाँ सशपथ बयान करता हूँ कि इस शपथ-पत्र के पैरा संख्या 1, 2, 3, 7, 7ढ, 11, 13 एवं 14 के अन्तर्वस्तु मेरी निजी

जानकारी में सत्य हैं; पैरा संख्या 5, 6(अंश), 7ख, 7झ, 9, 16 एवं 18(अंश) के अन्तर्वस्तु रिकॉर्ड पर आधारित हैं; पैरा संख्या के अन्तर्वस्तु 4, 6(अंश), 7क, 7ख, 7ग, 7घ, 7च, 7छ, 7ज, 7ट, 7ठ, 7ड एवं 15 सूचना पर आधारित हैं; और पैरा संख्या 8, 10, 12, 17, 18(अंश), 19 एवं 20 के अन्तर्वस्तु कानूनी परामर्श पर आधारित हैं, जिन्हें मैं सत्य मानता हूँ और इसका कोई भाग न तो असत्य है और न ही छिपाया गया है।

ईश्वर मेरी सहायता करे।

अँगूठा निशान **(शपथकर्ता)**

मैं,...पंजीकृत लिपिक, हाई कोर्ट इलाहाबाद, यहाँ यह घोषणा करता हूँ कि शपथ देनेवाला शपथकर्ता, जो स्वयं को शपथकर्ता बता रहा है, वही व्यक्ति है। मैं शपथकर्ता को उसके द्वारा मेरे समक्ष उपलब्ध कराए गए अभिलेख को देखकर जानता हूँ।

(...)

आज दिनांक...जनवरी, 2023 को पूर्वाह्न/अपराह्न...बजे शपथकर्ता द्वारा, जिसकी पहचान उपरोक्त व्यक्ति द्वारा की गई, सत्यनिष्ठा से मेरे समक्ष घोषणा की गई।

मैंने शपथकर्ता को इस शपथ-पत्र के अन्तर्वस्तु को पढ़ाया और समझाया है, और शपथकर्ता का परीक्षण करके सन्तुष्ट हूँ कि उसने इस शपथ-पत्र के अन्तर्वस्तु को भली-भाँति समझ लिया है।

(शपथ आयुक्त)

परिशिष्ट-18

'प्रत्युत्तर शपथ-पत्र (Rejoinder Affidavit)' का प्रारूप

माननीय उच्च न्यायालय, इलाहाबाद के न्याय-प्रशासन के समक्ष

प्रत्युत्तर शपथ-पत्र

अन्तर्गत

आपराधिक निगरानी संख्या 4643 वर्ष 2022

[अन्तर्गत धारा 102, किशोर न्याय (बच्चों की देख-रेख एवं संरक्षण)]
अधिनियम, 2015

जनपद—गोरखपुर

XXX जुवेनाइल (XXX Juvenile) अवयस्क पुत्र श्री...निषाद जरिये पिता/नैसर्गिक संरक्षक...निषाद, पता—ग्राम/पोस्ट—बहरामपुर, थाना—गीडा, जिला—गोरखपुर

निगरानीकर्ता

(09/06/2022 से निरुद्ध)

<u>बनाम</u>

1. उत्तर प्रदेश राज्य, गृह मंत्रालय, लखनऊ,
   इसके सचिव के माध्यम से
2. किशोर न्याय बोर्ड, गोरखपुर
3. श्री...पुत्र...पता—...,
   थाना—गीडा, जिला—गोरखपुर...

प्रतिपक्षीगण

शपथ-पत्र द्वारा...उम्र—29 वर्ष, पुत्र श्री..., पता—ग्राम/पोस्ट—बहरामपुर, थाना—गीडा, जिला—गोरखपुर
(धर्म—हिन्दू, व्यवसाय—श्रमिक)

(शपथकर्ता)

मैं, उपरोक्त नामांकित शपथकर्ता, यहाँ सत्यनिष्ठापूर्वक सशपथ घोषणा एवं पुष्टि करता हूँ :

1. यह कि शपथकर्ता उक्त मामले में निगरानीकर्ता का पिता और नैसर्गिक संरक्षक है, तथा इस रूप में वह निगरानीकर्ता की तरफ से पैरवी कर रहा है और इस कारण वह मामले के निम्न सशपथ घोषित तथ्यों से भली-भाँति अवगत है।
2. यह कि शपथकर्ता ने प्रतिपक्षी संख्या 1 के उत्तर शपथ-पत्र को पढ़ा है और वह इसे अच्छी तरह समझकर निम्न पैरावार प्रतिउत्तर दे रहा है।
3. यह कि उत्तर शपथ-पत्र के पैरा संख्या 1 के अन्तर्वस्तु, औपचारिक होने के कारण इसका जवाब देने की आवश्यकता नहीं है।
4. यह कि उत्तर शपथ-पत्र के पैरा संख्या 2 के अन्तर्वस्तु अभिलेख का विषय हैं, जिन्हें इनके माध्यम से सत्यापित किया जाना न्यायहित में है।
5. यह कि उत्तर शपथ-पत्र के पैरा संख्या 3 के अन्तर्वस्तु, औपचारिक होने के कारण इसका जवाब देने की आवश्यकता नहीं है।
6. यह कि उत्तर शपथ-पत्र के पैरा संख्या 4 के अन्तर्वस्तु के जवाब में निगरानी के समर्थन में दाखिल शपथ-पत्र के पैरा संख्या 2 एवं 3 के अन्तर्वस्तु की पुनरावृत्ति एवं पुनर्पुष्टि की जाती है।
7. यह कि उत्तर शपथ-पत्र के पैरा संख्या 5 में प्रथम सूचना के दाखिले की बात स्वीकार है किन्तु शेष बातें जिस तरह कही गई हैं, वे अस्वीकार्य हैं। इसके जवाब में निगरानी के समर्थन में दाखिल शपथ-पत्र के पैरा संख्या 4, 5, 6, 7 एवं 8 के अन्तर्वस्तु की पुनरावृत्ति एवं पुनर्पुष्टि की जाती है। निगरानीकर्ता अवयस्क एवं अबोध लड़का है और उसके खिलाफ जो आरोप लगाया गया है, वह गलत है एवं गाँव की गुटबाजी के कारण लगाया गया है। पीड़िता की अनुपूरक मेडिको-लीगल रिपोर्ट (Supplementary Medico-Legal Report) से अभियोग-कथन गलत एवं झूठा साबित होता है। पीड़िता के पूरक मेडिको-लीगल रिपोर्ट दिनांक 11.05.2022 की सत्यप्रति/फोटोप्रति इस शपथ-पत्र के साथ प्रत्युत्तर संलग्नक संख्या 1 के रूप में दाखिल की जा रही है।
8. यह कि उत्तर शपथ-पत्र के पैरा संख्या 6 के अन्तर्वस्तु गलत हैं और इन्हें अस्वीकार किया जाता है। इसके जवाब में निगरानी के समर्थन में

दाखिल शपथ-पत्र के पैरा संख्या 9 के अन्तर्वस्तु की पुनरावृत्ति एवं पुनर्पुष्टि की जाती है।

9. यह कि उत्तर शपथ-पत्र के पैरा संख्या 7 के अन्तर्वस्तु के जवाब में निगरानी के समर्थन में दाखिल शपथ-पत्र के पैरा संख्या 10, 11, 12, 13, 14, 15, 16 एवं 17 के अन्तर्वस्तु की पुनरावृत्ति एवं पुनर्पुष्टि की जाती है। निगरानीकर्ता अवयस्क एवं निर्दोष है और उसके जमानत प्रार्थना-पत्र को खारिज करके दोनों अधीनस्थ न्यायालयों ने कानूनी गलती की है और इस स्थापित व्यवस्था का अनुपालन नहीं किया है कि किसी अवयस्क के जमानत प्रार्थना-पत्र पर विचार करते समय अपराध की प्रकृति को नहीं देखा जाना चाहिए।

10. यह कि उत्तर शपथ-पत्र के पैरा संख्या 8 के अन्तर्वस्तु के जवाब में निगरानी के समर्थन में दाखिल शपथ-पत्र के पैरा संख्या 18 के अन्तर्वस्तु की पुनरावृत्ति एवं पुनर्पुष्टि की जाती है। अपीलीय न्यायालय ने आदेश दिनांक 20.09.2022 पारित करके कानूनी गलती की है।

11. यह कि उत्तर शपथ-पत्र के पैरा संख्या 9 के अन्तर्वस्तु के जवाब में निगरानी के समर्थन में दाखिल शपथ-पत्र के पैरा संख्या 19 के अन्तर्वस्तु की पुनरावृत्ति एवं पुनर्पुष्टि की जाती है। निगरानीकर्ता बहुत ही मेधावी छात्र रहा है और शपथकर्ता उसकी देखभाल और अच्छे संस्कार की जिम्मेदारी लेता है।

12. यह कि उत्तर शपथ-पत्र के पैरा संख्या 10 के अन्तर्वस्तु के जवाब में निगरानी के समर्थन में दाखिल शपथ-पत्र के पैरा संख्या 20, 21, 22, 23, 24, 25, 26, 27, 28 एवं 29 के अन्तर्वस्तु की पुनरावृत्ति एवं पुनर्पुष्टि की जाती है। निगरानीकर्ता अवयस्क एवं निर्दोष है और उसके जमानत प्रार्थना-पत्र को खारिज करके दोनों अधीनस्थ न्यायालयों ने कानूनी गलती की है।

13. यह कि उत्तर शपथ-पत्र के पैरा संख्या 11 के अन्तर्वस्तु के जवाब में निगरानी के समर्थन में दाखिल शपथ-पत्र के पैरा संख्या 30 के अन्तर्वस्तु की पुनरावृत्ति एवं पुनर्पुष्टि की जाती है। निगरानीकर्ता का कोई आपराधिक इतिहास नहीं है। वह अवयस्क एवं निर्दोष है तथा एक मेधावी छात्र रहा है। सुधारगृह में रहने के दौरान भी उसका व्यवहार बहुत ही

सदाचारी एवं स्वस्थ रहा है। शपथकर्ता निगरानीकर्ता के देखभाल की जिम्मेदारी लेता है।

14. यह कि उत्तर शपथ-पत्र के पैरा संख्या 12 के अन्तर्वस्तु के जवाब में निगरानी के समर्थन में दाखिल शपथ-पत्र के पैरा संख्या 31 एवं 32 के अन्तर्वस्तु की पुनरावृत्ति एवं पुनर्पुष्टि की जाती है। निगरानीकर्ता अवयस्क एवं निर्दोष है और उसके जमानत प्रार्थना-पत्र को खारिज करके दोनों अधीनस्थ न्यायालयों ने कानूनी गलती की है और इस स्थापित व्यवस्था का अनुपालन नहीं किया है कि किसी अवयस्क के जमानत प्रार्थना-पत्र पर विचार करते समय अपराध की प्रकृति को नहीं देखा जाना चाहिए। निगरानीकर्ता बहुत ही मेधावी छात्र रहा है और शपथकर्ता निगरानीकर्ता की देखभाल की जिम्मेदारी लेता है। अत: निगरानीकर्ता को जमानत पर रिहा किया जाना न्यायहित में है।

मैं, उपरोक्त नामांकित शपथकर्ता, यहाँ सशपथ बयान करता हूँ कि इस शपथ-पत्र के पैरा संख्या 1, 2, 3, 5, 6, 7(अंश), 8, 9(अंश), 10(अंश), 11, 12(अंश), 13 एवं 14(अंश) के अन्तर्वस्तु मेरी निजी जानकारी में सत्य हैं; पैरा संख्या 4 एवं 7(अंश) के अन्तर्वस्तु रिकॉर्ड पर आधारित हैं; पैरा संख्या ...के अन्तर्वस्तु...सूचना पर आधारित हैं; और पैरा संख्या 9(अंश), 10(अंश), 12(अंश) एवं 14(अंश) के अन्तर्वस्तु कानूनी परामर्श पर आधारित हैं, जिन्हें मैं सत्य मानता हूँ और इसका कोई भाग न तो असत्य है और न ही छिपाया गया है।

ईश्वर मेरी सहायता करे।

अँगूठा निशान **(शपथकर्ता)**

मैं,...पंजीकृत लिपिक, हाई कोर्ट इलाहाबाद, यहाँ यह घोषण करता हूँ कि शपथ देनेवाला शपथकर्ता, जो स्वयं को शपथकर्ता बता रहा है, वही व्यक्ति है। मैं शपथकर्ता को उसके द्वारा मेरे समक्ष उपलब्ध कराए गए अभिलेख को देखकर जानता हूँ।

(...)

आज दिनांक...जनवरी, 2023 को पूर्वाह्न/अपराह्न ..बजे शपथकर्ता द्वारा, जिसकी पहचान उपरोक्त व्यक्ति द्वारा की गई, सत्यनिष्ठा से मेरे समक्ष घोषणा की गई।

मैंने शपथकर्ता को इस शपथ-पत्र के अन्तर्वस्तु को पढ़ाया और समझाया है, और शपथकर्ता का परीक्षण करके सन्तुष्ट हूँ कि उसने इस शपथ-पत्र के अन्तर्वस्तु को भली-भाँति समझ लिया है।

(शपथ आयुक्त)

परिशिष्ट-19

'पूरक शपथ-पत्र (Supplementary Affidavit)' का प्रारूप

माननीय उच्च न्यायालय, इलाहाबाद के न्याय-प्रशासन के समक्ष
पूरक शपथ-पत्र
अन्तर्गत
सिविल प्रकीर्ण रिट याचिका संख्या...वर्ष 2023
(भारतीय संविधान के अनुच्छेद 226 के अन्तर्गत)

जनपद—आजमगढ़

एन. देवी (N. Devi)

याची

<u>बनाम</u>

उत्तर प्रदेश राज्य एवं अन्य

प्रतिपक्षीगण

शपथ-पत्र द्वारा, उम्र लगभग 35 वर्ष पुत्र श्री..., निवासी—ग्राम—..., पोस्ट—..., जिला—आजमगढ़, उत्तर प्रदेश-276135 (धर्म—..., व्यवसाय—...)

(शपथकर्ता)

मैं, उपरोक्त नामांकित शपथकर्ता, यहाँ सत्यनिष्ठापूर्वक सशपथ घोषणा एवं पुष्टि करता हूँ :

1. यह कि शपथकर्ता याची का पति है और वह उसकी तरफ से पैरवी कर रहा है और इस कारण वह मामले के निम्न सशपथ घोषित तथ्यों से भली-भाँति अवगत है।

2. यह कि ग्राम धड़सन स्थित पोखरी संख्या 272 हेतु मत्स्य पालन पट्टा के लिए प्रतिपक्षी संख्या 5 के पक्ष में की गई नीलामी को स्वीकृति प्रदान की गई है या नहीं, इस सम्बन्ध में जानकारी लेने के लिए याची, प्रतिपक्षी संख्या 2 के कार्यालय में गई। प्रतिपक्षी संख्या 2 के कार्यालय द्वारा 13.04.2023 को बताया गया कि सम्बन्धित पत्रावली प्रतिपक्षी संख्या 4 के पास रखी जाती है, इसलिए इस सम्बन्ध में जानकारी प्रतिपक्षी संख्या 4 के कार्यालय से प्राप्त होगी।
3. यह कि तत्पश्चात याची, 20.04.2023 को प्रतिपक्षी संख्या 4 के कार्यालय में मिली। सम्बन्धित बाबू अनिल जी ने बताया कि ग्राम धड़सन स्थित पोखरी संख्या 272 के सन्दर्भ में मत्स्य पालन पट्टा को अभी स्वीकृति नहीं प्रदान की गई है। कार्यालय के बाबू अनिल जी ने यह भी बताया गया कि याची की आपत्ति दिनांक 11.11.2022 एवं 06.02.23 पर भी कोई निर्णय नहीं लिया गया है और यह अभी भी विचाराधीन है।

मैं, उपरोक्त नामांकित शपथकर्ता, यहाँ सशपथ बयान करता हूँ कि इस शपथ-पत्र के पैरा संख्या 1, 2 एवं 4 के अन्तर्वस्तु मेरे निजी जानकारी में सत्य हैं; और संलग्न रिट याचिका के पैरा संख्या...के अन्तर्वस्तु रिकॉर्ड पर आधारित हैं; और संलग्न रिट याचिका के पैरा संख्या...के अन्तर्वस्तु कानूनी परामर्श पर आधारित हैं; और संलग्न रिट याचिका के पैरा संख्या 3 के अन्तर्वस्तु सूचना पर आधारित हैं, जिन्हें मैं सत्य मानता हूँ और इसका कोई भाग न तो असत्य है और न ही छिपाया गया है।

ईश्वर मेरी सहायता करे।

अँगूठा निशान **(शपथकर्ता)**

मैं,...पंजीकृत लिपिक, हाई कोर्ट इलाहाबाद, यहाँ यह घोषणा करता हूँ कि शपथ देनेवाला शपथकर्ता, जो स्वयं को शपथकर्ता बता रहा है, वही व्यक्ति है। मैं शपथकर्ता को उसके द्वारा मेरे समक्ष उपलब्ध कराए गए अभिलेख को देखकर जानता हूँ।

(...)

आज दिनांक...फरवरी, 2023 को पूर्वाह्न/अपराह्न...बजे शपथकर्ता द्वारा, जिसकी पहचान उपरोक्त व्यक्ति द्वारा की गई, सत्यनिष्ठा से मेरे समक्ष घोषणा की गई।

मैंने शपथकर्ता को इस शपथ-पत्र के अन्तर्वस्तु को पढ़ाया और समझाया है, और शपथकर्ता का परीक्षण करके सन्तुष्ट हूँ कि उसने इस शपथ-पत्र के अन्तर्वस्तु को भली-भाँति समझ लिया है।

(शपथ आयुक्त)

परिशिष्ट-20

कैविएट प्रार्थना-पत्र का प्रारूप

माननीय उच्च न्यायालय, इलाहाबाद के न्याय-प्रशासन के समक्ष

सिविल प्रकीर्ण कैविएट प्रार्थना-पत्र संख्या...वर्ष 2023

(Civil Misc. Caveat Application No...of 2023)

(इलाहाबाद हाई कोर्ट नियम, 1952 के अध्याय 22, नियम 5 सपठित सिविल प्रक्रिया संहिता की धारा 148-क के अन्तर्गत)

द्वारा

एक्स. गुप्ता (X. Gupta) पुत्र...,
निवासी—..., पडरौना, जिला—कुशीनगर प्रार्थी/प्रतिपक्षी

अन्तर्गत

सिविल प्रकीर्ण रिट याचिका संख्या...वर्ष 2023

(भारतीय संविधान के अनुच्छेद 226 के अन्तर्गत)

जनपद—कुशीनगर

1. वाई. देवी (Y. Devi) पत्नी...
   निवासी— पडरौना, जिला—कुशीनगर

प्रस्तावित याची

बनाम

1. राजस्व परिषद उ. प्र. लखनऊ
2. एक्स. गुप्ता (X. Gupta) पुत्र...,
   निवासी— पडरौना, जिला—कुशीनगर

प्रतिपक्षीगण

सेवा में,

उपर्युक्त उल्लिखित न्यायालय के माननीय मुख्य न्यायाधीश एवं अन्य सहयोगी न्यायाधीशगण।

उपर्युक्त प्रार्थी के इस प्रार्थना-पत्र के माध्यम से निम्न कथन सविनम्र प्रस्तुत किया जाता है :

1. यह कि राजस्व परिषद उ. प्र. लखनऊ/प्रतिपक्षी संख्या 1 द्वारा प्रार्थी की निगरानी, जिसकी निगरानी संख्या...(अन्तर्गत धारा 219 उ. प्र. भू राजस्व अधिनियम, 1901) है, के मामले में आदेश दिनांक 05.06.2023 पारित किया गया है।
2. यह कि उपरोक्त प्रस्तावित याची, इस माननीय उच्च न्यायालय के समक्ष प्रतिपक्षी संख्या 1 द्वारा पारित आदेश दिनांक 05.06.2023 के विरुद्ध सिविल प्रकीर्ण रिट याचिका दाखिल कर सकता है।
3. यह कि प्रस्तावित सिविल प्रकीर्ण रिट याचिका और इसके साथ दाखिल होनेवाले सिविल प्रकीर्ण स्थगन या अन्तरिम प्रार्थना-पत्र पर प्रार्थी/कैविएटर को भी सुना जाना न्यायहित में है।
4. यह कि प्रार्थी/कैविएटर ने प्रस्तावित याची को इस कैविएट प्रार्थना-पत्र नोटिस रजिस्टर्ड डाक के माध्यम से भेज दिया है और रजिस्ट्री की प्राप्ति इस कैविएट प्रार्थना-पत्र के साथ संलग्न है।
5. यह कि इस कैविएट प्रार्थना-पत्र के साथ वकालतनामा भी दाखिल किया जा रहा है। यह वकालतनामा प्रार्थी/कैविएटर के विधिवक्तागण श्री अनूप बरनवाल एवं श्री नित्य प्रकाश तिवारी द्वारा स्वीकार किया गया है।
6. यह कि न्यायहित में प्रस्तावित याची को निर्देश देना आवश्यक है कि वह प्रस्तावित सिविल प्रकीर्ण रिट याचिका एवं अन्तरिम प्रार्थना-पत्र, समस्त संलग्नक के साथ, की प्रति श्री अनूप बरनवाल एवं श्री नित्य प्रकाश तिवारी, विधिवक्ता, चैम्बर नं. 161, इलाहाबाद उच्च न्यायालय, को प्राप्त कराए, अन्यथा प्रार्थी/कैविएटर को अपूरणीय क्षति एवं नुकसान उठाना पड़ेगा।

प्रार्थना

अत: सविनम्र प्रार्थना की जाती है कि यह माननीय न्यायालय, प्रतिपक्षी संख्या 1 के आदेश दिनांक 05.06.2023 के विरुद्ध दाखिल होनेवाली प्रस्तावित सिविल प्रकीर्ण रिट याचिका एवं अन्तरिम प्रार्थना-पत्र, समस्त संलग्नक के साथ, की प्रति श्री अनूप बरनवाल एवं श्री नित्य प्रकाश तिवारी, विधिवक्ता, चैम्बर नं. 161, इलाहाबाद उच्च न्यायालय, को प्राप्त कराने हेतु निर्देशित करने तथा प्रस्तावित सिविल प्रकीर्ण रिट याचिका और अन्तरिन प्रार्थना-पत्र पर प्रार्थी/कैविएटर के विधिवक्ता को सुनने की कृपा करे।

दिनांक	**अनूप बरनवाल**	**नित्य प्रकाश तिवारी**
...	(ANOOP BARANWAL)	(NITYA PRAKASH TIWARI)

प्रार्थी/कैविएटर के विधिवक्ता

चैम्बर संख्या 161, उच्च न्यायालय, इलाहाबाद

अनुक्रमणिका